田野·社会丛书第三辑

自治与他治

近代华北农村的社会和水利秩序

祁建民　著

商务印书馆
创于1897　The Commercial Press

图书在版编目（CIP）数据

自治与他治：近代华北农村的社会和水利秩序 / 祁建民著. — 北京：商务印书馆，2020
（田野·社会丛书）
ISBN 978-7-100-18662-9

Ⅰ. ①自… Ⅱ. ①祁… Ⅲ. ①农村社会学—研究—华北地区—近代②农村水利—研究—华北地区—近代
Ⅳ. ①D668②F323.213

中国版本图书馆CIP数据核字（2020）第103447号

（田野·社会丛书）
自治与他治：
近代华北农村的社会和水利秩序
祁建民 著

商 务 印 书 馆 出 版
（北京王府井大街36号 邮政编码 100710）
商 务 印 书 馆 发 行
三河市尚艺印装有限公司印刷
ISBN 978-7-100-18662-9

2020年9月第1版 开本 680×960 1/16
2020年9月第1次印刷 印张 21 1/4

定价：70.00元

《田野·社会丛书》总序

走向田野与社会
——中国社会史研究的追求与实践

行　龙

人文社会科学领域的理论和概念总是不断出新五花八门的。回顾20世纪80年代以来中国社会史研究的发展历程，我们引进接受了很多西方人文社会科学的理论和概念。现代化理论、“中国中心观”、年鉴派史学、国家—社会理论、“过密化”、“权力的文化网络”、“地方性知识”、知识考古学、后现代史学诸此等等，林林总总。引进接受的过程既是一个目不暇接、眼花缭乱的过程，又是一个不断跟进而让人疲惫的过程。在这样一个过程中，我们在不断地反思，也在不断地前行。中国社会史研究深受西方有关理论概念的影响，这是一个不争的事实。另一方面，我们又不时地听到或看到对西方理论概念盲目追求一味模仿的批评，建立中国本土化的社会史概念理论的呼声在我们的耳畔不时响起。

这里的走向田野与社会，却不是什么新的概念，更不是什么理论之类。至多可以说，它是山西大学中国社会史研究中心三代学人从事社会史研究过程中的一种学术追求和实践。

“走向田野与社会”付诸文字，最早是在2002年。那一年，为庆祝山西大学建校100周年，校方组织出版了一批学术著作，其中一本是我主编的《近代山西社会研究》（中国社会科学出版社2002年版），此书有一个副标题就叫“走向田野与社会”，其实是我和自己培养的最初几届硕士研究生撰写的有关区域社会史的学术论文集。2007年我的另一本书将此副题移作正题，名曰《走向田野与社会》（生活·读书·新知三联书店2007年版）。

忆记2004年9月的一个晚上，我在山西大学以“走向田野与社会”为题的讲座中谈到，这里的田野包含两层意思：一是相对于校园和图书馆的田地与原野，也就是基层社会和农村；二是人类学意义上的田野工作，也就是实地观察的方法。这里的社会也有两层含义：一是现实的社会，我们必须关注现实社会，懂得从现在推演到过去或者由过去推演到现在；二是社会史意义上的社会，这是一个整体的社会，也是一个“自下而上”视角下的社会。

其实，走向田野与社会是中国历史学的一个悠久传统，也是一份值得深切体会和实践的学术资源。我们的“史界太祖”司马迁写《史记》的目的是“究天人之际，通古今之变，成一家之言”，为此他游历名山大川，了解风土民情，采访野夫乡老，搜集民间传说。一部《河渠书》，太史公“南登庐山，观禹疏九江，遂至于会稽太湟，上姑苏，望五湖；东窥洛汭、大邳，迎河，行淮、泗、济、漯洛渠；西瞻蜀之岷山及离碓；北自龙门至于朔方”，可谓足迹遍南北。及至晚近，“读万卷书，行万里路”几成为中国传统知识文人治学的准则。

我的老师乔志强（1928—1998）先生辈，虽然不能把他们看作为传统文人一代，但他们对中国传统文化的体认却比吾辈要深切许多。即使是在接连不断的政治运动环境下，他们也会在自己有限的学问范围内走出校园，走向田野。乔先生最早出的一本书，是1957年山西人民出版社出版的《曹顺起义史料汇编》，该书区区6万字，除抄录第一历史档案馆有关上谕、奏折、审讯记录稿本外，很重要的一部分就是他采访当事人后人及“访问其他当地老群众”，召开座谈会收集而来的民间传说。也是在20世纪50年代开始，他在教学之余，又开始留心搜集山西地区义和团史料。现在学界利用甚广的刘大鹏之《退想斋日记》《潜园琐记》《晋祠志》等重要资料，就是他在晋祠圣母殿侧廊看到刘大鹏的碑铭后，顺藤摸瓜，实地走访得来的。1980年，当人们还沉浸在“科学的春天”到来之际，乔志强先生就推出了《义和团在山西地区史料》这部来自乡间田野的重要资料书，这批资料也成就了他早年的山西义和团研究和辛亥革命前十年历史的研究。

20世纪80年代，乔志强先生以其敏锐的史家眼光，开始了社会史领域的钻研和探索。我们清楚地记得，他与研究生一起研读相关学科的基础知识，一起讨论提纲著书立说，一起参观考察晋祠、乔家大院、丁村民俗博物馆，一起走向田野访问乡老。一部《中国近代社会史》（人民出版社1992年版）被学界誉为中国社会史“由理论探讨走向实际操作的第一步”，成为中国社会史学科体系初步形成的一个最重要的标志。就是在该书的长篇导论中，他在最后一个部分专门谈“怎样研究社会史”，认为“历史调查可以说是社会史的主要研究方法”，举凡文献资料，包括正史、野史、私家著述、地方志、笔记、专书、日记、书信、年谱、家谱、回忆录、文学作品；文物，包括金石、文书、契约、图像、器物；调查访问，包括访谈、问卷、观察等，不厌其烦，逐一道来，其中列举的山西地区铁铸古钟鼎文和石刻碑文等都是他多年的切身体验和辛苦所得。

乔志强先生对历史调查和田野工作的理解是非常朴实的，其描述的文字也是平淡无华的，关于“调查访问”中的“观察”，他这样写道：

> 现实的社会生活，往往留有以往社会的痕迹，有时甚至很多传统，特别如民俗、人际关系、生活习惯，这些就可以借助于观察。另外还可以借助于到交通不便或是人际关系较为简单的地区去观察调查，因为它们还可能保留有较多的过去的风俗习惯、人际往来等方面的痕迹，对于理解历史是有用处的。（《中国近代社会史》，第30—31页）

20多年后重温先生朴实无华的教诲，回想当年跟随先生走村过镇的往事，我们为学有所本亲炙教诲感到欣慰。

走向田野与社会，又是社会史的学科特性决定的。20世纪之后兴起的西方新史学，尤其是法国年鉴学派史学在批判实证史学的基础上异军突起，年鉴派史学“所要求的历史不仅是政治史、军事史和外交史，而且还是经济史、人口史、技术史和习俗史；不仅是君王和大人物的历史，而且还是所有人的历史；这是结构的历史，而不仅仅是事件的历史；这是有演进的、变革的、运动着的历史，不是停滞的、描述性的历史；是有分析的、有说明的历史，而不再是纯叙述性的历史；总之是一种总体的历史”（勒高夫等主编：《新史学》，上海译文出版社1989年版，第19页）。100年前，梁启超在中国倡导的“新史学”与西方有异曲同工之妙，20世纪80年代恢复后的中国社会史研究更以其“把历史的内容还给历史”的雄心登坛亮相。长期以来以阶级斗争为主线的历史研究使历史变得干瘪枯燥，以大人物和大事件组成的历史难以反映历史的真实，全面地准确地认识国情把握国情，需要我们全面地系统地认识历史认识社会，需要我们还历史以有血有肉丰富多彩的全貌。可以说，中国社会史在顺应中国社会变革和时代潮流中得以恢复，又在关注社会现实的过程中得以演进。

因此，社会史意义上的“社会”，又不仅是历史的社会，同时也是现实的社会。通过过去而理解现在，通过现在而理解过去，此为年鉴派史学方法论的核心，第三代年鉴学派的重要人物勒高夫曾宣称，年鉴派史学是一种“史学家带着问题去研究的史学”，“它比任何时候都更重视从现时出发来探讨历史问题”。

很有意思的是，半个世纪以前，钱穆先生在香港某学术机构作演讲，有一讲即为“如何研究社会史”，他尤其强调：

> 要研究社会史，应该从当前亲身所处的现实社会着手。历史传统本是以往社会的记录，当前社会则是此下历史的张本。历史中所有是既往的社会，社会上所有则是先前的历史，此两者本应联系合一来看。
>
> 要研究社会史，绝不可关着门埋头在图书馆中专寻文字资料所

能胜任，主要乃在能从活的现实社会中获取生动的实像。

我们若能由社会追溯到历史，从历史认识到社会，把眼前社会用来作以往历史的一个生动见证，这样研究，才始活泼真确，不要专在文字记载上作片面式搜索。(《中国历史研究法》，生活·读书·新知三联书店2001年版，第52—56页)

乔志强先生撰写的《中国近代社会史》导论部分，计有社会史研究的对象、知识结构、意义及怎样研究社会史四个小节，谈到社会史研究的意义，没有谈其学术意义，“重点强调研究社会史具有的重要的现实意义”。社会史的研究要有现实感，这是社会史研究者的社会责任，也是催促我们走向田野与社会的学术动力。

社会史意义上的“社会”，又是一种“自下而上”视角下的社会。与传统史学重视上层人物和重大历史事件的“自上而下”视角不同，社会史的研究更重视芸芸众生的历史与日常。举凡人口、婚姻、家庭、宗族、农村、集镇、城市、士农工商、衣食住行、宗教信仰、节日礼俗、人际关系、教育赡养、慈善救灾、社会问题等等，均从“社会生活的深处”跃出而成为社会史研究的主要内容。显然，社会史的研究极大地拓展了传统史学的研究内容，如此丰富的研究内容决定了社会史多学科交叉融合的特性，如此特性需要我们具有与此研究内容相匹配的相关学科基础知识与训练，需要我们走出学校和图书馆，走向田野与社会。由此，人类学、社会学等成为社会史最亲密的伙伴，社会史研究者背起行囊走向田野，“优先与人类学对话”成为一道风景。

“偶然相遇人间世，合在增城阿姥家”。山西大学的社会史研究与人类学是有学脉缘分的，祖籍山西至今活跃在人类学界的乔健先生1990年自香港向我们走来。我不时地想过，也许就是一种缘分，“二乔”成为我们社会史研究的领路人，算是我们这些生长在较为闭塞的山西后辈学人的福分。现在，山西大学中国社会史研究中心的鉴知楼里，恭敬地置放着“二乔”的雕像，每每景仰，实多感慨。

1998年，乔志强先生仙逝后，乔健先生曾特意撰文回忆他与志强先生最初的交往：

> 我第一次见到乔志强先生是在1990年初夏，当时我来山西大学接受荣誉教授的颁授。志强先生与我除了同乡、同姓的关系外，还是同志。我自己是研究文化、社会人类学的，但早期都偏重所谓“异文化”的研究，其中包括了台湾的高山族、美国的印第安人（特别是那瓦侯族）以及华南的瑶族。但从九十年代起，逐渐转向汉族，特别是华北汉族社会的研究。志强先生是中国社会史权威，与我新的研究兴趣相同。由于这种“三同”的因缘，我们一见如故，相谈极欢。他特别邀请我去他家吃饭，吃的是我最爱吃的豆角焖面。我对先生的纯诚质朴，也深为赞佩。（《纪念乔志强先生》，第32页）

其实，乔健先生也是一位“纯诚质朴”的蔼蔼长者，又是一位立身田野从来不知疲倦的著名人类学家。他为扩展山西大学的对外学术交流，尤其是对中国社会史研究中心的学术发展付出了大量的心血。我初次与乔健先生相识正是在1990年山西大学华北文化研究中心的成立仪式上。1996年，“二乔”联名申请国家社科基金重点项目——华北贱民阶层研究获准，我和一名研究生承担的“晋东南剃头匠”成为其中的一部分，开始直接受到乔健先生人类学的指导和训练；2001年，乔健先生又申请到一个欧洲联盟委员会关于中国农村可持续发展的研究项目，我们多年来关注的一个田野工作点赤桥村（即晋祠附近刘大鹏祖籍）被确定为全国七个点之一；2006年下半年，我专门请乔先生为研究生开设了文化人类学专题课，他编写讲义，印制参考资料，每天到图书馆的十层授课论道往来不辍。这些年，他几乎每年都要来中心一到两次，做讲座，下田野，乐在其中，老而弥坚。这不，前不久他来又和我谈起下一步研究绵山脚下著名的张壁古堡计划。如今，乔健先生将一生收藏的人类学社会学书籍和期刊捐赠，中心命其“乔健图书馆”，又特设两个奖学金鼓励优秀学子立志成才，其情其人，令人感佩。正是在这位著名人类学家的躬身提携下，我结识了费孝通、李亦园、金耀基等著名人类学社会学前辈及大批同行，我和多名研究生曾到香港和台湾参加各种人类学、社会学会议。正是在乔健先生的亲自指导之下，我们这些历史学学科背景的后辈，才开始学得一点人类学的知识和田野工作的方法，山西大学中国社会史研究中心的学术工作有了人类学社会学的气味，走向田野与社会成为本中心愈来愈浓的学术风气。

奉献在读者面前的这套丛书，命其为“田野·社会丛书”，编者和作者不约而同。丛书主要刊出山西大学中国社会史研究中心年轻一代学者的研究成果，其中有些为博士论文基础上的修改稿，有些则为另起炉灶的新作。博士论文也好，新作也好，均为积年累月辛苦钻研所得，希望借此表达本中心走向田野与社会的研究取向和学术追求。

丛书所收均为区域社会史研究之作，而这个“区域”正是以我们生于斯，长于斯，情系于斯的山西地区为中心。在长期从事中国社会史研究的过程中，编者和作者形成了这样一个基本认知：社会史的研究并不简单是“社会生活史”的研究，只有“自上而下”与“自下而上”的结合，理论探讨与实证研究的结合，宏观研究与微观研究的结合，才能实现“整体的”社会史研究这一目标，才能避免“碎片化”的陷阱。

其实，整体和区域只是反映事物多样性和统一性及其互相关系的范畴，整体只能在区域中存在，只有通过区域而存在。相对于特定国家的不同区域而言，全国性范围的研究可以说是宏观的、整体的，但相对于跨国界的世界范围的研究而言，全国性的研究又只能是一种微观的、区域的研究，整体和区域并不等同于宏观和微观。史学研究的价值并不在于选题的整体与区域之区别，区域研究得出的结论未必都是个别的、只适于局部地区的定论，“更重要的是在每个具体的研究中使用各种方法、手段和途径，使其融为一体，从而事实上推进史学研究”。我们相信，沉湎于中国悠久的历史文化传统，研读品味先辈们赐赠的丰硕成果，面对不断翻新流行时髦的各式理论概念，史学研究的不变宗旨仍然是求真求实，而求真求实的重要途径之一就是通过区域的、个案的、具体的研究去实践。这里需要引起注意的是，这样一种区域的、个案的、具体的研究又往往被误认为社会史研究“碎化”的表现，其实，所谓的“碎化”并不可怕，把研究对象咬烂嚼碎，烂熟于胸，化然于心并没有什么不好，可怕的是碎而不化，碎而不通。区域社会史的研究绝不是画地为牢的就区域而区域，而是要就区域看整体，就地方看国家。从唯物主义整体的普遍联系的观点出发，在区域的、个案的、具体的研究中保持整体的眼光，正是克服过分追求宏大叙事，实现社会史研究整体性的重要途径。读者可以发现，丛书所收的各种选题中，既有对山西区域社会一些重大问题的研究，也有一些更小的区域（如黄河小北干流、霍泉流域）甚至某个具体村庄的研究，选题各异，追求整体社会史研究的目标则一。

作为一种学术追求与实践，走向田野与社会也是区域社会史研究的必然逻辑。我们知道，传统历史研究历来重视时间维度，那种民族—国家的宏大叙事大多只是一个虚幻的概念，一个虚拟的和抽象的整体，而没有较为真切的空间维度。社会史的研究要“自下而上”，要更多地关注底层的历史、民众的历史，而区域社会正是民众生活的日常空间，只有空间维度的区域才是具体的真实的区域，揭示空间特征的“田野”便自然地进入区域社会史研究的视野，走向田野从事田野工作便成为一种学术自觉与必然。

社会史研究要“优先与人类学对话”，也要重视田野工作。我们知道，人类学的田野工作首先是对“异文化”的参与观察，它要求研究者到被研究者的生活圈子里至少进行为期一年的实地观察与研究，与被研究者“同吃同住同劳动”，进而撰写人类学意义上的民族志文本。人类学强调参与观察的田野工作，对区域社会史研究具有重要的借鉴意义。走向田野，直接到那个具体的区域体验空间的历史，观察研究对象的日常，感受历史现场的氛围，才能使时间的历史与空间的历史连接起来，才能对“地方性知识”获取真正的认同，才能体会到“同情之理解”之可能，才能对区域社会的历史脉络有更为深刻的把握。然而，社会史的田野工作又不完全等同于人类学的田野工作。“上穷碧落下黄泉，动手动脚找资料”，搜集资料、尽可能全面详尽地占有资料，是史学研究，尤其是区域社会史研究最基础的工作。

如果说宏大叙事式的研究主要是通过传统的正史资料所获取，那么，区域社会史的研究仅此是远远不够的，这是因为，传统的正史甚至包括地方志并没有存留下丰厚的地方资料，“地方性资料”诸如碑刻、家谱、契约、账簿、渠册、笔记、日记、自传、秧歌、戏曲、小调等只有通过田野调查才能有所发现，甚至大量获取。所以说，社会史的田野工作，首先要进行一场“资料革命”，在获取历史现场感的同时获取地方资料，在获取现场感和地方资料的同时确定和认识研究内容。在《走向田野与社会》一书开篇自序中，我曾有所感触地写道：

> 走向田野，深入乡村，身临其境，在特定的环境中，文献知识中有关历史场景的信息被激活，作为研究者，我们也仿佛回到过去，感受到具体研究的历史氛围，在叙述历史，解释历史时才可能接近历史的真实。走向田野与社会，可以说是史料、研究内容、理论方法三位一体，相互依赖，相互包含，紧密关联。在我的具体研究中，有时先确定研究内容，然后在田野中有意识地收集资料；有时是无预设地搜集资料，在田野搜集资料的过程中启发了思路，然后确定研究内容；有时仅仅是身临其境的现场感，就激发了新的灵感与问题意识，有时甚至就是三者的结合。(《走向田野与社会》，第7—8页)

值得欣慰的是，在长期从事社会史学习和研究的过程中，走向田野与社会这一学术取向正在实践中体现出来。《田野·社会丛书》所收的每个选题，都利用了大量田野工作搜集到的地方文献、民间文书及口述资料；就单个选题而言，不能说此前没有此类的研究，就资料的搜集整理利用之全面和系统而言，至少此前没有如此丰厚和扎实。我们相信，走向田野与社会，利用田野工作搜集整理地方文献和资料，在眼下快速城市化的进程中是一种神圣的文化抢救工作，也是一项重要的学术积累活动。我们也相信，这就是陈寅恪先生提到的学术之“预流”——“一时代之学术，必有其新材料与新问题。取用此材料，以研求问题，则为此时代学术之新潮流。治学之士，得预于此潮流者，谓之预流”。

走向田野与社会，既驱动我们走向田野将文献解读与田野调查结合起来，又激发我们关注现实将历史与现实粘连起来，这样的工作可以使我们发现新材料和新问题，以此新材料用以研究新问题，催生了一个新的研究领域——集体化时代的中国农村社会研究。

对于这样一个新的研究领域，这里还是有必要多谈几句。其实，何为“集体化时代”，仍是一个见仁见智的问题，陋见所知，或曰“合作化时代”，或曰“公社化时代”，对其上限的界定更有互助组、高级社，甚至人民公社等诸多说法。我们认为，集体化时代即指从中国共产党在抗日根据地推行互助组，到 20 世纪 80 年代农村人民公社体制结束的时代，此间约 40 年时间（各地容有不一），互助组、初级社、高级社、人民公社以及农业学大寨前后相继，一路走来。这是一个中国共产党人带领亿万农民走向集体化，实践集体化的时代，也是中国农村经历的一个非常特殊的历史时代。然而，对于这样一个重要的研究领域，以往的中国革命史和中国共产党党史研究并没有给予足够的重视，宏大叙事框架下的革命史和党史只能看到上层的历史与重大事件，基层农村和农民的生活与实态往往淹没无彰。在走向田野与社会的实践中，我们强烈地感受到，随着现代化过程中“三农”问题的日益突出，随着城市化过程中农村基层档案的迅速流失，从搜集基层农村档案资料做起，开展集体化时代的农村社会研究，是我们社会史工作者一份神圣的社会责任。坐而论道，不如起而行之，21 世纪初开始，我们有计划、有组织地下大力气对以山西为中心的集体化时代的基层农村档案资料进行抢救式的搜集整理，师生积年累月，栉风沐雨，不避寒暑，不畏艰难，走向田野与社会，深入基层与农村，迄今已搜集整理近 200 个村庄的基层档案，数量当在数千万字以上。以此为基础，我们还创办了一个“集体化时代的农村社会”学术展览馆。集体化时代的农村基层档案可谓是“无所不包，无奇不有”，其重要价值在于它的数量庞大而不可复制，其可惜之处在于它的迅速散失而难以搜集。我们并不是对这段历史有什么特殊的情感，更不是将这批档案视为“红色文物”期望它增值，实在是为其迅速散失而感到痛惜，痛惜之余奋力抢救，抢救之中又进入研究视野（本丛书自第二辑起将编发一系列有关集体化时代农村研究的论著）。回味法国年鉴学派倡导的“集体调查”，我们对此充满敬意且信心十足。

勒高夫在谈到费弗尔《为史学而战》时写道：

> 费弗尔在书中提倡“指导性的史学”，今天也许已很少再听到这一说法。但它是指以集体调查为基础来研究历史，这一方向被费弗尔认为是“史学的前途”。对此《年鉴》杂志一开始就做出榜样：它进行了对土地册、小块田地表格、农业技术及其对人类历史的影响、贵族等的集体调查。这是一条可以带来丰富成果的研究途径。自 1948 年创立起，高等研究实验学院第六部的历史研究中心正是沿着这一途径从事研究工作的。(勒高夫等主编：《新史学》，第14—15 页)

集体化时代的农村社会研究，还使我们将社会史的研究引入到了现当代史的研究中。中国社会史研究自 20 世纪 80 年代复兴以来，主要集中在 1949 年以前的所谓古代史、近代史范畴，将社会史研究引入现当代史，进一步丰富革命史和中国共产党党史的研究，以致开展“新革命史”研究的呼声，近年来愈益高涨。我们认为，如果社会史的研究仅限于古代、近代的探讨而不顾及现当代，那将是一个巨大的缺失和遗憾，将社会史的视角延伸至中国现当代史之中，不仅是社会史研究“长时段”特性的体现，而且必将促进“自上而下”与“自下而上”的有机结合，进而促进整体社会史的研究。

三十而立，三十而思。从乔志强先生创立中国社会史研究的初步体系，到由整体社会史而区域社会史的具体实践，从中国近代社会史到明清以来直至中国的当代史，在走向田野与社会的学术追求和实践中，山西大学的中国社会史研究在反思中不断前行，任重而道远。

1992年成立的山西大学中国社会史研究中心，到今年已经整整20年了。《田野·社会丛书》的出版，算是对这个年轻的但又是全国最早出现的社会史研究机构的小小礼物，也是我们对中国社会史研究的重要开拓者乔志强先生的一个纪念。

2012年岁首于山西大学

中国社会史研究中心

目　录

序论：近代华北的村落、水利社会秩序与国家

研究传统中国的政治社会体制时经常会遇到一个难解的问题，这就是在国家统治的构造上，一方面是高度专制的中央集权政府，而另一方面则是在辽阔的帝国版图上散布着的无数村落，虽然帝国拥有庞大的官僚体系，但作为朝廷的命官只是到达县的一级，在此以下统治与被统治关系位于最基层的接触点却十分模糊。到目前为止，对于地域范围之内，国家是如何行使统治权力的，研究者们分别从乡绅的地位与作用、宗族组织的机能等国家与社会的“中间领域”[①]、“中介”[②]、“缓冲器”[③]等方面着眼，或者是从“文化国家”[④]、“同心圆”[⑤]观念等强力的意识形态统治角度进行思考。还有研究者另辟蹊径，从与这样的专制国家体制相对应的社会构造的方面进行考察，在这方面的研究也已经取得许多进展。[⑥]这种研究概括起来，大体可以分为两种观点，一种是“共同体”理论，另一种是“散沙”论。

不过，时至今日已有越来越多的研究者提出，研究中国的传统国家与社会的关系，不能照搬欧美诸国与日本的国家与社会关系模式及其理

---

① 黄宗智：《国家与社会之间的第三领域》，《社会主义：后冷战时代的思索》，（香港）牛津大学出版社 1995 年版。

② 孔斐力：《地方政府的发展》，费正清等主编：《剑桥中华民国史》，上海人民出版社 1992 年版。

③ 内山雅生：『中国華北農村経済研究序説』、金沢大学経済学部 1990 年版。

④ 陳其南：「伝統中国の国家形態と民間社会」、溝口雄三他編：『アジアから考える（四）社会と国家』、東京大学出版会 1994 年版。

⑤ 沟口雄三：《中国与日本“公私”观念之比较》，《二十一世纪》1994 年 2 月号。

⑥ 参见田原史起：『現代中国農村における権力と支配一人民共和国建国初期の土地改革と基層政権（一九四九一一九五四）』、アジア政経学会 1999 年版。足立啓二：『専制国家史論一中国史から世界史へ』、柏書房 1998 年版。

论，必须从中国的历史实际出发，运用比较的方法，阐明中国式传统国家与社会关系的特质及其在近代的转型。[①] 本书拟从学术史的考察入手，结合自身对华北农村的现地调查，从华北村落、水利社会秩序的角度对近现代中国政治社会中国家与社会相互关系的特点进行一些思考。

一、先行研究的成果与不足

关于中国传统国家中国家与村落的关系问题，学界已经有相当的学术积累，并不是仅在 20 世纪 90 年代关于市民社会研究兴盛之后才引起人们重视的。只不过是与现在的研究在观察角度和学术理论背景上有所不同。但是，以往的许多重要成果值得我们重视和借鉴，否则就谈不上真正的创新和突破。

围绕中国的国家与村落的关系，学界（主要是历史学与社会学、文化人类学）是从静态和动态两个方面着手的。在静态研究上，包括对于"编户齐民"政策，"保甲"、"里甲"制度的研究和对于中国社会中人的社会结合特质的研究。在动态研究上，是按照古代国家与社会相分裂，近代国家权力向社会延伸，由国家机构吞并社会组织，国家与社会走向一体化的过程进行研究的。

就中国传统国家的基层政治组织而言，自周朝以后，本来意义上的封建制度作为国家结构的主体已经不复存在，实行的是中央专制集权下的乡官制和职役制以及乡地制。但长期以来，对于中国政治制度史的研究侧重于对县以上机构特别是中央集权体制的研究，对于县以下行政组织和社会秩序的研究极为薄弱。但是自 20 世纪初开始，也就是在清末新政以后，伴随着近代国家的建设，国家要加强对基层社会的控制，进行广泛的社会动员。学界也开始了对于基层政治组织的研究。1935 年闻钧天出版

① 参见张静编：《国家与社会》，浙江人民出版社 1998 年版。

了《中国保甲制度》一书，该书总结了历朝对农村社会的统治制度，提出在民国时代也要积极吸收，加以借鉴。其后又有董修甲的《中国地方自治问题》以及黄强、江士杰、吴晗、王亚南的论著出版。[①]1939年，在日本出版了和田清的《中国地方自治发达史》一书，他认为在中国的县以下是一种自生的自治互助协同组织，但其内部是由士绅长老统治的，并不是近代意义的“自治”。

1949年以来，在古代史研究上曾有一些相关重要成果发表，例如王毓铨、蔡美彪、梁方仲、杨宽以及近年王日根、魏光奇的研究。[②]近年，张厚安、李守经、徐勇等从政治学的角度研究了中国农村基层建制的历史和现状。[③]在战后的日本则有清水盛光、栗林宣夫和松本善海的成果发表。[④]对于传统村落社会的自律与自治的研究，松本善海提出了一个重要的命题，即“问题的关键是要找出隐藏在自然村的自律性和协同性的面纱之下的本来的东西”。[⑤]我认为这是指村落的社会构造问题，也就是存在于村落的自治资源问题。对此，就要提到对于静态研究的另一方面，即关于中国社会中人的“社会结合”特质的研究。本书所使用的“村落社会结合”概念是指村落范围之内，共同生活的人们之间各种关系相互交错的总和。这是借用法国历史学家使用的sociabilité[⑥]这一概念，对于

① 黄强：《中国保甲试验》，正中书局1936年版；江士杰：《里甲制度考略》，商务印书馆1944年版；吴晗：《皇权与绅权》，上海观察社1948年版；王亚南：《中国官僚政治研究》，中国社会科学出版社1981年版。

② 王毓铨：《汉代“亭”与“乡”“里”不同性质不同行政系统说》，《历史研究》1954年第2期；蔡美彪：《汉代亭的性质及其行政系统》，《光明日报》1954年12月23日；梁方仲：《明代粮长制度》，上海人民出版社1957年版；杨宽：《试论中国古代的井田制度和村社组织》，《古史新探》，中华书局1965年版；王日根：《明清基层社会管理组织系统论纲》，《清史研究》1997年第2期；魏光奇：《清代直隶的里社与乡地》，《中国史研究》2000年第1期。

③ 张厚安、白益华主编：《中国农村基层建制的历史演变》，四川人民出版社1992年版；李守经、邱馨主编：《中国农村基层社会组织体系研究》，中国农业出版社1994年版；徐勇：《中国农村村民自治》，华中师范大学出版社1997年版。

④ 清水盛光：『中国郷村社会論』、岩波書店1951年版。栗林宣夫：『里甲制の研究』、文理書院1971年版。松本善海：『中国村落制度の史的研究』、岩波書店1977年版。

⑤ 松本善海：『中国村落制度の史的研究』、195頁。

⑥ 板垣雄三他编：『社会的結合』、岩波書店1989年版。

近代华北村落的社会结合，杜赞奇（Duara）曾提出过“综合的文化网络”[①]这一概念。

对于中国社会中人的社会结合关系的研究，在中国属于原创性的是费孝通的“差序格局”论与梁漱溟的“伦理本位，职业分途”说。费孝通认为中国社会中都是以个人为中心编织成网络，没有一个网络所罩住的人是相同的。人与人的联系不像团体中的分子一般大家立在一个平面上，而像石子投入水中所掀起的波纹一样，一圈圈推出去，愈推愈远，也愈推愈薄。[②]梁漱溟的“伦理本位”说与费孝通的“差序格局”论相近，是指“中国既没有团体，也反映不出个人，所有的就是家庭”，由此“便产生中国的伦理”。而“职业分途”则是说在中国社会中士农工商自由流动，没有形成固定的阶级对立的局面。[③]

在日本学界，从日中比较的视点也有颇为相似的看法。增渊龙夫从对秦汉时期的任侠现象的研究认为，当时没有统一的非人格的客观的社会秩序，是以各个家族为中心的并以其外延连接起来的人际关系。[④]中根千枝经过对日中家族的比较提出“场”与“类”的理论。日本的家族是家名、家业、家产三位一体，家族成员共有一个“场”。而中国的家族是以个人为出发点的，以“父系血缘”这一共同的“类”为媒介连接起来。[⑤]柏祐贤则提出“包的秩序”说，认为由于缺乏公共权力秩序保障，个人为了保障个人的经济生活活动，就要组织家族以及会馆、行会等组织，建立高度封闭的相互扶助、自卫团体。人们之间的经济交往，并不是按照物质本身计价，而是根据中间人的关系来确定。[⑥]滋贺秀三从法制史的角度提出，中国的社会特质是社会阶层没有封闭性，相互间可以自由流动。没有

① 杜赞奇（王福明译）：《文化、权力与国家 ——1900—1942 年的华北农村》，江苏人民出版社 1996 年版。

② 费孝通：《乡土中国 生育制度》，北京大学出版社 1998 年版。

③ 中国文化书院学术委员会编：《梁漱溟全集》，山东人民出版社 1992 年版。

④ 增淵龍夫：『新版　中国古代の社会と国家』、岩波書店 1996 年版。

⑤ 中根千枝：『社会人類学—アジア諸社会の考察』、東京大学出版会 1987 年版。

⑥ 柏祐賢：『柏祐賢著作集』、第四巻、京都産業大學出版会 1986 年版。

严格的身份界限。[①] 岸本美绪关于乡绅产生的社会背景的研究把中国社会的个人自由与社会集团两大特征并存的现象统一起来解释，她认为，乡绅产生的社会背景是在明末时期，当狭小、安定的生活圈解体，便形成由自由的个人构成的竞争的社会，为了社会生存，按照个人自由选择而结成的新的社会关系便构成了乡绅社会的基础。[②]

关于动态方面的研究，是从近代国民国家形成的角度考察的。近代西欧的国民国家形成过程是由国家与社会分离转变为二者相互融合，国家与国民之间既对立又统一，结成法律的契约关系。在这一过程中，传统的自发的家族组织、地域共同体、宗教信仰集团和相互扶助关系等由国家改造、重编，产生于传统社会的国家之外的人的结合关系以及权力，或者为国家所吸收，或者被消除，实现了国家内部的"均质化"。研究者也按照这种思路，对于中国的国家近代化过程进行考察。结果，围绕中国的国家体制近代化过程是否已经完成这一课题，学界的认识存在着明显的不同。

1949 年新中国建立以后，实行土地改革、集体化和人民公社制度，国家在县以下建立了人民公社以及后来的乡、镇政府，共产党的基层支部建立在村落之中，加上民兵、共产主义青年团和妇女联合会等群众组织在基层的建立，国家权力深入到村落之中。对此，许多学者认为在现代中国，国家权力已经深入到基层村落，传统的社会结合关系以及非国家的权力已经被完全排除。仁井田升就认为，由于新中国的建立，原来的宗族集团统治机构、小集团利己主义等均已经成为过去，革命改变了原来的生产关系基础。[③] 今堀诚二提出，由于家父长制家族的解体、男女平等，亚细亚共同体已经不复存在。[④] 王沪宁提出，社会主义的新政治完全改造了旧的政治基础，完全按照现代的政治和行政原则对乡村社会进行组织。[⑤] 毛

① 滋賀秀三：『中国家族法の原理』、創文社 1967 年版。

② 岸本美緒：「明清時代の郷紳」、『シリーズ世界史への問い　七　権威と権力』、岩波書店 1990 年版。

③ 仁井田陞：『中国の法と社会と歴史』、岩波書店 1967 年版。

④ 今堀誠二：『中国近代史研究序説』、勁草書房 1991 年版。

⑤ 王沪宁：《当代中国村落家族文化 —— 对中国社会现代化的一项探索》，上海人民出版社 1991 年版。

丹认为，在人民公社体制下，村落已经变成“强势国家下的单位变体”。[①] 费正清也说，共产党的政府深入到社会内部，这是过去未曾有的。[②] 杜赞奇即明确地表明，新中国完成了民国时期未能完成的“国家政权建设”的任务。[③]

但是，在人民公社体制解体之后的20世纪80年代，能够重新到中国农村实地调查的人们却发现在现代农村社会中传统的人际关系、习俗依然顽强地存在着。对此现象，有人认为是在人民公社解体之后，国家对乡村的控制缓和，同时农户在个体经营的情况下需要利用传统的社会关系进行合作。也就是说，这种传统的人际关系、习俗是再生的，或者是恢复性质的。但是，更多的人则是通过对这种现象的分析，对人民公社体制下传统社会关系已经不复存在的以往观点提出疑问，经过追溯性调查，近而开始了对“中国传统社会关系的特质”这一重大课题进行重新思考。石田浩根据对华南农村的调查认为，解放前的同族组织在以后的社会主义改造和建设过程中，并没有解体或改变，而是在来自上边的压力越来越强的情况下仅仅在表面上消失，潜入社会底层，在近年则又“浮出水面”。[④] 杨善华和刘小京提出，即使是在国家对基层社会严格控制的20世纪六七十年代，家族作为一种社会集团依然是农村社会的基础。[⑤] 中生胜美指出，在解放后的政治运动中，宗族原理这种潜在的集团理念由于来自外部的政治斗争，变化成为了获得政治权力的一种战略手段。[⑥] 赵力涛也提出，人们为了适应国家权力的反复变化，要依赖传统社会关系，这样人们对家族的依

① 毛丹：《一个村落共同体的变迁 —— 关于尖下村的单位化的观察与阐释》，学林出版社2000年版。

② 费正清：《中国的统一》，费正清、罗德里克·麦克法夸尔主编：《剑桥中华人民共和国史（1949—1965）》，上海人民出版社1990年版。

③ 杜赞奇（王福明译）：《文化、权力与国家 ——1900—1942年的华北农村》，江苏人民出版社1996年版。

④ 石田浩：『中国同族村落の社会経済構造研究ー福建伝統農村と同族ネットワークー』、関西大学出版部1996年版。

⑤ 杨善华、刘小京：《近期中国农村家族研究的若干理论问题》，《中国社会科学》2000年第5期。

⑥ 中生勝美：『中国村落の権力構造と社会変化』、アジア政経学会1990年版。

赖反而加强了。[①] 内山雅生通过对华北村落习惯的考察指出，“看青”、“打更”等旧习惯在新中国只是通过变换形式而依旧存在下来，而“搭套”、“合具”等生产方面的惯习则在互助组结成时发挥了重要作用。[②] 对于人民公社体制下家族的特质，唐军提出一种有力的解释，他认为在1949—1979年间，正式的家族组织虽然被消灭，但是就家族集团最重要的部分即血缘关系和亲族共居而言，前者不可能被消灭，后者在无意中得到强化，因为农民能够利用的生存资源仅仅是家族关系。唐军进而提出，当代华北村落家族生长的理性化，即仪式性的削减与事件性的加强，不仅表现在价值理性层面，也表现在工具理性的层面。[③]

从对以上先行研究的总结可以看出，虽然静态研究与动态研究均已取得长足的进展，但二者一直是平行进行、互不交叉的。没有将两种研究综合起来。这可能是受到学科之间研究对象和方法不同的限制。历史学和政治学长于大处着眼，多从国家的角度思考。而社会学、文化人类学善于精细的分析，多以一个社区、地域或家族为对象。这就造成了静态研究限定于某一地域或时期，忽视了人的社会结合关系在宏观历史上的变化因素。而动态研究主要重视国家权力与社会相互间关系的演变，对于构成这种演变的社会基础即社会结合关系的具体变化涉及不多。这里的最大问题是，对于县以下的国家权力与社会关系的结合点没有能从国家权力和社会结合的两方面互动的角度进行综合考察与解释，或者是强调国家对村落编户齐民政策的极其有效性，或者是仅注意村落人际社会结合的特点，不重视这种社会结合与国家权力的相互联系与作用，因而对于在村落水平上与国家权力相对应的社会结合构造的研究亦不全面，依然无法对于在村落地域中国家权力的表现和国家行政末端的运行机制进行清晰的描述。

---

① 赵力涛：《家族与村庄政治（1950—1970）》，《二十一世纪》1999年10月号。

② 内山雅生：「農村変革と農業旧慣行」、三谷孝他：『村から中国を読む』、青木書店2000年版。

③ 唐军：《仪式性削减与事件性的加强——当代华北村落家族生长的理论化》，《中国社会科学》2000年第6期。

二、“共同体”论与“散沙”论

到目前为止关于帝制以来中国的国家与社会两者之间关系和社会秩序的解释，概括起来，大体可以分为两种观点，一种是“共同体”理论，另一种是“散沙”论。

运用“共同体”理论对于中国的研究曾经盛极一时。值得注意的是共同体理论的学术源流来自欧洲和日本这样的有共同体历史背景之国家的研究者，例如马克思、魏特夫、内藤湖南、清水盛光、平野义太郎等。他们是以西方或日本的历史发展为坐标观察、衡量中国社会历史，试图在中国社会中寻找和论证共同体的依然存在，以此来解释中国历史发展滞后的原因。但是，根据东京大学和满铁调查部20世纪40年代对中国的实地调查和战后众多学者的研究，已经证明在中国传统社会中并不存在西方或日本那样的共同体。

在近代，马克思主要根据印度的资料提出了“亚细亚生产方式”的假设。[①] 与这一思路相近，内藤湖南、清水盛光、平野义太郎把对中国社会的“自治”、“自律”问题的研究锁定在“会”这一村落传统组织上。[②] 清水盛光认为，一个个村落是孤立的小共同体，由此构成了专制国家的客观基础。平野义太郎则认为，“会”即是村落共同体的表现。由此，“共同体”理论成为有关中国村落社会性质研究中长期争论不休的问题。[③] 直到中日战争期间，日本调查人员经过对中国村落的实地考察才确认在这里没有所谓的“共同体”存在。戒能通孝指出，中国的村落没有日本那样的严格的村界，村落是由许多个人构成的，村长只不过是个单纯的支配者。[④]

---

① 马克思：《中国、印度论》，《马克思恩格斯全集》第8卷、参见カール・A・ウイットフオーゲル（井上照丸訳）：『東洋的專制主義：全体主義権力の比較研究』、アジア経済研究所 1961年版。

② 内藤虎次郎（湖南）：『支那論』、文会堂 1914 年版。清水盛光：『支那社会の研究』、岩波書店 1939 年版。平野義太郎：『大アジア主義の歴史基礎』、河出書房 1945 年版。

③ 参见旗田巍：『中国村落と共同体理論』、岩波書店 1973 年版。

④ 戒能通孝：『法律社会の諸問題』、日本評論社 1943 年版。

旗田巍、福武直根据调查资料也指出了中国村落的集团性十分微弱。[①]

与欧洲和日本的历史不同，中国的氏族血缘关系在春秋战国时代以后就已经瓦解了，人与人的关系突破了家族界限，转变为以个别的人为中心。到唐宋时期，政府与个人的关系已经强于家族内部的关系。[②]由于平均继承家产的习惯，家族中个人的权利非常明确。在华北村落内，会首集团与村民之间存在断层，一般村民并不关心村政活动，没有所谓的“全员一致”的习惯与约束。村落并不是一种封闭的、固定的、有强大的共同约束力的共同体，而是开放的、人员和土地不断流动的、共同约束力十分薄弱的生活聚落。在民俗宗教中，没有以村落整体利益为目的的宗教信仰活动。村落的互助、自卫行为亦是个别的、不稳固的，并且常有国家权力的管理与介入。

当然，我们也并不能否认村落中的一些共同活动。个体小农在农业生产和日常生活中，离不开一些最低限度的互助合作。特别是近代以来，国家权力出现分裂，对村落的掠夺加强，社会不安定，村落成员为了自我保护而形成协同防卫关系，以此共同应付外界的压力，即使是在人民公社时期为了抵抗上级的过度征收，也有“瞒产私分”等现象。但是，这种共同活动是为了个人利益而再造的，是外部压力的结果，是一种被动的、消极的共同关系。我们可以看到，关于中国有“共同体”存在的研究结论大多是以清代中后期以来的社会为对象所得出的，而这个时期正是社会动荡不安的转变时期。

以“散沙”论为代表的观点强调中国社会是由独立的个人组成，行动自由、缺乏协同性的观点则主要出自中国的政治家和学者如孙文、梁漱溟、费孝通等，这是他们切身感受到的。从文化历史角度来观察，中国的传统思想文化主要是基于个人的。儒教思想的核心所在，就是强调“伦理”，即是个人与个人之间秩序协调问题。“为人由己”强调了个人的主

---

① 福武直:『中国農村社会の構造』、大雅堂 1946 年版。

② 大沢正昭:「『笞』·『僕』·『家族関係』—『太平広記』·『夷堅志』に見る唐宋変革期の人間関係」、中国史研究会編:『中国専制国家と社会統合　中国史像の再構成Ⅱ』、文理閣 1990 年版。

观方面。当然，儒家的“个人”是要嵌入进各种“关系”中的个人。在这里，虽然是以个人为中心，但个人与个人之间仍然有各种关系，只不过这种关系是以个人为中心的，不是由身份、血缘等因素先天固定下来的。正如梁漱溟所指出的，是“伦理本位，职业分途”。值得注意的是日本学者戒能通孝、岸本美绪、中兼和津次等通过对个人法律身份与经济活动行为的研究，充分证明中国社会中有明显的个人权利及其意识行为的存在。①

三、近代华北村落和水利秩序的一些特征

进入帝制时代以后，国家虽然拥有庞大的官僚体系，但是在一个幅员辽阔、通信和交通不发达的前近代社会，国家依然没有能力建立起完全对每个个人进行控制的完备体制。在专制国家对个人实行行政统治（例如保甲制等）的时候，就需要利用一个空间，国家与个人的关系主要是通过这个空间连接起来的，当然这个空间一般是与行政系统混合、交叉起来的。这个空间就是“社会结合”，专制国家的统治要借用这个空间，日常社会秩序的维持也需要这个空间。在最下层的农村，这种“社会结合”就其主要内容说来，包括宗族结合（父系血缘）、村落结合（地缘）、信仰结合（信仰缘）和互助结合（业缘）。为了探明中国社会结合的特质，本书根据20世纪40年代的日本“惯行调查”资料以及20世纪90年代对于上述村落调查的日中联合再调查的资料②，通过对20世纪后半期华北农村

---

① 岸本美緒：『明清交替と江南社会　一七世紀中国の秩序問題』、東京大学出版会1999年版。中兼和津次：『旧満洲農村社会経済構造の分析』、アジア政経学会1982年版。

② 第一次调查，是在20世纪40年代，由日本东亚研究所组织东京大学法学部的民法研究者和满铁调查部的调查员合作进行的。1940—1944年间，依据社会学的理论在现地对村落进行访问调查，其目的是“解明中国社会中民众的生活与法的意识”。作为一项基础性调查原来计划要用10年以上，但受战局影响，只进行到1944年便终止了。其后共整理出『華北農村慣行調査資料』123册，战后在1952—1958年间汇集成『中国農村慣行調査』（第1—6卷）由岩波书店出版。第二次是在1990—1995年间，由中日联合考察团（中方代表：南开大学教授魏宏运；日方代表：一桥大学教授三谷孝）对相同5村实施再调查，5年间共访问了511人次。笔者作

四种社会结合构造的分析，试图从中国社会和水利秩序的角度对国家与社会的关系问题进行一些新的思考。

近代以来，这些被调查村落的周边环境和村落开始发生变化。其实，即使在帝制时期专制国家的直接统治并不限定在县级以上，对于县级以下的村落和个人，国家依然保持有强大的统治能力。近年对于中国历史的一些研究成果也证明了这一点。[①]清末以来，这种统治进一步发生了变化，一方面国家对村落的征收加强，另一方面村民的国家意识却在淡化。但是，村民国家意识的淡化并不能说明村落与国家关系的疏远和中国村落有自治的传统，而是在近代国家权力分裂、社会动荡的环境下，在村落形成的被迫、消极的共同性活动有所加强。村政的复杂化和赋税的大量增加说明了国家征收的强化。

近代华北村落的村政变化首先表现为村费急剧增加。另外，在村落治安、教育方面，国家也开始将其纳入统一管理。虽然税赋增加以及由此带来村务复杂化和治安、教育活动等被国家所管理，但国家对村政自治建设的关注和真正投入却极少，在许多方面还不得不依靠村落固有的自治资源。这就使近代华北村政呈现出新与旧并存、公与私交织、他治与自治相互依托的状态。

首先，警察制与乡地制并存。从清末新政开始，县级政府的设置发

（接上页）为调查团成员之一也参加了调查和资料整理工作。其调查成果为三谷孝编：『中国農村変革と家族・村落・国家ー華北農村調査の記録ー』、汲古書院（1999 年）、『中国農村変革と家族・村落・国家ー華北農村調査の記録ー』第二巻、汲古書院（2000 年）、三谷孝编：『農民が語る中国現代史』、内山書店（1993 年）。中文版为魏宏运、三谷孝主编：《二十世纪华北农村调查记录》第一到三卷，社会科学文献出版社 2012 年版。这两次主要调查的村落是现在的北京市顺义区沙井村、房山县吴店村，天津市静海县冯家村，山东省平原县后夏寨村和河北省滦城县寺北柴村。关于这些村落的详细介绍请参见三谷孝等编：『村から中国を読む』、青木書店（2000 年）和笔者所著：『中国における社会結合と国家権力ー近現代華北農村の政治社会構造』、御茶の水書房（2006 年），恕在此从略。

① Helen Siu: *Agents and Victims in South China*, Yale University Press, 1989. 小田則子：「清代の華北郷村における公義ー順天府宝坻県の事例」、『名古屋大学東洋史研究報告』第二十五号、2001 年版。秦晖：《“大共同体”与传统中国社会》上、中、下，《社会学研究》1998 年第 5 期，1999 年第 3、4 期。

生显著变化，在县一级设有警政、工艺局和理财所等机关。但警察机构一直很小，所管辖的事务有限。这样，县政府的公文传递、田赋征收仍离不开原有乡地组织。乡地制度是在清代中期里甲、保甲制度瓦解之后出现的一种乡村行政管理制度。顺义县在民国年间曾准备取消乡地制度，但由于田赋征收非常不顺，只好恢复乡地制。在清末直至民国初期，县以下的行政机关一直无法统一，一直由警察和乡地两种组织系统分别发挥机能。警务分局负责治安、修路、修桥和训练等；保正继续负责田赋征收等税赋事情。两者之间没有统属关系。

其次，村政与宗族交织。宗族是华北村落内部社会结合的基本纽带，与村政有着千丝万缕的联系。在沙井村，民国时期村政是由村长与数位会首共同掌握的，村长个人并不能单独做出决断，但村长与会首的产生方法与性质却不同。村长作为村落行政机关的首长，是由村民推选产生，主要靠威望和能力、财力等。但会首却与宗族有关系。村长任命会首时要考虑会首作为宗族代表的意义。后夏寨村的庄长（即村长）之下是牌长，由于同族聚居，牌的范围与宗族聚居范围一致，牌长即是宗族的代表，村长与牌长共同掌管村政。村落行政离不开宗族的参与和支持。

值得注意的是，自杜赞奇提出近代华北村落首领由保护型向经纪型转变的观点后，许多人认为华北近代村政的首领构成发生了巨大变化。但是，从调查村来看，并不是像杜赞奇所指出的那样，保护型村落精英完全退出村政[①]，而是在国家推行自治和对村落加强掠夺时，作为村落代表的村长发生变化，但是在村长后面，协助村长施政真正拥有实权的会首（这时变为甲长、牌长等）集团却变化很小。顺义县 1940 年实行保甲制后，在 33 个村中有 26 个村依然保留会首制。村政的运营离不开宗族组织的合作，呈现出行政机构与宗族组织相互交织的局面。这种村落精英的连续性现象又说明国家统治也需要利用社会结合的力量。

---

① 杜赞奇（王福明译）：《文化、权力与国家——1900—1942 年的华北农村》，江苏人民出版社 1996 年版。

第三，他治与自治相互依托。推行地方自治是清末新政以来基层政权建设的基本方针之一，但直到 1949 年止，华北农村并没有建立起真正的地方自治体制，而是呈现为一种他治（或称官治）与自治的混同局面。这一方面是由于政府推行自治的本来目的并不真正是为了实现地方民主自治，而仅仅是将其作为一种加强自身统治的手段。另一方面，作为国家权力在地方主要体现的县级政府在推行地方自治时并不认真，大多只是敷衍了事。

此外，与国家权力对应的社会结合也发生变化，华北村落的社会结合日益松散。以个人为中心，村落秩序的维持常常需要国家权力的介入。1949 年以后，土地改革和集体化对村落社会结合构造发生很大影响，一方面国家权力是对村落社会构造再编的主导力量，同时，原有的社会结合亦在阶级成分划定和互助组结成时发生作用。在“四清”运动和“文化大革命”时国家权力与村落社会结合相互发生作用。其实，国家发动的政治运动在村落实行时要发生变形。宗族、村落关系渗透到运动之中，使运动并不能完全按照上级设定的计划进行。“四清”运动时不是阶级斗争而是干部的贪污问题成为运动的中心，“文化大革命”时派性与宗族矛盾交织在一起。通过对于 20 世纪 90 年代的社会结合实态进行考察，与 20 世纪 40 年代的社会结合相比较，可以进一步认识中国社会结合的特质，即国家权力与社会关系相互混同、交织。虽然国家不断加强对村落的统治，对宗族结合等进行压制，原有的互助关系多被集体吸收，但是原有的社会结合并未消失，有的反而强化，例如宗族的结合与村落结合。

根据对华北村落的文献和实地调查研究，笔者在本书中，从与国家权力相对应的角度，对于中国华北村落社会结合构造和秩序的特质，初步归纳出如下几点：

1. 由个人关系为基础构成的社会结合。中国的宗族结合是再造的，是为了个人的利益而相互结合的。在宗族内部，虽然有族产，但在兄弟完全平均分家的习惯中，个人的财产范围和意识分明，出卖土地时“同族优先”等约束力极弱。族长的权威十分有限，并不能控制个人的行为，宗族结合只不过是人们社会关系的一个方面。村落的共同行动和规则仅限于维持村落最基本秩序的水平，对个人限制极少。土地自由出售。民俗宗教活动亦是自由参加，宗教信仰的内容只是神对个人行为的赏罚。村民的互助完全是个人之间算计的、自愿的、不固定的。在社会问题的解决上，首先也是通过个人关系解决。在人民公社体制下，个人之间的互助依然存在，村干部也离不开其个人的宗族关系。

2. 社会结合的组织及其首领的位置不稳定。族长只是按照辈分和年龄机械地排出，真正代表宗族的是族内有能力的人。村落的指导者没有由固定的家族独占，随着经济状况的变化而变动。民俗宗教的组织者（香头）由抽签决定，或轮流担任。互助的对象完全是根据个人意愿自由组合的。互助结合并不限于同家族、村落等。这种社会结合自身无法产生稳固的“委托一庇护”关系以及强力的能与国家权力对抗的权力与权威。即使在人民公社时期，村落中虽然出现过一些抵抗国家过度征收、偏向村落利益的干部，但上级可以轻易地将其罢免，很少见到村民的集团性反抗。[①]

3. 国家权力是社会结合关系的核心。在宗族结合中族长的权威远远低于村落行政官员，在官府任职或担任村落行政职务的同族人才最有权威。宗族的机能行为主要是围绕村落权力展开的。地域社会结合不完善，自律能力低下，其社会秩序的维护离不开国家权力的介入。民俗宗教信仰被帝制国家的观念深深渗透。一部分村落互助行为由国家管理，或由国家行政行为所吸收。国家权力具有对社会再编的绝对力量，从保甲制、乡里制、乡地制到集体化、人民公社体制，国家权力对村落进行的再编，由对人的控制，到对地域的控制，再到对人们生产、生活的控制，国家权力深入渗透到社会之中。解放以后实行集体化，主要是上级动员的结果。即使在人民公社体制崩坏以后，村民的宗教复兴活动也离不开干部

---

① 例如，山东省北五里铺村党支部书记 ZJD 在困难时期自行决定将荒地和家畜分给社员，让大家渡荒。到“四清”运动时被工作队批判，社员也听从工作队的。ZJD 被撤职。

的默认和支持。

4. 社会结合的强弱依据形势而变化。中国的宗族并不是由血缘氏族直接发展过来的，而是根据形势再建的，并且不是随着时间的推移而一定弱化，而是根据形势的变化时强时弱，例如人民公社时期宗族结合与20世纪40年代相比不是弱化，反而增强了。在解放以后的政治运动中，宗族关系被激活。① 另外村落结合由于近代国家权力分裂、社会治安恶化也有增强的趋势。宗教信仰在20世纪80年代得到复兴。互助结合在人民公社瓦解之后也逐渐恢复。

5. 近代华北农村内部依然存在一些能够维护内部生活秩序的规范和习惯，具有一定自治能力，但这种村落内部的自治资源是非常有限的，不能完全自行维护村落内部的生活秩序。另外，村落本身具有一种共同的连带性，这是一种消极自卫性的连带关系。此外，华北农村以零散的自耕农为主，为维持简单的再生产和最低的日常生活，离不开村民间的相互扶助。在这样长期的共同村落生活中，村落内部形成固定的集体记忆，具有村落内部与外部的明显区别，相互之间也形成感情上的乡亲观念。村落的传统自治行为除共同应付来自村落外部的压力外，在村落内部生活中，还通过对于村落内部轻微犯罪行为的自行处罚来维持村落的生活秩序。

近代村落虽然拥有一定自律性，但村落内部并没有较为正式的、全员参加的、由多数决定的民主协商、表决机制。松散的村落社会中仅仅由少数人做出的决定，并不具备很高的权威性，为此村落内经常产生纠纷，而这种纠纷大多在村落内无法解决，要到县里由国家行政权力来仲裁。所以，维护村落的共同秩序离不开国家权力的介入。另一方面，国家在行使统治权力时为了节约成本，有时也希望村落内部自主管理。只要能保证税收或不出现大的刑事案件，国家权力并不会积极主动地介入村落内部事情。可见，官治与自治不是截然分开相互对立的，而是相互补充和依存的。

近代以来的村政建设，就大多数普通村落来说，虽然真正的自治机

① 北京的吴店村造反派与宗族组织直接相关。山东的后夏寨村任命干部必须考虑到宗族关系。

制没有建成，但是也并没有出现村落秩序的剧烈崩溃，完全由土豪、恶霸掌权的局面，原有的社会秩序依然得到基本维持，村落精英基本保持连续性。国家权力虽然向村落延伸，但也没有将村落原有的自治资源完全摧毁，而是相互依赖，互为补充。当然，由于这种“弱自治”和“弱国家”相互依赖，村落社会秩序虽然得以维持，但却十分脆弱。在社会运动席卷而来，不论是国家权力还是村落领袖的任何一方受到冲击时，这些村落并不会成为旧势力的顽固堡垒，而是在新政治势力崛起后，旧秩序便迅速土崩瓦解并出现重组。

同样，通过对华北农村水利社会的研究也可以得出这样的认识：

1. 华北农村的水利秩序并不是建立在完全平等的“公”的基础上的，而是要依据传统宗法观念和礼治秩序。例如山西省四社五村，其用水秩序并不平等，被带上了家庭兄弟排行和翁婿关系这样的拟制亲缘色彩，给不平等的水利关系带上一种人伦关系和人情意味。既然有亲情关系，四社兄弟之间以及水权村对于附属村之间就并不仅仅是一种以上压下、以大欺小的利益关系，而是双方都在拟制的温情脉脉的家族或亲戚关系的面纱之下，小弟和晚辈尊重兄长和长辈，同样兄长和长辈对于下面也有所照顾。双方关系在亲情之下可以互相忍让，不能不顾亲情、撕破脸皮，对立争斗。这对于维护即使是不平等的水利秩序也是十分重要的。但是，这种依据人伦和伦理性的水利秩序不是建立在平等、协商基础上的，而是以人的关系为基础的，因而并不平等，同时也并不稳定。

2. 在水利秩序上也体现出“弱自治”和“弱国家”相互依存的格局。传统水利秩序的基本理念是“均水”。其实在实际用水过程中“均水”很难完全实现，“不均”则成为常态。这是由于国家权力在调解水利纠纷时的消极态度。即只要达到相互调剂，大概均匀即可，这就体现在“相互忍让”的用水规范上。民间水利习惯是造成用水“不均”的另一个原因。因为用水“不均”首先是民间利益矛盾冲突的结果。对于这种“不均”，民间并不是都要诉讼于官府，要求国家公权予以裁决。在矛盾没有特别激化时，一般会承认一定范围内的用水“不均”。

中国民间自古私有权益观念发达，水作为一种自然资源由于具有使用价值，就会出现占有和交换，以钱或其他等价物换水，必然就会产生水的买卖现象，由此导致出水权占有意识。一旦水可以买卖，就一定会出现超出自己灌溉需要的独占、霸占行为。而对此，国家当然是反对的。这样民间水权观念就会与国家的“均水”理念发生冲突。但是，在水利管理实践中国家并不会完全制止这种行为，一般会采取“依旧制”的态度，或对民间习惯采取一种认可或默许的态度。这是由于古代国家从其治理态度和能力上不可能制定出能完全贯彻其“均水”理念的法律规范体系。中国历代政府在水资源利用和社会秩序的维持上都采取一种“拥挤的车厢”[①]式的观念，但是在实际生活中依靠实力占有水资源的事例比比皆是。国家理念与民间习惯有如平行线一样存在，在“弱自治”和“弱国家”相互依存的格局中维持着水利秩序。

3. 土地改革中的水利民主改革比较彻底地解决了用水秩序上的差别和不均问题。水利民主改革是以阶级划分取代传统水利利益共同体的不平等区分。在传统水利秩序中，即使是使用同一水系的人们也是按照地域、村庄、渠岸等划分为不同的用水利益集团即水利共同体。在水利资源的利用上存在着上游与下游、左岸与右岸、大村与小村、豪族与百姓之间权益上对立与区别。而土地改革则是以阶级划分取代了传统水利利益共同体的不平等区分。土改中有一个响亮的口号就是“天下农民是一家”。在水利民主改革中也提这一口号，是要在斗倒少数掌握水权的水霸后，号召所有用水农民团结一致，强调大家都是农民（阶级）兄弟，应互相帮助、合理用水。通过土改进行阶级划分，在一定程度上使得那些前近代将人们划分出地域、身份、血缘和信仰上的各种差别消失或削弱，代之以人民群众和剥削阶级的根本划分，这就为打破旧有不合理的传统水权区分提供了社会基础。

4. 传统水利秩序有强大的韧性，其影响在现代依然存在。以山西省

① “拥挤的车厢”理论由日本法制史学者寺田浩明提出。详细请参见寺田浩明：「満員電車のモデル—明清期の社会理解と秩序形成—」、今井弘道他編：『変容するアジアの法と哲学』、有斐閣 1999 年版。另参见本书第八章。

四社五村为例，解放初经过水利民主改革，传统水利秩序受到重大冲击，但是到了人民公社体制解体后，传统水利秩序又有回复。20世纪80年代四社五村对于水渠灌溉系统重新调整，这次调整基本按照旧水规进行。每年的大祭、小祭恢复进行，依然强调传统水权。当地政府官员也表示说："对于四社五村这样的水利组织，国家也没有明确的政策。现在有关四社五村的水利工程都是交由义旺村统一协调，只有在发生纠纷时政府介入，一般不介入。"可见，传统水利秩序依然发挥作用，国家并没有完全介入。

另外，在村落历史并不悠久的移民村落，其组织性自制资源薄弱的"弱自治"特征更加明显。在西北地区的晋冀蒙交界地带移民村落的一个基本特点就是没有宗族或地域性的互助合作组织。在这里基于血缘、地缘等形成了浓厚的人际关系，但是却没有任何救济、合作性组织，一切都由各种社会关系来承担。这种状况非常符合人类学家王崧兴提出的汉人社会"有关系，无组织"的特征。因为"汉民族为了求生存，势必要拥有相当深度的关系，并且不断予以扩张"。但是"汉民族社会中，虽有无数张关系的网，却无明确的团体存在"[①]。所以，移民村落的"弱自治"主要体现在其组织形态上，这种社会的秩序维持是依靠浓厚的人际关系支撑的。当然，依靠人际关系维持的社会秩序存在着机制和领导者不稳定的因素。

四、小　结

与一般的社会人类学调查不同，在中国，考察社会结合时，最核心的问题是在有国家的情况下，要注意地域范围内社会秩序的维持与国家权力之间的关系。在中国，国家权力与社会结合的关系并不是仅由社会结合顶层的代表与国家接触（即国家权力不直接涉及个人），而是国家权力关

① 徐正光主编：《汉人与周边社会研究 王崧兴教授重要著作选译》，唐山出版社2001年版，第69页。

系已经渗透到相互交错的社会结合之中，同样，社会结合也离不开国家权力的介入。作为个人要利用包括国家权力关系在内的所有社会关系构造以个人为中心的关系网。国家也是要利用一切社会关系加强自己的统治。对此，夫马进关于善堂善会与国家权力关系的研究已经得到证明。[①]国家权力与社会结合由个人之间的相互关系交错起来，社会结合围绕国家权力而展开，国家权力在所有社会关系之中是最强有力的。正如上田信所比喻的那样，村落成员好像是铁砂，附着在各种权力关系的导线上，而国家权力这根导线的电流最强。以研究中国农民革命运动而著称的法国学者毕仰高就指出，农民起义的斗争矛头都是直接指向国家官吏的，而不是地主，说明了国家才是农民感受到的主要统治者。[②]

但是，在这种国家权力通过社会结合强力地对社会进行统治的同时，由于要借助于各种社会结合关系，这样国家意志和政策在社会结合中就必然会发生变形，出现国家与社会的非整合现象。即国家权力表面上无所不能，无处不在，但其政策在实施时却不能完全按照其本意百分之百地贯彻，社会方面对于国家的政策有灵活的选择。作为个人可以利用各种关系避免国家政策给自己带来不利。例如土地改革时依据“剥削率”划定成分，并不是按照可以公平计算的占有土地的面积。按照“剥削率”计算，有很大的主观成分，人际关系有很大影响。“四清”运动本来是一场阶级斗争，但在农村实际成为一场专门追究和批判干部贪污腐化的运动，对于阶级斗争等意识形态反而关注不多。[③]

帝制时代以后，国家实现了对村落的直接统治，这种统治是通过以个人为中心、依靠个人关系连接起来的松散的、不稳定的社会结合来实现的。国家权力虽然强大，但在实施时却常会变形，国家对社会并未实现完全整合。

---

① 夫馬進：『中国善会善堂史研究』（東洋史研究叢刊）、单行本、同朋舎 1997 年版。

② 毕仰高：《农民运动》，费正清主编（章建刚等译）：《剑桥中华民国史》第二部，上海人民出版社 1992 年版。

③ 在调查村，农民都认为“四清”运动就是针对干部多吃多占的，至于阶级斗争问题几乎无人提及。

另一方面，因为国家权力全面介入社会，社会方面则要通过各种个人关系向国家权力靠拢，建立关系，以此获得特殊的庇护与关照。所以中国的各种社会利益集团或阶层并不会选择加强自身组织，独立于国家权力并与其对抗、达成契约来维护自己利益的西方社会政治模式，而是通过个人与国家权力建立特殊关系来谋求个人（非集团或阶层的）的利益。同时国家或者一些官员也希望用手中的权力换取来自社会的特殊回报。

作为今后的课题，本书在研究国家政权末端与基层社会的接点时，主要研究了基层社会结合的构造方面，对于国家政权的末端即在县以下的“区”、“乡”、“公社”一级机构的活动以及解放后国家工作队的作用和活动等只是在必要的时候，最小限度地涉及，所以对于“区”、“乡”、“公社”一级政权的具体运作状况还有待于进一步探讨。同时在20世纪末期中国开始推行村务自治，这给乡村带来了新的变化，也需要从国家与村落的关系以及村落社会结合变化的角度继续考察，例如在村民自治中由于缺乏内部自律的传统，出现村落内部自治资源不足、村民对自治关心程度低下等现象就值得进一步研究。

第一章　近代华北村落社会结合与国家权力

对于传统中国的国家统治状态，长期以来存在着两种对立的观点，一种是编户齐民说，认为国家完全是依据行政手段将所有属民直接组织起来，排除了任何血缘关系，这种统治体制是由军事组织体系演变而来的[①]；另一种是共同体理论，认为在国家的统治组织之外存在着由血缘、地缘或者业缘等关系组成的社会团体，国家必须通过这些组织特别是其代表也就是家族长或者乡绅来对社会进行统治。[②]由此便衍生出围绕官治与自治、行政村与自然村、他律与自律等相互对立观点的争论。由于两种观点各有所据，都有一些道理，到目前为止很难将二者的合理成分结合起来，形成较为一致的解释框架。虽然以前就有人按照“专制国家一村落共同体”的理论加以解释，但是现在看来并没有说服力。[③]

笔者认为以上两种对立的观点在很大程度上是由于其分析、研究的视角不同所造成的。编户齐民说主要是从王权专制国家统治方法及其机构方面进行认识，而共同体理论重点是从特定地域的社会构造或者社会结合的视点出发的。除了观察与思考的角度不同外，还有资料使用上的原因。编户齐民说主要利用官方正史的文献，较多地体现了国家意志及官方文人的统治理念。共同体理论则主要依据文化（社会）人类学的田野调查资料，着重表述特定地域社会或者个别社会集团的文化形态。另外，还有

---

① 日本中国史研究会编：『中国史像の再構成一国家と農民』、文理閣 1983 年版。

② 石田浩：『中国農村社会経済構造の研究』、晃洋書房 1986 年版。平野義太郎：『大アジア主義の歴史基礎』、河出書房 1945 年版。

③ 清水盛光：『中国鄉村社会論』、岩波書店 1951 年版。

一个认识上的思维定势，就是认为传统中国的政治体制是国家权力机关只到达县一级，在县级以下是由乡绅、长老或者家族长等主导的“非正式组织”进行统治的，处于一种“自治”的状态。由此便出现了这样一种现象，就是无论哪种观点的研究对于中国国家权力与社会结构最下层“接点”部位的描述都模糊不清，或者避而不谈。

为克服在传统中国国家与社会关系研究上两种截然对立的观点并存的现状，弥合认识上的差异，就要从广泛的视角出发，吸收两者所长，构筑出一种更加广泛、合理的解释框架。为此，笔者以为首先要在地域范围内，在国家权力与社会最基层的“接点”上把握和分析二者的关系，既要精细地分析特定地域社会中的社会构造，又要关注到国家权力在社会最低层面的具体表现。在这里对于国家权力要全面地理解，既要着眼于直接代表国家权力的政治行政机关，还要注意到地方社会精英身上所体现的国家权力因素及其背景。并且，除这种社会组织实体之外，还要注意到国家权力在基层社会的政治文化表象。另一方面，就社会方面来说，与国家权力相连接的基层社会并不可能是自然的个体即个人，而是各种人的社会结合体。古典政治学已经揭示出人是天然合群的，是生活于团体社会中的。[①]现代政治学也证明政治冲突并不是发生在个人与国家之间，而是存在于国家与社会组织集团之间。[②]所以，与国家权力的最末端相接触的并不是个人，而是各种人的社会结合关系体。

本章将分析的特定地域限定在村落上，因为村落是华北农村人们生产和生活的最基本单位。在施坚雅（Skinner）提出市场圈理论后，一个时期内人们对村落研究失去兴趣。但是，华北农村与川中平原不同，在华北主要是“集村”（agglomerated settlement），这里的人们是相互依存、聚集居住的，形成了村落内人与人都相互认识、交流的生活圈，这是人们最基本的生活范围。

---

① 亚里士多德（吴寿彭译）：《政治学》，商务印书馆 1983 年版。

② Robert Nisbet: *Community and Power*, Oxford University Press, 1962.

本章所使用的“村落社会结合”概念是指村落范围之内，共同生活的人们之间各种关系相互交错的总和。与此相近的概念有法国历史学家使用的 sociabilité（有人将其翻译为“社会的结合”、“社会的交涉”、“社交性”），并且将其划分为像“兄弟会”、“信心会”那样“有形的社会结合”和以夜间集会、酒馆为场所构成的“无形的社会结合”。[①]但是，这种研究主要是基于法国南部农村的状况提出的概念，强调由一种共同的心理所支撑的人群间的区别，并且往往与阶级的区分相联系。另外，还有“社会的凝集”（social cohesion）的概念。这种人的结合主要是关注个人由于共同的社会和文化信仰而相互结成的关系。对于近代华北村落的社会结合，杜赞奇提出了“综合的文化网络”这一概念，但是他对于这种“网络”的具体构造并没有清晰的阐明。

笔者以为，就人的社会结合关系体而言，在近代华北村落，主要可以体现为宗族结合、村落结合、民俗宗教信仰结合与生产生活互助结合这四个方面。宗族结合是以父系血缘关系为纽带的，在村落中以同姓同宗为标志，其内部又划分出房、支或院。村落结合是地域共同生活的基本范围和关联，其作为一个整体来说，相对于国家权力它是一个纳税和行政组织的单位，针对其他的非国家强制行为即兵匪的掠夺则是一个共同自卫的团体。在长久的村落共同生活中，每一个村落都有自己的村落集体记忆，并且在相互间形成了一种归属感，成为自我识别的依据，村民相互之间结成了“乡亲”的感情。信仰结合是指以村庙为中心，村民们所拥有的共同的民俗宗教信仰和价值观念，这既是一种心灵的慰藉方式，也是维护村落社会生活秩序的精神规范。互助结合是指村民为了维持简单的再生产和最低的日常生活而进行的互助合作行为，包括生产方面的“合（gě）具”、“搭套”，金融上的“乡社”、“请会”和在办红白事时的“帮忙”等。还应注意到这四种社会结合并不是截然分开的，而是相互交叉的，在这里只不过是为了分析和表述的方便，按照其功能区别开来。在村落中一个人经常是

① 板垣雄三他编：『社会的結合』、岩波書店 1989 年版。

同时处在复数的结合关系之中。

在方法论之外，还有资料的运用问题。对于社会史研究，如果主要依据官方正史与读书人的记载等这些带有官方与精英的话语霸权文字，就不能确切地感受和描述民间社会生活的本来面貌。对于微观实证资料的使用，近年秦晖已经依据考古发现的竹简资料进行了开拓性的研究。本项研究所依据的资料来自 20 世纪 40 年代和 90 年代对华北相同 5 村的两次大规模调查。

一、村落宗族结合与国家权力

宗族是构成中国村落社会的主要组织，对这一点学界的认识是共同的。但是，对于宗族与社会的关系却有不同的认识。一种观点认为在传统中国“家族即是社会”，在乡村除了家族团体之外没有其他社会组织。[①]但是也有人认为至少在汉唐时期中国已经成为“非宗族化”的社会，血缘社群让位于国家的行政组织。[②]长期以来在学界居于主流的是从近代化的观点出发，认为宗族关系在古代十分强大，在近代则由于国家权力向社会的扩展，宗族组织逐渐衰弱，其社会组织机能为国家组织所替代。[③]但是，也有研究证明，中国的宗族并不是来源于上古时期的氏族，而是在中古时期再造的[④]，甚至认为是明清时期才出现的。[⑤]这里，就涉及中国宗族的特性问题，即构成中国宗族的原动力究竟是什么？有人认为宗族是人们为了

---

① 陳其南：「伝統中国の国家形態と民間社会」、溝口雄三他編：『アジアから考える（四）社会と国家』、東京大学出版会 1994 年版。

② 大沢正昭：「『答』·『僕』·『家族関係』—『太平広記』·『夷堅志』に見る唐宋変革期の人間関係」、中国史研究会編：『中国専制国家と社会統合　中国史像の再構成Ⅱ』、文理閣 1990 年版。

③ 参见常建华：《二十世纪的中国宗族研究》，《历史研究》1999 年第 5 期。

④ 仁井田陞：『中国の農村家族』、東京大学東洋文化研究所 1952 年版。

⑤ 科大卫、刘志伟：《宗族与地方社会的国家认同——明清华南地区宗族发展的意识形态基础》，《历史研究》2000 年第 3 期。

个人的利益而结成的，也就是说宗族组织主要体现在机能性方面，西方人类学家在研究中国宗族时多持有此种观点。[①] 近年有人提出汉民族的宗族主要是按照系谱关系构成的[②]，是为了生命的兴旺延续。[③] 还有人认为宗族的结成是出于人们内心的归属感和安全感的需要。[④]

根据华北农村惯行调查资料显示，华北农村宗族的首要特征是其系谱性。在 20 世纪 40 年代，宗族最主要的活动就是上坟祭祖。即使是在宗族势力最不活跃的沙井村，同族上坟也还存在。[⑤] 在其他村落，同族一年一度的唯一活动也是上坟祭祖，族长最主要职责即是组织“上坟添土”[⑥]，许多村落的宗族在上坟之后还举行“寒食会”一类的同族聚餐。在春节期间，同族之间有拜年和“论辈”的习惯，以此来加深同族间的感情，由长辈确认相互间的关系和称呼，明确血缘关系和在同族中的序位。以父系血缘为纽带的系谱性活动是村落宗族结合的核心内容。

但是，也不能否认中国宗族组织的机能性。这主要体现在同族救济和同族聚居以及购买土地时的同族优先权等方面。华北农村的宗族一般都有同族坟地，其空余的部分可以耕种，收获物用于购买祭祀用品和支付同族会餐的费用。耕种祖坟地有一些收入，在华北村落耕种祖坟地的多为同族中的生活困难者。[⑦] 在杂姓村落中普遍存在同族聚居，便于同族之间相互照应。[⑧] 不过，与同族上坟仪式这种系谱性活动依然牢固存在的状况不同，同族救济等机能性活动在逐渐消失。根据沙井村村民的回忆，买地的

---

① Maurice Freedman: *Lineage Organization in Southeastern China*, The Athlone Press, 1958.

② 陳其南:「房と伝統的中国家族制度」、橋本満・深尾葉子編:『現代中国の底流』、行路社 1990 年版。

③ 上田信:「農民の『生の充溢』願望」、小島晋治編:『岩波現代中国』、第四巻、岩波書店 1989 年版。

④ 钱杭、谢维扬:《传统与转型：江西泰和农村宗族形态——一项社会人类学的研究》，上海社会科学院出版社 1995 年版。

⑤ 『中国農村慣行調查』、第 1 巻 260 頁。

⑥ 『中国農村慣行調查』、第 1 巻 8 頁。

⑦ 『中国農村慣行調查』、第 1 巻 283 頁。

⑧ 『中国農村慣行調查』、第 3 巻 54 頁。

同族优先权在20世纪40年代已经没有约束力，甚至让同族穷困者耕种祖坟地的习惯也受到挑战。所以，系谱性可以认为是汉人宗族的首要特征，但机能性也不容完全否认。是否可以这样理解，系谱性是汉人宗族的本质，是机能性的载体；机能性是汉人宗族的表现，是系谱性的延伸。

在以往涉及中国家庭的文学作品和传统观念当中往往将汉人家庭描述为一种大家长制的“累世而居”的庞大家庭。其实，这种由大家长统治的庞大家庭形象只不过是一种对所向往的理想状态进行描述的幻觉。根据多次对华北农村家族的调查，分家是农村家庭生长的铁律[①]，核心家族是农村社会的绝对主体。

在华北农村，宗族的族长并不是宗族内部的权力核心，族长的主要职责也限于宗族内部事务。农民说，族长的主要作用是“调解纠纷，主持分家，操持过继和喜事（结婚）等”。[②]在宗族较为活跃的后夏寨村，族长的任务也就是“对于结婚、丧礼仪式和分家进行商量”。同族人甚至在拜年时也并不一定首先要到族长处。在沙井村，同族内部发生纠纷时，“如果族长有威信就由族长来调解，如果没有威信则要依赖于村内有势力的人”。[③]甚至一些人对于本族的族长是谁都不知道，因为“族长没有势力”。还有人说分家时族长来了反而不便。族长地位的衰微是由于汉人族长的产生方法造成的。汉人宗族的族长是机械地由最大辈分中的年龄最高者充当的，不问其威信与能力。考虑到生活水平与寿命的关系，这样的长者往往是族内穷人的后裔，受教育的水平不高。这就造成宗族的代表者与族长往往是不一致的。在寺北柴村直到民国之前，村政是由积谷会行使的，积谷会由12名董事组成，从当村的7个宗族中选出。12名董事都不是本族的族长。[④]与日本农村的本家、分家的严格规定不同，中国的宗族权力中心人物是不固定的，是按照威信和能力选出的。

① 王跃生：《20世纪三四十年代冀南农村分家行为研究》，《近代史研究》2002年第4期。
② 『中国農村慣行調査』、第3巻76頁。
③ 『中国農村慣行調査』、第1巻262—263頁。
④ 『中国農村慣行調査』、第3巻45頁。

在杂姓村中同族聚居是一种普遍的现象。据寺北柴村的村民说，这种现象是“自古以来形成的，兄弟关系好的话，都在父母住宅的两侧盖房，代代相传形成这种样子”。20世纪40年代，寺北柴村的同族聚居状况是：最东边的是大姓郝姓，与之相邻的是李姓，然后是张姓。村的中部是大姓徐姓，最西边的是大姓赵姓，接着是王姓。由于这种村内的同族聚居构成了此后保甲制中的甲和解放后生产队构成的地域基础，为地域组织与宗族组织的重叠创造了条件。

由此可见，近代华北村落中的宗族组织并不是以功能性为主的，也没有完备的宗族组织体制，没有承担国家的行政功能。但是，也不能说宗族与村政完全没有关系。

关于在村落范围内宗族与国家行政的关系，在先行研究中一般提示出两种类型，一种是弗里德曼所揭示的清代东南地区的宗族组织与地域组织（行政组织）合而为一的场合。[①] 另一种是聂莉莉在对于东北地区的宗族研究中提出的在“满洲国”时期，村落领袖已经是“地域共同的领袖”，“与血缘集团没有关系”的状况。[②] 但是，在近代华北杂姓村落宗族与地域行政机构的关系却呈现出一种相互交错的关系。

在沙井村，民国时代的村政是由村长与数位会首共同掌握的，村长是在县公署派人主持下由村民选举产生的，但是，村长个人对于村政事务并不能单独做出决断，遇事必须与会首协商处理。而会首与村长的产生方法与性质却不同。村长作为村落行政机关的首领是由全体村民选举产生的，与宗族没有关系，主要靠威望和能力、财力等。甚至像沙井村那样在投票选举村长时，同族和姻亲都不参加，以示公正。例如，在1941年选举村长时，候选人是杨源，所以杨姓家族的人都不参加投票，其姻亲即妻弟和舅父家的人也不参加投票，主动回避。村民说：“如果以后得到你投票的村长办事不好，你也会被人们指责。”[③] 在后夏寨村，从清末到抗日战

---

① Maurice Freedman: *Lineage Organization in Southeastern China*, The Athlone Press, 1958.

② 聶莉莉：『劉堡一中国東北地方の宗族とその変容』、東京大学出版会1992年版。

③ 『中国農村慣行調査』、第1巻128—129頁。

争之前，村落行政首长叫作庄长，虽然当庄长的以王姓的为多，但村民说："这是因为其人格高尚有威望。"[1] 据村民说包括附近的村落没有由本村最大宗族的人当庄长的习惯。庄长都尽量秉公办事，避免偏向本族。但是，办事偏向本族的情况也时有发生，这时会出现其他宗族的人到县里控诉，由此来制衡庄长的不公。

但是，与村长不同，会首等却与宗族有关系。在沙井村，村长任命会首时要考虑到会首作为宗族代表的意义。作为会首的后任，"如果在其同族中有有能力的人就一定由其同族的人接任"[2]。有许多会首是子承父职。后夏寨村的行政性的庄长之下是牌长，由于同族聚居，牌的范围与宗族聚居范围一致，牌长即是宗族的代表，村长与牌长共同行使村政。该村下面有三个牌，"东牌是马姓，中牌是王姓，西牌是魏姓"。据说，过去该村不分牌，马姓势力大，常常压迫其他姓，后来按照宗族划分成牌，便没有这种情况了。清代寺北柴村的积谷会由各宗族代表组成，共同执掌村政，该会属于地域行政机关。但是，在积谷会商议事项之前，各个宗族内部先行开会讨论，然后将意见由作为宗族代表的董事拿到积谷会中商议。积谷会并不能干涉各个宗族内部的事情，其决定要通过各宗族的董事去执行。积谷会决定的内容也由各个董事带回本族传达。族内纷争都在本族内解决。村民与积谷会不发生直接关系。不同宗族间的纠纷，首先由各自的董事问明情况，然后交由其他宗族的董事商议和处理。[3]

值得注意的是，自从杜赞奇提出近代华北村落首领由保护型向经纪型转变的观点后，许多人认为华北近代村政的首领构成发生了巨大变化。实际上，发生巨大变化的是村长一级，而与村长共同执政的会首集团的构成却变化不大。这些会首在实行保甲制之后变为甲长，作为宗族的代表依然掌握着村落的实权。根据对"惯行调查"资料的统计，沙井村所在的顺

---

① 『中国農村慣行調查』、第 4 卷 409 頁。
② 『中国農村慣行調查』、第 3 卷 41 頁。
③ 『中国農村慣行調查』、第 3 卷 44—45 頁。

义县1940年实行保甲制后，在33个村中有26个村依然保留着会首制。①村民说："现在的保甲长与会首是一样的。""即使村长变了会首也不变。"沙井村村长杨源说，在他当了村长后，会首的组成"并没有发生变化"。②在寺北柴村宣统年间设立了村正、村副，二人皆为董事，实行保甲制后该村原来的邻闾长有一半成为了甲长。后夏寨村实行保甲制以后，以前的庄长成为保长，牌长成为甲长，会首制依然保持下来。保长有关村政事宜必须要同甲长商议，不能个人决定。村民说："不论何种事情，都不允许专断。要同甲长商谈。"村长属于村政机关，与国家行政机关"接触"，其产生由全体村民选举。保长（村长）的选举，在刚刚开始推行保甲制时县里还派官员来主持，后来便由村落自行选举，只要将选举结果报告县里即可。但甲长的产生从开始就是由各宗族与村长协商决定的。甲长只代表本族的利益。所以，保长与甲长的产生方法和性质有很大的不同。村政的运营离不开宗族组织的合作。

对于中国宗族内部的权力关系，以往存在着强调其机能性和家长、族长的纵向权力关系的倾向。对此，已经有学者提出修正，陈其南提出了汉人家族的系谱性和"房"这一核心概念。仁井田升、中根千枝和中生胜美等都指出了华北宗族关系中并不仅仅是纵向的统治关系，还有横向的力的关系存在。③华北宗族内部的权力关系，就其系谱性而言家族长具有一定权威，主要是组织族内活动，解决族内纠纷。真正代表宗族的是族内有能力的人，体现出其机能性的特征。

在国家与宗族的关系上以往则主要有以下两种固定的思维模式：第一种是近代化的角度，第二种是强弱对立的观念。近代化论的观点把宗族看作是近代的对立物，认为宗族组织及其文化与近代民主主义是水火不相容的，宗族是封建落后的代名词。从辛亥革命前的民主主义革命家就有

① 内山雅生：『中国華北農村経済研究序説』、金沢大学経済学部1990年版、187頁。
② 『中国農村慣行調査』、第1巻116頁。
③ 中根千枝：『社会人類学—アジア諸社会の考察』、東京大学出版会1987年版。中生勝美：『中国村落の権力構造と社会変化』、アジア政経学会1990年版。

这种观点，到“五四”新文化运动中反对家族制度的思潮形成了高潮。其实，这种思想主要来源于西方的政治理论。古希腊的亚里士多德就认为公共性的城邦与家族是对立的，此后，家族组织与公共政治对立的观点成为西方政治思想的一个原则。这样，在此后相当长的时期里研究宗族组织时，都把其作为旧社会的“残余”对待，没有看到宗族是人们自我组织的一种最基本的形态。在没有国家的场合，家族制度是维护社会秩序的主要形式。在中国这样有国家存在的场合，宗族与国家的关系较为复杂。笔者认为，在近现代华北村落一级，国家行政机关与宗族组织的关系，既不是国家完全依靠宗族组织控制基层社会，也不是国家行政机关与宗族无关或者只是在公共机关中“掺杂”有个人血缘关系。而是一种国家基层组织与宗族组织相互交错，共同维护社会秩序。在解放后的人民公社体制下，村落（生产大队）的干部配备也要考虑到其所代表的宗族关系。宗族关系作为人们的最基本的社会组织形态到解放后也发挥着作用。

另外，在国家与宗族组织的力量对比关系上，长期以来被认为是一种强弱对立的关系，即如果国家在基层的权力扩张，那么宗族的权力就会萎缩；相反，如果宗族的势力坐大，国家权力就会削弱。就近现代而言，认为国家在向近代国家推进的过程中其宗族势力必然会逐步萎缩，最终消失。但是，在近现代的华北农村，宗族势力并不是直线地衰弱，而是在国家权力向村落扩张的时候，宗族权力亦得到生长。宗族组织与国家权力同时增强。在人民公社体制下，国家对社会的控制空前强大，但是，宗族关系并没有因此而消失，而是其机能性显得空前活跃，宗族间的竞争与摩擦得到激化。

这种思考方法运用现代博弈论亦可进行解释。如果按照零和（一定和）博弈的思路，是假定竞争对手所得到报酬总和是固定的，竞争对手之间的得分与失分是相等的，甲得到部分正好是乙失去的部分，反之亦然。以往对国家与宗族力量对比关系的认识是基于这种思路的。但是，如果按照变动和博弈的思路，假定竞争对手所得到报酬总和是变化的，竞争对手之间不断调整自己的行动，有竞争也有合作，双方所得到的报酬总和根据博弈的状况而扩大与缩小。[1] 按照这种思路，国家与宗族的关系，不只有“此强彼弱”的关系，还可能有“双强”或“双弱”的场合。

二、村落地缘结合与国家权力

关于村落地缘结合与国家权力的关系，以往主要有两种思路，一种是共同体理论，一种是村落自治理论。

根据共同体理论对于中国村落进行研究曾经盛极一时。研究主要是围绕中国农村是否存在共同体而展开的。[2] 这方面既有理论上的问题，也有对史料使用上的问题。马克思关于东方社会的共同体理论主要是基于来自印度的资料。同时关于东方专制主义的观点也是西方学者按照当时自身所处的历史环境提出的一种价值判断。根据这种来自西方的理论考察中国社会必然会出现分歧。另外，还有人认为产生论争的原因是人们将政治经济学的强调生产资料、分工和阶级论的共同体论与社会学的强调社会集团、相互关联的共同体论混同起来所致。

关于传统中国社会构成的特征，即历史上的中国社会是由孤立的个人构成的，还是由把个人埋没的各种共同体构成的，学界一直存在分歧。一种观点认为中国社会是由宗族、村落等血缘、地缘性的集团构成的，个人必须依附于各种社会关系上，社会中没有个人独立生存和发展的空间，本书将之称为团体论。另一种观点则认为传统中国社会是由早已从各种血缘、地缘共同体中解放出来的独立的个人所构成的，本书将之称为个体说。基于团体论的研究表现为对宗族、村落地缘结合、秘密社会以及行会、同乡团体等的研究方面，虽然侧重点不同，但是都强调中国社会的集团性特征，这方面的研究已经很多，本书在此不多重复。与之相对立的是

---

① 参见岡田章:『ゲーム理論・入門』、有斐閣 2008 年版。

② 参见旗田巍:『中国村落と共同体理論』、岩波書店 1973 年版。

个体说，一些学者重视传统中国社会中个人的身份自由和个人行为的独立性方面。这包括“脱身份”论，例如梁漱溟提出“职业分途”的特征，滋贺秀三也提出中国社会的“脱世袭身份”的特点。①其次是“脱家族”论，增渊龙夫提出在秦汉时期血缘家族秩序已经不复存在。②秦晖根据考古资料揭示了中国中古时期的“非宗族化”社会的特征。③大泽正昭则提出唐宋时期个人的家族关系已经让位于国家行政权力。第三是“个人利益”论，中兼和津次对于20世纪40年代东北地区农民经济生活的分析证明了农民间的关系是建立在经济合理性上的纯粹经济利益关系。④近年，岸本美绪提出在明末东南地区人们从共同体中解放出来，但是为了个人的利益不得不结成各种社会集团。所以，越是在商品经济发达的地区人们的社会集团性越强。⑤这是将以上两种对立观点综合起来的思路。但是，其议论的出发点依然是强调个人的方面。对于近代华北农村的分析也同样有对立的观念，甚至同是使用华北农村惯行的调查资料，其观点也截然不同。平野义太郎从“共同体”的观点出发，认为以庙为中心的“会”是一种自然形成的共同关系，是村落组织结成的标志。而戒能通孝则通过与近世日本村落的比较，认为华北的村落没有村界，并不是稳定的地域集团，没有日本那样的以高持百姓为核心的村落组织，中国的村长和会首缺乏村民的内在支持，只不过是个单纯的支配者而已。⑥旗田巍根据对“开叶子”、“办五会”等习惯的分析认为华北的村落缺乏相互协同，并不是封闭的和排他的。福武直则综合了两者观点，认为华北农村的结合虽然是消极的，但村民间也不是全然孤立的，而是呈现为一种微弱的集团性。⑦

---

① 滋賀秀三：『中国家族法の原理』、創文社 1967 年版。

② 增淵龍夫：『新版　中国古代の社会と国家』、岩波書店 1996 年版。

③ 秦晖：《传统中华帝国的乡村基层控制：汉唐间的乡村组织》，黄宗智主编：《中国乡村研究》，第一辑，商务印书馆 2003 年版。

④ 中兼和津次：『旧満洲農村社会経済構造の分析』、アジア政経学会 1982 年版。

⑤ 岸本美緒：「明清時代の郷紳」、柴田三千雄编：『シリーズ世界史への問い　七　権威と権力』、岩波書店 1990 年版。

⑥ 戒能通孝：『法律社会の諸問題』、日本評論社 1943 年版。

⑦ 福武直：『中国農村社会の構造』、大雅堂 1946 年版。

自治论的观点认为传统国家统治的行政机构只到达县一级，在县级以下的社会秩序是自治的。在近代虽然国家机关向下延伸，但是村落的自治性也依然存在，华北村落的自然村落构成与国家最基层的行政组织即行政村组织范围是重合的。以往的研究或者强调村落的自然村性质，主要注意到村落的自治或者自律的方面；或者是强调村落的行政村性质，主要注意国家对于村落的行政编制方面。本书在这里要考察的则是村落作为自然村的特性及其与国家权力的相互关系。对于二者的关系，过去清水盛光提出了著名的两种自治说，他认为中国农村同时具有两种“自治”，即村落自身所固有的“自律的自治或者生成的自治”与由国家组织编成的“他律的自治或者构成的自治”。近年田原史起在此基础上提出在古代国家往往将“自律的自治或者生成的自治”放置不管，在相当程度上利用这种自治，减少国家的行政管理成本。到近代，国家加强对社会的动员，“他律的自治或者构成的自治”得到强化。并且在国家权力空前地深入社会之后，“自律的自治或者生成的自治”则被掩盖起来。[①] 这种观点在分析村落的“自然村”和“行政村”的两重性上是有效的。但核心问题是，这种分析完全将两种自治截然区别开来，忽视了两种自治的内在的相互联系。

近代华北农村的村落结合主要体现为村落拥有共同财产和规范、相互连带以及自卫互助方面。

近代华北村落制度起源于清代中叶里社制废弛以后的乡地制。雍正初年实行“摊丁入亩”之后，户籍失去意义，到乾隆中期便停止了户口编审。随着人口流动的日益增加和土地买卖的进一步频繁，里社制度由于土地相互过割而紊乱，徭役摊派和催征田赋无法依靠原来的里社组织，只有依靠自然村为单位进行。村落中设一“地方”负责催征。村落作为一个征发单位而增强了其一体性，自然村落成为人们生活的基本范围。[②]

在华北村落一般拥有以庙产为中心的房产（庙宇）和地产（香火

① 田原史起：「村落自治の構造分析」、『中国研究月報』2001 年 639 号。

② 参见魏光奇：《清代直隶的里社与乡地》，《中国史研究》2000 年第 1 期。

地）。1942年沙井村围绕香火地的官司说明了村落共同财产的存在和村落具有集体维护其公共财产的行动。另外，在村落内部也存在对于村落内轻微犯罪的自行处罚的习惯。近代以来，华北地区国家权力分裂，兵匪横行，为应付外来的威胁，村民要自己组织起来，或者是筑墙掘沟，加强防卫设施①，或者是组成红枪会进行武力对抗。不过，更主要的形式是当兵匪来临时，村民全部外出避难，只留下几个人在村中应付（如果没有人应付，兵匪要放火烧毁村落），他们是由村民委托的，一般是能够见机行事的老人，由他们出来应付兵匪，提供金钱、粮食和饭食。其费用由村民均摊。②

村落最主要的连带性体现在作为一个税收单位上。民国时期，县里将村落作为税收单位，将一个村的赋税额告知村长，由村长负责催缴。当有人滞纳时，县里便将村长扣留在县城。滞纳的村民得知村长被扣，就会积极想方设法，凑足粮款，将村长赎回。据滦城县政务警察处的警长说，这种方法十分有效。村民为尽快将村长赎回，都会积极努力，尽快交来拖欠的粮款。村长被放回后，滞纳的村民要向村长道歉，并在年节时向村长送礼。③村落的这种连带性是由于作为一个税收单位而形成的。马克思曾经认为俄国的米尔共同体是原始共同体的残存物，后来韦伯却提出这种农业共同体不过是阶级社会里租税负担的连带组织。近代华北村落的连带性在很大程度上也是由于国家税收制度的改变所造成的。

对于村落的一些传统习惯，县里也在一定程度上承认，比如在进行村长选举时，按照当时的选举规定，女性也有选举权，但村内却不认可，经常造成纠纷，后来县里也不提女性的选举权了。还有，虽然规定每个成年人都有选举权，但在选举时，一般都是“一户一票”，对此县里也不再坚持。国家推行保甲制，要求村内进行连坐密告，但是根本无法推行起

---

① 参见王庆成：《晚清华北村落》，《近代史研究》2002年第2期。

② 三谷孝编：『中国農村変革と家族・村落・国家―華北農村調査の記録―』、第二卷、汲古書院2000年版、58頁。

③ 『中国農村慣行調査』、第3卷385頁。

来，村民们认为告密是不可想象的事情。[①]

近代华北村落的共同性，是一种消极自卫性的共同关系，是在国家或外部压力下，村民们结成的一种相互依附关系。但是，在这种长期的共同村落生活中，村落内部形成了集体记忆，具有了村落内部与外部的区别，相互之间也有了感情上的乡亲观念。

村落虽然拥有一定的自律（自治）性，但是，在村落内部并没有一种较为正式的、全员参加、由多数决定的民主协商、表决的机制和规则。自清代中期里社制衰落之后，华北农村中实际上已经没有乡政可言，地方、乡保等乡地组织人员属于职役，其职责仅仅是最低限度地维持国家征发田赋和徭役的需要，乡村制度建设阙如。在村落内部，首先存在着宗族的区分。其次，村落的权力是由会首集团掌握的，普通村民没有机会参与村政。比如在沙井村，从县里下来的公文只念给会首听，维修村中庙宇和道路等公共事情也只由会首们商谈。如果没有会首在场，村民们即使进行商议，其结果也是无效的。[②] 对于县里的征发命令，村内如何摊派，都是在会首们商谈后仅将结果通知村民。由于普通村民长期无法参与村政，造成了村民对于村政的普遍冷漠。20 世纪 40 年代，县里推行村选，县里来人主持选举，村民参加最多的也仅达到七成左右。对于会首们的决定，村民一般是逆来顺受，有村民说：“只有傻瓜才提不同意见，聪明人都默不作声。”[③]

在松散的村落社会中仅仅由少数人做出的决定并不具备很高的权威性。村落内经常会产生纠纷，而这种纠纷在村落范围内无法解决，这主要体现在缴纳县里的征收时分摊不公或是村费的管理使用等方面。当发生分摊不公时，就有其他宗族到县里提出诉讼，如果说村民个人考虑到诉讼成本，往往要在村内和解的话，这种宗族间的诉讼则大多要到县里解决。在

① 『中国農村慣行調査』、第 1 巻 103 頁。
② 『中国農村慣行調査』、第 1 巻 125 頁。
③ 『中国農村慣行調査』、第 3 巻 47 頁。

村落内部当村民对村长的摊派方法持异议，拒绝缴纳时，村长并不能处罚该村民，村长要报告到当地的警察分所，由警察分所处理解决。再例如，寺北柴村围绕治安军的兵役负担问题出现纷争，村长提出由数户男子多的家庭出人，但是，这几户反对，认为大家都是村民，应该共同出钱雇用一个人来出役。双方僵持不下，最后村长与几位甲长到县里说明，请求指出解决办法。县里的意见是在男子多的几户之间用抽签的办法决定一家出役，然后由全村共同出钱资助出役的家庭。村长说："这次因为是县里的命令大家都服从。对于县里的命令没人有意见。"[①]

村落内部缺乏自行解决纷争的机制，这从地方政府文件中也可以看到。在清代顺天府档案中有许多关于村落内由"首事人"就村落内部活动进行"合议"（公议）内容的文书。这些文书所涉及的事项都是有关村落内部的，但是，其"合议"的结果在村落内约束力低下。为了使全村人都能遵守，首事人往往将"合议"的结果上报到县里，要求由县官加以公示，显示出其权威性。例如尚节里商汪洵庄的"首事人"李文泮等七人向县官上书，其中有这样的内容：

"身等会同合庄人等公议断赌，不论赌博大小，一概不许设立，庄众无不乐从。虽然立有罚束，诚恐有不法之人，暗生网利之心，私行勾引赌钱，不遵公立罚束，势必滋生事端。身等因公起见，为此公恳，叩乞：

"仁明太老爷，恩准赏示，晓谕通知禁止赌博，俾居民各务正业，则均感大恩于无既矣。上呈。"[②]

在近代，华北村落缺乏内部自治和自律的机制，村落内部虽然有一定的"自治"，但是这种自治由于宗族的存在和村民参与性的低落，其公共活动并不是由村落全员参加的，而是仅由少数会首集团主导的，对于全体村民的共同约束力极弱。在一定情况下，会出现普通村民与会首的对立，这时国家权力是作为一种超越村落内部利害冲突的"公权"来评判、

① 『中国農村慣行調查』、第 3 卷 47 頁。

② 《顺天府档案》，第一历史档案馆藏，第 117 卷。

调解其内部的纷争。所以，维护村落的共同秩序离不开国家权力的介入，所谓“自律的自治或者生成的自治”是一种不完全的自治，村落内部的纷争在村落的范围内常常无法顺利解决，必须求助于国家权力的介入。另一方面，国家在行使统治权力时由于交通、通信的限制，为了节约成本有时希望村落进行自主管理，要利用村落的自律职能。所以，“他律的自治或者构成的自治”一般也是消极低调的，只要能保证税收或不出现大的刑事案件，国家权力并不会积极主动地介入村落内部。村落的自律或自治是薄弱和不完善的，村落秩序的维持离不开国家权力，同时，通过会首制度的延续和以扣留村长来催征税收的做法，可以看出国家权力也要利用村落的自治和自律的资源。所以，两种自治不是截然分开相互对立的，而是相互补充和依存的。国家、会首（乡绅）、村民三者之间处于一种既相互区分又相互依存的关系。特别是，在这里会首（乡绅）并不仅仅是作为村民的代表与国家进行交涉的角色，还有可能成为由于村民向县里提诉而成为被告的角色。村民并不仅仅把会首（乡绅）当成自己的代表，当自己的利益受到会首的侵害时，就要直接到国家权力机关寻求裁决，国家权力与村民之间并不只是经过会首（乡绅）这个中介来连接的。并不积极的国家权力与松散的村落地缘结合相互依存，两种自治均处于“弱”的状态。

三、民俗信仰与国家意志

一般来说，民俗信仰或者民俗宗教是指在特定地域内生活的人们基于其实际生活习惯而产生的共同信仰观念，其主要作用是满足人们的精神需要，以宗教信条的形式维系共同的价值观念并由此来维护地域日常生活秩序。[①] 所以，一些研究者把民俗信仰单纯地认为是一种与国家权力无关的地方性知识，并且认为由于这种共同信仰观念使得地域共同体更加巩

---

① 『中国農村慣行調查』、第 3 巻 45 頁。

固。而一些后现代主义者更把这种民俗信仰看作是民间本来固有的与“近代国家”相对立的合理存在。还有人认为通过掌握地方民俗信仰的组织、仪式活动，有利于地方精英维护其权威地位，反过来又更加强化了民俗信仰及其活动。[①]

但是，华北村落中的民俗信仰就其组织形式来说是十分松散的。每个村落中都有复数的庙宇存在。比如：观音庙、五道庙、关帝庙、龙王庙、药王庙、土地庙、财神庙等。有的在一个庙中供养着复数的神龛，比如沙井村的观音庙有前、中、后三个殿，前殿供养着药王和关帝，中殿有关帝、龙王、财神、文殊、观音、普贤、青苗、虫王、土地、二郎，后殿有文殊、释迦、普贤等。村民说没有人永远只参拜一个神的，在每年固定的祭祀活动中对哪个神都一样参拜，只是在个别情况下才根据自己向神祈拜的目的不同而自由选择。[②]另外，村落当中虽然有集体祭祀活动，但参加与否是完全自由的。沙井村每年有五次祭祀活动，称为“办五会”，这是村落中最主要的集体活动。但是，村民出欠却是完全自由，每年只有一部分人参加。

村民们对神的参拜都是从个人或者家庭的利益出发进行祈愿的，没有共同为全体利益祈愿的，即使在团体仪式时也是如此。在沙井村，“办五会”的主要操办者称为“香头”，一般参加者称为“散户”。“香头”要比一般“散户”多交会费。但当不当“香头”完全是由自己决定。在进行集体祈愿仪式时，村民们都是为各自（核心）家庭祈愿的，包括“香头”在内，没有人是为全村整体利益或本宗族等团体利益祈愿的。[③]“香头”比“散户”多交会费也没有向“散户”施舍的意思，只是为了显示个人对神的诚意。

有人认为通过组织集体性的祭祀活动，村落精英可以增加其个人威

---

① 吴重庆：《孙村的路——“国家—社会”关系格局中的民间权威》，《开放时代》2000 年第 11 期。

② 『中国農村慣行調査』、第 1 巻 211 頁。

③ 『中国農村慣行調査』、第 1 巻 218 頁。

望。但是在调查村里，祭祀活动的组织者并不是固定的。沙井村的“香头”，只要多交会费，谁都可以当。寺北柴村负责组织祭祀活动的是“观音会会首”，村民们认为，做这种会首可以更多地得到神的保护，大家争相担当。为使机会均等，该村的观音会会首每年都要更换，通过抽签公平决定。[①] 由此可见，组织集体祭祀活动与增强在村落中威望并无直接关系。

华北村落的民俗宗教信仰不但有满足人们精神慰藉的作用，也有维护村落日常生活秩序的功能。

民俗宗教的信条实际上是村落生活规范的神圣化。帕索斯（Talcott Parsons）就认为“社会中被制度化的各种价值，最终是在宗教的词汇中得到正当化”。人类学家渡边欣雄提出，“汉民族的宗教是按照人们的生活脉络编织出来的，是以既存的生活组织（例如家庭、亲族、宗族、友人、地域社会等）为母体的宗教”。在村落之中，具体到对每个神的信仰，村民都是将它与村落生活中的个人道德行为联系起来的，通过附有神的赏罚的道德规范维护村落的秩序。例如村民对诸神是这样认识的：[②]

财神 ——“向财神祈愿可以发财。”“穷人或者破落户是由于做过恶事所以不会发财。”“也有今世没有做恶事只做好事不过没有发财的人，这种人会在其来生发财。”

青苗神 ——“是保护庄稼不受害的神。”“庄稼在生长时如果谁伤害庄稼，由于有青苗神在，那个人就会动弹不了。”

虫王 ——“虫王生气时会打开盖子将虫子放出来吃庄稼”，“虫王打开盖子是按照玉皇的命令，这是谁干了坏事。”“村中一两个干了坏事，招来虫害，其他人也遭殃，这是运气不好。”

观音 ——“坏人在得到观音的恩惠后也会变成善良的人。”

通过神的赏罚观念来规范人们的行为是道教信仰的特征之一。关于神的赏罚对象，村民们认为最恶的事情是“盗窃”和“不孝”。而村民举

① 『中国農村慣行調查』、第 3 巻 43 頁。

② 『中国農村慣行調查』、第 1 巻 210—211 頁，第 5 巻 297—298 頁、442—443 頁，第 4 巻 17 頁、433—434 頁。

出的最善的事有“孝敬父母”、“慈善和公益”等。在吴店村的土地庙里写着这样一句话：“你也来了。”[①] 据村民说这是土地爷说的话。干过坏事的人一见到这句话就害怕了，因为干了坏事，即使别人不知道，但土地爷全知道。在1990年代调查时，寺北柴村新建老母庙的发起人SCY是一虔诚的信奉者，即使在“文化大革命”时期她也偷偷地求神拜佛，据她说，在解放前她的孩童时期，经常跟祖母一起到庙里求神拜佛。“庙里画着许多画，告诉人们，如果行善好施，就会得到金山、银山，如果做恶，就会让你上刀山下油锅。”

但是，村落中的民俗信仰观念并不仅仅是基于村落内部生活的，而是与国家权力也密切相关，具有维护村落秩序与宣扬、灌输国家正统统治观念的双重作用，并且两者是合而为一的。

首先，在村民的宗教观念当中，村落内的诸神都是属于一个在玉皇大帝的绝对统帅下，由上下统属、各司其职的神仙们构成的世界。这个神仙世界与阳间的王权专制国家体制是一样的，实际上是对现实国家统治体制的神化。在神仙世界里，玉皇大帝拥有无限绝对的权力，其所属的统治机构也深入到村落之间，村落中的每一个人都受到其监视。[②] 另外，在其信仰内容中也有明确的国家统治意识的渗透。

按照村民们的说法，天上的玉皇与地上的皇帝一样，下边有庞大的诸神机构，诸神必须服从玉皇的意志，包括刮风下雨等天候的安排也全归玉皇决定。村民们是这样描述神仙世界的：在玉皇的下边有四大天王、十八罗汉，以及二郎神、哪吒等，在它们下面是又有雹神、风婆、虫王、灶王、龙王（龙王有许多，其部下有贝、蟹、虾等）等众神 。这些众神与村民的日常生活息息相关。例如，龙王负责天晴下雨，决定农作物的生长。虫王专司各种害虫。二郎神和真武大帝驱除村中灾害。宅神确保一家平安。药王治病。马王保证家畜不受瘟疫。还有灶王则是待在农民家中的

---

① 『中国農村慣行調査』、第5卷431—432頁。

② 三谷孝编：『中国農村変革と家族・村落・国家－華北農村調査の記録－』、汲古書院1999年版、第1卷271頁。

神，每年一次升天面见玉帝，要将其全家人的善恶表现向玉帝汇报。

在传统的农村社会中，县城是地方政治的中心，村落是由村长与县官打交道的。同样，在民俗宗教中的神的世界里，县城里有城隍神，在村落中有土地神（还有五道神），两者也是上下所属关系。[①] 城隍神住在县城，统领村落中的土地神。国家权力对城隍神加以册封，使其带有了国家的权威。明太祖就曾经对各级官府所在地的城隍神加以册封、定以官职。例如，都城的城隍神被封为“承天鉴国司民升福明显灵王”，开封府等一级的城隍神被封为“鉴察司民城隍威灵王”，各州的城隍神被封为“鉴察司民城隍灵佑侯”，各县的城隍神被封为“鉴察司民城隍显佑伯”等。城隍神也有官职，府的城隍神定为正二品，州为三品，县为四品。在这里神仙世界的诸神俨然成为世俗世界的王朝命官。

在民俗信仰中，土地神待在村中，各村都有土地庙。土地神是保护本村平安的，谁干了坏事土地神会降临灾害予以惩罚。土地神“独坐五道口，专察善恶人”（五道：按照佛教的说法是指天、人、地狱、畜生、饿鬼等。土地神坐在这五条道的交叉口处，审查每一位死者生前的善恶，决定其来生出处）。同时，它又是“收灵的神”。城隍神和土地神、五道神共同管理人们的死魂。“城隍神是监督村里土地神的神，县城里只有一个。”“土地神和城隍神的关系和官府一样是上下级的关系。”村落中的土地神对县城的城隍神负责。阳间谁的命日已到，由城隍神告诉土地神，土地神便在村中取其灵魂，送交城隍神。人死后要在阴间接受审判。“这种审判与阳间的官府一样。”五道神也是“专管死人的”，同样是城隍神的部下。

如果说玉帝信仰和城隍神与土地神的说教是现实王权国家体制在民俗宗教中的折射，那么关帝信仰则是国家统治观念的直接灌输，因为关帝信仰的核心内容渗透着国家的正统意识。国家观念与关羽信仰的结合，是从宋代开始的。此后，到明清时代，对关羽不断加封，将其纳入到国家祭

---

① 『中国農村慣行調査』、第 1 巻 210—211 頁。

祀当中。明代万历四十二年神宗就将其加封为“三界伏魔大帝神威远震天尊关圣帝君”。清初顺治九年加封为“忠义神武关圣大帝”，此后，又不断加封，到光绪五年加封“宣德”二字，成为“忠义神武灵佑仁勇威显护国保民精诚绥靖翊赞宣德关圣大帝”。

国家推行的关帝信仰观念在中国传统宗教道教中也有体现。在道教经典《关圣帝君觉世真经》中就倡导发扬关羽的如下美德，这就是敬天地、礼明神、奉祖先、孝双亲、守王法、重师尊、爱兄弟、信朋友、睦宗族、和乡邻、别夫妇、教子孙等。将王权思想、儒家伦理混为一体。

这种国家的统治观念深深渗透到了民间风俗当中。在华北村落中关帝庙与土地庙一样村村皆有，关帝信仰普遍存在。据民国时期的未刊山东恩县（当时的后夏寨村属于恩县）县志记载的当地风俗就有：“六月二十四日，俗谓关公诞辰，午时村中各户，持纸香供牲醴，至关帝庙前叩首，老妇尤多，谓关帝灵圣，足以护国安民云。”在顺义县河南村的关帝庙前立有献戏地碑，上面刻有这样的文字：“关大帝忠肝义胆，耿日薄云，洋溢弥漫，何所不在，顾古人云，诚至斯格之，日感而遂通，兹村之奉之也。”还说：关羽的“英魂永光日月，自君公士庶以及九夷百蛮谁不敬信而尊崇者”。寺北柴村的关帝庙前立碑说：“村东旧有关帝庙，颓废已久，今合乡钦念盛德不忍淹没，捐钱重修。”[①] 在吴店村的七圣祠中，供奉着众神的牌位，村民说在众神中处于最上位的是关公，最受尊重的是关公，因为“关羽是伟大的人”。村民们说，参拜关帝大圣，并不是祈求某种现实利益，而是出于尊重关羽的人格，认为关羽是人们应该效仿的模范。[②]

一般说来，宗教集团的构成包括教义或者由神话形成的信念以及与礼仪相应的活动和与教团相应的教会组织等方面。但是，华北村落的民俗宗教除宗教信念明显存在外，宗教仪式活动是自由参加的，组织关系也十

---

① 『中国農村慣行調査』、第 3 巻 55 頁。
② 『中国農村慣行調査』、第 5 巻 431—433 頁。

分松散。这从宗教信仰方面也说明了近代华北村落社会结合的薄弱。在这种主要以宗教信仰内容为存在形式，以对个人行为的赏罚为特征，组织关系涣散的民俗宗教中很难形成强固的宗教信仰结合，也不会从中产生出宗教权威人物。但是，在这种民俗宗教信仰中却充满了国家权力观念。关于玉皇大帝至高无上的认识，城隍神与土地神的统属关系，关羽信仰的内容都是王权专制国家体制和统治意志的体现。近代华北村落民俗信仰的社会功能最主要的作用是通过对个人的赏罚维护村落生活秩序，这说明了世俗组织力量在维护村落内部秩序上的软弱。特别是近代以来接连不断的破除迷信运动，使得民俗信仰受到压制，维护村落秩序的因素进一步被削弱。

四、互助结合与国家权力

在华北村落的日常生活中，村民之间离不开各种互助合作行动。对于这种互助关系与权力特别是与国家权力的关系，学界有分歧。一种观点认为在这种互助关系网络的交叉点上会产生出多重的庇护关系，由此形成村落的权威或精英，他们得到村民的拥护并可以代表村落与国家权力进行交涉，这就是乡绅。[①] 另一种观点认为，村落是由一个个零散的个人构成的，相互之间只有单纯的经济利益关系，并没有庇护关系，不存在所谓的民间权威。村民与村落领导集团之间仅仅是一种赤裸裸的行政统治关系。[②]

笔者以为首先要分析华北农村各种互助合作关系的性质和程度，然后才能确认庇护——权力关系的有无。华北村落内的生产和生活上的互助关系十分复杂，仅仅从一种互助关系进行分析显然不行，应当对各种互

① 杜赞奇（王福明译）：《文化、权力与国家——1900—1942年的华北农村》，江苏人民出版社1996年版。

② 戒能通孝：『法律社会の諸問題』、日本評論社1943年版。

助关系按照其性质进行综合分类，然后才能总括说明。近代华北的互助行为大体可以分为三类，即看青、打更等整个村落范围内的维护生活秩序性的治安活动，搭套、帮忙等个别农家之间的互助合作行为，以及请会、乡社、碗社一类的金融互助组织。本文也分别从这三种互助进行分析。

首先是看青。旗田巍曾对华北农村的看青进行过深入研究，他将看青的形成、发展过程分为四个阶段，即（1）没有必要看青的时代，（2）各个农户自己看青的时代，（3）雇用村中光棍、土棍看青的时代，（4）村民协同合作看青的时代。[①] 据沙井村村民说，很早以前村中没有任何事情，仅有的两名绅董也是住在县城。后来村民自己看青或雇人看青，这种人被称为“看青的”，大多是村内的光棍、土棍等没有土地、游手好闲而又尚武好斗者。当抓住偷盗庄稼的人时，就由主人或看青的人斥责、罚款或殴打。由于看青的与雇主是个人间的雇佣关系，看青的往往背着雇主干坏事。为了便于控制看青的，在清末村民们相互合作建立青苗会，由青苗会统一雇用看青的，便于管理。也正是在这个时候，国家为了征收赋税的方便，要求村中建立公共的组织机关。这样，青苗会不但是看青组织同时也成为协助政府行政的税收机关。顺义县是在光绪三十二年由一位姓汤的知县发布命令，各村同时建立起青苗会的。[②]

到20世纪40年代，看青会这一协同活动进一步由国家管理了。首先，对于盗贼的处罚，过去完全是由青苗会处罚的，这时变为要将盗贼交到警察分所，由作为国家行政机关的警察分所惩办。另外，由于土地自由买卖，在本村范围内的土地中有一部分的主人是其他村的，这样，围绕青苗会费征收经常发生纷争。1936年姓安的县长发布命令，将各村的看青范围固定下来，称为“死圈”。凡是在这个圈子内拥有土地的外村人一律按每亩地十钱的标准缴纳青苗钱。[③] 从看青行为的形成、发展过程来看，这一发端于村落生活所必须的互助活动在制度化过程中，受到了国家权力

---

① 旗田巍：『中国村落と共同体理論』、岩波書店1973年版、190—191頁。

② 『中国農村慣行調査』、第1巻204頁。

③ 『中国農村慣行調査』、第1巻204頁。

的指导和管理。

打更也是一样。过去打更是村落冬季自行组织的一种治安互助活动，到 20 世纪 40 年代，被正规化和制度化。先是村长与会首协商制订了《博夫规章》，详细规定出轮流打更的办法。后来，县政府下令建立保甲自卫团，打更的组织和机能被纳入到自卫团之中，由乡政府管理，农闲时村中还要派人到县里参加训练。

下面看一下搭套、帮忙等个别农家之间的互助合作行为的情况。搭套是农户间的个别互助行为，在沙井村以两户间的合作最为普遍，最多的也不过是四户。这种合作是在同等水平的农户间进行的，“大体土地也是一样多的”，“有钱的和有钱的，穷人和穷人”。另外，这种合作仅仅是牲畜和农具的合作，没有包含其他方面的合作。搭套的对象是不固定的，一般是每年换一次，在秋收之后双方结清工款后合作便告结束。到年初时又重新寻找合作伙伴，商谈合作条件。“没有永远在一起的搭套。”[①] 很难想象从这种个别的、纯粹经济利益的、不固定的合作中产生所谓庇护和权威关系。

请会、乡社、碗社一类的金融互助组织在华北农村十分普遍。在调查村中，山东省的后夏寨村最突出，根据 20 世纪 40 年代的调查，该村有请会、乡社、碗社、饽饽社、平安会等，当时全村一百二十七户中有九十一户参加乡社，十八户参加饽饽社，十一户参加碗社，另外还有三个请会。在寺北柴村以及附近村落有拔会、助会、红白会、积谷会。沙井村及其附近村落有钱会和（打）猪会、（打）老人会等。村民参加这些金融组织并不是为了扩大再生产的，而主要是为了婚丧嫁娶时的费用，所以，金额不是很大。这些金融互助组织是由会头发起联合有亲近关系的人共同组织的。

后夏寨村的乡社本村人谁都可以参加，社头由会友口头选出，另外

① 三谷孝編:『中国農村変革と家族・村落・国家—華北農村調査の記録—』、汲古書院 1999 年版、第 1 巻 857 頁。

还设有专门的“管账先生”。会费每月十钱，另外要交五十钱的饭费。乡社每三年一次举行泰山老母祭，然后全体会友会餐。乡社的会费对会友和村民都可以贷出，每月利息三分，借贷数额一般很小。再以请会为例，1941 年，该村分别有以马士林、马凤翔、马万年为会头的三个请会。马万年发起请会是为了解决儿子的结婚费用。他的儿子结婚需要 150 元。为此，他向亲友发出成立请会的帖子，结果有十六人同意，于是便定好一天，大家聚在一起吃饭，十六人每人出十元，共筹集到一百六十元。对于借款的返还方法是，每年返还二三人，到第五年全部还清。当初借款十元，没有利息，并且只返还六元就可以，另外四元作为祝贺结婚的贺礼，不用返还。[①] 请会的成员之间都是“朋友”关系，不限于同村、同族。马万年为会头的请会，其成员包括村内十人，其中马姓的只有三人，另外的六人是外村的。

会的发起人必须是人品好、有声望的人，村民说“品行好的人办请会大家愿意帮忙，人品差的没人和他合作”。马士超曾长期担任乡社的会头，因为他“人格高尚”。在后夏寨村，乡社中借钱多的多是村中的活跃分子如马士超、马万年。这些人的经济状况一般。但是，参加会的也不一定就是穷人，前夏寨村的会头柴金喜拥有八十亩土地，村民说他“可以信赖”，参加者不少。[②] 能否成为社头，关键是个人威望，一些人的确由此成为村落的领导者。后夏寨村乡社的管账先生吴玉衡后来当了保长。另外，同时参加了该村请会、乡社、碗社、饽饽社的马万年和张鸿（洪）烈在解放以后担任过村干部。

近代华北农村的互助合作行为既有经济互助的因素，也有感情依赖的因素，还有相互间的庇护关系，但总体看来是比较薄弱的。在以自耕农为主的华北旱作地带，村民间的生产合作只有搭套一类简单、纯粹的经济利益合作，请会一类的金融互助合作也主要是为了婚丧嫁娶的生活特殊事

---

① 『中国農村慣行調査』、第 4 巻 416 頁。

② 『中国農村慣行調査』、第 4 巻 431 頁。

项方面，仅在一定程度上与个人权威有关系。但是，从看青、打更这样的大规模合作行为中可以明显看出国家权力的介入，这种合作行为的形成和制度化离不开国家权力的管理，一方面说明村落内部自律机制的不完善，另一方面显示出国家权力在村落的存在。

五、小　结

按照关于国家与社会关系的一般观点，如果在特定地域内部人们的社会结合程度较高，社会集团性强固，就意味着地域社会的自治和自律性强大，这样对于国家权力的对抗就会有力，同时在维护地域社会秩序时对于国家权力的依赖性就会降低，这样在地域社会内部国家行政机关就不会发达。相反，如果地域社会内部人们的结合程度较低，社会集团性薄弱，就意味着社会自身的自治和自律性低下，不容易产生能够与国家权力对抗的势力，社会秩序的维持主要依靠国家权力，地域社会内部由国家权力组成正式行政机构就会发达。但是，这种观念，主要是依据西方社会的历史经验概括出来的。这种模式并不一定适用于近代华北农村的实际状况。

从前面对近代华北农村四种社会结合状况的分析可以看出，近代华北农村的社会结合关系是相当薄弱的，属于个人性质的社会，自律性很低，国家权力在村落中明显存在。不过，近代华北农村的个人与近代市民社会中的个人并不相同。近代西方的市民社会，正如洛克所说的那样是由契约关系结成的，这种个人在经济上对于自己的劳动和自己的财产能够自由地使用，在政治上对于共同体的决定有平等参与的权利，在社会生活上具有积极独立参与社会生活的财力和教养。近代华北农村的农民虽然有明确的私有财产意识，但是为了维持简单的再生产和最低水平的生活就离不开相互的协助，在政治上缺乏积极普遍的参政意识，在社会方面缺乏自由参政的财力和超越私人利益关系的公共意识。

同时，在近代华北农村中又确实存在一定的社会结合关系。但是，这种社会结合与近代市民社会中那种能够与国家权力相抗衡的社会结合不同。这种社会结合的特点包括，第一，是消极的防卫性的。为了适应动荡不安的外部环境，村民被迫需要进行互助合作，国家为了征收税款的方便和节省经费，也要利用村民的连带关系、容忍会首制的继续存在，要求村落进行自我管理。第二，这种社会结合是非制度的，在村落内部没有保障每个人都能积极平等参与公共事务的制度，少数会首掌握村政，村民对参与村落公共活动十分冷淡，村落领导集团的权威性也不高。村落内部纠纷常常要由国家权力介入才能得到解决。会首与村民的关系属于一种首倡与响应型的结合关系，并没有一种全员一致的直接表决机制。第三，这种结合是由私人关系构成的。在合作集团中，并不是完全按照血缘、邻里、年龄等组成的，而是完全按照个人利益或感情关系组织的。所以这种结合并不稳固和固定，缺乏一种特定、巩固的关系保障。近代华北村落的社会结合是一种为了共同应付外界威胁和压力的消极、十分松散的结合。这种结合的相互约束力低下，关系并不稳定。所以，在这种社会结合中很难产生出具有普遍权威性，可以代表村落全体意志，能够与国家权力相抗衡的强大势力。这就造成两种现象，一种是人们普遍说来对公共权力参与的冷淡，公共权力只是由少数精英掌握；另一方面，各种以“私”的关系结成的团体，其相互关系是不稳定的，首领人物也不固定，权威性较低，其结果表现为村落自律、自治性低下。

其次，作为国家权力方面，虽然总要尽可能地将所有属民全部控制起来，实行编户齐民政策，由国家权力机关直接进行统治。但是由于国家统治能力受到财力、交通、通信等方面的限制，不得不借助于宗族、村落中脆弱的自律性，容忍甚至鼓励村落进行一定程度的自治。另一方面还要借助于政治象征这样的文化权力来强化其统治。

近代华北农村的社会结合与国家权力的秩序关系并不是一种截然分开、彼此对立的关系，而是一种相互交错的关系。在这里，国家权力并不是以一种外在的、与社会相对立的力量存在的，而是与村落社会结合交织在一起。由于宗族组织的弱化以及与村政的交错、村民与会首的脱离，民俗意识中国家观念的强烈存在和互助合作的松散且一部分为国家行政所吸收等原因，村落的社会结合与国家权力是无法分开的。在这里国家权力成为社会结合的核心，社会结合关系以国家权力为依托向社会延伸。近代西方社会那样的国家与社会明显区别、相互抗衡的情况并不存在。

国家与社会内在的混同，没有西方社会那种国家与社会按照契约关系的区分，这不仅表现为在村落社会结合中国家权力与人们结合关系的交织，还表现在国家权力与社会结合的相互依存上。近代国家为了加强社会动员，要不断将其权力触角向社会下层伸张。但是，在近代华北由于内忧外患，以及技术和资金的限制，国家在其推行地方自治时，不得不依靠传统的民间社会结合势力，例如会首制、宗族组织等。同时，村落社会的维持由于自身的自律、自治机能低下，也同样离不开国家权力的介入。国家权力和社会结合的任何一方都呈现出控制能力的不足，任何一方都不能单独维持村落社会的秩序。

近代华北农村国家权力与社会的关系在势力的强弱对比上也并不是彼弱此强的消长对立关系，而是双方都呈现出弱势的状态。近代国家权力没有完全建立起一整套强大的行政系统，其统治要借助于村落的自律或自治。同时，村落的自律、自治是薄弱的、涣散的，村落内部没有强大的权威力量存在。

在近代西方，伴随着近代国民国家的建立，国家统治能力日益强化，逐渐由国家权力机关代替传统的社会组织，国家的一体化增强，其内部呈现为均一化。而在近代中国，国家与社会双方都呈现弱化的状态，并且相互混同、交错。这就要求中国的近代国家建设，必须完成国家与社会两方面的重组与强化，在国家权力不断加强对社会进行控制的同时，在社会方面也要强化其内在的组织能力，完善其自律、自治机能，从国家与社会的“双弱”转变为“双强”。由此，才能形成一种国家与社会既关联又区别，各自职能划分明确，相互促进的良性互动关系。

第二章　近代国家建设过程中的宗族

宗族是以父系血缘关系为纽带而构成的传统中国家族组织形式。自从人民公社解体之后，特别是近年来由于宗族组织及其活动在农村地区得到恢复并不断活跃起来，从而引起了人们的普遍关注。对于宗族问题的研究，近年也取得了许多重要研究成果。[①]但是，运用现代人类学方法对于中国宗族的研究，自从莫里斯·弗里德曼对于中国东南地区的宗族进行过先驱性的研究之后，其用来表示和概括中国宗族的核心概念 Lineage（家族）便为人们广泛接受和使用，对于中外学界影响深远。[②]不过，这一概念是否符合中国宗族的实际状况，随着研究的深入已经有学者提出异议。这主要集中在对于弗里德曼这一概念及其内涵进行批评。例如，有的学者认为，弗里德曼把公共财产的存在视为 Lineage 的基本特征，过于强调 Lineage 的机能性质，忽视了其系谱性的原理。[③]特别是有学者指出，弗里德曼的 Lineage 研究模式是来源于英国社会人类学者对于非洲血缘组织的概括研究，缺乏对于中国宗族的“历史性”分析。[④]

笔者以为，在相当多的有关中国宗族的研究中，往往不自觉地接受和运用西方人类学对于未开化（uncivilized）社会血缘组织的研究方法和

---

① 常建华:《二十世纪的中国宗族研究》,《历史研究》1999 年第 5 期。

② Freedman Maurice: *Lineage Organization in Southeastern China*, The Athlone Press, 1958.

③ 瀬川昌久:『中国人の村落と宗族　香港新界農村の社会人類学研究』、弘文堂 1991 年版、18 頁。陳其南:「房と伝統的中国家族制度ー西洋人類学における中国家族研究の再検討ー」、橋本満、深尾葉子編:『現代中国の底流』、行路社 1990 年版、34 頁。

④ 鈴木満男:「台湾社会論への序章ー政治人類学的視角」、『山口大学文学会志』、1986 年第三七号。

理论，是以中国宗族直接来源于原始氏族血缘关系为前提或参照物而展开研究的。这就严重忽视了中国宗族是在具有高度国家形态存在的社会中、主要是由于国家的政策而产生和延续的这一重要政治社会背景。已经有历史学家明确指出，现存的宗族组织与原始氏族血缘组织无关，是宋代以后，特别是明清时期国家统治政策的产物。

从春秋战国开始到秦汉时代，国家采取编户齐民的政策，以深入到核心家庭的基层行政组织取代了氏族血缘组织，实现了对社会的高度行政控制。秦晖根据考古发现的简牍资料明确证明在汉唐时代的县以下并不存在宗族组织，他将这一时期的国家形态精辟概括为“国权归大族，宗族不下县，县下惟编户，户失则国危”。[①] 在社会中民间宗族组织的普遍出现是在宋代以后，仁井田升认为是宋代为缓和地主（农奴主）与小农阶级矛盾而建立的。[②] 井上徹则认为宗族出现与科举制的出现有密切关系[③]，岸本美绪认为是明清时代商品经济发展，社会竞争激化，人员流动增加而促进了宗族的形成。[④]

现代中国宗族的原型产生于中世纪以后，宋代的儒家学者极力主张恢复周代的宗法原理。到明代，由国家依据朱熹编写的《家礼》制定出了《大明集礼》，由此使得宋学《家礼》的内容上升为国家的礼制。在明代，民间的祖先祭祀行为开始得到国家的认可，宗祠在民间迅速得到普及，由此在基层社会形成了宗族组织。[⑤] 到清代，国家的统治理念定为“以孝治天下”[⑥]，发布《圣谕广训》，进一步促进了民间宗族组织的形成。[⑦] 此后，随着税赋制度的改革和保甲制度的解体，宗族便成为构成民间社会基础组

① 秦晖：《传统中华帝国的乡村基层控制：汉唐间的乡村组织》。

② 仁井田陞：『中国の農村家族』、東京大学東洋文化研究所 1952 年版。

③ 井上徹：「宋元以降における宗族の意義」、『歴史評論』八（No：五八〇）、1998 年 8 月。

④ 岸本美緒：「明清時代の郷紳」、柴田三千雄編：『シリーズ世界史への問い　七　権威と権力』、岩波書店 1990 年版。

⑤ 参照常建华：《明代宗族祠庙祭祖礼制及演变》，《南开学报》2001 年第 3 期。

⑥ 井上徹：「清朝と宗法主義」、『史学雑誌』第 106 編第 8 号、1997 年。

⑦ 冯尔康：《清代宗族的特点》，《社会科学战线》1990 年第 3 期。

织的主体。国家统治秩序的维持也要依赖于宗族及其基于父系血缘关系的伦理即孝道。

但是，宗族组织毕竟是依据血缘关系成立的民间团体，其一旦形成之后，就不但具有维护国家统治的机能，另一方面还由于宗族组织追求自身利益的扩大也会威胁到国家的统治。例如，在清代，国家为了发挥宗族的组织机能，设立了政府认可的宗族领袖族正，按照国家的规定，族正的地位要高于宗族内部自然形成的族长，由族正负责宗族内部的教化，并赋予了其对于族人的审判权。但是，这种由国家认可的族正，为了扩张本族的权益和个人的权威，极力强化宗族的势力，招致了宗族间的对立激化，并且，他们甚至以宗族势力为依据，向国家统治进行挑战，严重危害了地方社会秩序的安定。所以，清政府不得不废止了族正制度。但是，有清一代，一直是在以利用宗族组织、倡导孝道来维护其对基层社会的控制的。

清末以来，从民国到现代中国，在近代国家的建设过程中，国家权力不断向社会延伸，行政机关建到村落之上。这样，以往担负基层社会组织机能的宗族，便成为近代国家行政机关所要取代的对象，特别是在“五四”新文化运动期间，家族制度被认为是专制主义的社会基础，是与近代民主社会完全不可相容的封建传统，必须加以根除。[①] 在此后的国民革命和共产革命中，宗族制度都在革除之列，包括宗族领袖在内的村落权力阶层被认定为“劣绅”，必须打倒，要通过革命对基层社会权力系统进行再编成。

但是，将近百年之后，即使是在现代的中国农村，宗族的影子并没有完全消失，相反的是无论在政治运动中还是在日常生活中，宗族组织及其意识依然发挥着重要的作用。对此，已经有许多调查研究证明了这一点。例如，在土地改革和集体化之后，在人民公社组织中，宗族关系依然存在，并且与集体组织交叉、重叠。特别是宗族势力并不是一条直线逐渐下降的而是有起伏的，在激烈的政治运动中宗族势力往往会扮演重要的角

① 吴虞：《家族制度为专制主义之根据论》，《新青年》第二卷第六号，1917 年。

色。① 对于中国宗族绵延存在的原因，多数研究者从中国宗族自身的特点上进行探讨，而对于宗族产生与存在的国家因素往往重视不多。本文在考虑到宗族产生与国家统治行为的内在关联的基础上，从近代国民国家建设的角度考察近代以来宗族的命运，也就是对现代宗族同国家政策的关系进行一些探讨。

在资料方面，主要是依据已经整理出版的《中国农村惯行调查》（全6卷）② 和《农民讲述的中国现代史》③、《中国农村变革与家族・村落・国家》（全2卷）④ 等日文田野调查资料。自20世纪90年代以来，笔者对于部分村落进行过回访，以便跟踪调查。这5个村落是：现在属于北京市的沙井村和吴店村。属于天津市的冯家村。属于山东省的后夏寨村和河北省的寺北柴村。关于这5个村落的基本概况已经在杜赞奇、内山雅生等人的著作中有过介绍，在笔者的近著中也有较详介绍⑤，本文从略。

一、民国时期的村落政权与宗族

整备和设立国家在县以下的近代行政机构以代替宗族组织，这项工作从清末就已经开始进行。宣统元年（1909）决定在县一级设置警察局、工艺局和财政机关，又公布了《城乡镇地方自治章程》、《府厅州县地方自治章程》等，在城、镇、乡的行政区划内推行教育、卫生、道路以及土木工程、产业、慈善事业等。规定议事会为议决机关，镇有董事会，乡有乡董。北洋政府时期公布了《地方自治实行条例》（1914），规定在

① 松戸庸子：「家族の変動と社会」、宇野重昭編：『岩波講座　現代中国 3　静かな社会変動』、岩波書店 1989 年版。

② 中国農村慣行調査刊行会編：『中国農村慣行調査』第 1—6 巻、岩波書店 1952—1958 年版。

③ 三谷孝編：『農民が語る中国現代史』、内山書店 1993 年版。

④ 三谷孝編：『中国農村変革と家族・村落・国家ー華北農村調査の記録ー』1—2 巻、汲古書院 1999 年版、2000 年版。

⑤ 祁建民：『中国における社会結合と国家権力ー近現代華北農村の政治社会構造』、御茶の水書房 2006 年版。

县以下划分为若干自治区，在人口密集地区采用合议制，设区董一人和自治员。

在国民党北伐以后召开的三大上，决定推行地方自治以实现真正的民权、民生主义。1928年公布了《县组织法》，其后在1929年又相继公布了《区自治施行法》和《乡镇自治施行法》，后来又公布了《乡镇闾邻选举暂行规则》等，这些法律文件对于县以下的自治方法做出详细规定。但是，整个民国时期，虽然对于县以下的政权建设制定出了较为完备的法律，有详细规定，但是由于政局混乱，外敌入侵，这些法令实际上并没有得到实施。在调查村落中，吴店村在20世纪30年代实行了区乡制和闾邻制，寺北柴村据说也一时实行过，其他村落则完全没有实行。沙井村依然实行的是保甲制。特别是在调查村落中自清末以来到20世纪40年代，宗族组织并没有被代替或破坏，反而同新的行政机关构成了密切的关系，宗族组织与村政结合，依然发挥重要机能。

在40年代的沙井村，村政是由选举出来的村长和数名会首共同掌握的。对于村政，村长不能单独做出决定，必须与各位会首协商。村长任命会首，其实会首就是宗族的代表。也就是说，在村落内部政治过程中，作为宗族代表的会首有相当大的权力。对于会首的后任，如果那个宗族中有适任者就必须从那个宗族中挑选。[①] 可见宗族参与了村政。不过，村长则是由村民选举产生的，村长与宗族没有直接关系，主要是看个人的资质和财力，这在近代村政事务增加、需要村长能力的要求下是必要的。会首在有些地方称为董事或牌长。例如在与沙井村同处一县的张家庄，村政由村长和“八家绅董”掌握。对于村中重大决策，村长必须求助于这八位宗族的代表。[②]

在寺北柴村，一直到清末，村政是由积谷会掌握。积谷会由以宗族为单位的代表组成，共有12名，也被称为“十二董事”，是从7个宗族

---

① 中国農村慣行調查刊行会編：『中国農村慣行調查』（以下、简称为『慣行調查』）、第1卷133頁。

② 『慣行調查』、第1卷32頁。

中选出的。这12位董事是世袭的，按照村民的说法，他们的后任“如果有儿子就由其子继承，如果没有就由其近亲担任”。[①]宗族代表基本稳定。对于村中事项，首先在各个宗族内部商议，然后由本族董事把意见拿到积谷会上，积谷会决定了的事项也由董事通知本宗族的人。[②]宗族内部的纠纷在本宗族内解决。涉及两个宗族间的问题则由双方董事带到积谷会上解决。这种政治过程在民国时期也延续下来。

在山东省后夏寨村，清末时村落首长被称为庄长，庄长是根据其人格和威望选出的。根据调查，庄长的人选与宗族没有关系。但是，在村落内部划分为几个牌，村落的政治活动是由庄长和数名牌长共同掌握的。牌既是村落下一层的行政区域单位，同时也是宗族的一种组织形式，具有双重性质。牌成为宗族在行政划分上的组织形态。1929年以前，牌长的选出都是先在宗族内部商量，由宗族的代表向庄长提出，各宗族推荐的人选就成为牌长。后来按照上级的规定，牌长选举是全村人集合到村公所共同选举，但是，牌长依然出自本族。[③]

作为村落代表的村长是国家行政的末端，但是，村落下面有宗族组织存在，村长与宗族代表者共同构成村落的领导集团。村落的政治活动离不开宗族的参与和支持。在这里，国家权力与宗族势力共同协作才能发挥作用。

在华北的复姓村落，宗族与村政的关系并不是村落组织就简单等于宗族组织，另一方面，村落行政又离不开宗族组织，是一种混合体。作为村落行政首长的村长由村民或会首们选举产生，这体现了近代国家建设中国家权力向社会下层的伸张。成为村长的条件主要是公共威望、财力以及能力。但是，村长个人并不能单独行使权力，村落的政治活动离不开宗族组织的支持。村落中的宗族代表们即那些会首、董事、牌长及甲长们与村长协商处理村务。

---

① 『慣行調査』、第3卷41頁。

② 『慣行調査』、第3卷44—45頁。

③ 『慣行調査』、第4卷41頁。

在华北复姓村落中，各个宗族是同族聚居的，划分为几个相对独立的小居住区。各个宗族的代表原来是会首、董事等，在实行保甲制后，这些人就转变成甲长、牌长，本质没有发生变化。所以，村落领袖集团是国家行政与宗族势力的混合体。国家权力与宗族权利交错为一体。作为村民个人，为了维护个人利益往往要依托宗族关系。传统农村社会的宗族管理职能并没有消失。

二、人民公社体制中的宗族

自 20 世纪 50 年代开始中国农村实行合作化，一直到 80 年代初期形成了严密的人民公社体制，对于农民的生产、生活实行严格的管理。一般认为，这时的农村社会主义制度已经把前近代社会的各种关系完全排除。那么，在人民公社体制中宗族关系是否还存在，这是一个有趣的问题。

诞生于“五四”新文化运动中的中共对于传统的宗族组织是一贯持否定态度的，无论是在否定专制主义的论辩性观点中，还是在实际领导农村革命运动时。以阶级斗争代替宗族争斗是中共在领导建设中央苏区时就已经形成了的农村斗争方针。中共一贯向农民灌输的是“亲不亲，阶级分”的观点。[①] 用阶级观念和组织来代替宗族意识及其活动。

阶级（class）一词本有广义和狭义之分，广义的阶级具有级别、差别的意思，反映人与人之间的地位关系高低不同。在近代经济学上，丹尼尔·笛福（Daniel Defoe）最早使用“阶级”一词以表明人们在职业和收入上的差别。[②] 近代意义的“阶级”概念首先是在欧洲法国资产阶级革命和英国工人运动中出现并开始被广泛使用的。伊马尔·威拉斯顿（Immanuel Wallertein）就认为：“阶级分析是为了革命的目的而被使用

---

① 毛泽东：《中华苏维埃共和国中央执行委员会与人民委员会对第二次全国苏维埃代表大会的报告》，1934 年 1 月。

② 厉以宁：《资本主义的起源 —— 比较经济史研究》，商务印书馆 2006 年版，第 327 页。

的。”[①] 可见“阶级”观念的形成和使用与社会革命和政治运动密切相关。

马克思（Karl Marx）极大地丰富了阶级概念的内涵并运用阶级观点对社会运动进行过精辟分析。马克思关于阶级概念的基本特征包括：（1）阶级是从经济上划分出来的，是经济关系的产物，不是政治、思想关系的产物。（2）阶级是建立在物质生产方式和交换方式基础上的。（3）产生阶级的经济关系是处于历史发展中的时代性经济关系。一切阶级斗争都是围绕经济利益展开的。阶级是由人们在社会分工中处在什么位置与他们占有什么生产资料相一致的，即是由所有制所决定的。[②] 马克思把“剥削”和“压迫”作为阶级关系的核心，并且将阶级与阶级对立作为原始社会和共产主义社会之外的所有社会都存在的现象，特别是他把阶级斗争作为阶级社会中决定一切社会关系和发展的最根本性原因。马克思主义主张：“一切历史上的阶级斗争，无论是在政治、宗教、哲学的领域中进行的，还是在其他意识形态领域中进行的，实际上只是或多或少明显地表现了社会阶级的斗争。”[③] 马克思主义还特别强调，生产力的发展就是由阶级对抗的规律发展起来的。[④]

在中国，首先按照近代意义使用“阶级”一词的是梁启超，他于1899年发表的《自由书》中出现了该词。不过，在1905年之前，“阶级”主要指政治上的等级。1905年出现了对马克思阶级观的介绍。1920年以后，“阶级”一词则主要秉承马克思主义的概念。此后，“阶级”的使用频率迅速提高，在1926年达到顶峰。[⑤] 1923年，陈独秀发表《中国国民革命与社会各阶级》一文，开启了对中国社会和革命运动的阶级分析。1925年瞿秋白在《五卅运动中之国民革命与阶级斗争》中则解析了中国资产阶级和无产阶级在民族革命中的地位与作用。1926年，毛泽东的《中国社

① エティエンヌ・バリバール、イマニュエル・ウォーラーステイン（若森章孝他訳）：『人種・国民・階級』、唯学書房 2014 年版、177 頁。

② 李延明：《马克思恩格斯的共产主义学说》，中国社会科学出版社 2010 年版，第 24—28 页。

③ 《马克思恩格斯选集》，第 1 卷，人民出版社 1995 年版，第 583 页。

④ 《马克思恩格斯选集》，第 4 卷，人民出版社 1958 年版，第 104 页。

⑤ 金观涛、刘青峰：《观念史研究》，法律出版社 2009 年版，第 606—608 页。

会各阶级的分析》对大革命中各个阶级的性质和作用进行了深刻分析，由此奠定了中共对于中国社会进行阶级分析的基本框架。

在阶级分析和阶级话语被泛化的情况下，农村宗族及其活动便被认为是阶级斗争的重要表现。毛泽东一贯把农村中基于宗族关系形成的宗法性士绅阶层统治视为旧政权的社会基础。对于中国农村社会中比阶级区分更为主要的宗族区分与争斗，毛泽东强调要用阶级斗争代替宗族竞争，主张宗族内部存在阶级对立。在新中国成立后当宗族活动活跃时便认为是阶级敌人利用宗族势力复辟，继续运用阶级斗争解决社会问题。

早在20世纪20年代，毛泽东就主张要夺取政权就要首先打倒乡村中的宗法性乡绅阶层。“宗法封建性的土豪劣绅，不法地主阶级，是几千年专制政治的基础，帝国主义、军阀、贪官污吏的墙脚。打倒这个封建势力，乃是国民革命的真正目标。”[①] 他认为旧的基层政权“几乎完全是土豪劣绅占领”。他们“有独立的武装如团防局，有独立的财政收入如亩捐等，有独立的司法权如随意对农民施行逮捕、监禁、审问、处罚。这样的机关里的劣绅，简直是乡里王”。[②] 因此，“地主政权，是一切权力的基干”。如果地主政权被打翻，那么“族权、神权、夫权便一概跟着动摇起来”。[③]

毛泽东为了发动阶级斗争特别强调要打倒宗族权力。在第一次国内革命战争时期，毛泽东就提出宗族组织中有地主阶级的统治，认为“封建宗法性的土豪劣绅”是封建统治的基础。[④] 族权与政权、神权等一起成为奴役农民的绳索。[⑤] 他赞扬湖南农民运动推翻族权统治的意义，“农会势盛地方，族长及祠款经管人不敢再压迫族下子孙，不敢再侵蚀祠款。坏的族长、经管，已被当作土豪劣绅打掉了。从前祠堂里‘打屁股’、‘沉潭’、‘活埋’等残酷的肉刑和死刑，再也不敢拿出来了。女子和穷人不能进祠

---

① 毛泽东：《湖南农民运动考察报告》，《毛泽东选集》，一卷本，人民出版社1971年版，第15页。
② 毛泽东：《湖南农民运动考察报告》，《毛泽东选集》，一卷本，第28页。
③ 毛泽东：《湖南农民运动考察报告》，《毛泽东选集》，一卷本，第31页。
④ 毛泽东：《湖南农民运动考察报告》，《毛泽东选集》，一卷本，第15页。
⑤ 毛泽东：《湖南农民运动考察报告》，《毛泽东选集》，一卷本，第31页。

堂吃酒的老例，也被打破。”[①]

毛泽东最初建立在湖南、江西和福建地区的根据地是中国宗族组织发达地区，毛泽东对于当地宗族组织的强大有深刻认识。他提到红军强力推行的分田运动就受到宗族势力的影响，“社会组织是普遍地以一姓为单位的家族组织”[②]。“无论哪一县，封建的家族组织十分普遍，多是一姓一个村子，或一姓几个村子，非有一个比较长的时间，村子内阶级分化不能完成，家族主义不能战胜。”[③]在这些地方，“党在村落中的组织，因居住关系，许多是一姓的党员为一个支部，支部会议简直同时就是家族会议。在这种情形下，‘斗争的布尔什维克党’的建设，真是难得很”[④]。因而，毛泽东在查田运动中强调：“要注意地主富农利用氏族的、地方的落后观念，来对中农贫农进行欺骗破坏。”[⑤]中共在农村发动群众时“应该极力发展阶级斗争，而避免地方斗争与姓族斗争，地主阶级与富农，却是极力想拿地方斗争与姓族斗争来代替阶级斗争以便阻碍土地革命的前进，苏维埃人士不应该去上地主富农的当。”[⑥]要用阶级斗争代替宗族斗争，否则革命运动就不能发动起来。

在划分阶级时，毛泽东把宗族组织中从事公共事务的，即管理祠堂和庙宇以及义仓的人定为是剥削阶级，认为在这种家族共同体性质的组织内部存在着地主阶级的统治和剥削，要在宗族内部开展阶级斗争。在《怎样分析农村阶级》中，毛泽东就提出：“管公堂和收学租也是地租剥削的一类。”[⑦]同地主剥削是一样的。在这篇文章的注释中还进一步解释说，农村中的公共土地，例如政治性的区乡政府所有地、宗族性的祠堂所有地以及教会和学田等“所有这些土地，大多数都掌握在地主富农手里，只有一

---

① 毛泽东：《湖南农民运动考察报告》，《毛泽东选集》，一卷本，第 31 页。
② 毛泽东：《井冈山的斗争》，《毛泽东选集》，一卷本，第 73 页。
③ 毛泽东：《井冈山的斗争》，《毛泽东选集》，一卷本，第 68 页。
④ 毛泽东：《井冈山的斗争》，《毛泽东选集》，一卷本，第 73 页。
⑤ 《毛泽东思想万岁》，北京，出版者不明，1967 年，第 45 页。
⑥ 毛泽东：《中华苏维埃共和国中央执行委员会与人民委员会对第二次全国苏维埃代表大会的报告》，1934 年 1 月 22 日。
⑦ 毛泽东：《怎样分析农村阶级》，《毛泽东选集》，一卷本，第 113 页。

小部分农民有权干预”[①]。毛泽东在寻乌调查中曾提出了“宗族地主”的概念，他通过对寻乌宗族公堂经济的调查认为轮流替祖宗收租，实际上是为自己收租，所以，“在这个意义之下，那些贫苦子孙往往闹着要分田，同时富裕部分的子孙却反对分公田，成为一种氏族内部的阶级斗争”。[②]认识到宗族内部的纷争是阶级斗争的表现。

在解放战争和新中国成立初期的土地改革时期，对于“管公堂”的性质被进一步加以明确，“管理各种祠、庙、会、社的土地财产，叫作管公堂。在农村中管公堂无疑是封建剥削的一种，特别是地主阶级及富农，借着公堂集中大量土地、财产，成为封建剥削的主要方式之一。凡属这种为少数人把持操纵，有大量封建剥削收入的公堂，管理公堂的行为，应该是构成管理者阶级成分的一个因素”。不过，“管公堂是一种剥削行为，但应分别地主、富农、资本家管公堂与工、农、贫民管公堂的不同”。[③]这就区别开了剥削行为与一般公堂事务之间的不同。

正是基于这种宗族观点，在新中国成立之后，当一些地区出现宗族活动时，毛泽东便认为这就是阶级斗争的反映，是地主富农要通过宗族活动发挥影响。1963年4月，毛泽东听取山东工作汇报，当汇报中提到山东有个地方修宗庙，一个地主坐在上面，他以族长身份要人家叩头，许多党员、团员向他三拜九叩时，毛泽东说：“这是封建复辟活动。”[④]1964年3月，毛泽东在听取山西、河北省委汇报时又说：“地主用归宗图教育他们的后代，还要搞阶级斗争，他们用送礼、美人计拉拢我们的干部，是谁挑起来的？阶级斗争确实存在。”[⑤]他认为，如果不搞“四清”，宗族活动例如“修庙宇、祠堂、续家谱又要出现”。[⑥]毛泽东对于宗法性乡绅社会

① 毛泽东：《怎样分析农村阶级》，《毛泽东选集》，一卷本，第115页。

② 中共中央文献研究室编：《毛泽东农村调查文集》，人民出版社1982年版，第107—108页。

③ 《政务院关于划分农村阶级成分的决定》，中共中央文献研究室编：《建国以来重要文献选编》，第一册，中央文献出版社1992年版，第404页。

④ 中共中央文献研究室编：《毛泽东年谱1949—1976》，第五卷，中央文献出版社2013年版，第207页。

⑤ 中共中央文献研究室编：《毛泽东年谱1949—1976》，第五卷，第332页。

⑥ 郭德宏、林小波：《四清运动实录》，浙江人民出版社2005年版，第108页。

改造的不彻底时常表示担心，害怕旧的社会势力依然会复辟、掌权。1963年6月，毛泽东听取河北省委汇报，当林铁谈到河北和平土改加上土改还不彻底的队占大队总数的31%还多点时，毛泽东说："你们跟湖北差不多，湖北的同志讲他们是占三分之一。有的土改就不彻底，有的是后来变了，有的是富裕中农当权，这就是说，有三分之一不是社会主义的，他们挂的是社会主义的牌子。"[①] 由此，"四清"时便提出了三分之一政权不在自己手里的判断，"四清"运动就成了夺权斗争。

中共在发动"四清"的重要文件《关于目前农村工作若干问题的决定》中，特别提到阶级斗争的动向之一就是"地主富农分子进行恢复封建的宗族统治的活动，进行反革命宣传，发展反革命组织"。[②] 中共中央组织部副部长安子文在"四清"工作报告中提出组织阶级队伍时要注意农村中的宗族、亲戚关系问题。[③]

毛泽东从宗法性乡绅社会与国家权力的观点出发，反对农村宗族活动，当宗族活动出现时，就认为是地主富农企图以此混淆阶级阵线，要夺取政权。不过，毛泽东根据这种阶级斗争理论，从社会现象中发现阶级斗争动向，结果越发现越多，直至阶级斗争扩大化。受这种阶级论影响，在基层则出现了阶级斗争的泛化。在山西省赤桥村四清工作队的阶级斗争状况《调查大纲》中，就把续宗谱，干部、党员、团员与地富反坏分子结亲、结干亲、拜盟兄弟等活动，都作为阶级斗争动向。[④] 农村宗族活动长期受到限制。

中国传统乡绅社会的国家权力体系与宗族统治秩序是合为一体的。瞿同祖就认为中国农村实际上就是由一个相同的集团在实行统治，"他们

---

① 中共中央文献研究室编：《毛泽东年谱 1949—1976》，第五卷，第232页。

② 中共中央：《关于目前农村工作若干问题的决定》（1963年5月20日），中共中央文献研究室编：《建国以来重要文献选编》，第十六册，中央文献出版社1997年版，第315页。

③ 中共中央：《关于农村社教工作队工作方法问题的批示——转发安子文进村四十天的工作报告》（1964年12月27日），中共中央文献研究室编：《建国以来重要文献选编》，第十九册，中央文献出版社1998年版，第439页。

④ 赤桥工作队：《调查大纲》，1963年8月11日。山西大学中国社会史研究中心所藏。

的权力直接来源于传统的政治秩序。因此，尽管有正式权力和非正式权力的差别，实际上是同一个权力集团在控制社会。这个权力集团在公共领域表现为官吏，在私人领域表现为士绅。结果是，政治性基本权力就是政治中的主控权力。”① 这种宗法性乡绅社会就是毛泽东在农村开展反对宗族统治即土豪劣绅的斗争实际上就是推翻旧国家权力这一观念的依据。

在传统中国社会基层，政治统治与宗法社会的家族管理是混为一体的。内山雅生认为中国农村存在着“双重统治结构”。在村落中仅仅依靠赤裸裸的暴力机关是不能维持其统治的，这种暴力统治往往要裹上一层有多数村民参加的“共同合作事业”的外衣，正是由于得到依据村民的共同关系而形成的一致性，其统治才能发挥作用。② 村落统治集团把政治统治与对宗族公共事务管理，以及把利用生产手段的占有与对同族公共财产的掌控而获得的利益巧妙地混同起来。也正是基于此，毛泽东在其阶级论中就把宗族领袖和管理宗族财产的人都划归为剥削阶级。还有一点值得注意，就是以往人们对于“公堂”财产，主要注意南方地区，其实，根据 20 世纪 30 年代李景汉的定县调查，北方宗族组织也大多掌握有公共财产，多者达 4000 多元。宗祠也由族人推举职员照管，而这些人多为族长及同族年长者。③ 可见，这种公堂经济是中国传统社会的一种普遍现象。宗族组织内部确实存在着经济活动和“剥削”行为。这就是中共用阶级斗争代替宗族竞争的社会基础。

在调查村落也可以看到，解放以后经过土地改革和集体化，宗族的物质基础遭受到根本打击。首先是族田和祖坟地消失了。早在 30 年代初期，中央苏区土改时，为了排除宗族势力，是以超出宗族范围的乡为单位进行土地均分的。④ 解放战争时期在以杂姓为主的华北农村进行土地改

---

① 瞿同祖（范忠信、晏锋译，何鹏校）：《清代地方政府》，法律出版社 2003 年版，第 283 页。

② 内山雅生：『現代中国農村と「共同体」—転換期中国華北農村における社会構造と農民』、御茶の水書房 2003 年版、68 頁。

③ 李维汉编著：《定县社会概况调查》，上海世纪出版集团 2005 年版，第 180—181 页。

④ 毛泽东：《分青和出租问题》1930 年 11 月，《闽西第一次工农兵代表大会宣言及决议案》1930 年 3 月。

革时，虽然是以村为单位，但是族田和祖坟地的大部被分掉了。[①] 这对宗族活动产生很大影响。解放以前，寺北柴村的郝姓宗族有三四亩祖坟地，出租给本族人耕种，收获物的一部分交给宗族。每年清明节，利用祖坟地的地租，郝姓宗族可以举行一次“寒食会”也叫“吃会”，虽然其食物也就是一些白菜、豆腐、很少的肉、馒头等，但全族成年男子汇聚一堂，无疑有助于同族的凝聚。祖坟地消失了，“寒食会”也就从此无从举行、销声匿迹。[②] 同时，郝姓宗族每年春节举行的“郝家会”也在 1956 年前后消失。[③]

到“大跃进”时期，为了扩大耕地面积，村落中的祖坟地一律被彻底推平了，只能保留下父母一代的坟茔。没有了祖坟，每年全宗族性的清明节扫墓、祭祀活动也就不再举行了，特别是跨越村落的大规模同族祭祀活动就此完全消失。

在政治方面，政府对于宗族活动也是排斥的。祖先祭祀当时被认为是迷信活动而被禁止。后夏寨村村民的“家堂”[④] 多被烧毁。[⑤] 在“四清”运动中，还开展了批判“八拜结交”的活动，禁止宗族性活动。[⑥]

1940 年以后，在人民公社体制下虽然对于宗族组织及其活动造成重大冲击，但是并不能完全把宗族关系排除掉，同时为了适应新的环境，宗族活动自身也有变化，这一点在调查中被明显注意到。

首先是人民公社体制把农民牢固地约束在村落内和土地上，按照自然村落划分生产大队，在自然村落内部按照居住区和土地相邻原则划分生产小队，这就使得宗族地域关系被保留下来。因为在华北杂姓村落内部，同族是聚居在一起的，往往是一个生产小队以一个宗族为主。同族人在一个

---

① 三谷孝編：『中国農村変革と家族・村落・国家一華北農村調査の記録一』（以下简称为『華北農村調査』）、第 2 巻 253 頁。

② 『華北農村調査』、第 1 巻 467 頁。

③ 『華北農村調査』、第 1 巻 71 頁。

④ 华北农村极少有祠堂，但家堂并不是建筑物，而是一张画有想象中的祖庙的图案，上面还写有祖先的名字。

⑤ 『華北農村調査』、第 2 巻 406 頁。

⑥ 『華北農村調査』、第 2 巻 331 頁。

生产小队，无疑加强了宗族的结合。以寺北柴村为例，该村同族聚居由来已久，兄弟之间关系良好，一般把住房建在父母住房的旁边，代代延续下来，同族就比邻而居。土地改革时期均分土地一般是优先分给离本人住宅较近的土地。① 同族的宅基地基本还在一起。到人民公社时期，全村划分为 5 个生产小队。第一队全是郝姓；第二队除徐、张两姓数户外，郝姓占绝大多数；第三队以徐姓为主；第四队以赵姓居多；第五队以赵、刘姓居多。后来，对生产小队重新编排，新建的第六队由赵姓组成。第七队则由刘姓组成。② 当时村内禁止自由移动，不能随便加入其他小队。③ 宗族地域关系反而得到强化。这样，在人民公社时期，同族聚居不但没有被打乱，反而得到巩固。一般说来，由同族构成的生产小队比较团结，生产也上得去。例如，徐姓和郝姓构成的生产小队。④ 宗族在集体中发挥了积极作用。

不过，在人民公社解体之后，各个村落都对宅基地进行统一规划，这时才对传统的同族聚居构成威胁。寺北柴村村民就说："现在乱了，从七七年开始统一规划，以前的关系被破坏了。"⑤"同族的人也有到别处住的。"⑥ 伴随着同族聚居形态的破坏，同族间的交流也明显减少了。据原来的村干部 LYH 说，以前刘姓族人从村西到县城赶集时，经常到住在村西的他家聊天，自从 LYH 把家搬到村东之后，同族人就很少来了。⑦

华北农村的宗族仪式其主要作用是明确人伦、辈分关系，联络感情。过去的主要形式有扫墓和祭奠祖先、拜年、拜家堂（春节期间将家堂挂在正房中厅，迎归祖灵，有与祖先共同度过春节之意）等。特别是在祭奠祖坟时，全宗族共同举行，辈分的区分十分严格，由此人伦关系得以明确。⑧20 世纪 50 年代之后，祖坟消失，家堂（在一张大纸上画有宗庙图

---

① 『華北農村調査』、第 1 巻 329 頁。
② 『華北農村調査』、第 1 巻 241、258 頁。
③ 『華北農村調査』、第 1 巻 84 頁。
④ 『華北農村調査』、第 1 巻 94 頁。
⑤ 『華北農村調査』、第 1 巻 84 頁。
⑥ 『華北農村調査』、第 1 巻 84 頁。
⑦ 『華北農村調査』、第 1 巻 280 頁。
⑧ 『華北農村調査』、第 1 巻 512 頁。

案和宗族系谱）也被烧掉。只剩下拜年了。拜年时有长幼之分，还进行“论辈”[①]（由本族长者来明确宗族内部每个人的辈分和相互称呼）。寺北柴村徐姓村民说，过去本族间的辈分分得清清楚楚。但是，解放后人口增加，每年只有在拜年时才能“论辈”，有的辈分已经有些乱了。

拜年活动基本上保留下来了。“文化大革命”时期，对于拜年也一时禁止，有一两年没有进行。[②]后夏寨村的村民回忆说：“‘文革’时拜年被禁止，不让磕头。”但是这一传统没有消失，外面不让拜年，在家里偷偷拜年。村民说，干部在外面宣传不要拜年，实际上回到家里也拜年。[③]即使在最严格的时期宗族社会关系也没有完全消失。

在整个人民公社时期，虽然族田、祖坟地消失，公开的纯粹性的宗族活动被禁止，但是由于同族聚居被划分为同一生产小队，宗族联系没有被割断。祭奠祖坟仪式虽被取消，但是拜年这样的宗族内的“论辈”、联谊行为依然保持下来，不过，村民也说，现在远房之间辈分关系也开始有弄不清的情况。[④]但宗族关系和意识没有被彻底排除掉。

三、现代中国的村政与宗族

新中国成立以后在农村也经常开展政治运动，在运动中，宗族关系有时会明显表现出来。例如，吴店村在“文化大革命”时期，形成两大派，一派是以当时的支部书记 WDL 为中心，是当权派；另一派是造反派，以 GZA 为首。造反派的势力很大，主要是得到 G 姓宗族的支持，同时，由于 GZA 的母亲出生于本村 Y 姓，造反派又有 Y 姓加入。由于有这样的群众支持，最后 GZA 当上了公社的革委会副主任。

---

① 『華北農村調査』、第 1 卷 258 頁。

② 『華北農村調査』、第 1 卷 280 頁。

③ 『華北農村調査』、第 2 卷 406 頁。

④ 『華北農村調査』、第 1 卷 257 頁。

不过，借助于宗族势力来维护自身利益的行为更多地体现在生产队的日常生活中。集体化以后，农民的生产甚至日常生活都要由集体管理，从生产分工到年终分配，还有就是进城务工、参军等等，农民的切身利益都由集体安排。这样农民之间的利益冲突必然加剧，这就要依靠宗族的势力达到个人的目的。在生产队之中，宗族之间有竞争，即使是由同一宗族构成的生产队内部也有远支与近支之分、房与房之间的区别。生产小队内部纷争过多，影响生产，公社和大队就要介入，最主要的解决方法就是重新划分生产队，以此来肢解或弱化宗族势力。村民 LMJ 就说，在生产小队中围绕选举队长经常发生纠纷，谁当上队长，谁的直系亲属就有利。在生产小队中，有的户发展很快，不断分家，势力便增强。在选举队长时，势力大的家族票就多，就能掌握生产队的权力。① 所以就要重新分队，把大的家族势力分开。② 生产队重新划分时，直接由公社干部和大队干部商量决定，并不听取社员的意见。

解放以后，对于同族内部纷争的调解，已经并不只是由族长解决，往往是由同族内部有威望的人③，特别是本族内部的在村里当干部的人最有权威，如果这种人的辈分高一些，就可以把行政的权威和宗族的权威集于一身。在后夏寨村，王姓的 WYQ 长期担任支部书记，王姓内部的纠纷都要找他评理。但是，如果本族的村干部不为本族的人谋利益，也会遭到族人的排斥，甚至会导致宗族的分裂。例如，吴店村的 ZFM 土改时期就担任过农协主任，后来长期担任村干部，但是该村的 Z 宗族却不团结，对此，ZFM 是这样说的，我们一族刚解放那时还很团结，但是后来关系不好了，现在连同辈人的名字取字都不一致了。其实也没有大的冲突，只不过是在违反计划生育政策被罚款时，对于本族人的罚款数目与别的村民一样，没有照顾。在通电安装电灯时，同族的人来找我，要求先安装，我没答应。后来就慢慢有意见了。在大食堂时候，同族的人想多要一些好吃

① 『華北農村調査』、第 1 卷 327—328 頁。

② 『華北農村調査』、第 1 卷 241 頁。

③ 『華北農村調査』、第 2 卷 397 頁。

的，没有答应就关系不好了。现在关系有点缓和，路上遇见也说话了。

同族内部的互助行为继续存在，不过，现在村民遇到困难找村干部的也不少。一般说来，村民们的婚丧嫁娶等事项都找同族人帮忙。经济困难有找村干部解决的。[①] 当问到村民遇到困难时的求助对象的顺序时，村民回答为：同族、朋友、邻居等，同族是第一位的。解放前，往往把同族的族田或祖坟地让族内的贫困者耕种，带有同族救济性质，解放后，当有同族人揭不开锅时，有族人到各家敛来一些粮食交给贫困家庭。现在，虽然华北农村的村民在村内村外也建立起个人的关系网络，但是，在关键时刻首先还是要求助于同族的人。

在集体生产和生活中，干部拥有很大的权力，宗族之间除了在生产小队内竞争之外，更主要的是对于大队书记、大队长职位的竞争，现在则是对支部书记和村委会主任职位的争夺。村干部就说："在农村的关系是户与户的关系。许多事情因为与个人利益相关，处理起来很难。对相互关系都有影响。"[②]

在挑选干部时如何处理与宗族的关系，原寺北柴村支部书记 XCM 的话很有典型性。XCM 是 20 世纪 60 年代县里高中毕业回村务农的，"四清"运动中入党，不久便当上了支部书记，"文革"时期又到公社和县里工作，转为国家干部。XCM 说："在考虑配备干部时，必须照顾到宗族关系。有郝姓的人，就必须有徐姓的人。但是，这也不是绝对的，主要由干部个人的条件决定。""不用说，如果那个宗族的干部办事公平，也不会出现不满。这就是当干部的条件，按照办事能力，能不能公平办事来决定。不过，一般来说，如果各个人的水平大体相同，还是考虑到从各个宗族中都挑选干部为好，这样干起工作比较顺利。"[③] 他承认宗族因素的存在。

在后夏寨村的干部选拔时，出于宗族问题的考虑十分突出。该村干部的选任历来是以王姓和马姓两大宗族的竞争来展开的。王姓虽然人口

① 『華北農村調査』、第 1 巻 335 頁。
② 『華北農村調査』、第 1 巻 316 頁。
③ 『華北農村調査』、第 1 巻 334—335 頁。

最多，但是其宗族分为两支，但有时又合作，所以王、马两姓的竞争十分复杂。据说在“四清”运动和“文革”时期最为激烈。[①]王、马两姓相持不下时，其他小的宗族，如张姓、吴姓也有掌权的时候。在20世纪80和90年代，先是王姓人当书记，马姓有不满，上级派来工作队调整领导班子，张姓的ZLC被任命为支部书记。但是，没干多久就下台了。据村民说，其原因是“社会中的问题也反映到党内。党内也会有宗族问题。因为这个村张姓只有一家，ZLC的势力不大”[②]。此后，上级党委任命马姓的MDC担任支部书记。这本来是90年代初期的事情。2005年，笔者对后夏寨村再访时，MDC继续担任支部书记，并且领导班子的主要成员，十几年来也没有变化，说明这届班子是很稳定的。MDC的父亲是该村的老干部，当过几十年的会计，由于自己一直不愿意入党，就一直没有升上去，但他在村中威望很高，同时在马姓宗族中辈分很高。MDC本人从高中毕业以后回乡务农，当过“农业学大寨工作队”队员，后来成为民办教师。由于村里支部书记难以产生，上级就让MDC回村担任支部书记。在20世纪90年代调查时，MDC曾经对自己回村当书记的原委和村干部的状况介绍过。以下就是MDC的话：“在村里，因为马姓人多，王姓人少，如果村干部以王姓为主，那么决定了的事情就不好展开。乡党委考虑到这一点便让我回村工作。所以，不回来不行。”“以前掌握村里领导权的是王姓、吴姓和张姓。”“现在以马姓的干部为中心，办什么事也可以集中马姓的力量，不能不依靠马姓的人，因为马姓的人多。”

从XCM和MDC的谈话中可以了解到，在杂姓村落，直到现在，在安排村干部时也必须考虑到宗族的平衡问题，否则，村领导班子就不会稳定，村里的工作也不好展开。

从以上内容可以看出即使到了20世纪90年代，村落中的宗族关系依然是人们基本的社会结合形态之一。虽然从国家权力角度来说一直是

① 『華北農村調查』、第2卷291頁。
② 『華北農村調查』、第2卷291—292頁。

把宗族关系作为应该排斥的对象，宗族的组织活动和仪式大大减少，但是，由于农民被严格限制在村落的生活范围之内，加上同族聚居格局的延续，村民的同族意识依然强烈存在，特别是在竞争村干部的人选方面，表现得十分明显。宗族关系与村政交错存在的特征，在解放以后继续存在。村干部如果忽视本族的利益，往往会遭到本族的排斥。由于政治运动和国家政策对于宗族关系的压制，在村落表面的活动当中，看不到宗族的活动，但是在关系到村民切身利益的时候，宗族关系就会显现出来。平时积累下来的宗族间的恩怨在政治运动中就会爆发出来。由此说来，近代以来宗族关系虽然在形式上有变化，但是，作为一种社会结合形态，没有得到根本消除。

四、中国传统宗族血缘关系职能再议

在中国社会中，宗族血缘关系是社会各种关系的基础，一切社会关系都是这种血缘关系衍生出来的，正是这种关系保持了社会的基本和谐，使人们具有了服从、牺牲精神，但这也压抑了人们的情感。蜂屋邦夫就认为："宗族是人们与生俱来的所属集团，因此从根本上就具有对其成员的约束力。"[①] 孟子针对主张超越宗族的墨子的博爱观点以及主张与宗族无关强调个人的杨子派观点进行了严厉批评，认为那是禽兽，孟子坚持来自于孝悌的仁义。[②] 人类学家王崧兴认为："在旧中国社会里，'血缘'和'地缘'是两个基本的社会关系。而且，在中华帝王时代的中国社会中，虽存有复杂的政经组织，但次级社会团体却不发达，最多不过是一些以'血缘'（如宗亲会）或'地缘'（同乡会）为基础形成的社会组织罢了。不仅如此，就连职业团体的同业公会等组织，也是有与地缘或血缘相结合的倾

① 蜂屋邦夫：『孔子　中国の知的源流』、講談社 1997 年版、90 頁。

② 蜂屋邦夫：『孔子　中国の知的源流』、201—202 頁。

向。”[①] 他认为，在这种社会里，依靠等级差序维持了社会的稳定。“这些个人特质是为了促进群体和谐、顺从权威、强调领导的责任、自我牺牲、情绪压制以及合作。”[②] 这是传统中国社会得以安定的基石。

中国的这种传统社会结构发源于父系氏族时期，后来演化成了宗族制度。在周代体现为宗法制度。[③] 在春秋战国时期，礼乐崩坏则会导致等级秩序的混乱，经过很长震荡才回归到“礼”秩序，社会才得以安定。《汉书》中就说：“乡饮之礼废，则长幼之序乱，而争斗之狱蕃。”[④] 由此，“礼”成为了一种维护传统社会秩序的强大规范和观念。此后，东汉出现门阀士族。唐代宗族形态出现演变，宋明时期，宗族复兴。由于儒家理学极力恢复加强人伦关系，“三纲五常”为核心的封建伦常观念被推广到社会，此后“由于清朝标榜以孝治天下，对宗族组织积极倡扬和维护，朝野士绅更是身体力行。因此，宗族组织日益发展，宗族观念渐入人心”。[⑤] 这就是中国近代的背景。对于纲常伦理不但国家提倡，在民间也广泛弘扬，一些家谱族规中就有这样规定：“凡小儿甫能言，则教以尊尊长长，稍长就蒙，则教以孝悌忠信礼让廉节。”在明确差序的同时还要求同族相亲，“一族之人分支异派，不无亲疏之殊，然皆祖宗一脉所流衍也，幸而居处一方，固宜相亲相爱，即散处他方者，也应一体相爱，和宗睦族，所谓亲者无失其为亲也”。民间宗族组织具有了祭祀、赡济与协助、教育、内部自治、对外防御等多种社会职能。[⑥] 所以，家族差序秩序到了清代并没有衰落，而是更加强固。李长莉等认为：“父子长幼本是一种自然差序，但父家长制在这种自然差序上附加了强烈的社会意蕴即强调下对上的‘孝

① 徐正光主编：《汉人与周边社会研究 王崧兴教授重要著作选译》，第 68 页。

② 徐正光主编：《汉人与周边社会研究 王崧兴教授重要著作选译》，第 90 页。

③ 张仁善：《礼·法·社会——清代法律转型与社会变迁》（修订版），商务印书馆 2013 年版，第 34—35 页。

④ 《汉书·礼乐志》。

⑤ 乔志强主编：《中国近代社会史》（第二版），中国社会科学出版社 2018 年版，第 89—93、98 页。

⑥ 乔志强主编：《中国近代社会史》（第二版），第 89—93、98 页。

顺'、恭敬、服从，清代继宋明之后，愈加以强化。这种家庭长幼尊卑关系，上有清廷法律的保护、旌表制度的倡导、儒家思想的支撑，下有社会舆论的称扬、小农经济的基础、生活方式的土壤，加上千百年来祖祖辈辈相延的惯性，形成了根深蒂固、深入人心的礼教，被人们视为天经地义的'天道'。"①

中国传统社会中由于很早就进入农耕生产阶段，家族成为从事农业的基本单位，因而氏族血缘关系不但强固而且长期延续下来。李泽厚曾指出："何炳棣教授说中国文明的两个特征，我是很赞成的，一个是中国的氏族血缘延续的非常长久、巩固，中国新石器时期非常漫长，生产工具很落后，铁器到很晚才使用，但定居时间很早，因此协作性很强，工具不进步就得靠互相协作。因此群体之间的人的关系从开始就非常注意，怎样协调，把个体之间的关系搞好，使之有助于群体生产。于是，以血缘纽带为轴心所形成的人与人的'伦理'关系，便以'名'的称号固定为等级秩序（即后来的君君臣臣父父子子），成了社会主要的组织形态和生活秩序而十分重要。还有一个与此紧相联系的特征，何炳棣指出便是祖先崇拜，很多民族也有祖先崇拜，但中国特别发达，一直到现在都是如此。很多人考证殷商的'上帝'就是祖先神。"所以，他认为在中国人的观念中，"祖先是什么，生时为人，死了成神，神本来就是人嘛"。②把祖先神圣化，中国人敬祖的目的就是以一种类似宗教的方法维护亲族关系，使得血缘纽带更加巩固。

人类最初的社会组织就是家族，而家族成员之间的血缘关系的最基本原则就是辈分和齿序的区分，因而人的社会关系一开始就并不是平等的，特别是在人格关系与从属关系上，这就是人伦，所以说权威产生的原初社会基础即是家族关系。韦伯认为，家族共同体是产生敬畏和权威的最原始基础，他说道：家族共同体并非普遍地同样是包罗万象的。但

---

① 李长莉等：《中国近代社会生活史》，中国社会科学出版社 2015 年版，第 31 页。

② 李泽厚：《由巫到礼 释礼归仁》，生活·读书·新知三联书店 2015 年版，第 91—92 页。

是，它是普遍传播最广的“经济共同体”，并且包罗着一种很有持续性的和强度很大的共同体行为。它是虔敬和权威的最原始的基础——这又是在它之外无数人类共同体的基础。两种“权威”的基础：1. 较强者的权威。2. 较有经验者的权威，即男人们对妇女和孩子们的权威；有作战能力和劳动能力的人对无此能力的人的权威；成年人对孩子们的权威；老年人对年轻人的权威。“虔敬”的基础：既包括权威服从者对待权威者，也包括权威服从者之间的虔敬。它是作为对先辈的孝敬转入宗教的关系中的，作为对世袭官员、扈从和封臣的虔敬，转入到这些原先具有家族性质的关系中的。这种原始关系的特征，在经济和人员方面意味着：在严格的个人孝敬关系的基础上，团结一致，牢不可破，对外休戚与共，对内在日常用品方面实行共产制度的使用和消费公有制（家族共产制度）。[①] 作为传统型的统治方式也与家庭相关，韦伯认为：只要从根本上在团体里实施统治，最老的人（原来字义上是从年龄上讲年纪最大的人）作为最了解神圣的传统的行家，来实施统治，这种状况就叫作老年人政治。它往往存在于主要不是经济的团体或家庭的团体之中。在一个往往主要是经济的和家庭（家族）的团体之内，由一个（一般）根据继承的规则而确定的个人，实施统治，这种状况就叫作家长制。[②] 特别是，这种统治要照顾到全体成员的权利——老年人政治和家长制并存并非罕见。至关重要的是，老年统治者的权力也好，家长的权力也好，在纯粹的类型中，都以被统治者（“成员”）的这种观念为取向。这种统治虽然是统治者的传统的固有权利，但是在实质上是作为成员的重要权利，因而也必须是为了成员的利益而实施的，因此统治者本人不得自由占有这种统治。[③] 家族关系是构成人类社会的原初集团，权威和权力最初都产生于此。

---

① 马克斯·韦伯（林荣远译）：《经济与社会》，上卷，商务印书馆 1998 年版，第 400—401 页。
② 马克斯·韦伯（林荣远译）：《经济与社会》，上卷，第 257 页。
③ 马克斯·韦伯（林荣远译）：《经济与社会》，上卷，第 257 页。

人类学研究表明，在原始社会晚期，随着私有制的发展，父权现象出现。家族公社中家族长对公社经济和财产，包括对子女和更远的后裔以及奴隶具有生杀之权，这种父系家族公社在文明开始以后还保持了一段时期。[①] 据有关研究表明，“罗马父权大家族不是永恒不变的。其早期已有迹象表明是民主平等、非父权型的，公社生活中并没有感染那种令人压抑的气氛”[②]。人类学家根据对古今存在的家族公社各种类型的研究发现，世界各地的家族公社遗存中，“既有民主型，又有父权型”。但是，“民主型家族公社先于父权型存在”。[③] 但就一般来说，古代社会中父权型更为普遍，许多是由民主型演变而来的。

中国社会长期存在的宗族血缘关系来源于原始社会末期的父系氏族公社，这种关系长期延续成为中国传统社会的一大特色，宗族血缘关系成为了政治统治的基础。冯尔康认为：“人类社会自父系氏族公社起，可以确定男性系统的血缘关系，此后就有出现宗族的可能。中国历史上至迟到殷代已有了宗族，产生了王族、子族。”宗族血缘关系必然带有差序等级。“宗族内部结构，因人数多少和辈分结构的不同而有差异”，因而，“宗族制的盛行，是中国古代历史的一大特色，这一制度对历史的深远影响，主要在于古代君主专制借助于宗族制而长期存在”。之所以“这样说是因为君主权力是族长权力的扩延，君主假借血缘关系子遇万民”。[④]

柯昌基也指出了中国传统社会的宗族血缘关系来自上古的父系家族公社，他认为，从原始社会末期进入阶级社会以后，氏族公有制和组织形式仍保留在文明时代中，“家族公社正是在这样的历史背景下被孵化出来的”。中国历史上存在家族公社“由殷至周，人们基本上聚族而居，就是政权的变革也未能打破这种编制”。这种“家族公社的最大特征是它在私有制的生产关系中保持着共有制的财产形式，它能够借助这样的财产形

① 林耀华、庄孔韶：《父系家族公社形态研究》，青海人民出版社 1984 年版，第 12—13 页。
② 林耀华、庄孔韶：《父系家族公社形态研究》，第 14 页。
③ 林耀华、庄孔韶：《父系家族公社形态研究》，第 15—16 页。
④ 冯尔康：《中国宗族制度与谱牒编纂》，天津古籍出版社 2011 年版，第 2、12 页。

式长期生存下去”，其另一个重大特征“是它以缘关系作为自己的组织形式”，并且融入到国家制度中，“家族公社的领导人为宗子，宗子代表国家对公社的成员、土地和收入进行管理”。其原则就是“尊祖故敬宗，敬宗故收族”。[①]“尊祖”就是重视同族血缘关系，“敬宗”是拥护和服从宗子的领导，“收族”要求宗子对于同族困难者实行救济帮助。[②]这是在较低生产力水平下，维持简单再生产和基本生活的最主要组织，这也是家族公社存在的意义。

来源于家族血缘关系上的等级差序，在人类历史上普遍存在，并不是中国特有的现象。在西方，古希腊的城邦民主制度只是由于特殊历史地理环境造成的，这成为后来东西方社会政治制度不同发展道路的分水岭。迈克尔·曼就认为：“血亲的重要性，以及它作为非血亲关系之象征模式的用法，实际上是无处不在的。”而“希腊人恰恰背离了这种准则，他们发展了当地的地域忠诚”。在古希腊，“城邦与有关贵族政治的见解也是格格不入的，这种贵族政治是一种广泛的血缘关系，它导致对统治集团的忠诚并阻挠强烈的平等主义的地域忠诚和地域闭锁。因此，解释城邦的出现也就成了一个解释这种趋向的问题，即趋向地域性民主，趋向毗邻人群的政治参与，这些人是如此之多和如此相似，以致不能按照实际的血亲单元加以组织”。[③]

对于古希腊城邦民主政治出现的社会历史原因，迈克尔·曼认为这是铁器时代以及贸易和军事组织等因素造成的。“铁器时代的自耕农经济准备了第一个必不可少的条件。它产生了一种广泛的相似情况。再者，随着生产率和人口密度的发展，地方性组织变得必不可少了。”至于贸易，“希腊人为了寻找像金属那样的商品，从一开始就向海外活动”，“他们在海外建立定居点，这些定居点基本上是农业兼贸易基地，而它们本身亦变成

---

① 《礼记·大传》。

② 柯昌基：《中国古代农村公社史》，中州古籍出版社 1989 年版，第 90—91 页。

③ 迈克尔·曼（刘北成、李少军译）：《社会权力的来源》，第一卷，上海世纪出版集团 2007 年版，第 244 页。

了城邦”。由此，“城邦特别是城邦相互间受到调节的关系却加入了经济交换过程”。所以，“城邦国家和多国联合文明这两个层次的雏形是来源于地方生态和地区地缘政治的经济所产生的”。[①] 另外，装甲步兵也是形成城邦公民的重要因素，这是因为“装备盔甲需要中等的财富，在缺乏强有力的国家精英的情况下，从中等到富有的自耕农遂成了装甲步兵——在最富有的成年男子中比例在五分之一和三分之一之间。出于这一广大的富豪阶级而不是搞狭隘的门第身份限制，此乃革命性的变化。它引入了军事结构，并且致使富有的农民进入了按地域组织的市场，脱离了血亲组织，并且进入了地方集体权力的庞大集体之中——成了公民”[②]。可见公民以及地域民主只有在脱离了血亲组织之后才能出现。

古希腊城邦的形成与其自然地理环境也相关，这同其他古代文明国家有很大不同。顾准就认为：“希腊人原来是蛮族，他们来到希腊半岛和爱琴海诸岛屿，开始也是务农。然而那里土壤太贫瘠，而爱琴海和东地中海的曲折海岸和多岛而不广阔的海域，使他们很快进入到以通商、航海和手工业为生。”“这种环境，是埃及、两河流域、波斯、中国、印度所没有的。她们都是大陆国家，她们不能不以畜牧和农耕为主。她们的大陆而非海岛半岛的地理环境，使她们不能不一开始就建成王国或帝国。”[③] 上古帝国多是王权国家是与其地理环境相关的。

由此，古希腊在城邦与家族的关系上完全不同于大陆上古代中国那样家国一体的格局。对于城邦与家族的关系，古希腊哲学家有许多论述，他们认为，城邦与家族截然不同，城邦高于家族，这与中国古典思想家们家国一致、以家族原则统治国家的观点完全不同。亚里士多德认为：“城邦［虽在发生程序上后于个人和家庭］，在本性上则先于个人和家庭。就本性来说，以身体为例如全身毁伤，则手足也就不成其为手足。”[④] “人

① 迈克尔·曼（刘北成、李少军译）：《社会权力的来源》，第一卷，第 245 页。
② 迈克尔·曼（刘北成、李少军译）：《社会权力的来源》，第一卷，第 247 页。
③ 顾准：《从理想主义到经验主义》，光明日报出版社 2013 年版，第 9 页。
④ 亚里士多德（吴寿彭译）：《政治学》，商务印书馆 2009 年版，第 8—9 页。

类生来就有合群的性情，所以能不期而共趋于这样高级（政治）的组合（指城邦——笔者）”，“人类由于志趋善良而有所成就，成为最优良的动物，如果不讲礼法、违背正义，他就堕落为最恶劣的动物”。[①] 而“城邦以正义为原则。由正义衍生的礼法，可凭以判断［人间的］是非曲直，正义恰正是树立社会秩序的基础”[②]。他认为城邦是优于家族，更适合人性的归属集团，城邦是基于正义原则，而不是血缘关系。

古希腊思想家认为家族权威与城邦权威是不一样的，家族权威只是针对奴隶，城邦权威则是面对自由人。亚里士多德说道：“既然城邦的组成［基本上］包含着许多家庭，我们就应该先行考虑到‘家务管理’。一个完整的家庭是由奴隶和自由人组合起来的，家务的各个部分就相应组成分子。研究每一事物应从最单纯的基本要素（部分）着手；就一个完全的家庭而论，这些就是：主和奴，夫和妇，父和子。于是，我们就应该研究这三者各自所内含的关系并考察它们的素质。”[③] 他所指即主奴关系、配偶关系和亲嗣关系。他认为，家庭关系与城邦政治关系是不同的，“主人的权威异于政治家的权威，各种权威（统治制度），并不像有些思想家所说，全部相同。政治家所治理的人是自由人；主人所管辖的则为奴隶。家务管理由一个君主式的家长掌握，各家家长以君臣形式统帅其附从的家属；至于政治家所掌握的则为平等的自由人之间所托付的权威”[④]。这与中国古典思想家们把家族权威与国家权威一体化的观点恰恰相反。

中国古典思想家们强调的权威就体现为圣人，而这种圣人往往带有祖先色彩，他可以先知先觉，因而形成专制王权，而古希腊强调集众所长的民主政体，亚里士多德就认为：“就多数而论，其中每一个别人常常是无善足述；但当他们合而为一个集体时，却往往可能超过少数贤良的智能。”“品德高尚的好人所以异于众人中的任何人，就在于他一身集合了许

① 亚里士多德（吴寿彭译）：《政治学》，第 9 页。
② 亚里士多德（吴寿彭译）：《政治学》，第 9—10 页。
③ 亚里士多德（吴寿彭译）：《政治学》，第 10 页。
④ 亚里士多德（吴寿彭译）：《政治学》，第 19 页。

多人的素质”，“这种集众人的短处可以胜过少数人的优点的原则，可否应用到一切平民政体以及一切人类团体，这里殊难确切断言”。虽然有人反对，但是“我们这个原则应用到某些公众团体总是正确的”。[①] 这是产生中西政治体制理念不同的根本之所在。

近代中国学习西方，认为西方国家强最主要的是在于民强，要民强就应培养出公民，由此引入了西方国民、公民观念。当时认为中国传统社会中只有奴隶，没有国民，许多人主张要建立近代国家就必须先塑造出新的国民。严复就说：“西洋之言治者曰：‘国者，斯民之公产也，王侯将相者，通国之公仆隶也。’而中国之尊王者曰：‘天下富有四海，臣妾亿兆。’臣妾者其文之故训犹奴虏也。夫如是则西洋之民，其尊且贵也，过于王侯将相，而我中国之民，其卑且贱，皆奴产子也。”[②] 将“国民”与“奴隶”相对，认为“国民”与“奴隶”的一个重大区别就是人与人之间有没有平等。在当时的《说国民》一文中就说：“何谓平等？曰：天生之人也，原非有尊卑上下之分；自强凌弱众暴寡，而贵贱形焉，主奴判焉。故治人者为主则被治者奴，贵族为主平民为奴，自由民为主则不自由民为奴，男子为主则女子为奴，若是者谓之奴隶之国。国民则不然。冲决治人者与被治者之网罗，则人人皆治人者，即人人皆被治者。”只有如此，“夫然后一国之内无一人不得其平，举国之人无一人不得其所，有平等之民斯为平等之国。故不平等者，非国民也”。[③] 不平等，就不是国民，没有国民，就没有国家强盛，这就是当时的普遍逻辑。

梁启超在比较中西方社会后，提出中国人的缺点就是“有族民资格而无市民资格”，人们只知道家族，不知道国家。他说道：“吾中国社会之组织，以家族为单位，不以个人为单位，所谓家齐而后国治也。周代宗

---

① 亚里士多德（吴寿彭译）：《政治学》，第146—147页。

② 严复：《辟韩》，丁守和主编：《中国近代启蒙思潮》，上卷，社会科学文献出版社1999年版，第252页。

③ 《说国民》，张枬、王忍之编：《辛亥革命前十年间时论选集》，第一卷，生活·读书·新知三联书店1963年版，第73—74页。

法之制在今日其形式虽废，其精神犹存也。窃尝论之，西方阿利安人种之自治力，其发达固最早，即吾中国人之地方自治，宜亦不弱于彼。顾彼何以能组成一国家而我不能？则彼之发达者，市制之自治；而我所发达者，族制之自治也。试游我国之乡落，其自治规模，确有不可掩者。即如吾乡，不过区区二三千人耳，而其立法行政之机关，秩然不相混。他族亦称是。若此者，宜其为建国之第一基础也。乃一游都会之地，则其状态之凌乱，不可思议矣。凡此皆能为族民不能为市民之证明也，吾游美洲而益信。彼既已脱离其乡井，以个人之资格，来往于最自由之大市，顾其所赍来所建设者，仍舍家族制度外无他物，且其所以维持社会秩序之一部分者，仅赖此焉。”[①] 虽然梁启超对于农村家族自治有一定肯定，但是，他认为只有出现市民，才能形成一个近代的有序社会。

由于中国传统社会完全是由家族关系构成的，家族制度虽然被完全否定了，但是，代替家族制度的新的社会组织却没有彻底建立起来，这就导致了近代以来的中国没有形成西方社会那种社会与国家的平衡关系，社会秩序也无法完善。就个人来说，旧的社会规范没有了，但是，新的社会规范没有牢固形成，人们感到无所适从，社会处于失范状态。梁漱溟就认为：清廷一倒，“这时在政治上一律平等，没有特殊地位的人；可是平等是平等了，而也完全散了！”[②] 他所十分忧心当时的情况，他认为：“有些人误会了中国有一个不平等的秩序；实是大谬！没有秩序与有一个不平等的秩序大不相同。让中国最痛苦的，不是不平等的秩序，而是没有秩序。”他所担忧的是：“以前讲的伦理本位的社会破坏后，个人本位、社会本位皆不成功，遂陷入东不成西不就的状态中。”[③] 梁漱溟发现：“我们旧的社会组织，是伦理本位，互以对方为重的；但西洋风气输入，遂代以个人本位、权利观念，伦理本位社会乃被破坏。”由此，人与人之间，“从

① 梁启超：《新民丛报 · 中国人之缺点》，张枬、王忍之编：《辛亥革命前十年间时论选集》，第一卷，第788页。

② 梁漱溟：《乡村建设理论》，上海世纪出版集团2006年版，第71页。

③ 梁漱溟：《乡村建设理论》，第63页。

让变为争，从情谊的连锁变为各自离立，谦敬变为打倒，对于亲族不再讲什么和厚，敬长尊师的意味完全变了，父子、兄弟、朋友之间，都处不合适；——旧日风气，破坏的厉害”①。科大卫也认为，宗族曾在社会整合上发挥重大作用，但是，随着清朝被推翻，“没有皇帝，只剩下祖宗，原本把地方社会整合到国家去的方程式，就再也不灵了”②。在破坏了旧的“礼”秩序后，构建新的社会秩序就成为重大课题，但是，这个问题至今并没有得到圆满解决。

近代乡村建设运动的目的之一就是恢复和重建乡村秩序，但是由于政局动乱，均无果而终。蒋介石也曾考虑依靠家族血缘关系稳固乡村。他在《中国之命运》中说：“要知道，中国古来建设国家的程序，自身而家而族，则系之于血统。由族而保甲而乡社，则合之以互助。由乡社以致县与省，以构成我们国家大一统的组织。故国家建设的基层实在乡社。”又说：“由个人日常生活的箴规推而至于家，则有家礼、家训，推而至于族，则有族谱、族规。在保甲则有保约，在乡社则有乡约和社规，其自治的精神，可举修齐的实效，而不待法令的干涉。”③现代以来，这种观点由于政治对立的原因均被视为反动和复辟封建的一套而被批判，没有人注意到其本来意义。

完全否定人的血缘亲情关系，这是中国近代化过程中的一个误区。其实，对于人类来说，家族血缘和亲情关系是天然就有并且不可能消失的，特别是在中国这样一个家族关系发达、重视亲情友谊的国度，人们的家族情感更不可能消失。李泽厚曾指出：“礼”的关系，在个体主义的自由、平等、人权、民主的现代生活准则和潮流中，“似乎消失了，但又不尽然。父子、兄弟、夫妇、长幼、上下、贫富、亲疏、远近等等，各种并不完全‘自由’、‘平等’的关系和情感仍然或将永远存在。人们在经济、

---

① 梁漱溟：《乡村建设理论》，第56页。

② 科大卫（卜永坚译）：《皇帝和祖宗 华南的国家与宗族》，江苏人民出版社2009年版，第18页。

③ 蒋介石：《中国之命运》，转引自乔志强主编：《中国近代社会史》（第二版），中国社会科学出版社2018年版，第100页。

政治、文化上，可以完全自由平等独立，但在现实生活中的关系以及这种关系带来的情感能一律拉平吗？由于不同关系和关系中的不同地位，便形成和要求各种细致丰富、尽管接近但并不等同的情感”[①]。像李泽厚这样的思想家就对“五四”以来的中国新思潮以至近代以来的西方思想进行了反思，因为如果任凭人欲扩张则会影响到社会秩序的安定和道德的作用。人的最初和基本社会关系是从家庭开始的，家庭是人的社会化的一个重要环节，如果没有这个环节，人的社会化过程便缺失了一个重要环节。李泽厚指出：“我以为‘五四’开启了个人主义的新时代，也就是上述以自由平等独立为基本原则的现代生活新时代，它维护和宣扬了人的自然本性和情欲需求，这一点是十分重要的。关系主义（与“个人主义”相对——笔者）只是弥补它的缺失，而不是替代它。所以我说是增强而非冲淡。但现代生活发展到今天，食色扬舞、人欲横流、真情难得、无家可归，个体已化为后现代的所谓碎片，从而既反对性善情恶的禁欲论，也反对情欲至上的纵欲论，提出来自人欲却又理性渗透的情理结构和情感价值，重提关系主义，应该是很有意义的。说重一点，甚至有关人类前途和命运。”[②] 近代从西方开始的个人主义的急剧伸张，使得传统共同体遭到破坏，这种倾向是现代社会发展中的一个不足。

近代对于“孝”的强烈冲击并没有带来一种新型合理的家庭亲子关系，而是出现许多问题。有学者认为：“综观当代的亲子关系，现状似乎不容乐观。一方面，中国传统的‘孝’道思想几经磨难和革新，其中彰显着中国人特有的人文价值精华，随着对历史糟粕的批判，一同在当代中国家庭中变得微弱不堪；而另一方面，西方平等、自由等思想虽早传入中国，但西方的亲子伦理关系并不能够在中国找到坚定的根基。”他们认为：“如果说，中国传统孝道是利于长辈而不利于幼下，是一种不平等的亲子伦理，那么，当今中国的家庭悲剧和社会现实却在昭示着另一种不平等。

---

① 李泽厚：《由巫到礼 释礼归仁》，生活·读书·新知三联书店2015年版，第213页。

② 李泽厚：《由巫到礼 释礼归仁》，第216页。

长幼伦理的失序，对长上尊严的漠视，以及对老一代人生命的透支，如此种种，都不是我们所期待的。”①

近代中国学习西方，要将“族民”变为“国民”，极度强调由国家来直接掌握所有国民，用“公”代替“私”，用法代替“礼”，结果就造成了国家领域极度扩张，个人私的领域被大幅压缩。金观涛和刘青峰认为：“中国传统社会中个人和家庭（家族）构成了‘私’领域，国家是‘公’领域；由于儒家意识形态把国看成家的放大，忠和孝的等同使得家庭领域和国家领域是相通的。”近代以来，一些人认为“儒家伦理仍然是家庭和个人道德（私人领域）的合法性根据，而‘宪政’、‘民权’等西方理念成为政治经济改革等一系列公共事业的指导思想”。梁启超在《新民说》中明确将“公德”与“私德”分开，无疑为这种设想提供了理论基础。但是，到“五四”新文化时期，“知识分子又将个人道德、家庭伦理与社会正义打通，那么随着公共领域价值、特别是国家权力的扩张，私人领域必定萎缩”，特别是“随着知识分子认同新意识形态，新的公共价值就可以不断扩张，吞没家庭和个人，中国出现了一个新意识形态称霸整个社会、家庭，乃至个人领域的新时期”②，将个人完全卷入国家体制中。没有了社会的自律与对国家的对抗，这种国家与社会的关系并不健全。

现在中国国家与社会的关系当中面临着一个重大问题，这就是相对国家机构之外的一个健全的公共领域或市民社会没有真正建立起来，在强大的国家面前，社会没有发挥到其相对应的职能，这对于国家来说并不是完全有利，许多本来应该由社会承担的职能现在都由国家代替行使，当国家方面不可能做到一切都尽善尽美时，大量社会矛盾和冲突发生。中国国家机构的职能负担过于沉重，国家的功能和政策要决定到社会的

---

① 肖群忠、钟潇：《吴虞“非孝”思想析论》，《湖北工程学院学报》第33卷第5期，2013年9月。

② 金观涛、刘青峰：《观念史研究 中国现代重要政治术语的形成》，法律出版社2009年版，第215—216页。

方方面面。

有人认为，这种倾向并不只是起源于近代，陈其南就主张中国对于儒家思想的反思以及建立公共领域的思想从明代即开始，但是真正的公共领域却一直没有建立起来，他说道："从古典儒家建立'家国'伦理典范的时期，经过宋代的世俗实践化形成具体的家族宗族社会实态；这种总体性的家族意理从明代开始受到反思性的儒学者之批判，试图超越克服这种意理，转向非血缘性公共领域和非家族宗族群体的建立；到了清末因为西方世界所带来的冲击，使得这种批判超越和社会典范之转向成为知识分子的迫切关怀。但就如 state 的汉语翻译，'国家'，这两个字仍然摆脱不了'家'一样，即使有像梁启超这样雄辩的思想著作，仍然未能建立公共领域、市民社会和民主国家观念在中国型社会的主导性。"①

正是由于没有构建出公共领域及其社会性自律组织，近代以来中国社会的自我管理能力不足，一切还得依靠国家。就水利组织而言，改革开放以后，由于劳动积累工和义务工取消，大量小型水利和灌溉末端工程无法维修而荒废，2005 年国家水利部、发改委和民政部发布《关于建立和强化农民用水户协会的意见》，要求农民成为"主体责任者"，自主管理水利设施。2007 年中共中央"1 号文件"提出建立农民用水户协会。但是，这种协会或者是由于官方出面组织，农民参加意愿不高，或者是农民组织训练不足、合作意识薄弱②，特别是协会的会长一般都缺乏威望和能力，发挥不了民间组织协调、管理职能。③虽然政府反复动员，也只有百分之八十农民参加用水户协会，并且这种协会只能建立在村落范围之内，跨村组织由于涉及水费征收便非常难以成立。现在中国绝大多数农民都将一些应该属于社会自律性的职能认为是应该由国家负责。根据 2001 年的

---

① 陈其南：《家族、社会与国家——传统中国"家国"意识的形成及其超克》，首藤明和、王向华、宋金文编：《中日家族研究》，浙江大学出版社 2013 年版，第 302 页。

② 杨化莲：《关于农民用水者协会建设状况及建议》，湖北省民政厅网页（www.hbmzt.gov.cn），2016 年 2 月 4 日。

③《河南省农民用水户协会发展状况调查报告》，河南省水利厅网页（www.henan.gov.cn/zwgk），2016 年 2 月 4 日。

调查，高达84.8%的农民认为解决用水问题是政府的事。[①] 没有意识到自己的社会责任。

五、小　结

现代中国宗族来源于宋代以来、特别是明清以来的国家统治政策，此后发展成为广大农村社会中人们相互结合的重要纽带。这种关系一旦形成，虽然在近代以来的国民国家建设过程中一直把宗族作为排斥、打击的对象，但是，宗族的基本关系和意识却顽强保留下来。这是为什么呢？笔者以为，现代宗族依然存在的最大原因是在近代国家建设过程中，国家与个人之间始终没有建立和形成一个可以代替宗族组织及其功能的中间社会团体，人们在与国家权力接触，争夺基层行政权力资源时，没有其他社会结合关系可以支撑，只能继续依靠宗族血缘关系。

作为社会的个人，是存在于各种各样的权利机制当中的。个人与国家权力的接触往往是经过各种功能团体来实现的。现代政治学家已经指出："主要政治参与者、历史的集体创造者是集团，不是个人。集体资源优于个人资源，而且这种资源由比较稳定的集团和组织拥有时也更加持久。"[②] 在前近代，人们依靠血缘、地缘等天然关系构造成的团体与国家权力相接触，近代，人们却是依靠政党、民意机关、利益集团和地域共同体来参与国家行政管理。由公共的、机能性的中间社会团体来代替前近代的血缘、地缘组织是近代国民国家建设过程中重建基层社会权力系统、强化国家权力向基层延伸、加大国家对社会的控制、使得国家均一化的主要内容。但是，中国近代的国家建设没有很好地完成这一任务。

---

① 李强等：《中国水问题 水资源与水利管理的社会学研究》，中国人民大学出版社2005年版，第95页。

② Dennis H. Wrong: *Power: Its Forms, Bases, and Uses*, New Brunswick, N.J, 1994. 中文版：丹尼斯·朗（陆震纶、郑明哲译）：《权力论》，中国社会科学出版社2001年版，第168页。

清末以来，中国的近代国家建设虽然也推行地方自治、构建基层行政机关、实行村长和保甲长的选举，但是，村落当中特别是在保（牌）一级，打破宗族组织的民间团体没有建立起来，国家的权力末端依然要依靠宗族势力的代表人物来承担。村落内部的权力系统与国家的行政系统相重叠。中共按照阶级论的观点，发动农民革命，宗族关系可能被一时打乱。但是，新中国成立以后建立起来的人民公社体制看似是由国家建立起来的严密的功能团体，然而在大队一级特别是在生产队一级，宗族组织被按原样编入进来，没有被分解、破坏，并且借助于人民公社的僵化体制得以继续发挥作用，村干部要得到宗族的支持，农民为了维护个人利益都要依靠宗族关系。

作为对照，在西欧社会，从古典时代开始，在家族和国家之间就出现了中间团体。在古希腊的城邦国家中，国家（Polis）和家（Oikos）之间有村存在。作为形成城邦国家的基础，村有很重要的作用。在村一级，人们已经从血缘关系中得到相当大的解放。公元前 6 世纪的改革在城邦国家内部建立起 3 级行政单位，打破了血缘纽带。值得注意的是，以往人们认为在城邦国家和家之间存在着氏族（Genos）和兄弟会（Phratria）等血缘性质的组织，这些组织对城邦政治发挥影响。但是，近些年的研究表明，这种组织在城邦中并不存在，“这是根据罗马时代的家族形态类推出来的，是基于人类学所假定的社会血族（Clan）普遍存在的观念，不过是自 19 世纪以来所形成的各种先入为主的幻觉而已”[①]。这就完全否定了亲族组织与国家之间的关系。

当然，这种从血缘组织与政治的关系角度所进行的对比不能说是谁先进，谁落后，而是要说明在人类社会进程里不同的文明当中，人类的组织形式是多种多样的。就中国宗族组织来说，在历史上也并不是一无是处，在前近代的社会中，宗族组织对于维护社会和人伦秩序，相互协作和救济等方面发挥了重要作用。

---

① 伊藤貞夫：「古代ギリシアの氏族について」、『史学雑誌』、第 106 編第 11 号、1997 年。

即使在近代国民国家建设过程中，孙文还曾设想过要通过完善宗族组织，扩大为国族，以此形成统一、独立国家的设想。孙文认为，中国人在家族和宗族中的团结力量非常强，中国的国家构成可以由家族开始，到宗族，再到国族。如果以宗族为单位，对其进行改良联合为国族，这要比以个人为单位的外国更容易进行。各姓拥有原来的宗族组织，以同一宗族的名义先从一乡一县开始，其后扩充为一省一国，各个姓都形成巨大的团体。当各个姓都感到大祸临头、死期临近的威胁时，就会结为一体，共同组成中华民国这样一个国族团体。①

当然，这只是孙文一时的设想，实际并没有实现。但是，孙文在这里并没有把宗族完全作为近代国家建设的对立面，而是考虑到如何加以利用，结合中国的传统创造出一个近代国家。这是否能给我们带来一些启示呢？近年来，钱杭和谢维扬通过对江西泰和农村宗族问题的实地考察，意识到了重新恢复的宗族组织是否在维护国家体制和社会秩序上发挥一定作用。他们提出："汉人宗族的重建和转型，不但有可能导致血缘因素在中国现代农村生活中的作用取得某种新的形式，而且还可能有助于推动并提高乡村社会的自治程度和有序程度。这一点，无论是对社会整体而言，还是对宗族成员本身而言，显然都是有益的。"② 不过，目前就学界和政府主流而言，压倒性的意见是，宗族对于社会和国家体制都是有害的，必须根除。③

在现代中国，对待宗族问题可以从两个方面进行考虑和制定政策。一个方面是使宗族组织及其活动合法化，参照婚姻法、家庭法制定出一部《宗族法》，对于宗族的性质以及组织形式，包括族产、祠堂、祖坟地、家谱等进行详细规定，对于族长和族众成员的权利与义务也有明确规定，

① 孫文：「三民主義」、大河内一男他編：『世界の名著 64　孫文　毛沢東』、中央公論社 1969 年版、151—153 頁。

② 钱杭、谢维扬：《传统与转型：江西泰和农村宗族形态——一项社会人类学的研究》，上海社会科学院出版社 1995 年版，第 307 页。

③ 陈永平、李委莎：《宗族势力：当前农村社区生活中一股潜在的破坏力量》，《社会学研究》1991 年第 5 期。

一切按照法制进行管理，使得宗族活动合法化，规范化，有章可循。由此解决基层政权在处理宗族问题上的困惑和无法可依的局面。另一方面，就是在国家权力和个人之间建立和完善各种机能性的社会团体、组织，由此来代替人们对于宗族关系的依赖。例如，在农村建立农会、各种专业协会、邻里组织等，形成利益集团，由此来代替宗族组织的机能。[①] 近年来，中国农村推行村民自治，出现了两个问题，一个是激活了宗族组织活动，宗族关系对于选举产生影响；另一个就是，农民对于选举积极性不高，属于被动型选举。形成这两个问题的主要原因是，在广大农村没有出现能够代替宗族组织关系的各种机能性团体和组织，农民在维护个人利益、表达个人意志时依然不得不依靠宗族组织及其关系。

现在笔者更为关心的一个问题是，由于传统中国基层社会是由宗族血缘关系构成的，人们的伦理道德是从尊崇自己的祖先，关爱与自己有血缘关系的人群开始的，缺乏一种超越了血缘亲族关系的，具有“公共性的”道德意识和规范，也就是“公德”意识不足。这也是现代国家道德建设上的一个重大问题。

在传统中国社会中缺乏由个人自由组织而成的中间社会组织，这样在血缘组织之外，到国家机构之间，就出现了一个人们相互之间没有组织联系的空白领域。当然，在这个领域中并不是完全没有其他的社会组织，例如一些地缘性的、互助性的团体也是存在的。但是，这样的团体或组织就其稳定性和严密性来说是远远比不上宗族组织的，而且这种团体或组织与国家权力的接触也是很薄弱的。在前近代的中国，为了填补这一社会组织的空白领域，国家和宗族两方面都将其权力和组织向这个空白领域延伸，不得不以此来填补这一领域中社会组织和秩序的缺乏。从上面的国家角度来说，就要扩大其权力涉及的范围，要来控制社会的各个方面，由此形成庞大的中央集权的官僚系统和皇权文化。另一方面，

---

① 参见祁建民：《从中日村落构造比较看目前中国村民自治的要点》，宋志勇、王振锁编：《全球化与东亚政治、行政改革》，天津人民出版社 2003 年版。

从下面的宗族的角度来说，就是要极力扩张其组织，将父系血缘关系尽可能扩张、放大，将家族内部的伦理关系扩大成为社会的普遍道德，以宗族组织及其理念来维持社会秩序。但是，这两方面向社会的强力延伸，造成了这样的后果，即一方面使得官僚机构过度膨胀，专制主义强大；另一方面，父系血缘关系极力扩张，大规模宗族出现，家族主义盛行。而儒家的宗法主义就是这两种倾向的理论形态。在中国历史上，从上古时代开始，国家权力就过度亢进，到明清时代，大规模民间宗族组织形成，成为国家权力在民间的代理人。近代以后，国家权力要排除宗族组织，直接将权力向下延伸。但是，由于宗族组织的广泛而顽强的存在，国家的基层政权不得不嫁接在宗族组织之上，由此形成一种国家权力与宗族组织的混合体。

由于家族伦理在社会中的盛行，“公民”以及市民社会的道德就难以出现。对此，津田左右吉和陈其南有过如下概括。津田左右吉认为，在中国由于超越父子、夫妇、兄弟这种个别人际关系的普遍性的道德没有形成，所以社会自身也就没有形成。[①] 陈其南认为：“中国人所关心的范围，在私的方面来说即使最高也只达到‘家族’的水平，也就是仅仅达到‘齐家’。公的方面，即使最低也限定在王朝政令的水平，也就是不会低于‘治国’的阶段。”“对于超越了家族的问题，中国人只能在缺乏那个领域的固有伦理价值体系的情况下加以处理。”[②] 超越了家族血缘关系的公共道德秩序的欠缺，对于当今中国道德文明建设来说依然是一个重要课题。从根本上说来，公德的形成离不开公共组织和团体的出现，只有超越了血缘家族关系的公共社会成为主流，才会形成不是依靠上面的号召和发动某种运动，而是由于社会自身形成的高度自律来提高人们道德素质的局面。所以道德问题从根本上说是一个政治社会体制的问题。

---

① 津田左右吉:「儒教の実践道徳」、『津田左右吉全集』、18 巻、岩波書店 1965 年版、60—62 頁。

② 陳其南（林文孝訳）:「伝統中国の国家形態と民間社会」、溝口雄三・浜下武志・平石直昭・宮島博史編:『アジアから考える〔4〕社会と国家』、東京大学出版会 1994 年版、32—33 頁。

第三章　近代华北村政实态

近代国民国家建设的重要标志之一就是国家对于社会控制的加强，国家权力向下扩张到社会的最基层。具体表现为在整个国家范围内的政治统治同一化、行政机关设置下移、国家对于社会生活的管理范围更为细致和广泛，对社会的动员能力也空前地得到增强。[①] 在中国自清末以来包括整个民国时期，国家政权的建设也是向这个方面发展的。清末新政中就包含了地方自治的内容，当时公布的《城乡镇地方自治章程》和《府厅州县地方自治章程》中对于基层社会的管理模式进行了初步规划。北洋政府时期又公布了《地方自治实行条例》和《县自治法》，继续推进这一进程。国民党北伐胜利之后，大力推行地方自治要以此来达到民权、民生的目的。国民政府先后颁布了《县组织法》、《区自治施行法》和《乡镇自治施行法》以及《乡镇闾邻选举暂行规则》等一系列法规。

但是，由于近代中国外患不绝，内部政局变化剧烈，这种地方自治建设大多仅仅停留在法律规章的制定上，实际并未得到认真实施，取得的成效有限。并且，这些地方自治建设的重点也主要是在县政府一级，对于县以下的农村社会最基层即村落一级的政权建设所投入的工作更少。在近代农村的村政建设中，能够产生较大影响的，在早期是阎锡山搞的村政建设运动，在后期则是蒋介石推行的保甲制，还有就是中共在革命根据地实行的战时动员型民主政权建设。

① 安东尼·吉登斯（胡宗泽等译）：《民族－国家与暴力》，生活·读书·新知三联书店 1998 年版。

到目前为止，对于民国时期乡村政权建设进程的评价，除开中共革命根据地的情况另当别论之外，人们一般评价不高，孔飞力认为，由于晚清的地方军事化，由“土豪”掌握了乡村政权[①]；杜赞奇认为在近代发生了村落精英由“保护型”向“赢利型”的转变[②]；张鸣则指出了乡村精英出现了“劣化”的迹象，认为这些精英们“道德感日减，素质日差”[③]。持相近的观点，梁漱溟和陶行知则身体力行，积极推行了乡村建设运动。许多人也由乡村日益贫困和矛盾尖锐来解释近代农村革命爆发的原因。在20世纪30年代初期，蒋介石根据在江西等地围剿共产党根据地的经验恢复了保甲制的办法，企图依靠这种前近代的统治方法巩固基层政权。到中日战争时期，华北政务委员会进一步推行保甲制的方法，企图以此来强化其殖民地统治，这种倒行逆施的做法当然更是为人所不齿。

以上这些观点无疑揭示出了近代村政演变的一些方向性问题。不过，以往的研究对于解释近代村落政权建设上的变化问题依然有不足之处，因为这些研究大多是从国家统治的角度考察的，对于村落社会秩序和权力构造上的具体变化则鲜有描述。许多研究是按照发生革命或大规模暴动这样的极端状况的背景下进行分析的，属于运动史的研究方法，对于近代以来广大普通村落的实际状态往往注意不够。另一方面，虽然有一些社会学、人类学调查关注到了普通村庄和那里的人们的生活，但是，这种以一个特定社区为对象的社会结构性研究往往对该社区内部与国家权力的直接关系或者与宏观的政治社会运动的相互关系考虑不多。也就是说以上的两种研究方法存在着事件（运动）史与社会构造史两种分析方法相互脱节的问题，没有将两种方法结合起来，同时从国家和社会以及二者互动的关系来全面地进行考察。

① 孔飞力（谢亮生等译）：《中华帝国晚期的叛乱及其敌人——1796—1864年的军事化与社会结构》，中国社会科学出版社1990年版。

② 杜赞奇（王福明译）：《文化、权力与国家——1900—1942年的华北农村》，江苏人民出版社1996年版。

③ 张鸣：《乡村社会权力和文化结构的变迁（1903—1953）》，广西人民出版社2000年版，第48页。

本章主要依据20世纪40年代村落实态调查的资料，结合近代宏观政治局势背景的演变，从构造史与事件史相结合的角度，对近代以来华北5个普通村落的村政建设状况进行具体分析，试图以此来描述近代以来村政变化的一般状态，补充以往研究的不足，试图勾勒出近代村政演变的全景。本项研究所依据的资料来自日本和中日合作于20世纪40年代和90年代对华北相同5村的两次大规模调查。[①]

一、村政复杂化的基本状况

根据调查显示，从清末开始，华北5村的村政就开始日益复杂。村政机关的复杂化是与村务的增加相关的。在40年代调查时，河北省顺义县沙井村的村民说："过去村子里什么事情也没有，只有烧香会（修好会）。"光绪二十五年县费中增加了学、警两款，为了征收方便在村里建立了青苗会，征收青苗钱，"以前只有把田赋（钱粮）交到县里，民国以后出现了副税，为了征收副税建立青苗会"。[②]青苗会除负责税收外还管理村中其他事务，当时相当于村长的叫首事人、会首或会头，也有叫董事的。一个村也只有三四人。民国十年根据县里命令建立起村公所，将会首改为村长或村佐。抗日战争爆发后推行保甲制，1942年又建立大乡制。村费的使用也由县里监督，要求村长制定村费预算，报到县里审核。河北省滦城县寺北柴村的村民说，该村在民国以前实行会首制，由代表村中各个宗族的"十二董事"掌握村政。民国十七、十八年的时候实行邻闾制，5家为邻，25家为闾。抗战后，该村为日军占领，实行保甲制。

近代以来国家权力向村落积极扩张，对社会的汲取能力增强。在村

---

① 第一次调查，是在20世纪40年代，由日本东亚研究所组织东京大学法学部的民法研究者和满铁调查部的调查员合作进行的。第二次是在1990—1995年间，由中日联合考察团对相同5村实施再调查。更详细情况参见序论第三小节注释②。

② 『中国農村慣行調査』、第1卷172頁。

落主要表现为村费急剧增加，例如沙井村，村民回忆说，“一直到民国二十年以前税契费很低，田赋也不高”。在建立青苗会以前“虽然有摊款但是数额极小”[①]，青苗会建立之后，逐渐增加，民国二十年时400多元，二十五年近500元。1937年以后迅速增加。每亩地的青苗钱，在民国十八年是10钱，二十一年是15—20钱，二十六年是30钱，1940年则达到60钱。同时，作为地方政府的顺义县上缴到省政府的省税也显著增加，民国二十五年11万元，1940年15万元，1941年18万元。[②]

另外，在村落治安、教育方面，国家也开始将其纳入统一管理。例如，在顺义县，过去有钱的地主家里一般都有“护院的”，从二五人到十几人不等，他们身怀武功，负责看家护院。但是，1937年以后，政府组织自卫团，如果个人再拥有武装，政府就会干预，此后，这种“护院”一类的私人武装便不复存在了。[③]甚至过去村落内部自行组织的“打更”等活动这时也由乡里统一掌管，成为地方保安行政的一部分。在教育方面，以沙井村为例，清末以前，村内有私塾，1907年，该村与附近3个村共同建立了蒙养小学堂，课程除传统的论语、孟子等儒家经典之外，又增加了算术、体操和图画等近代教育课程。1916年改称初级小学后，课程进一步规范。到40年代，小学教员必须由县里任命，对教师任用有了资格、履历等审查。这时县里经常有督学来视察，课程全部由国家教育部门规定。教育活动被完全纳入到国家行政行为之中。

虽然税赋增加，村务复杂化，治安、教育等活动被国家所管理。但是，近代以来，国家对于村政自治建设的关注和真正的投入却极少，在许多方面还不得不依靠村落的固有自治资源。这就使得近代华北村政呈现出新与旧并存、公与私交织、他治与自治相互依托的状态。

---

① 『中国農村慣行調査』、第1卷174頁。
② 『中国農村慣行調査』、第2卷319頁。
③ 『中国農村慣行調査』、第1卷24頁。

二、警察制与乡地制并存

从清末新政开始，县级政府的建设发生了显著变化，在县一级设立有警政、工艺局和理财所等自治机关。就调查村所属的县来看，后夏寨村所在的山东省恩县在1904—1911年间，相继建立了邮政代办所、商会、劝学所、牛痘局、医学堂和农学堂等。北洋政府时期在县一级设立教育局、警察所、实业局和财政所。吴店村所属的房山县在民国初期将县衙改为县公署，开始“设科治事”。1928年将县公署改为县政府，下设民政、总务二科，并有财务、教育、建设、公安四局和承审处。但是在县级政府之下的区村一级的机构却一直薄弱。沙井村所在的河北顺义县虽然在清末已经设立警察制度，民国时期县下设区，各区有警察分局，但是警察分局的机构一直很小，所管辖的事务有限。这样县政府的公文传递、田赋征收仍然离不开原有的乡地组织，一直到了40年代乡地制仍然存在，并且相当活跃。呈现出警察制与乡地制并存的局面。

乡地制度是在清代中期里甲、保甲制度瓦解之后出现的一种乡村行政管理制度。这时自然村成为国家行政管理和征税的基本单位，村设村正、村保、董事一类的负责人，在自然村与县政府之间还有保正、地方和路头等。“凡一州县分地若干，一地方管村庄若干，其管内税粮完欠，田宅争辩，词讼曲直，盗贼生发，命案审理，一切与有责。遇有差役，所需器物责令催办，所有人夫，责令摄管。”例如，在寺北柴村所属的河北栾城县，由于里社制瓦解，“于是里长裁而赋予杂务责在地方矣”。实际上，乡地制是在里甲制瓦解后，为了完粮纳赋，管理村落社会，由各地自行设立的，所以其名称十分混乱。据魏光奇的调查，仅在清末直隶地方，自然村与州县之间的组织和区域划分就有地方、官村、乡、镇、疃、庄、路、铺、厂、约、保、牌等各种称呼，一般统称为地方。地方及村落的负责人的名称则有地方、乡约、保正、保长、地保、厂正、社董、牌头、乡长、村正、村长、村副、村佐、门户等，名目繁多，很不统一。①

① 魏光奇：《清代直隶的里社与乡地》，《中国史研究》2000年第1期。

沙井村所在的顺义县，在光绪年间建立警察制度，1928年以后区一级机关进一步扩充。但是，直到20世纪40年代作为乡地组织的保正、地方、社书依然发挥着作用。国家的行政工作依然依靠两个渠道进行。一个是警察分局，另一个是乡地组织。有趣的是，警察分局的管辖范围与保正的负责区域是一致的。当时顺义县下面划分为8个区，每区一名保正，共有8名保正，在其下面则配有53名地方。其中第一区下辖41个村，共有地方10名。保正、地方以及社书的人选不是县里任命而是由村落决定的。保正在县城设有办公处，例如顺义县1区的办公处是由下面41个村共同设立的，里边还雇有“伙计”，其费用是由各村摊派的，各村村（乡）长进城办事时也住在这里。在村落之上的保正由村落推荐再由县里认可，如果村落有要求时可以更换。[①] 民国以后，虽然各个自然村有村长，但是村落内还有地方，地方由村长任命，一般是较贫困者。内山雅生经过对华北农村惯行调查资料的分析，提出了“地方”有三种形态。第一种是作为县衙或者保正、社书、里书的下属，担任着发放公文、催缴田赋等实际事务。第二种在村政事务中，是实际上的领导者——会头的部下，协助办理村中杂务。第三种形态是看青，只在秋季负责看护庄稼。[②] 乡地组织成员的报酬不是来自县里，而是由村落提供的。“保正”的收入来源于每年秋后各村给的“礼钱”以及“办公费”，数额并不固定，大概是二三十元到一百多元。“地方”的收入是村内各户给一些粮食，后来多是给一些现金。社书负责土地过割和造征册，虽然县里有财务科，但是，村落土地变化的实际状况依然掌握在这些人手中。例如在栾城县每一柜设一名社书，全县共17名。社书的收入是在办理过割时收取一些手续费。社书名义上由选举产生，由于需要有一定财产和能力，而且当社书有许多好处，实际上多为世袭或是用钱买来的。

顺义县在民国二十年，曾准备取消乡地制度，但是由于“田赋征收

① 『中国農村慣行調査』、第2巻392頁。

② 内山雅生：『中国華北農村経済研究序説』、金沢大学経済学部1990年版、213—220頁。

非常不顺利，只好恢复乡地制”。如果取消乡地制度，国家就无法顺利地对乡村进行管理。沙井村村长杨源说：“这种制度对于村落来说可有可无，但是如果没有了，县政府却非常不便。”[①] 在征收田赋的季节，保正与地方每隔 10 天要一起到县政府报告缴纳情况，如果有滞纳者，则由财政科长将名单交给地方，要他到村中催促。另外，保正、地方在县财政科开会时，还要进行“比卯”，就是相互比较催粮纳赋的成绩，业绩优秀的年终可以得到奖金。乡地组织对于县政府收缴田赋是十分有效的，顺义县财政科的官员说：“（保正）目前在县政府的编制中是不存在的，由于它是不用县里出钱而又为县里办事的机关，所以现在暂时不会废止。”

这样，在整个近代，县以下的行政机关一直无法统一，由警察和乡地两种组织系统分别承担。警察分局负责修路、修桥和训练等。保正依然负责田赋征收等税赋事情。两者之间并没有统属关系。保正、地方、社书主要对县政府负责，只是在出现抗税不交的情况时，地方才要求警察分局予以协助，由警察同行强制征收。平时，警察分所也不干涉地方的活动。当时的警察方面认为乡地组织不属于国家机关，而是属于私人团体，双方没有直接关系。因为，当时就有人说：“分局是警察机关，属于国家职员，保正等都是私人团体。”但是，由于“保正等很久就已经存在，深入民间，办事比较顺便，容易解决问题”。[②] 所以还没有办法取消。由此，警察制与乡地制相互依赖才保证了近代国家对村落的统治。

三、他治与自治的相互依托

推行地方自治是清末新政以来基层政权建设的基本方针之一，但是直到 1949 年为止，在华北农村中并没有建立起真正的地方自治体制，而

① 『中国農村慣行調査』、第 2 卷 425 頁。

② 『中国農村慣行調査』、第 2 卷 387 頁。

是呈现为一种他治（或者称官制）与自治混同的局面。这一方面是由于历届政府推行自治的本来目的并不真正是为了实现地方的民主自治，而仅仅是将其作为一种加强自身统治的手段。清廷提出“自治”纲领的初衷是为了保护官府的特权，“自治”的范围只限于那些官府鞭长莫及的公益事业。袁世凯建立警察制度首先是为了控制地方治安。至于阎锡山搞的村制“与其说是地方社区的政治组织，不如说是一种更便于官府监督的机构”[①]。到蒋介石时代则要完全放弃地方自治，改行保甲制，并且还罗列出地方所谓自治的七大弊端，主张“先谋自卫之完成，再作自治之推进”。在日本占领时期进一步推行保甲制，其目的是“完成自治自卫，协力建设地方新秩序”[②]。要以此巩固其殖民统治。

另一方面，作为国家权力在地方主要体现的县级政府，在推行地方自治时也并不认真，大多只是敷衍了事。在20世纪40年代调查时，沙井村村民说，选举村长的事只是在20年前有过一次县里来人主持选举，其后就从来没有官员来过，都是村内自己决定，然后只要将结果报告县里就行。甚至在顺义郝家疃村，村里报告给县上的村长名字是一个假的。因为没有人愿意当，实际的村长每年都要换，但报告给县里的却是一个不变的假名字。村民说，如果把真名实姓报上去，那个人就要长期当村长，非常不便。[③]另外，在推行自治选举时，对于村落的一些传统习惯，县里一般都予以承认，并不是完全按照选举法规进行。比如在进行村长选举时，按照当时的选举规则规定，女性也有选举权，但村内却不认可，为此还经常造成争议，后来县里也就不提女性的选举权了。[④]还有，当时虽然规定每个成年人都有选举权，但在选举时，往往都是“一户一票”，只有家长出席。对此县里也不再坚持。甚至在国家推行保甲制时，要求村内进行连坐密告，但是这一点也很难推行起来，因为村民们认为告密

① 孔飞力：《地方政府的发展》，载费正清主编：《剑桥中华民国史》，第二部，上海人民出版社1992年版，第373页。

② 参见朱德新：《二十世纪三四十年代河南冀东保甲制度研究》，中国社会科学出版社1994年版。

③ 『中国農村慣行調査』、第1卷74頁。

④ 『中国農村慣行調査』、第1卷147頁。

是不可想象的事情。

就村落方面来说，近代华北农村内部依然存在着一些能够维护内部生活秩序的规范和习惯，具有一定的自治能力，但是，这种村落内部的自治资源是非常有限的，不可能完全自行维护村落内部的生活秩序，有时不得不求助于国家权力的介入和裁决。

华北村落中本身具有一种共同的连带性，但是，这是一种消极自卫性的共同连带关系，是在国家或外部压力下，村民们自行结成的一种相互合作关系。自从乡地制实行以来，自然村落成为国家的征发单位，为了催征滞纳的田赋，县里往往采取扣留村长的办法，迫使村民想办法及早缴纳，由此促进了村民的相互连带关系。[①] 近代以来，社会动荡不安，匪贼横行，土匪经常把一个村落作为单位进行敲诈绑票。村民们也就相互联合起来设置沟墙，习武自卫。在这样险恶的外部环境下，村民的连带关系也进一步加强。另外，华北村落也有一些共同财产，主要是庙宇和香火地，村落最早的公共性组织烧香会就是管理这种事务的，管理和运营这些公共财产，也需要有村民的团体行为。还有，华北农村以零散的自耕农为主，为了维持简单的再生产和最低的日常生活，离不开村民间的相互扶助。在这样长期的共同村落生活中，村落内部形成了固定的集体记忆，具有了村落内部与外部的明显区别，相互之间也形成了感情上的乡亲观念。

村落的传统自治行为除了共同应付来自村落外部的压力外，在村落内部生活中，还有通过对于村落内部轻微犯罪行为的自行处罚来保持村落的生活秩序。例如在秋季，当看青的抓住偷盗庄稼的人时，交给会首，会首在村庙敲钟，村民集合于此商议处理办法。村落民俗宗教主要信条即是一些积德行善、奖善惩恶的内容，例如奉祖先、孝父母、守王法、尊师长、和乡邻、信朋友等。这些都是维护村落秩序所不可或缺的。帕索斯（T. Parsons）曾说过，在社会中被制度化了的各种价值，最终都是在宗教

---

① 『中国農村慣行調查』、第 3 巻 385 頁。

的名词下面得到正当化。[1]村落内部每年都有几次宗教仪式活动，其目的就是强化这种宗教意识，以此维护村落日常生活。

近代村落虽然拥有一定的自律（自治）性，但是，在村落内部并没有一种较为正式的、全员参加、由多数决定的民主协商、表决机制。在村落内部，首先存在着宗族的区分。其次，村落的权力是由会首集团掌握的，普通村民没有机会参与村政。比如在沙井村，从县里下来的公文只念给会首听，维修村中庙宇和道路等公共事情也只由会首们商谈。如果没有会首在场，村民们即使进行商议，其结果也是无效的。对于县里征发命令，村内如何摊派，都是在会首们商谈后仅将结果通知村民。由于普通村民根本无法参与村政，造成了村民对于村政的普遍冷漠。20世纪40年代，县里推行村选，县里来人主持选举，村民参加的最多也仅达到七成左右。对于会首们的决定，村民一般是逆来顺受，有村民说："只有傻瓜才提不同意见，聪明人都默不作声。"[2]

在松散的村落社会中仅仅由少数人做出的决定并不具备很高的权威性，为此村落内经常会产生纠纷，而这种纠纷许多在村落范围内无法得到解决，这主要体现在缴纳县里的征收时分摊不公或是村费的管理使用等方面。当发生分摊不公时，就有其他宗族到县里提出诉讼，如果说村民个人考虑到诉讼成本，往往要在村内和解的话，这种宗族间的诉讼则大多要到县里解决。在村落内部当村民对村长的摊派方法持异议、拒绝缴纳时，村长并不能处罚该村民，只能报告到当地的警察分所，由警察分所处理解决。

村落内部缺乏权威性的自行解决纷争的机制，这从地方政府文件中也可以看到。在清代顺天府档案中有许多关于村落内由"首事人"就村落内部活动进行"合议"（公议）内容的文书。这些文书所涉及的事项都是有关村落内部的，但是，其"合议"的结果在村落内约束力极为低下。

---

① Talcott Parsons: *Politics and Social Structure*, The Free Perss, (1969). 日文版：T. パーソンズ（新明正道監訳）:『政治と社会構造』、誠信書房1973年版、57頁。

② 『中国農村慣行調査』、第3巻47頁。

为了使全村人都能遵守，首事人往往将“合议”的结果上报到县里，要求由县官加以公示，显示出其得到了国家权力支持的权威性，要使村民必须遵守。

在近代华北村落内部自治和自律的机制比较薄弱，村落内部虽然有一定的“自治”，但是这种自治由于宗族的存在和村民参与性的低落，其公共活动并不是由村落全员参加的，而是仅由少数会首集团主导的，对于全体村民的共同约束力极弱。在一定情况下，会出现普通村民与会首的对立，这时的国家权力是作为一种超越村落内部利害冲突的“公权”来评判、调解其内部的纷争。所以，维护村落的共同秩序离不开国家权力的介入。另一方面，国家在行使统治权力时由于交通、通信的限制，为了节约成本有时也希望村落进行自主管理，要利用村落的自律职能。所以，国家对于村落内部事务的介入一般也是消极低调的，只要能保证税收或不出现大的刑事案件，国家权力并不会积极主动地介入村落内部。村落的自律或自治是薄弱和不完善的，村落秩序的维持离不开国家权力，同时，通过会首制度的延续和以扣留村长来催征税收的做法，可以看出国家权力也要利用村落的自治和自律的资源。所以，官治与自治不是截然分开相互对立的，而是相互补充和依存的。国家、会首（乡绅）、村民三者之间处于一种既相互对立又相互依存的关系。特别是，在这里会首（乡绅）并不仅仅是作为村民的代表与国家进行交涉的角色，还有可能由于村民向县里提诉而成为被告的角色。村民并不仅仅把会首（乡绅）当成自己的代表，当自己的利益受到会首的侵害时，就要直接到国家权力机关寻求裁决，国家权力与村民之间并不是只有经过会首（乡绅）这个中介才能发生关系。

此外，近代村政中还有公与私的交织。在杂姓村落中，虽然村长是选举产生的，与宗族没有关系，主要看能力、财力和威望，但村长决定村中事项必须要同村内的宗族代表（即会首、董事或甲长、牌长等）协商，村长个人不能专断。在村内各个宗族是同族聚居的，划分为几个相对独立的小居住区。各个宗族的代表原来是会首、董事等，在实行保甲制后，这些人就转变成甲长、牌长，本质没有发生变化。所以，村落领袖集团是国家行政与宗族势力的混合体。国家权力与宗族权利交错在一体。这方面在第二章中已经涉及，本章对此从略。

四、小　结

近代以来的村政建设，虽然使得村务增加、村政复杂化，但是在华北农村并没有建立起真正完整的地方自治制度。另一方面，村落固有的自治行为也并没有因为国家权力的深入而完全消失。所以，就普通村落来说，虽然真正的自治机关没有建成，但是也并没有出现村落秩序的剧烈崩溃、完全由土豪恶霸掌权的局面，原有的社会秩序依然得到维持，村落精英基本保持了连续性。在近代政局动荡不安、村落外部社会环境发生巨大变化的情况下，村落秩序的维持表现为国家行政这一公权与传统村落自治组织、家族关系和习惯相互并存、交织和互动的局面。在村落共同体内部有国家权力的存在，同时国家权力也没有将村落原有的自治资源完全摧毁，而是相互依赖，互为补充。近代村政包含了官治与自治、他律与自律的二重性质。所以，并不能简单地将近代基层政权建设说成是成功或者失败。

第四章　中日村落构造比较与中国村民自治

地方自治作为近代民主政治制度的组成部分已为众多国家所采用，但是各国在推行地方自治的时候都根据本国基层政治社会的特点进行了创造。因此，较之于中央政府体制，地方自治更加具有各国特色。日本在明治政府时期就开始实施地方自治，经过战后民主改革，地方自治不断完善，形成了颇具日本特点的地方自治体制。在中国实行近代地方自治制度的历史并不短暂，早在清末就制定过城乡镇地方自治章程，北洋政府时期搞了地方自治实行条例，国民政府制定过更为详细的自治实施办法。中共在根据地也进行过乡村民主选举。但是，由于政局动荡，外患不止，政治环境紧张，这些地方自治的尝试均未能坚持下来。国民政府最后竟然采取了保甲制。中共在夺取全国政权后，在农村实行了集体化、人民公社制度，政社合一。在中国正式而且有效地推行地方自治是从 20 世纪 80 年代开始的村民自治。

实行地方自治必须符合中国基层政治社会的特点。作为地方自治的起点，村民自治是地方自治的基础。而村民自治制度的设计和实施必须注意到村落社会的基本构造。对于中国村落的社会构造已经有许多先行研究。诸如共同体论[①]、乡绅论[②]、宗族论[③]以及权力文化网

---

① 大塚久雄：『共同体の基礎理論』、岩波書店 1955 年版。平野義太郎：『大アジア主義の歴史基礎』、河出書房 1945 年版。另可参见旗田巍：『中国村落と共同体理論』、岩波書店 1973 年版。

② 孔飞力：《中华帝国晚期的叛乱及其敌人》，中国社会科学出版社 1989 年版。岸本美緒：「明清時代の郷紳」、柴田三千雄編：『シリーズ世界史への問い　七　権威と権力』、岩波書店 1990 年版。贺跃夫：《民国时期的绅权与乡村社会控制》，《21 世双月刊》1994 年 12 月号。

③ 莫里斯・弗里德曼（刘晓春译，王铭铭校）：《中国东南的宗族组织》，上海人民出版社 2000 年版。陳其南：「伝統中国の国家形態と民間社会」、溝口雄三他編：『アジアから考える

络[①]、市场圈[②]和铁沙说[③]等。本章则要从中日村落比较的角度来认识中国村落的社会构造，借鉴日本实行地方自治的经验，试图提出中国地方自治的一些基本要点。

一、日本的村落和中国的村落

本文提到的传统村落是指在两国前近代已经定型的而且在近代化过程中被作为近代化对象的典型村落。就其时间和空间而言，中国的传统村落是指在清代中期以后形成的乡地制之下的自然聚落与行政统治单位一致的华北村落。中国幅员辽阔，村落的地域性差别较大，限于先行研究的不足和笔者的能力，这里只能限于华北地区。日本传统村落是指近世幕藩时期的ムラ（村），虽然在日本的东西部其构造不尽一致，本文主要以近畿地区为主。

日本近代村落起源于中世后期的惣村。在镰仓时代后期，从近畿地区开始，在庄园或公领地内部出现住民集落，在集落中名主以外的中小农民发言权增加，神社祭祀组织宫座渐渐地成为村民议事和决策的场所。到南北朝时期，惣村的有组织行动进一步加强，他们不断提出要求：罢免不法的代官或庄官，在发生灾害时减免年贡。当其要求未被采纳时，则往往以武力或逃亡的方法对抗，发生“庄一揆”。到九条家时改“实地检分”为“村请制”，村落成为承包年贡的主体。伴随“村请制”的实行，以前由领主负担的神社祭祀、再生产安排以及年中行事也由惣村自己负责，为

(接上页)（四）社会と国家』、東京大学出版会 1994 年版。麻国庆：《家与中国社会结构》，文物出版社 1999 年版。

① 杜赞奇（王福明译）：《文化、权力与国家 ——1900—1942 年的华北农村》，江苏人民出版社 1996 年版。

② 施坚雅（史建云、徐秀丽译）：《中国农村的市场和社会结构》，中国社会科学出版社 1998 年版。

③ 上田信：「村に作用する磁力について」、橋本満・深尾葉子編：『現代中国の底流』、行路社 1990 年版。

此村中设置了“惣有地”。另外，为解决村落财源，惣村还单独向村民征税。为维持村落秩序，惣村自行制定了村法（村掟、惣掟、地下掟），对违反村法者可以驱逐出村、罚款、村八分甚至处死。原来在村落中代表领主的沙汰人、番头、政所等下级庄官，这时转变为村落与领主交涉的媒介。在惣村内部，按照年龄分别编成了おとな（乙名、大人、长、年寄）、中老、若众等组织，各组织分工不同，例如おとな负责村落管理和对外交涉，若众负责村落治安等。此后虽然经过太閤检地，对惣村进行了分割、再编，但村请制、村役、村法等都由近世村落继承下来。在幕藩体制下，由于实行村请制、村切制（确定村落边境），ムラ（村）的共同体性格进一步强化。在ムラ内部，事关村落全体的道路、山林、日役、税负以及役员的选出等，全部由“村寄合”（村落全部家庭的家长会）决定。而这种决定往往是“模糊的一致”，体现了村落的一体性。

明治二十二年实行町村制，将ムラ进行合并，建立了相当于数个ムラ的行政村，但是，ムラ的独立性质并没有丧失，行政村成为了旧ムラ的联合体。ムラ在町村制中以“大字”的形式存在。“这样在日本的近代化过程中，村落虽然发生了种种变化，但在团结、平和的名义下，掩饰了村落内部阶层矛盾的规范力量并未从村落消失。明治末期以后组成的众多集团例如产业组合、妇人会、青年团等将村落成员一个不剩地加以包容的性质没有改变，为了村落的平和，‘村寄合’以来的传统即全会一致的决定方式是不变的。”[①]

对于日本村落的构造，许多学者引用西方的共同体理论加以理论概括。[②]而铃木荣太郎则根据日本的实际，提出了“自然村”的理论。自然村是相对于行政村的。铃木认为在ムラ的共同性活动的范围是重复的，例如讲、结、组、水利组织、屋根葺等组织的单位以及葬式的劳动力交换等。自然村内的人们不但在生活上，而且在精神上也强烈意识到其共同

---

① 福武直:『日本農村社会の構造分析』、東京大学出版会 1987 年版、36—37 頁。

② 参见中村吉治教授還曆記念論集刊行会編:『共同体の史的考察』、日本評論社 1965 年版。

点。[①] 有贺喜左卫门则认为，日本村落是一种农户无法单独自立的生活集团，或是一个作为生活共同体的家与另外的家由于生活上的合作联系而结成共同关系的复合体，这是一种集落的家联合。[②] 就日本村落的地域特征而言，在东北部地区，以同族型为主，村落主要是亲方子方的本家同族关系，由本家地主实行权威统治。在西南部地区则多为讲组型，同族统治较弱，村落结构体现为相对平等的家族间的联合。村落的共同行动体现为合议制和轮番制。[③]

关于中国近世以来村落的研究由于地域辽阔和资料的限制，目前尚有许多问题未能厘清。但是，可以明确说明的是，以前被较多研究的由弗里德曼等人类学家揭示的中国东南地区的宗族村落状态，并不具有普遍性。就华北地区而言，是以小型自耕农为主的杂姓村为主。这里的绝大部分村落产生于明初，这种移民村落是近代村落的直接来源。在村落制度上长期采取里甲、保甲制等方法。到清代中期以后逐渐实行乡地制度。里甲、保甲制是由国家对村落进行直接编成，乡地制则是在里甲、保甲制崩坏后实行的由地保、地方、里书、村正等构成的半官方基层管理组织[④] 来控制自然村落。在中国，自实行帝制以来，县以下一直是采取一种半官方统治，施坚雅称之为非正式政治统治，而孔飞力则将之归于士绅统治。其特点是国家将基层社会的统治委托于由财力、学问、血缘、声誉和能力等决定的乡村精英，精英们通过以个人为中心形成的地缘、血缘和业缘关系，控制村落，保证国家税赋、劳役的完成，贯彻国家教化，组织地方报案，调节民事纠纷，维护村落的安定。在中国村落中所谓的自治是由精英们承担的，并没有由村落全员决定事情的习惯。以下将中日村落社会构造加以对比，便可说明。

与日本ムラ的“村寄合”不同，中国村落是由少数会首运营的。村

---

① 鈴木栄太郎：『日本農村社会学原理』、時潮社 1940 年版。

② 有賀喜左衛門：『日本家族制度と小作制度—「農村社会の研究」改訂版』、河出書房 1943 年版。

③ 福武直：『我国農村社会の二類型—同族結合と講組結合』、鎌倉文庫 1946 年版。

④ 关于乡地体制的重要研究成果可以参见魏光奇：《清代直隶的里社与乡地》，《中国史研究》2000 年第 1 期。

落中的事项全部由会首决定，“没有会首在场的商议是无效的”。“县里的征发命令只由会首商谈”。对于会首们决定的事项，村民“即使有意见也不说”[①]，在村落中形成了民众对公共议事的消极态度，对于会首们的决定，“只有笨蛋才会说，聪明人保持沉默”。[②]

与日本的村落活动的全员性不同，在中国对于村落活动，村民参加与否，是个人自由。20世纪40年代，河北省沙井村每年在元宵节、观音生日、释迦生日、关帝生日和地藏生日，村中都要举行仪式，烧香拜佛之后，一起吃饭，称为“办五会”。“办五会”时有香头、散户的区别。香头比散户所出会费要多。对于这项活动，参加与否由个人决定，任何人都可成为香头，村民认为香头可以更多地得到神的护佑，但是香头“只是为自己家祈愿”，“没有对散户施舍的意义”，一起吃饭也“没有特别的意义”，并没有增进村民亲近、为村落全体利益共同祈愿的意思。[③]

日本村落中的家族制度很严格，由长男继承的直系家族是村落的基本构成单位，家族内部的本家、分家，亲家、子家区别严格。在这样的社会中“脱离开大家族的独立的家是不存在的”[④]。中国村落中的家族制度并不严格。家族内部约束力也非常薄弱，几世同堂的大家族只是一种理想，分家是必然的。“家并不是一个独立的机构，这不过是一个个人之间以亲族关系——基于同一男性血缘关系的同宗、同类的关系为契机而连接的集合体。”[⑤]在家族功能上主要是“系谱模式”而不是“机能模式”。与日本不同，中国是家产由男子继承人平均分配，族长只是由辈分和年龄机械排出，并不一定具有强大的宗族权力。宗族的代表往往是族内的能人。与日本的家族间只有垂直的支配服从关系不同，“同族间还存在横向的力的关系”[⑥]。

---

① 中国農村慣行調査刊行会編：『中国農村慣行調査』、岩波書店1952—1958年版、第1巻125頁。

② 中国農村慣行調査刊行会編：『中国農村慣行調査』、第3巻47頁。

③ 中国農村慣行調査刊行会編：『中国農村慣行調査』、第1巻217—218頁。

④ 川島武宜：『日本社会の家族的構成』、岩波書店2000年版、136頁。

⑤ 滋賀秀三：『中国家族法の原理』、創文社1967年版、210頁。

⑥ 仁井田陞：『中国の農村家族』、東京大学東洋文化研究所1952年版、再版序5—6頁。

中国村落的共同行动稀少。日本村落种植水稻，大部是零细小农，在水利、农具上必须合作。并且在这种合作中“劳动力和资本的交换，是排除了市场这一非人格的机制，是按照亲族这一人格的机制进行的”[①]。中国华北村落属旱作农业，生产互助少，例如合（念 gě）具、搭套等只是农户间的个别的、十分算计的合作，多为季节性的，且合作伙伴每年多有变化。看青、打更等是由会首决定的，按照耕地的多少出资雇用的。村落中的钱会、请会等金融共济组织完全依靠个人朋友关系建成。

在日本村落，村落神社是村落全体的守护神，“神不但是土地的神，更是村民集团的神”。“村人精神生活以及政治经济生活的中心在神社。”[②]在中国村落信仰虽然普遍，但属于复数神祇、自由信仰，庙的建立、维持费用由会首发起，自由捐纳。村民对于村内观音、五道、老母、关帝、龙王、土地、菩萨等诸庙和众神，要信奉哪个则由村民自由选择，并且都只是为了个人利益去烧香许愿。每年的庙会组织者并不固定，如果想做者众多，则多是由抽签决定。这种宗教活动与世俗权力没有必然的联系。

中国村落的界限与日本村落不同，没有明确的边界，由于土地经常买卖，土地所有者在村落间交叉，外来户也可以迁入。在华北村落的一些习俗中并没有对外村人的专门限制，例如“开叶子”。[③]许多晚清村落建有土墙，但这只是为了安全防卫[④]，有的村落只有地主家建起土楼，防备自家安全（如后夏寨村）。日本村落以“道普请”（修路）、“沟浚”（修渠）活动使本村与外村界限明显区别开。“道切”（断道）则是更为明显的民俗，就是在村落的边界处拉起草绳以防止外界灾祸进入本村。另外还有只将害虫驱逐出本村范围的驱虫仪式，都是以本村为界限的。

---

① バリントン・ムーア（宮崎隆次他訳）：『独裁と民主政治の社会的起源』Ⅰ、岩波書店 1986 年版、324 頁。

② 清水三男：『日本中世の村落』、岩波書店 1996 年版、243、233 頁。

③ 华北村落习俗，在农田作物成长后，可以自由地摘下一些叶子，村内村外的人都可以。参见旗田巍：『中国村落と共同体理論』、岩波書店 1973 年版。

④ 王庆成：《晚清华北村落》，《近代史研究》2002 年第 3 期。

二、中日村落结合原理的比较

中日村落权力构造的区别，在表面上看是村落中人的结合的“密”与“疏”的关系，实际上是在人的结合原理上的不同。对于这方面，文化人类学研究已经有精辟的说明。中根千枝认为，在人的血缘组织原理上，日本是“场”，中国是“类”。在日本，传统的イエ（家）是家名、家业、家产的三位一体，イエ的财产不属于个人而属于イエ这个集团，イエ不可分割。イエ的经营由长子负责。イエ的全体成员都属于本イエ集团，该集团与外界有明确区别。最亲近的イエ也不是家族的延长。作为イエ的上层组织是由各个独立的イエ构成的“群”。每一个人都属于イエ这个共有的“场”中。在中国，是以个人为起点的，每个人是以“父系血缘”这一共通项（类）为媒介而组成的，由具有一个父亲的兄弟相互联合形成的旁系扩大家族是理想形态。父亲的财产是由兄弟间共同分割。所以相对于扩大家族这一理想，实际上却表现为一个个独立生活的家庭。拥有共同祭祀对象的成员是以父系血缘的系谱关系维系的。这种父系血缘的关系可以无限扩大。①

费孝通对中国社会的人际关系用“差序格局”来概括。在中国亲属关系可以一直推出包括无穷的人，这是一个庞大的网络，但这个网络像个蜘蛛网，以自己为中心，但没有一个网所罩住的人是相同的。每一个人都是以自己为中心，像石子投入水中和别人所联系成的社会关系，不像团体中的分子一般大家立在一个平面上，而是像水的波纹一般，一圈圈推远，愈推愈远，也愈推愈薄。不但血缘关系是这样，地缘关系也是如此。②

另外，增渊龙夫关于任侠现象的研究，揭示了早在秦汉时期就出现了离开原家族关系的任侠以大家族为中心形成个别的结合，与外部世界

---

① 中根千枝：『社会人類学—アジア諸社会の考察』、東京大学出版会 1987 年版。

② 费孝通：《乡土中国 生育制度》，北京大学出版社 1998 年版。

相联系。[①] 仁井田升提出了中世纪血缘主义的概念，认为在10世纪以后形成的同族结合并不是古代家族的延续，而是在中世纪的再编成。[②] 金耀基[③] 和谢遐龄[④] 关于中国人际关系、伦理关系本质等研究，都进一步揭示了中国社会是以个人关系为基础的社会本质。

不仅是人的结合原理不同，中日在村落构造原理上也不同。从中世惣村演变过来的日本村落由村请制而形成了与领主的契约，村落由此成为一个封闭的、排他的自律性共同体。在其内部有特定的空间、特定的成员，在精神上有共同的信仰，在物质上有共同的财产。而中国的村落，自帝制以来，完全由国家实行“编户齐民”统治。周代有乡遂制，汉代有长老制，唐代设乡里制，宋代有保甲制，明代设里甲制，清代由里甲制、保甲制转变为乡地制。村落不过是一个开放的、松散的、他律的生活聚集地。在这里，所谓的“共同体”不过是从个人生活利益出发，通过个人关系而结成的算计的、临时性的互助结合。所以，石田浩称之为“生活共同体”[⑤]。当然，既然作为一种长期固定的生活共居地，村民之间必然产生出种种的相互联系，已经有学者对这种相互联系做出历史和现实的实证分析，例如内山雅生关于村落“共同关系”的研究。[⑥] 贺雪峰等关于村庄社会关联的研究。[⑦] 但是，如果与传统日本村落比较，就会发现这种相互关系的薄弱和非稳定性。

对于中国农村中是否有共同体存在，在战前日本学者受马克思亚细亚生产方式理论的影响，特别是受魏特夫的水利专制主义的影响，围绕华北农村惯行调查资料的解释产生了著名的“平野（义太郎）—戒能（通

---

① 增淵龍夫：『新版　中国古代の社会と国家』、岩波書店 1996 年版。

② 仁井田陞：『中国の農村家族』、東京大学東洋文化研究所 1952 年版。

③ 金耀基：《关系和网络的建构：一个社会学的诠释》，《21 世纪双月刊》1992 年 8 月号。

④ 谢遐龄：《中国社会是伦理社会》，《社会学研究》1996 年第 6 期。另外还有孙立平：《“关系”、社会关系与社会结构》，《社会学研究》1996 年第 5 期。

⑤ 石田浩：『中国農村社会経済構造の研究』、晃洋書房 1986 年版。

⑥ 内山雅生：『中国華北農村経済研究序説』、金沢大学経済学部 1990 年版。

⑦ 贺雪峰、仝志辉：《论村庄社会关联——兼论村庄秩序的社会基础》，《中国社会科学》2002 年第 3 期。

孝）论争”[1]。平野认为“会”是村落自然产生自治机关，管理村落财产。戒能则认为，中国的村落没有境界，没有日本村落的共同自治。村长并没有获得村民的内部的支持，不过是单纯的统治者而已。旗田巍根据自身的调查资料证明“看青”这样的协同关系与共同体完全不同。中兼和津次则根据对旧东北地方农村调查资料的现代经济学分析证明了农家间的合作完全是纯粹的经济交换关系。[2]

中国村落的他律性，集中表现在有国家权力的强力介入。国家通过行政编制、征税、治安、科举、教化、审判等将其权力和意志深入到村落乃至家庭。

在华北村落中，为了维持村落秩序，由村落头面人物出面进行“公议”，形成决议，以为全村遵守，这看起来是一个自律性的典型表现，但是这种自律的管理如果没有国家权力为后盾，并不能发挥作用。

在中国农民的宗教信仰观念之中，国家意识也明显存在，突出表现在对土地神和城隍庙的信仰上。以下是 20 世纪 40 年代满铁调查员与村民的对话。

问：城隍庙是什么样的神？

答：城隍神。阴间的县太爷，地方官。

问：土地神是掌管人间寿命的神吗？

答：天 —— 性，地 —— 命。

问：那父母呢？

答：身。

问：土地神是管土地的神吗？

答：不是，土地神将人们善恶向城隍神报告，降给凶吉。[3]

问：城隍神是县城的守护神吗？

---

① 旗田巍：『中国村落と共同体理論』、岩波書店 1972 年版。

② 中兼和津次：『旧満洲農村社会経済構造の分析』、アジア政経学会 1982 年版。

③ 『中国農村慣行調査』、第 1 巻 315 頁。

答：是监督在村里的土地神的神。[①]

与阳间的县官对村落的统治关系一样，在阴间也有城隍庙和土地神监视村民的一举一动。在土地神掌管的人们的善恶标准中最大的恶事是“土匪强盗。强盗若被官府抓住要枪毙”。[②] 在这里，神的善恶标准与官府的规定是一致的。

在中国村落中，农民直接感受到的不是地主的剥削，而是国家的压迫。这一点，在农民运动中明显表现出来。法国研究中国近代农民运动的毕仰高就指出：“统治者的精英代表是官员而不是地主，因而官员才是农民通常进攻的靶子。农民怒火迸发的取向表明：中华民国的农民具有强烈的国家压迫意识，而阶级剥削意识则较为淡漠。在这方面他们可能简单地继承了从帝制时代开始的传统。”[③]

对于在家族内体现出的国家权威，大泽正昭的研究表明，在唐宋时期中国的人际关系开始发生显著变化，从家族主义的集团关系向个别人之间的契约关系转变，人们的社会行为向国家的审判机关等公共机能集中，体现出了个人间的交际关系。人与人的结合从横向（家族）关系优先转变为纵向关系（国家与个人关系）优先。社会中的个人向国家权力集中。[④]20 世纪 40 年代的满铁华北农村惯行调查也表明，在村落中农民分家时往往找村长做中间人，家内纠纷主要依靠官府审判解决。

三、小　结

通过以上中日村落的对比，从地方自治的角度观察，可以明显发现

① 『中国農村慣行調査』、第 4 巻 433 頁。

② 『中国農村慣行調査』、第 1 巻 211 頁。

③ 毕仰高：《农民运动》，《剑桥中华民国史》，第二部，上海人民出版社 1992 年版，第 331—332 页。

④ 大沢正昭：「『笞』·『僕』·『家族関係』—『太平広記』·『夷堅志』に見る唐宋変革期の人間関係」、中国史研究会编：『中国専制国家と社会統合　中国史像の再構成Ⅱ』、文理閣 1990 年版。

中国村落的如下特征：（1）国家权力全面深入到村落，村落自治空间为强大的国家权力挤压，非国家性授权的权威软弱无力。（2）村落内部缺乏自发的共同性行动，自治资源显著不足，没有自治的传统。（3）村落地域内的村民相互关联缺少带有普遍性的“公共”价值观念，村民以个人为中心，依靠和建立各种关系网。个人之间主要依靠亲族、友邻、庇护和服从关系等进行连接。正如近年有关村落文化调查所表明的“一般说来，乡民对村落内的公共事务大抵抱着‘不关我的事’，‘少管闲事’和‘各人自扫门前雪，哪管他人瓦上霜’的态度”。“在绝大多数情况下，凡属家庭内务而单个家庭无力解决的各类事务都是通过人情关系网络来加以解决。”“村内的公共事务大抵成为‘无人管理的事务’。”[①]集团意识和联系薄弱。

正是由于以上特征，虽然自20世纪80年代以来政府积极推行村民自治，已经取得许多成果，但是距离建立成民主、高效、廉洁、自律的村民自治体制尚有一定距离。在实行村民自治中出现许多问题。这主要表现为：（1）村民自治主要成为政府推进的活动。自治选举虽然投票比率很高，但属于政府动员型，选民参加投票是应付公事，对被选举人情况关心不足。据有关村民政治角色的调查，有41%的人不知道选民与公民的区别。[②]（2）实行自治之后依然要由乡政府指导，在自治中出现纠纷主要依靠上级行政部门介入解决。“直到1996年，不少村民还习惯称村民委员会为大队，将村委会主任称为带有强烈行政管理色彩的村长。”[③]村落自律性低，依然依靠政府指导。许多内部问题在村落内无法解决，只能依靠上告求得解决。甚至出现上告村。（3）村落内部在选举、村企业承包、宅基地审批、耕地划分、公共财产使用等方面缺乏公开、民主、公平等原则，宗族、近友、特殊人情等个人因素影响很大。“在现阶段，许多村民作为自

---

① 曹锦清、张乐天、陈中亚：《当代浙北乡村的社会文化变迁》，上海远东出版社1995年版，第613页。

② 张立荣：《新视野与大思路——中国山区乡镇政权建设研究》，武汉大学出版社1995年版，第169页。

③ 徐勇：《中国农村村民自治》，华中师范大学出版社1997年版，第185页。

治主体，考虑较多的往往是个人利益”[①]，“一些村民在选举过程中往往是从人情出发做出选择”[②]。经常出现干群对立和村民间纠纷。特别是由于传统上基层社会也是由行政官吏或干部掌握着权力，在现在的村落中，“村民一般会极力避免与干部发生冲突，通过各种途径与村干部建立特殊关系，保证个人和家庭的利益不受损害”[③]。（4）从选举结果看，一般仍然是原来的干部当选，干部变化不大，相反如果一旦出现过去的非干部（或非乡政府认定的）当选，这或者是由于干群对立，或者是宗族操纵，往往使乡政府为难，村落关系紧张。

当然，要解决这些问题，一方面需要进一步完善有关法律，改革对基层社会的控制方法，搞好外部环境，用法律来规定国家与村落的关系，走出或者是国家对村庄严格控制，或者是村落要摆脱国家一切统治的怪圈。但另一方面，关键是要开发村落自治资源，加强村内自律，形成公共秩序，改造和整顿现有的社会结合关系。依据“场”与“类”的理论，采取“聚类为场”，创造村落自治的集体资源。因为现代政治学已经证明：作为权力的基础，“集体资源优于个人资源，而且这种资源由比较稳定的集团和组织拥有时也更加持久”[④]。近年的农村调查表明，农村民主制度建设的一个重要问题就是缺乏权力的集体资源，即“群众自发组织的社会经济团体尚未充分发展”。例如在一个村庄“除 90 名党员有自己的组织之外，其他村民没有参加民间的群众组织，青年人、中老年没有属于本年龄层的归属团体，缺乏交往机会，因而缺乏建立民主机制的组织基础”[⑤]。因此，在这里已经有学者提出要“创造村庄”的问题，正如田原史起所提出的，要“培养村落的自我管理能力，在行政村的范围内动员村民的力

① 徐勇：《中国农村村民自治》，第 186 页。
② 徐勇：《中国农村村民自治》，第 187 页。
③ 陆学艺主编：《中国百村调查丛书 行仁庄 内发的村庄》，社会科学文献出版社 2001 年版，第 269 页。
④ 丹尼斯·朗（陆震纶、郑明哲译）：《权力论》，中国社会科学出版社 2001 年版，第 168 页。
⑤ 陆学艺主编：《中国百村调查丛书 行仁庄 内发的村庄》，社会科学文献出版社 2001 年版，第 268 页。

量来抵抗容易进行独裁的有势力者的行为”①。同时，要重视村落的自治能力建设。秦晖就认为由于中国文明中“大共同体”（国家）过度“亢进”，使得“小共同体”（社会集团）“更弱”，这与西方文明的“小共同体本位”传统不同，中国的民主有赖于“小共同体”的发展。②但是，村落的民主自治建设应从村民身边的最小范围内的公共行为训练开始，不但在村落范围以内，而且要进一步细化，使村民真正地将自身利益与最接近的公共活动联系起来。可以考虑以下措施：

（1）建立农会。目前的村民委员会兼有自治组织、政权机关和经济团体的三重性质。农民并不认为它完全是自己的自治组织。借鉴日本农协的经验，使农会成为农民自己的经济合作组织，并拥有一定的议政权。

（2）建立邻里小组。目前在村民委员会下的村民小组来源于原来的生产队，规模依然较大，村民代表会议代表性不强，没有能体现民主原则、发挥村民个人的积极性。根据中国农村邻里关系密切的特点建立10户左右的邻里小组，由小组代表组成村民代表大会。③由此，调动村民的权利责任意识。

（3）建立各种农民种植、养殖、科技、文化和娱乐协会，承认其在自治体中的位置。这是超越了宗族和地缘关系的功能组织，有利于体现各方面的利益。

另外，对于中国村落中已经具有的传统社会结合，例如宗族、宗教组织，也不能一概而论，应在一定范围内加以引导利用。

对于宗族在现今农村社会的意义，学界多有分歧，郭于华认为血缘关系是富有生命力的文化传统和象征体系，在现代化过程中具有续存的理

① 田原史起：「村落自治の構造分析」、『中国研究月報』639号、2001年5月。

② 秦晖：《“大共同体本位”与传统中国社会》上、中、下，《社会学研究》1998年第5期，1999年第3期、第4期。

③ 关于中国村落邻里的范围和规模，费孝通称之为“街坊”，约10户左右。见费孝通：《乡土中国 生育制度》和《江村经济》。中根千枝认为，日本的小集团的理想规模为5—7人，见中根千枝：《タテ社会の力学》、講談社1978年版。

由。[①] 钱杭也认为，宗族结合可以随着时代的要求重新定位，应当尊重农村宗族的文化内涵。[②] 陈永平等则认为宗族势力已经成为农村社区生活中一股潜在的破坏力量。[③] 唐军的研究表明，在目前农村家族关系虽然在仪式上有所削减，但以非组织的形式满足功利的需要，依然顽强存在[④]，但是，无论如何，宗族血缘关系是一种先天决定的社会关系，其结合原理与开放、公平的现代社会结合原理是相矛盾的。由于中国的宗族结合多属于再造的、带有功利性，绝大多数村落是杂姓村，如果加以鼓励则会造成村落的割裂、涣散，而不是提高村落内聚力。鉴于村落的宗族结合依然顽强存在，可以利用那些开明的宗族老人教育族人遵纪守法、移风易俗。过去共产党开辟农村工作时，多利用这一点。

对于农村宗教，人们多有否定，认为在村落中教民与非教民易起矛盾、宗教组织会脱离领导。笔者却认为这是一笔宝贵的文化资源，特别是那些扎根于农民心中的民俗宗教。近代以来，人们往往用科学主义的眼光批判宗教的非科学性，称之为“迷信”，反复破除。忽视了宗教是过去人类社会规范的一种特殊表现和人们宗教情感的需求。因为“以宗教或魔法为动机的行为，在其最初存在的期间，是针对尘世的”。[⑤] 在民俗宗教中，许多是提倡弃恶从善、与人为好、自我牺牲精神的，教育、安慰人们提高精神境界，这些都是长期以来村落共同生活经验的结晶，只不过是以宗教形式表现出来，它有利于改善村落人际关系，维护共同价值规范，稳定社会秩序。近代日本明治国家在推行地方自治的同时，对神社进行整理，实

---

① 郭于华：《农村现代化过程中的传统亲缘关系》，《社会学研究》1994 年第 6 期。

② 钱杭：《宗族重建的意义》，《二十一世纪》双月刊 1993 年 10 月号。钱杭、谢维扬：《传统与转型：江西泰和农村宗族形态 —— 一项社会人类学的研究》，上海社会科学院出版社 1995 年版。

③ 陈永平、李委莎：《宗族势力：当前农村社区生活中一股潜在的破坏力量》，《社会学研究》1991 年第 5 期。另外，何清涟在《当代中国农村宗法组织的复兴》（《二十一世纪》双月刊 1993 年 4 月号）中也有类似的观点。

④ 唐军：《仪式性的消减与事件性的加强 —— 当代华北村落家族生长的理性化》，《中国社会科学》2000 年第 6 期。

⑤ 马克斯・韦伯（林荣远译）：《经济与社会》，上卷，商务印书馆 1998 年版，第 453 页。

行一村一社，就是注意到了宗教资源的社会整合价值。[①]

中日村落结构传统自治资源的一弱一强，要求二者在现代基层民主、自治建设上采取不同的方策，如果说在日本是把尽量突破小共同体对个人的控制、创造增加个人活动的机会作为重点的话，在中国则是要培养人们的小共同体意识，构筑人们平等参与公共行动和民主自律的政治生活空间。

① 森岡清美：『近代の集落神社と国家統制：明治末期の神社整理』、吉川弘文館 1987 年版。

第五章　四社五村水利秩序与礼治秩序

水利秩序包括水权占有、用水管理以及水利施工及相关仪式等诸多方面。古代水利秩序的基本理念是“均水”。其实在实际用水过程中“均水”却很难完全实现，“不均”则成为常态。对于用水“不均”的原因，笔者曾经以山陕地区为例，研究认为国家权力对于水利秩序上的“均水”原则在实际运用中未能完全实现的原因之一就是国家权力在调解水利纠纷时的消极态度。即只要达到相互调剂，大概均匀即可，这就体现在“相互忍让”的用水规范上。[①] 但是，民间水利习惯是造成用水“不均”的另一个根本原因。因为用水“不均”首先是民间利益矛盾冲突的结果。对于这种“不均”，民间并不是都要诉讼于官府，要求国家公权予以裁决。在矛盾没有特别激化时，一般会承认一定范围内的用水“不均”。那么，这种“不均”为什么能够被接受呢？这是因为民间水利秩序会受到地方权势、宗族势力和宗教、传统文化习惯等多方面的制约。本文以山西霍州、洪洞交界处的四社五村为例，利用中法联合水资源与民间社会调查的资料[②]，重点分析导致“不均”水利秩序的文化传统因素，也就是礼治秩序问题。

---

① 祁建民：《八复渠水案与古代“均水”理念》，《中国社会历史评论》第 15 卷，天津古籍出版社 2014 年版。

② 董晓萍、蓝克利（Lamouroux）：《不灌而治 —— 山西四社五村水利文献与民俗》，中华书局 2003 年版。

一、“均水”理念与用水差序

“均水”理念来源于水的公共性质，这是由于水对于人类的不可或缺性和其流动性所决定的。水利的公共性首先体现在其公共属性方面。在中国古代，人们很早就认识到水的公共性质。古人认为水是生养万物的，因而是世间至善至尊的东西。比如：“上善若水，水善利万物而不争。”[①]“水者何也，万物之本源也，诸生之宗室也，美恶、贤不肖、愚俊之所产也。”[②]水的性质就是，“上天则为雨，下地则为润泽，万物弗得不生，百事不得不成；大包群生而无好憎，泽及蚑蛲而不求报，富赡天下而不既，德施百姓而不费”。由此，“是谓主德”，“故有像之类莫尊于水”。[③]再如：“凡四水者（指昆仑山的河水、赤水、弱水、洋水——笔者），帝之神泉，以和百药，以润万物。”[④]水为至善，水为天然，水生万民，这就强调了水的公共属性。

由此，对于水利纷争解决的最基本的方针就是“均水”理念。有学者根据水资源的类型划分出泉域、流域、洪灌域以及库域、围堰等水利社会类型[⑤]，但是不论那种类型，“均水”都是其最基本用水原则。《淮南子》中提到：“同陂而溉田其受水均也。”[⑥]明代洪武年间钦差大臣凌左棠在《平阳府蒲州河津县水利榜文》中说：“天地无私，生水火本以养民，虽水火无情，顺其性亦能济物。”所以在用水上“务要照地亩均用，勿致争讼”。[⑦]史书中对于水利管理上“均水”原则的记载比比皆是。例如：政府设置管水官员就是为了“平水”，“有水池及鱼利多者置水官，主平水

① 《道德经》。
② 《管子・水地》。
③ 《淮南子・原道训》。
④ 《淮南子・地形训》。
⑤ 参见张俊峰：《水利社会的类型——明清以来洪洞水利与乡村社会变迁》，北京大学出版社2012年版。
⑥ 《淮南子・齐俗训》。
⑦ 引自行龙主编：《环境史视野下的近代山西社会》，山西人民出版社2007年版，第169、176页。

收鱼税”。[①]汉代倪宽治水有功，他制订的中国古代最早的水令，其目的就是平均用水以灌溉更多的田地，“宽表奏开六辅渠，定水令以广溉田”[②]。现存中国最早的水利法规《水部式》中就规定：“凡浇田皆仰预知顷亩，依次取用。水遍，即令闭塞。务使均普，不得偏并。”还规定：“居上游者不得壅泉而专其腴。”[③]唐代官吏戴叔伦，“守抚州刺史，民岁争灌溉，为作均水法，俗便利之，耕饷岁广”[④]。唐代法律规定：“自余山川薮泽之利，公私共之。”[⑤]还有规定：“每渠及斗门置长各一人，至溉田时，乃令节其用水之多少，均其溉焉。”[⑥]元朝陕西乡儒浦道元就希望官府派员“监视兴元渠堰，庶使水利均平，岁无荒歉之患，盖利于民即利于国也”[⑦]。清代官员曾总结京南水利治理的原则时说：“南局田不患其不营，而患营之不广，水不苦其不足，而苦水之不均。”[⑧]现代学者钱杭就认为：“‘均平’也是中国古代水权理论的终极目的。”[⑨]

不过，“均水”只是一种理念，这首先是由于水的特性所决定的。现代水利行政学理论认为，由于水的流动和多功能性造成了水的所有权的相对性。水资源所有权具有相对性、共享性和永续性。“水是流动的，处于不间断的循环之中，所以人类对水资源的占有也是相对的，其使用、收益、处分均具有不完整性、不稳定性。水的循环性和不确定性，决定了水资源所有权的相对性。”这是由于“法律上的物权一般具有排他性，即一旦把某物确定给某人使用时，其他的人就不能再使用。然而，水则不同，上游使用过水下游还可以利用，左右岸可以同时使用，发电过后灌溉依然

① 《后汉书·百官制》。

② 《汉书·倪宽传》。

③ 唐代《水部式》。参见仁井田陞：『補訂中国法制史研究—法と慣習·法と道徳』、東京大学出版会1980年版、323—348頁。

④ 《新唐书·戴叔伦传》。

⑤ 仁井田陞：《唐令拾遗》。引自好並隆司：『中国水利史論考』、岡山大学文学部1993年版、3頁。

⑥ 《唐六典》。

⑦ 浦道元：《顺斋先生闲居从稿》卷17《论兴元河渠司不可废》。

⑧ 陈仪：《畿辅通志》卷47《水利营田》。

⑨ 钱杭：《库域型水利社会研究——萧山湘湖水利集团的兴与衰》，上海人民出版社2009年版，第116页。

能用等。水资源的流动性和多功能性，决定了水资源使用权的共享性”。另外，“水资源属循环再生资源，不因为开发利用而枯竭（前提是合理开发），可以永续利用，因而水资源的所有权是永固的”。[①]

国际上关于水权的规定，最主要的就是滨岸权（亦称河岸所有权）。其最初源于英国的普通法和1804年的拿破仑法典，后来在美国东部地区得到发展，成为国际上现行水法的基本理论之一，也是现代西方主要国家制定水法的基础。在理论上，无论是上游或下游，滨岸权的权利是平等的，不存在用水的先后顺序权，但在实践中，上游用水总是先于下游。[②]

在我国古代山西，为了实现“均水”，先人们想出许多解决的办法。这是由于“山西古代的水渠由于水源不充足，为了多浇地，一般都不实行全流灌溉，而是按照各村土地之多寡或分配的用水时刻实行轮灌。有的是‘由上而下’，有的是‘自下而上’，也有的‘一年由上而下，一年自下而上’”[③]，用水秩序十分复杂。根据孙焕仑纂《洪洞县水利志补》[④]一书对于洪洞县内各水渠渠规的记载，其用水秩序多种多样，笔者列表如下：

渠名	渠规
利泽渠	自下而上实排浇灌。若应使水村分浇毕，即便交刻次浇村分。
清泉渠	本渠自来行沟使水，自下而上。
长润渠	本渠上下村分使水日期时辰已有定例。
众议渠	一年自上而下，一年自下而上，反复轮流，不得紊乱。
晋源渠	本渠使水，依照古例，一年从上，一年从下，依次照段浇灌民田。
清涧渠	古册遗失，因无水程限制，故上游易于霸截。今遵断，分定上下两节，自下而上各限四日水程。
陈珍渠	一年自上往下，一年自下逆上，每一甲口使水一昼夜。

① 孔达主编：《水政概论》，中国水利水电出版社2013年版，第50页。

② 尹明万等：《流域初始水权分配关键技术研究与分配试点》，中国水利水电出版社2012年版，第13—14页。

③ 员守谦：《略论山西古代的河渠灌溉法则》，李乾太、啸虎主编：《山西水利史论集》，山西人民出版社1992年版，第218页。

④ 孙焕仑纂：《洪洞县水利志补》，山西人民出版社1992年重印版。

续表

渠名	渠规
园渠	浇地日期下五上三，先下后上。下河自头夹口，自上往下。上河自泉坡由下往上，古来成规，不许紊乱。
通泽渠	应浇灌地亩，初年自上而下，次年自下而上。编为十节使水，十日一周，周而复始。
通源渠	应浇灌地亩，初年自上而下，次年自下而上。
崇宁渠	平常使水自下而上。倘有山水猛来，照依常规，不许强截盗豁。
沃阳渠	本渠新入末夫地亩，地虽在上，理以后浇。必待古册地亩浇完，方许浇灌。
通津渠	浇地单年先尽北渠，浇北渠转签。双年先尽南渠，浇南渠转签。
先济渠	本渠使水人户，自来从下节夹口浇灌，渠长、沟头不依者，乱行沟例，准罚白米五升。
润民渠	本渠浇自上而下，如上未灌完，在下不得强行掘堰。
淤民渠	自上往下，挨次浇灌。倘水涨发，水大自溢坝流，具有退水口低亦可沾润，以免争讼，以全和好。
汾州里渠	每年有水时，温家庄浇完之后，即行放水，下流至韩、温两庄从前置买作渠之地。
天润渠	先从上接，轮流使水，依次浇灌。如上接浇地未遍，下接不依渠规强豁使水，浇地一亩者，罚白米五斗，充渠使用。
涧渠	杨家庄虽在上游，并无册簿，仅可考证者，唯高公村碑文尚约可识。盖水无定程，往往数年不能得灌溉之利。则居民漠视，此渠亦宜矣。
广平渠	山水入口各渠，分流自上而下挨次使水浇灌，不许强行邀豁使水。如强豁者，罚白米二石。
普润渠	渠道水行，其水系涧，为雷鸣雨水，不能常流。如有水之日，某日至某日，自上而下，浇至某村某渠某甲口某人地内，水尽为止。日后再有水至，就从水尽之地接浇，一一挨次浇灌。
万润渠	浇地自上而下，强截浇地一亩者，罚米五斗。上年浇过而今年重浇者，每亩罚米五斗。水大下源不容退水者，每人罚米一石。
第二润民渠	渠口在下，别庄通润接水之处，不得结党仗势，越赖上水垒石遮挡。砌水平系依分数均摊，每一夫分到水平三寸，如是合立条约上。
均益渠	浇灌地亩自上而下，一水彻底，不得紊乱。

在实际用水过程中，虽然有渠规，许多灌区还将渠规刻碑以永久保存，但是由于天气水文状况经常变化，河流渠道也会发生改变，还有上下游、左右岸的人口、势力对比会有变动，特别是由于古代政治就是人治，常常人去政空，用水原则和规章、断案也就多有变化。由此“均水”理念，在实际水利秩序中并不能得到保证，而“不均”则成为常态，在用水制度中普遍存在差序和不均。

古代“不均”的水利秩序往往是以强凌弱，依仗好勇斗狠，经过矛盾冲突后的结果。例如，山西省洪洞县通利渠上游有两个渠首村集团，一个是石止、马牧和辛村三村，一个是登临、安定、好义三村。中下游有十五个村庄。一个水源有两个渠首村，而且都要按照传统惯例享受自由取水的待遇，这就成了所有矛盾的焦点。根据早期水碑记载，马牧三村是原定的渠首村，后因好义三村村风强悍，拼命占水，马牧三村抵挡不过，只好退让，与其他 15 村站在一起，结成后来的十八村用水组织。当地民谣形容说：“通利渠十八村打不过‘好义’‘小日本’。”原洪洞水利局长说，1949 年以前，在春灌和秋灌急需用水的季节，好义村人甚至挎手枪、穿丧服、剃光头、打死架，以控制全渠用水，马牧三村见状，只能甘拜下风。按古碑的规定，通利渠应该自下而上轮流管理用水的，但在调查中，村民反映，由于好义村势力强大，碑刻的规矩一直没有实行过。到了晚清时期，干旱频仍，通利渠刻碑最盛，下游政府衙门所在平阳府“六次”命令“十八村自下而往上使水”，但是始终没有落实。村民说，水渠供水，自上而下是水性，自下而上是人性，通利渠过去用水是走水性，不通人性。①

在元代山西临汾龙子祠《兴修上官河水利记》碑文中就记载有：“上官河水利之不均有年矣，其据上流者专其利，地未干而重溉者以月计之率三四次。”而“其下流者渴其利”。出现水争，“而与斗者百千人，至有致人命于死数起。”② 说明是水利管理制度所造成的弊端。

另外，上下游地势上的优势也是造成“不均”的原因。在山西太岳山区过去有“三水灌田”和“上足下用”的差序性水规。“三水灌田”就是依据土地的位置，分成上中下三等，换渠口之段叫上节，可以不摊工、不摊款、先浇地。理由是“挨山烧柴，挨河吃水”，此之谓“便水”。渠之中节则摊工、摊款，上节浇完才能浇，这叫“提水”。渠之下节，摊工

① 董晓萍、蓝克利：《不灌而治——山西四社五村水利文献与民俗》，第 181—183 页。

② 周亚整理点校：《山西临汾龙祠水利碑刻辑录》，山西大学社会史中心编：《社会史研究之二 中国社会史研究的理论与方法》，北京大学出版社 2011 年版，第 154 页。

亦摊款，等上、中节有余才能浇，这叫“余水”。“上足下用”就是等上游用完了不用了，下游才能接水，因此下游有常年浇不到一次者，而上游则浇两三次。[①]

同样在解放前的平遥县也有类似的三水灌田制。如清林之清水渠依据地位被分成上中下三等。首先是便水，先节不摊工不摊款，先浇地，“靠山吃山”。渠之中节摊工摊款，上节浇完才能浇，这叫“挨水”（挨到的意思）。渠之下节摊工摊款，等上节有了余水才能浇，叫余水。也有“上足下用”的规矩，如过去之东泉洪水，必须等上游用完了，下游才能接水。下游有一年浇不到一次的。[②]

在水利兴工方面也有许多“不均”的规定。山西历史上很多灌区有“蛇脱皮”的规矩。清淤挖渠时，下游村庄由渠尾一直挖到渠首，上游村庄出工只挖自己的村界一段，掌握水权的地主豪绅和渠长、渠头和渠甲等占有水地，但不用出工。相反，忻县牧马河安邑渠农民赵喜有地十二亩，二十多年未浇灌。常能有地十一亩，十一年没浇一次水，但是必须年年出工出粮。[③]

由于上下游的天然地理区别，上游欺压下游，往往还形成了传统习惯和仪式。解放前山西榆次潇河灌区就有“请上水头”、“跟水饭”、“谢水饭”、“沈渠饭”等习惯。并且规定“吃甚要有甚，一样不能少”。怀仁村请演武村吃席，甲头用罐量酒，罐底有孔，永远倒不满，给得不想要了为止。另外还要九斤十四两的边鸡一只，买不到时折价算款。张庆村请上游王村“九姓”（掌握水权的人）吃饭，人数不定，有多少人就得请多少人，吃完了把桌凳踢翻，碗碟家具摔碎，再把蒸馍用袋子背走。郭家庄浇完地，要祭祀河神唱十天戏，还有其他村庄也是如此。唱戏时，渠长大摆

---

① 田玉龙：《抗日战争和解放战争时期的太岳区水利建设》，《山西水利史论集》，山西人民出版社 1992 年版。

② 《平遥县 1946 年水利工作总结》，《山西革命历史档案 / 平遥县 / 平遥县政府关于水利、农场、造林等问题的计划总结、报告 1948—1949》，山西省档案馆，全宗号 157，目录号 1，案卷号 9。

③ 员守谦：《建国初期山西的灌区民主改革》，《山西水利》1987 年第 2 期。

宴席，开支很大，仅中四渠各村每年得付出渠长工资以及吃喝和唱戏费用大小米达十八万斤。[①] 所以，用水“不均”本是古代水利秩序的常态。

二、四社五村的用水差序

四社五村是横跨山西省洪洞、赵城（后并入洪洞）、霍州三县交界处的一个民间水利组织，到明清时期共有15个村庄共同使用发源于霍山沙窝峪的一条峪水。该峪水的水源复杂，具体包括山间植被积存雨水的自然流泻和雨水、涧水、泉水以及雪水等。这就造成了流量小，不稳定，水流大小带有季节性。由于水资源匮乏，四社五村经过长时间的冲突、争夺，形成了“不均”的水利秩序。15个村庄分成了3个等级。第一级是4个主社村，即一社仇池社（包括桥东、桥西二村），二社李庄社，三社义旺社，四社杏沟社。这四社按兄弟排行，一般称为老大、老二、老三、老四，四兄弟间就存在差序。第二级是比四社稍微低一等的第五村，即孔涧村，该村不能成为社，地位比四主社四兄弟低一等。第三级是附属村，附属村分别属于四社五村各主村，即附属于仇池社桥东村的南川草洼村，附属于桥西村的北川草洼村，附属于李庄社的琵琶塬村、百亩沟村，附属于义旺社的桃花渠村、南泉村、南章村，附属于杏沟社的窑塬村，附属于五村孔涧村的刘家庄村。

四社掌控着水资源，具有分水权，可以轮流主办祭祀仪式，保存和修改水利簿（水规），负责维修水利工程。以上权利在当地被称为水权。其次是渠权，即渠务管理权，除四社之外，五村即孔涧村也掌有渠权。这5个主社村都有独立的用水日，即水日。就是按照水利簿的规定，以每月28天为一期，将每月时间分成5份，各主社村各获得一份，各份天数并不均等，一社仇池社8天，二社李庄社7天，三社义旺社4天，四社杏沟

① 员守谦：《建国初期山西的灌区民主改革》。

社 6 天，五村孔涧村 3 天。至于附属村则只能使用主社村的过路水和剩余水。四社五村用水秩序是“自下而上”，强调保证下游村得到规定水量的饮用水，优惠主社村的用水，允许主社村在人口增加时扩建村内储存渠水的坡（泊）池，但附属村却不准。附属村还要为主社村分担劳力、经费，以取得用水资格。

四社五村的水利秩序被文字化在水利簿上，并且在水源地龙王庙的石碑上亦有碑文记载。每年清明节一到还要举行祭祀活动，由四社轮流主办，交接水利簿，验收上一年水利工程，确定下一年水利工程，审核上一年经费使用情况，决定下一年经费的征收。账本审核完毕后，举行烧账本仪式，据说是给神送去了，上一年的账目就此了结。然后全体主社村社首一起吃饭、看戏。

值得注意的是位于沙窝峪水水源处的沙窝村并不在四社五村组织内，而且其用水受到四社五村的严格控制。该村虽然位于水源处，但是要同四社五村一样在用水上只能饮用不可灌溉，不许建立坡（泊）池储存水，不能在水源地放鸭、捕鱼和在岸上植树，以免影响四社五村的水质。对于四社五村建在水源附近的龙王庙，沙窝村还要派人维护。

四社五村这种用水差序是如何形成的呢？从自然条件看这首先是由于地势和人口多少造成的。水源出沙窝峪后，由于地势高度倾斜，一路向下。与平原地势不同，上游处在山脚坡地，村落稀少，人口不多，而下游是平川，村落稠密，人口众多。从社会实力对比上看，下游人多势众。现在只能根据 2001 年的调查统计看，一社仇池社，桥东村 235 户，1100 人，其附属村南川草洼村有 95 户，500 人。桥西村有 350 户，1500 人，其附属村北川草洼村有 79 户，340 人。桥东桥西两村一直成为一体，虽然离水源最远，但是势力却最大，两村团结一致，形成一股强大力量。[①] 二社李庄社有 310 户，801 人；附属村琵琶塬村有 120 户，560 人；百亩沟村有 110 户，540 人。三社义旺社有 250 户，1000 人。附属村桃花渠村有

① 董晓萍、蓝克利：《不灌而治 —— 山西四社五村水利文献与民俗》，第 230 页。

30户，110人；南泉村有30户，100人；南章村有40户，120人。四社杏沟社有250户，1250人；附属村窑塬村有137户，600人。五村孔涧村有70户，370人；附属村刘家庄村260户，850人。孔涧村虽然人口比刘家庄村少，但是一直以义旺社为后盾，实际上是义旺村的附属村，地处上游负责监视沙窝村和刘家庄村。[①] 以上合计主社村有1465户，6021人；附属村有901户，3720人。[②] 下游人多势众，就决定了“先下后上”的水利秩序。

其次还有移民的传说，据说刘家庄村是移民村，是清代从贾村迁移来的。而沙窝村据说以前称皇壁村，有1000多户，大约150年前，遭到泥石流而全村毁灭，现在的村民是贾村的移民和来自河南的难民。[③] 按照先来后到的民间规矩，两村虽处上游，但是却没有水权。

一般来说，由于水的流动性，任何水源都存在上下游的差别，上游在用水上具有地理上的优势。但是，在四社五村却是相反，在四社五村水利组织中，离水源最远的仇池社，却是势力最大的首社，这就是长期利益争夺、冲突的结果。据一社社首董步云说：“这个水规，是老先人通过千辛万苦斗争统一得来的。不是一下子能形成，那是在自己的生活、生产中，认识到水的问题才解决了。”[④] 这位社首还说：“听的传说呢，历史上我们社就是首社，我们村子大、人多、说话也算数，也有人力，也有物力，可能也敢打。”义旺社副社首也说：“老大一个是势力大，一个是打死人的过多。”[⑤] 首社的地位是靠打架打出来的。首社村过去属于赵城县，赵城以民风剽悍在当地十分著名。另外，2014年8月17日，笔者再次访问四社五村时，义旺社社首王宝虎说仇池社能当老大是因为当时是仇池社首先挑头引水的，当时沙窝村没有什么人，所以也没有人反对。

---

① 董晓萍、蓝克利：《不灌而治——山西四社五村水利文献与民俗》，第204页。
② 董晓萍、蓝克利：《不灌而治——山西四社五村水利文献与民俗》，第397页。
③ 董晓萍、蓝克利：《不灌而治——山西四社五村水利文献与民俗》，第157—158页。
④ 董晓萍、蓝克利：《不灌而治——山西四社五村水利文献与民俗》，第220页。
⑤ 董晓萍、蓝克利：《不灌而治——山西四社五村水利文献与民俗》，第154—155页。

不过，处于上游的村落还是享有一定特权的。比如上游沙窝村在大祭时可以免费吃席看戏，水渠维修也不用缴费。义旺社社首乔新民就说："沙窝村以前白吃水，修工程不交钱，没有义务，还白吃席看戏。因为人家是上游，下游要尊重上游。如果上游要破坏下游的管道，这很容易，下游不能白天黑夜都看着。但我们让他们吃水，不让他们生产用水。这有利于下游的用水。我们让他们自觉地遵守我们的水规。实际上，很多规则都是为他们制定的。"① 上下游自然地势不能改变，下游对沙窝村也只好给点优惠。

四社五村的水利秩序直到现在也被严格维护，一社社首董步云就说："为什么要形成这个水规呢？上边就有石碑，村里还有遗留下来的水利簿。这是我们四社五村的劳动人民通过在这里生活，感到水的重要性，必然要联合搞这个。必须要有规矩，没有规矩不成方圆。有些人就无法无天，就要破坏嘛，你要没个规矩能行呀！这要付出相当的代价，或者是生命财产，经济损失，那过去都失去了。这个历史，是劳动人民需要的。人民流了血和汗，交织到一起，形成了这个水规。"所以，"我们村传说都是一说上游有人豁水，就有抵命的，打死也有抵命的。维护水规是花代价、智慧换来的。咱现在这会儿是通过历史延续过来的"。②20世纪60年代，"文化大革命"时期，沙窝村乘机提出要造所谓属于"四旧"的四社五村水利秩序的反，自己挖渠，打算引水浇地，被老大仇池社社首董步云得知后，带领众人上山制止，沙窝村不听，村民把董步云围住，董义正词严地指出，沙窝村有地权，无水权，不能灌溉，这是"几千年留下的水规"，不能破坏，最后呵退了围攻的村民，带人把新渠填平。③ 现在一社虽然打了机井，不用豁水了，但是依然不放弃水权，每年参加水利祭祀活动，参与水利管理和施工。

---

① 董晓萍、蓝克利：《不灌而治——山西四社五村水利文献与民俗》，第223页。
② 董晓萍、蓝克利：《不灌而治——山西四社五村水利文献与民俗》，第220页。
③ 董晓萍、蓝克利：《不灌而治——山西四社五村水利文献与民俗》，第302页。

三、用水差序与礼治秩序

在乡土社会中，水利秩序的形成虽然是依靠实力或者武力，但是要使这种利益冲突的结果得到固定，并且形成一种传统，使得人们主动遵守，还需要文化观念上的解释与保证，以至成为一种“习性”，按照布尔迪厄的文化与权力的说法：“习性来自早期的社会化经验，外在的结构在这种经验中被内化。结果，对于一个生活于分层社会世界中的特定群体而言，可能之物与不可能之物的参数与边界内化了的倾向，就通过社会化而得到了发展。这样，习性一方面为行为设立了限制；另一方面，习性也发生出与早期社会化的结构特征对应的知觉、灵感以及实践。”[①]

在四社五村水利秩序中有两个重要的传统习俗观念，这就是兄弟排行的规定与嫁女送水的习俗传说。四社五村首先是按照兄弟排行顺序规定了四社在水利秩序中的地位。“四社一直按家庭兄弟排行，奉老大为四社的总社首，其余三社都低老大一等。他们在任何场合下，都会按照这种家庭齿序排序出场，便从无争端。”[②] 老三义旺社副社首杨小平就说：“老大毕竟是老大，任何时候都是老大。人家就是大祭主，要祭的时候，就必须下事人家。拜龙王么，就是老大先上么。我们只能在后面。我们是老三，就是老三。任何解决不了的问题，都由老大定。”[③] 在四社中老大最有权威。

由此，在四社之中，“老大也被这种观念所长期塑造，承担了兄长的角色，有时还是‘长兄代父’的角色，认为自己当仁不让是水利账簿的第一发言人”[④]。老大社首董步云就说：“这四个社说，让老大说，老大就决定。老大说，对嘛！马上执行嘛！首社嘛，对一些大家解决不了的问题，

---

① 戴维·斯沃茨（David Swartz）（陶东风译）：《文化与权利　布尔迪厄的社会学》，上海世纪出版集团 2012 年版，第 119—120 页。

② 董晓萍、蓝克利：《不灌而治——山西四社五村水利文献与民俗》，第 226 页。

③ 董晓萍、蓝克利：《不灌而治——山西四社五村水利文献与民俗》，第 227 页。

④ 董晓萍、蓝克利：《不灌而治——山西四社五村水利文献与民俗》，第 227 页。

首社就可以下结论。你是首社，你就可以下结论。四社五村定不下来的事，最后就是首社说话。原则非坚持不可，他再不接受，那就在大会上把他宣布处罚。”①

其次，就是嫁女送水传说，把水权村与附属村的关系解释为翁婿（女婿与老丈人）关系。义旺社副社首杨小平说：“这孔涧村和我们这一个村，是归我们社管。不属于那三个社管。过去我们这七枪（“枪”：“天”的意思，当地方言将“枪”说成“天”——笔者）水都是我们的。我们村里的一个闺女，嫁到孔涧村啦。过去都是父母包办。她不去，说没有水吃。就这呢，当时我们村就给了她三枪水，说你嫁过去就给你三枪水，这个闺女嘞，就是我们村的一个闺女把水带走了。为了去，带走了，一直把那一个村拉入到这四社五村里头，成了‘五村’。过去我们是四社，后来加了一个村，成了五村。”②

不但有义旺村对孔涧村的嫁女传说，还有孔涧村对刘家庄的嫁女传说。按照义旺村妇女刘月喜等的说法：“刘家庄的一日水，是孔涧给的。孔涧的一个人呢，可能是当村干部的人，他闺女给刘家庄了。给刘家庄呀，家庭也好，女婿也好，去去就吼。她爸问她哩，说：‘女子你吼啥哩，没有吃的？没有喝的？’女子说：‘啥也好，就是没有洗脸水。’她爸说：‘你合上（方言，指拿上）一日水。’也是孔涧这人能，敢予，把孔涧的水予去，你也不能把我怎么样。”③刘家庄的樊先生也说：“旧社会就是刘家庄的人当放水员，先给孔涧村放满了，再给自己村子放。这村没有水，人家闺女回去了，说是连洗脸水也没有。刘家庄娶的孔涧的女，孔涧给他姑娘送的一口洗脸水，咱们这村吃的还是洗脸水。咱们吃那老丈人水哩嘛。”④刘家庄老人说：“1949 年以前，每到六月六，刘家庄的头人都穿长袍、戴礼帽、杀全羊、备香纸、拎酒提肉，到庙里拜孔涧村的社首，乞求

---

① 董晓萍、蓝克利：《不灌而治——山西四社五村水利文献与民俗》，第 227 页。
② 董晓萍、蓝克利：《不灌而治——山西四社五村水利文献与民俗》，第 163 页。
③ 董晓萍、蓝克利：《不灌而治——山西四社五村水利文献与民俗》，第 163 页。
④ 董晓萍、蓝克利：《不灌而治——山西四社五村水利文献与民俗》，第 164 页。

分水。”[①]

这里由兄弟排序，翁婿关系等习俗传说所维系的用水秩序实际上反映了中国乡村根深蒂固的礼治秩序。而礼治秩序的“‘礼’是中国传统文化的核心。中外学界对此结论都不会持有异议”[②]。

费孝通认为中国传统乡村社会秩序就是一种礼治秩序。费孝通对于这种礼治秩序作过如下概括：第一，维持乡土社会秩序的就是礼治秩序。“礼治从表面上看去好像是人们行为不受规律拘束而自动形成的秩序。其实自动的说法是不确，只是主动地服从于成规罢了。孔子一再地用‘克’字，用‘约’字来形容礼的养成，可见礼治并不是离开社会，由于本能或天意所构成的秩序了。”[③]“礼治的可能必须以传统可以有效地应付生活问题为前提。乡土社会满足了这前提，因之它的秩序可以用礼来维持。”[④]第二，礼治秩序是一种传统，具有强大历史惯性。“这里所谓礼制也许就是普通所谓人治，但是礼治一词不会像人治一词那样容易引起误解，以致有人觉得社会秩序是可以由个人好恶来维持的了。礼治和这种个人好恶的统治相差很远，因为礼是传统，是整个社会历史在维持这种秩序。礼治社会是不能在变迁很快的时代中出现的，这是乡土社会的特色。”[⑤]

中国传统文化中的“礼”具有三大特征，四社五村的水利秩序就反映了“礼”的根本观念，是礼教和礼治在社会生活中的具体体现。

首先就是“礼”是来源于等级社会的行为规范，并且是为了维护等级制度被提倡的。韦伯认为：“在儒家经典学说中，同样在伦理方面，人与人原则上平等的前提是符合世袭官僚制与封建制及各种出身等第的划分的政治对立的。”[⑥]美国学者史华兹也认为：“中国的经书注疏传统一再强调，礼的作用就在于教育人们在社会中完好地扮演各自的角色；要维

---

① 董晓萍、蓝克利：《不灌而治——山西四社五村水利文献与民俗》，第300页。
② 马小红：《礼与法：法的历史连接》，北京大学出版社2004年版，第76页。
③ 费孝通：《乡土中国 生育制度》，北京大学出版社1998年版，第52页。
④ 费孝通：《乡土中国 生育制度》，第52页。
⑤ 费孝通：《乡土中国 生育制度》，第52—53页。
⑥ 马克斯·韦伯（王容芬译）：《儒教与道教》，商务印书馆2002年版，第197页。

持社会的和谐，离不开如下事实：每个人都按照他在更大的整体中所应该做的那样去履行职责。”[①] 儒教经典《礼记》对于“礼”的功用就是这样规定的：“夫礼者所以定亲疏，决嫌疑，别同异，明是非也。”“道德仁义，非礼不成，教训正俗，非礼不备。分争辩讼，非礼不决。君臣上下父子兄弟，非礼不定。班朝治军，莅官行法，非礼威严不行。祷祠祭祀，供给鬼神，非礼不诚不庄。是以君子恭敬撙节退让以明礼。”[②] 礼乐崩坏则会导致等级秩序的混乱，《汉书》中就说：“乡饮之礼废，则长幼之序乱，而争斗之狱蕃。”[③] 所以，有学者认为：“存在于社会中的贵贱上下等第与存在于家庭中的尊卑长幼等第都被儒家看成是维护社会秩序不可缺少的条件。要使贵贱、尊卑、长幼、亲疏有别，必须以‘礼’作为社会成员的行为规范。”[④]

在传统儒学看来等级要好于平均，立足于等级的平均才能维护社会的安定。荀子认为“均”的前提就是要别等级，没有绝对的“均”。他说：“分均则不偏，势齐则不壹，众齐则不使。有天有地而上下有差，明王始立而处国有制。夫两贵之不能相事，两贱之不能相使，是天数也。势位齐，而欲恶同，物不能澹，则必争；争则必乱，乱则穷矣。先王恶其乱也，故制礼义以分之，使有贫、富、贵、贱之等，足以相兼临者，是养天下之本也。《书》曰：‘维齐非齐。’此之谓也。”[⑤]

中国水利史上根据水的公共性所形成的“均水”理念与人们在社会关系上的等级制传统发生冲突，造成用水“不均”。这种矛盾对立长期存在，成为常态。用水上的“不均”实际上反映了人们社会关系上的不平等。而这种不平等，与传统文化中的维护等级制的“礼”的观念相契

---

① 本杰明·史华兹（程钢译，刘东校）：《古代中国的思想世界》，江苏人民出版社 2008 年版，第 88—89 页。
② 《礼记·曲礼上》。
③ 《汉书·礼乐志》。
④ 张仁善：《礼·法·社会——清代法律转型与社会变迁》（修订版），商务印书馆 2013 年版，第 34—35 页。
⑤ 《荀子·王制》。

合。荀子竭力主张："均"会导致"争"，"争"则"乱"，"乱"则"穷"。"均"并不好。"均水"的理想原则与"不均"的儒家观念发生冲突。这就限制了"均水"原则的实现，使得"不均"为人们所接受。

其次，"礼"源于中国传统人情道德，并带有浓厚人情味。《礼记》就说："凡礼之大体，体天地、法四时、则阴阳、顺人情，故谓之礼。"[①]马小红认为："礼是血缘社会中敬畏天地鬼神的产物，礼的特征是强调冥冥之中的神力和血缘的亲情。所以礼竭力提倡的是天地人的相通，是缘于人情的伦理道德。"[②]由此，"礼虽然借助于上天和自然来加强自己的神秘性和合理性，但其内容又植根于人们的日常生活和人情之中"[③]。

美国学者史华兹注意到了"礼"的等级制内容之外，还有人情与平等的相互性特点。他认为："'礼'的终极目的是要赋予等级制与权威以人情的魅力，但肯定也意味着要维护并澄清它的基础。"[④]有人研究礼是强调其相互性而不是其等级制，史华兹认为："的确存在这种礼的关系，在那里，平等的相互性（reciprocity）占据主导的地位，比如朋友之间的关系。可以肯定，等级制并不能排除相互性的存在。儿女对父母有尽孝的义务，父母对于儿女有慈爱的义务。臣子对其统治者有服从与忠诚的义务，因而统治者在对待臣子时，也'应该接受礼的规章的指导'（君使臣以礼）。"不过，在春秋时代"孔子更关注的是当世存在的因为颠覆神圣权威脆弱结构造成的危害，而不是当权者对于权威的滥用"[⑤]。

四社五村用水秩序上的不平等被带上家庭兄弟排行和翁婿关系这样的亲情色彩，给不平等的水利关系附加上一种人伦关系和人情色彩。既然有亲情关系，四社兄弟之间以及水权村对于附属村之间就并不仅仅是一种以上压下、以大欺小的利益关系，而是双方都在温情脉脉的家族或亲戚关系的面纱之下，小弟和晚辈尊重兄长，同样兄长对于下面也有所

① 《礼记·丧服四制》。
② 马小红：《礼与法：法的历史连接》，第 84 页。
③ 马小红：《礼与法：法的历史连接》，第 79 页。
④ 本杰明·史华兹（程钢译，刘东校）：《古代中国的思想世界》，第 89 页。
⑤ 本杰明·史华兹（程钢译，刘东校）：《古代中国的思想世界》，第 92 页。

照顾。双方关系在亲情之下可以互相忍让，不能不顾亲情、撕破脸皮，对立争斗。这对于维护即使是不平等的水利秩序是十分重要的。四社五村就是按照这种家庭亲情式的长幼尊卑秩序来解释和接受不平等水利秩序的。利益之争要服从于亲情关系。史华兹提到的相互性其实也是存在的，附属村不能没水吃，即使受到严格控制的沙窝村亦可以免费吃席、看戏并不用出修渠费用。

第三，“礼”要求人们自觉顺应规范，不要突破“礼”而去争斗。韦伯认为儒教是主张不争的，他认为儒教同古代伊斯兰教封建武士不同，“清醒自治、静观自身、含而不露，尤其要压抑激情”。儒教也“不像佛教那样，摆脱一切欲求，但要摆脱一切非理性的欲求，不像佛教那样为了从尘世中解脱出来，而是为了顺应尘世。儒教伦理中自然没有任何解脱思想。儒家只求从社会的粗俗不堪、丧失尊严的野蛮状态下解脱出来”。[①] 孔子就主张：“克己复礼为仁。一日克己复礼，天下归人焉。为仁由己，而由人乎哉？”最后达到“非礼勿视，非礼勿听，非礼勿言，非礼勿动”。[②]

四、小　结

礼治社会秩序就是通过这种对于“礼”的遵守，通过个人自觉而形成的。儒学强调内在的修养。费孝通认为：“礼并不是靠一个外在的权力来推行的，而是从教化中养成了个人的敬畏之感，使人服膺；人服礼是主动的。”[③] 梁启超也说：“孔子以为礼的作用可以养成人类自动自治的良好习惯，实属改良社会的根本办法，他主张礼制的主要精神在此。”[④]

遵守礼序而不争，这是维护水利秩序的重要因素。按照“礼”的原

① 马克斯·韦伯（王容芬译）：《儒教与道教》，第206—207页。
② 《论语·颜渊》。
③ 费孝通：《乡土中国 生育制度》，第51页。
④ 梁启超：《饮冰室合集》，第八册，《专集之三十六·孔子》，中华书局1989年版，第16—17页。

则，用水差序的四社兄弟之间，水权村与附属村的翁婿之间不能违背礼序出现争斗。当老大处罚违规用水行为时，就不仅仅是对违反水规的一种惩罚，而是“以兄代长”，对于家族中的“非礼”行为进行处治，因而具有维护“礼”的正义性质。作为兄弟和晚辈也要按照“不争”的准则，对于用水的“不均”要按照“礼”的要求在内心寻找平衡，放弃抗争。这样，礼治秩序的传统观念就成为维护四社五村水利秩序的文化传统保证。

第六章　八复渠水案与“均水”理念

陕西关中地区农业灌溉历史悠久，清峪河即是其重要灌溉水系之一。灌溉用水，经常会发生水利纠纷，明清时代的清峪河八复渠水案则是一场影响重大的水利纠纷。该案反复兴讼，从明代万历年间开始直至民国时期，延绵数百年。本章主要根据近代关中士绅刘屏山所著《清峪河各渠记事簿》中所收录的清峪河水利资料，对这一水案经过进行整理，重点关注清代官府对于水案的判决过程和结果，并进而探讨国家权力是基于什么样的基本理念进行判决的，同时还将讨论到国家理念与民间水利习惯在水案处理中的相互作用问题。

刘屏山著《清峪河各渠记事簿》现存陕西省三原县鲁桥镇清惠渠管理局。原件为手制，以红色线行纸张装订，计 93 页。作者刘屏山名维藩，屏山为表字，又自号一民、悟觉道人、知津子等。刘 1883 年出生于今泾阳县龙泉乡刘德村，20 岁左右肄业于泾阳县味经书院，曾一度经商，后回乡务农。家境中产，又是读书人，为乡人视为绅士。由于刘热心渠事，遂被推举为渠绅。

但在 1935 年春当选源澄渠长仅半年后即去世，享年 53 岁。刘在其记事簿中记载了大量河渠章程、渠史文献、碑刻资料及其有关水利的社会舆情等。该记事簿大概在刘去世之后保存在清浊河水利协会，后来作为遗留档案，由清浊河水利管理处和清惠渠管理局接收保存。笔者所看到的《清峪河各渠记事簿》收录在白尔恒、蓝克利、魏丕信编著的《沟洫佚闻杂录》这部水利资料集中。《沟洫佚闻杂录》是 1998 年至 2002 年间中法合作研究项目的主要成果之一。[①] 但是，其后钞晓鸿根据他所发现的水册原件和《水利局 / 会通行简章 / 规则》（为《清峪河各渠记事簿》的初稿）对此资料进行了十分有意义的订正，特别是他发现刘屏山在收录岳翰屏文本时，在涉及源澄渠的利害关系时进行过有利于本渠道的文字修改。[②] 这为我们使用这些资料提供了重要帮助。

一、清峪河水系及其灌渠

清峪河源自今陕西省铜川市耀州区西北境㠘子掌山，经咸阳市三原县在西安市临潼区注入石川河，石川河又注入渭河，最终入黄河。耀州区原称耀县，位于陕北黄土高原与关中平原的过渡地带，地势北高南低，所以这里河水湍急。由于该河流经岩石地带，河水清澈，故曰清峪河。刘屏山在《清峪河各渠记事簿》中就说："其河发源于耀州西北境秀女坊。自石门山来，至清谷口，两岸皆石，清流不浑。"[③] 现在的清峪河干流全长 143 公里，集水面积 900 平方公里，年径流总量 3300 万立方米，在鲁镇附近的常见流量为每秒 0.8 到 1.2 立方米，每年输沙量 112 万吨。

与清峪河有关，同样源自耀州，与清峪河平行由北向南流淌的另一条河川，由于流经黄土地带，河水浑浊，故称浊峪河。此外还有一条源自淳化县的冶峪河，流经泾阳县，在三原、泾阳交接处注入清峪河。传说冶峪河流域古代曾有冶铁工厂设立，因而得名。现一些地图标为治峪河，不确。[④] 清峪河、浊峪河和冶峪河同属石川河水系。石川河即《水经注》中所言的沮水，而沮水流域正是古代著名的郑国渠、白渠灌区。

---

① 法国远东学院、北京师范大学民俗典籍文字研究中心合作研究项目《华北水资源与社会组织》的主要成果之一《陕山地区水利与民间社会调查资料》第一集，该集包括冶峪河、清峪河诸渠册、簿、公牍和泾渠碑刻等珍贵资料，2003 年由中华书局出版。

② 钞晓鸿：《关中明清以来水利文献的调查与发现》，2012 年第 14 届中国社会史年会参会论文。

③ 白尔恒、蓝克利、魏丕信：《沟洫佚闻杂录》，中华书局 2003 年版，第 62 页。

④ 中国地图出版社编：《陕西省地图册》，中国地图出版社 2010 年修订本，第 49 页。

据史书记载，郑国渠自云阳县引泾水，开渠向东横穿冶峪河、清峪河，而后纳入浊峪河，利用一段浊峪河道，再向东横穿沮水，最后注入洛水。由于郑国渠的修建，石川河水系很早就被人工改造。清峪河的河道发生了变化。现在的清峪河出黄土高原后，向西之后又向南，纳入冶峪河后再向东折。所以有学者认为清峪河的中下游河道并非原始自然河道而是郑国渠和白渠故道。[①]但是，有人将《水经·沮水注》中的“绝冶谷水”和“绝清水”的“绝”字解释为度（渡）的意思，认为这是一种“飞渠”立交技术。[②]按照这种说法，修建郑国渠和白渠时并没有改动原有河道，但是现在看到的清峪河走向确实有不自然之处。关中平原自古灌溉发达，历朝历代皆在此兴修水利，对河道的改造不可避免。特别是20世纪30年代李仪祉主持兴建的泾惠渠工程，运用近代水利技术对于灌溉系统进行改建。新中国成立以后更是大规模兴修水利，在这一带修建了大批水库，进一步扩大或改变了灌区面积。现在的石川河已无水注入渭河，而史书记载的古代引水灌渠均已不复存在。故原始河道已经面目全非。

清峪河灌区开发很早，历代在该河开挖了许多灌渠。明清时代主要有源澄渠、工进渠、下五渠、沐涨渠、八复渠以及毛坊渠、广济渠和广惠渠，还有大批私开小渠。

源澄渠为清峪河西岸首开之渠，上无渠堰阻隔，清流入渠，取名“源澄”。据说该渠开于三国时曹魏太和元年。首一斗（即斗门，渠道上的取水闸门，根据唐代《水部式》规定：“泾渭白渠及诸大渠，用水灌溉之处，皆按斗门，并须累石及安木傍壁，仰使牢固”，“其斗门，皆须州县官司检行安置，不得私造”）名太和桥斗，取太和之义。该渠的渠堰虽然在三原县杨家堡地界，但三原无灌溉田地，只是浇灌泾阳县鲁桥镇河西一带田地。清末民国时共浇地113顷22亩6分4厘。

---

① 白尔恒、蓝克利、魏丕信：《沟洫佚闻杂录》，第4页。

② 武汉水利电力学院、水利水电科学研究院编写组：《中国水利史稿》，上册，水利水电出版社1979年版，第123—124页。

其后历代在清峪河东岸开挖了工进渠、下五渠、沐涨渠。[①]

工进渠者即计工进水之义，意思是在负出相应工程之后才能进水。按照《清峪河工进渠水册序》的说法："其渠依山傍涧，险阻难行，不用人工，则水不进渠，此工进渠之所以由名耳。"[②] 其实该渠最后开口在源澄渠的上游，后来发生许多水案均与此有关。该渠穿泾阳之鲁桥镇，与下五渠合灌三原之长孙里田以及泾阳之盈村里田，清末民国时共浇地 63 顷 30 亩。

下五渠是由于开在第五氏村下而得名。在三原县北 15 里，鲁桥镇北峪口内，峪口村北清峪河之东岸开渠做堰。该渠灌溉鲁镇南门外、坊南、吴家道、西住村、楼南村、南潘、庙刘、高渠、石佛堂、武官坊、东里一带村庄田地。清末民国时共灌溉田地 355 顷，其中清峪河水浇地面积为 127 顷。

沐涨渠，因河低渠高，取以沐涨水之义。浇灌鲁桥镇至三原古道大路西一带 26 村各村田地，西止河，北止河，南止河，东止古道，灌溉泾阳之孟店里、三原之留坊、豆村二里地亩。清末民国时共浇地 108 顷。该渠的灌溉水程比较特殊。"当日开渠时，亦照地定水，额时灌田，后因地广水缺，灌溉不周，遂派为工，阖渠三十六工，一工十时仍系一月轮派一次。殊不知月有大小，参差不齐，时有刻分，迟早难定，所以立成一工一日占龟抓派，抓在某日，此日溉田。"[③]

此外，在沐涨渠下的河西岸还开有广济渠和广惠渠。二渠"皆后开之渠也，承接沐涨渠余水，以补浇源澄不尽之田"。另外还有三泉渠，但这三渠因年代久远在清代已经淤塞。在这四渠（包括沐涨渠）之上还有毛坊渠，开于三原毛坊里，横水镇下河东岸，以灌毛坊、杨杜二里田地，共浇地 1 顷 10 亩。但是，在清代光绪年间回民起义之后，各县档册全被烧

---

① 以下内容主要根据清代乾隆年间岳翰屏在《清峪河各渠始末记》中的记载，这些资料亦收入在刘屏山的《清峪河各渠记事簿》中。

② 白尔恒、蓝克利、魏丕信：《沟洫佚闻杂录》，第 97 页。

③ 白尔恒、蓝克利、魏丕信：《沟洫佚闻杂录》，第 76 页。

毁、遗失，各县重新丈量地亩，此次丈量后毛坊渠灌溉面积增加为 4 顷多。在横水往下，至杨杜村以前就开有多条私渠，均借毛坊渠名义，在此次丈量时将这些已经浇灌的土地计 5 顷 20 亩增加为水粮地，另外还有无水粮的旱地 50 余顷。历史上，在四大堰之上，毛坊渠之下，还有人开挖多条私渠，这也是造成后来许多水案的原因之一。

八复渠是清峪河灌区中最为特殊的引水渠。该渠开于唐代，本为唐献陵“润陵”用水。唐初在献陵建成后，为了献陵草木植被的灌溉用水需要而开挖此渠，当时称为“润陵”用水。献陵为唐高祖李渊的陵寝，由于唐初经济状况尚不强盛，献陵只能封土为陵，现存的陵台为覆斗形，底边东西长 139 米，南北长 110 米。庞大的土陵及其周围设施需要大面积的植被维护，所以要引水灌溉。该渠口开于泾阳之辛管汇，交龙堡南、谢家村西，收清冶两河水，东流经三原县治城北双槐树，至武官坊，与浊河水汇流而东，东走献陵，首一斗即名润陵斗。宋代建龙二年，清、冶二河水大涨，河成深沟，八复水渠口，高河数丈，不能行水，其渠遂废。其后借下五渠行水，东流武官坊，与浊河水汇，自龙王庙分堵，东行 70 里，下经小畦、唐村、张村、三里。其实，在水渠开成后，渠水除了润陵之外，附近农田也开始引水灌溉，此后八复渠的农田灌溉面积不断增加，到清末时共灌溉 236 顷 56 亩土地。这样经时代变迁，该渠之水已经由润陵变成农业灌溉用水。

至于八复渠名称的由来存有两说，一说称八复（八夫），一说称八浮。这也是后来形成水案的争点之一。关于八复以及八夫的说法，据说该渠开成后每月初一至初八是开渠用水日，这期间其他渠斗必须关闭，三河之水全数用于润陵，当初陵田内的 8 家陵户，每日派一夫照管灌陵之水，8 日一周，8 夫经管灌完，至次月初一，又从头开始，至初八日灌完止，复转一周，谓之八日来复，这就是八复和八夫的由来。另一说法为八浮。这是根据源澄渠水册的记载。源澄渠开成时，初一至初八日，九十六时，原额留为修筑渠堰日期，如不兴工，全渠均沾其利。此不照地粮分受者，故曰“浮水”。刘屏山认为，似当日开渠时，故留此八日，以为修渠筑堰地步。因不照地粮分受，即浮泛不实，故名之曰八浮水。但以唐建献陵之后，取清、冶、浊三河水以润陵，令各渠闭斗，而源澄渠始少此八日水。[①]用水时间被减去 8 天，源澄、沐涨诸渠当然不满，但是由于唐代依靠国家权力强行开渠润陵，民间无法抵抗，加之这一地区用水习惯与法令完善，很长时期用水秩序得以维护。

用水秩序的维护主要依靠水利习惯和法令。在历史上，关中地区人工灌溉开发很早，分水、用水的习惯与法令十分发达。汉代倪宽在此治水并制定出中国古代最早的水令。我国现存最早的水利法规《水部式》即主要是根据关中水利管理实践而制定的。到元代，据李好文《长安图志》记载，元代依据唐宋旧例制定出详细的有关泾渠的用水规定。有立闸分水、以斗门分水、用水状管理和放水灌溉时间等具体规定，以及自下而上的行水次序和处罚规则等。现存的冶峪河高门渠水册对于渠内灌地数目、受水时刻、接水行程规定得极为严密。[②]至于清代清峪河的水规，据《泾阳县志》记载，包括以下规则。首先是行水次序。“清冶用水则例，皆一月一周，以其地之上下为序，自下而上，下地时刻尽乃交之上地。渠共堰者，亦如之。谓之下闭上开。”另外“从河壅水入渠堰。从渠析水入田有堵。渠各开一堰，每月引水入渠有定日。诸分自一渠，计各诸内田地之多寡，而以一月之日时差分之”。其次是官府对于用水进行管理。“凡用水，先令斗吏入状，具斗内利夫苗嫁。官给申帖，方许开斗。用毕，各斗以承水时刻、浇过顷亩田苗，申被水值（犹如水程）。”还有具体的用水计算方法，即在各斗之上装置铁眼即水门，以均水量，铁眼大小以“徼”为单位，以徼分水，又用铁眼限定。一般水广一尺，水深一尺为一徼水。对于违反水规的处罚也有具体规定。根据自下而上原则。“凡下利夫之水，由斗口、闸口倒下横流，是为失水，故名曰‘倒失’。水既由斗口倒失，流至上利夫地内，地即湿润，是为得水故名曰‘倒湿’。”“由此而倒失之下

① 白尔恒、蓝克利、魏丕信：《沟洫佚闻杂录》，第 95 页。

② 刘丝如：《刘氏家藏高门通渠水册》，收入《沟洫佚闻杂录》中。

利夫，请渠长以查验上利夫倒湿之地，且计地亩之多寡而处罚，故名曰因下利夫之倒湿以查验上利夫之倒湿也。”[①] 刘屏山所录道光二十年《清峪河源澄渠水册》中说，该渠“获利之村堡，地亩之多寡，时刻之不容紊乱，尺寸之不得增减，备载册中”。水册对用水有详细规定，“造册先自太和桥起，而后余斗次第继之，额以时刻，定以起止，各堵各夫，各有章程，庶利均而人得安矣”。[②]

但是，由于时代变迁，水文和气候的变化，特别是枉法利己，自古有之，总会有人为图私利或肆意解释用水旧例，或霸水强夺，因而用水之争即水案并不可能根本消弭。近代水利家李仪祉曾总结中国水案发生原因时说：“中国民间水利大抵由地方官吏代为兴设，成立后即交人民自管，亦有组织而颇不健全，以致工程废弛，水利日微，甚至全废，如此类者其例甚多。其尤存焉者，则亦不知改良，争水、霸水、偷水，纠纷甚多。”[③] 中国民间自古自律机能欠缺也是造成水利纠纷的重要原因之一。[④]

二、明清之际官府对于水案的判决

明清时代清峪河水案涉及许多问题。首先是工进渠开口在源澄渠上游而引发的设堰用水之争。据清代乡绅岳翰屏所述，该渠“其所以得开于源澄之上者，以先年河到东岸，崩伊渠口，渠高河低，水不能入，将欲上下另开。北有源澄，南有下五，相去不远，如何挪移。工进几成水粮旱地，不得不鸣官处办。然官乃朝廷命官，民乃国家子民，水利不均，官何以官，所以始令工进移堰于上，但源澄本属上堰，岂甘心居工进之下。故断令工进许（淘）渠，不许筑堰，至今传为口谈”。但是，时过境迁，

① 白尔恒、蓝克利、魏丕信：《沟洫佚闻杂录》，第 69 页。
② 道光二十年《清峪河源澄渠水册》，收入《沟洫佚闻杂录》中。
③ 李仪祉：《李仪祉水利论著选辑》，水利电力出版社 1988 年版，第 612 页。
④ 关于中国社会民间自律性与国家他律性的关系问题，参见祁建民：『中国における社会結合と国家権力—近現代華北農村の政治社会構造』、御茶の水書房 2006 年版，结论部分。

“孰意代远年遥，竟独擅其利，始移堰于河东第五村之北，继又移于杨杜村之原下，不惟渠高数尺，而且于河底低下处，并浚为渠。一遇水小，即河即渠，全水尽吞，倘遇大水，堰用芦席铺盖泥（抹），点水不使下流。外三渠利夫（按刘屏山说：‘利夫者，即水册上之正夫也。以其食水利之利，故名之曰“利夫”。龙洞渠名之曰“利户”，各河渠均名曰利夫。如手册之正粮名，俗云“红名字”是也’。‘以故水册之正夫名下，亦开列地亩若干，受水若干时。’），弱者用钱览买，强者率人硬揭河道，因此屡起争讼”[①]。

其次就是历史上陆续有人在四大堰之上、毛坊渠之下所开挖的多条私渠。私渠的开挖直接影响到原有四大渠道（源澄、工进、下五、沐涨）灌区的利益，但是，开始“四渠利夫，因其无大害事，亦未深究，凭官断定，每日只以浇灌五亩为限，以外不准多浇分厘地亩，且昼浇夜闭，至今传为口谈”[②]。后来，到乾隆年间滨河滩地开平渐多，“约计以旱作水者，不下十余顷，如遇天旱，河水尽被该渠全吞，点水不使下流”，还有就是私渠开发渐多，如遇水少，私渠叠石封堰，用尽水源。对此，“虽四渠利夫屡次告官处罚，然伊所获之利益甚丰厚，不厌其重罚也。即卖草储粟供讼有余，何惮于蔓讼重罚哉？每次所发，计地内之出产，不过百分之二三耳。是以屡告屡罚，愈罚愈犯愈不休也，其为四渠之害尤为大也”。[③]私渠乱开，成为清峪河灌溉中长期存在的问题。

不过，在清峪河水案中最为重大并且诉讼时间最长的是围绕八复渠而展开的水争事件。按照清峪河源澄渠水册的说法，源澄开渠在前，八复渠开挖润陵在后，由于该渠出现，源澄渠灌区受水日减少。据说源澄渠在“曹魏太和元年开渠时，本一月为满，每亩以三分香受水，除大建三十日不计外，全月以二十九日计算，共三百四十八时，实在地香，相依不

① 白尔恒、蓝克利、魏丕信：《沟洫佚闻杂录》，第 74—83 页。
② 白尔恒、蓝克利、魏丕信：《沟洫佚闻杂录》，第 77 页。
③ 白尔恒、蓝克利、魏丕信：《沟洫佚闻杂录》，第 78 页。

乱”①。但是，自八复渠引水润陵之后，加上初九日改归第五氏用以酬业，初十日改作形程，初一至初十，共计120时割在本程以外，每亩拔香一分，使得每亩只能以二分受水。源澄渠灌溉时间大为缩短，如遇干旱，用水严重不足。

但是，根据清峪河“自下而上”的灌溉习惯，必须首先满足八复渠的灌溉。这就当然引起其他灌渠的不满。乾隆年间岳翰屏在《清峪河各渠始末记》中就说：“至今遇八浮水日期，上皆闭堵。如有倒失，立即有祸。横强若此，莫思当日各渠封斗者，原为润陵，非为灌田也，今不润陵而灌田，八浮水是田，各渠未始非田，彼自行本渠之水足矣。若谓路远难达，五渠下与浊河会，水亦不小，何得仍令封堵？今非故唐，而水尊故例，甚觉非是。况每月之水尽被八浮首人卖在上游节，而利夫灌田者能有几家？此又夺众人之脂膏，以肥一二人者也。此下五渠有八浮水之害如此也。”②岳翰屏揭露说在清代袁二公任三原县丞时，“与八浮首人，通同作弊，卖水弄钱，遂将沐涨初一日至初八日所用之漏眼浮水，禁令封堵”。其他灌渠利夫如果截用灌田，则以盗水论处。农民急需用水时要与县官和八浮水首人商量，“出钱多少，才得用水浇田，至后官愈吃愈腥，独断独行，并八浮水首人亦不通知，该首人亦无如官何”。到了后任县官，将水均交八浮水首人，如果上游用水只要买通八浮首人即可，“虽亦费钱，较前颇轻”。③

清峪河八复渠水案中最具争议的问题是大建之月31日一天的水程。早在明代万历四十五年，其他灌渠的渠民就要求共同使用这一天的“浮水”，但被官府驳回。清代嘉庆十年，沐涨渠又提出浮水之说，亦未得到认可。但是，到了同治八年，源澄渠又一次上告，这次官府根据源澄渠提供的水册判31日之水“归源澄渠使用，八复不得强霸”，并“援县志所载，准沐涨渠用漏眼浮水，并照向日规例，又用九月全河水，八复只准

① 白尔恒、蓝克利、魏丕信：《沟洫佚闻杂录》，第93—94页。
② 白尔恒、蓝克利、魏丕信：《沟洫佚闻杂录》，第76页。
③ 白尔恒、蓝克利、魏丕信：《沟洫佚闻杂录》，第74—78页。

用初一日至初八日水八天，以符八复名实”。对此判决，八复渠利夫当然不服，屡次兴讼。直到光绪五年，经陕西巡抚断案，此水复归八复。光绪二十六年，由于大旱缺水，沐涨、源澄等渠民又向官府要求使用大建31日的“浮水”，但被驳回。后到民国二年，其他灌渠亦要求得到八复“三十日之水”，亦未实现。民国二年之后沐涨与八复代表协商，准沐涨用漏眼浮水，以和平息讼，但不得藉端抉堰。民国八年有端毅公苗裔王润生恩德者，禀于靖国军总司令与三原县行政公署，得到三十日至初二日三天水，以灌端毅公、康僖公附近田亩。大建月31日一天的水程，300多年间，多次诉讼，但是，只有同治八年的判决将这一天水程判归源澄和沐涨，其余皆判归八复渠。有关历次判决的详细史料并不完全，现在仅存嘉庆十一年和光绪七年的断案勒石碑文，下面依据这些碑文记载可以较为详细了解当年判案的情况。

嘉庆十一年断案碑文收录在刘屏山的《清峪河各渠记事簿》中，原碑立在三原县大堂西边。立碑者为“兵部侍郎兼都察院右副都御史巡抚陕西等处地方赞理军务兼理粮饷方。属理西安府正堂方。特授三原县正堂程。特授泾阳县正堂王。陕西清军盐捕水利分府叶。特授三原县水利分县段”。碑文所标刻碑时间是“嘉庆十一年岁次丙寅小阳月”。

碑文中首先肯定了有关八复渠的“八复”之说，认定“八浮”说是“沐涨利夫臆创”。碑文中指责沐涨渠独占水源，造成下五及其八复渠干涸。碑文中说：“八复水何昉乎，尝考汉元鼎六年，左内史倪宽以池阳一带高仰之田，为郑国渠所不能及者，引清流以灌之。审地势之形，支分为五渠，地近田少者，于每月初九子时承水，二十九日戌时尽止。毛坊、源澄、工进、下五、沐涨诸渠是也。独下五一渠，为张、唐、小眭三里水道（八复向借下五行水，今又以下五一渠，为张唐小眭三里渠道，是下五无主权，属八复渠道矣——刘屏山注），因地远田多，于每月初一日子时承水，至初八日亥时尽止，合浊河而东，下至润陵斗，灌二百余顷。一渠开，四渠闭，全河非全渠也，亦安有浮水哉？讵于嘉庆十年十月，沐涨利夫臆创浮水之说，勘堰平渠，据为己有，而数月以来，竟使下五一渠涸而池竭矣。”

碑文详细记述了这次断案的经过：“夫水利之所在，民命所攸关也，爰是三里利夫，仰叩巡抚陕西部院方，陕西布政使司朱，陕西督粮道索，西安府正堂方，屡荷矜全，复于今年二月十一日，咨命清军大尹叶，协同泾阳邑宰王，及我侯程公，暨粮厅段公，亲诣渠口，勘验确讯。”

由此，断案如下：“据一开四闭之旧，则下五一渠，水属全河，而浮水全渠之说窘。定蓄泄之制，堰口宽五尺，高四尺，而冲决之患除。且也，中流龙口四尺，而于八复承水之日，闸一木板，内实土而外加封，则盗掘之弊杜。于昔年均水，三里灌田，定以初一子时承水，而润陵诸斗，去河七十余里，岂能骤然入畦？则每遇大建之月三十日一昼夜之水，为三里行程润渠之资，而上流之人，不得窃据以肥己矣。”[①] 这次断案维护了旧制。

光绪五年清峪河水案的断案石碑，刻碑于光绪七年，该碑是由三原知县焦云龙、三原县水利县丞屠兆麟立碑，原立于三原县大堂前西边。碑文亦收录在刘屏山的《清峪河各渠记事簿》中。对于刻碑的缘由，碑文记述：“西安府三原县为遵扎立碑事。光绪五年十月二十五日，奉钦命属理陕西布政使司按察使边扎开：光绪五年十月初十日，奉钦命护理陕西巡抚部院王批，本署司详覆遵扎，（核）议三原县八复渠大建三十日之水，仍归八复润渠旧章，请示饬遵一案，奉批如详办理。即转泾阳、三原二县一体遵照，刊刻立碑，以垂久远。”碑文中说，这次是接到上级公文“计粘抄司详会拟章程一纸，内开”，在转述了公文内容后说：“等因，到县。奉此，除移知泾阳县暨三原水利分县，并谕饬八复水绅士任文源，及受水各利夫等一体遵照外，合行刊碑，并将委员暨泾、原二县会稟议定水渠永远章程六条，勒于碑阴，一垂久远，俾资遵守，仰各一体遵照毋违，须此碑者。”刻碑时间是“光绪七年四月”。

碑文所记陕西巡抚公文中首先纠正了同治八年的断案结果，认定大

---

① 白尔恒、蓝克利、魏丕信：《沟洫佚闻杂录》，第108—109页。

建日之水归“八复润渠”之用。碑文中说：“查泾三二县清峪河水，向分五道，各按日时分斗受水灌田，每遇大建三十一日昼夜之水，作为八复行程润渠之资，历来年久，迨同治八年，前部院委员查勘，未及查明碑记旧案，仅凭源澄所呈道光二十年水册，将八复润渠之水，定为渠长修渠之用，遂与旧案未符，以致屡起争端。今既查勘明晰，自应归复旧章，仍归八复渠受用。”明确否定了同治八年的断案结果，指出仅凭源澄渠水册断案的不足。

碑文对于此次断案过程和根据进行了详细说明：“所议将八复水分给四时与沐涨，查阅渠图，源澄、沐涨等五渠，均在八复上游，附近河边，受水较易，而八复远在七十余里，若将四时分给沐涨，则八复利夫，岂能甘心空赔水粮，势必复行滋讼，所请另更旧章，应毋庸议。（下略）旧制各渠受水，均有交接时日，相沿已久，毋庸更易动。”从用水地势上说明水归八复的必要性，还提出这合于“旧制”。

碑文在重新肯定明万历和嘉庆时代断案结果时，再次纠正清同治八年的断案结果，并指责了“沐涨水户”是“朦聪兴讼”，意指源澄渠水册系后来伪造，也批评前次断案未能查明真相。碑文中说：“惟遇每月大建三十一日之水，作为八复行程润渠之用，有前明万历四十五年及我朝嘉庆十二年断案碑可凭。其泾阳源澄水册，事在道光二十年，且系泾阳县印册，既无断案，又无碑记，事本含混。同治八年，沐涨渠水户马丙照等，朦聪兴讼，前委员宫守等，未能查明旧日断案碑记，只执源澄渠所呈水册，遂将三十一日八复行程润渠之水，定为渠长老人修渠之用。”故而判决不当。

碑文对于判定大建日之水归八复的理由进行详细说明，并批判了“八浮”说：“兹据印委各员勘明，并以每月大建三十一日，本系有无不定，倘遇此月无大建，渠又值应修，资从何出？原定荒谬之处，自不烦言而解。且渠名八复，亦缘自每月初一起，至初八日止，开一渠，闭四渠。水由上而下，必待八复受水额满，自初九日子时起，至二十九日戌时止，毛坊、工进、源澄，下五、沐涨等四渠（沐涨在下五渠之下，又得用八复水漏眼浮水，一月为满，不在四渠之内——刘屏山注）始依次承接受水。又因八复道远水微，赋重晷少，故籍清、浊两河之水以润之。旧名曰八复，时用全河水，名义本实相符，讵泾民贪图水利，捏造八复为八浮，易全河为全渠，名义实无所取，且私造水册，执为争讼章本，不思源澄贪得额外之水，八复何肯赔无水之粮。事不复古，讼将滋蔓。”明指源澄水册为捏造，不足为凭。

碑文最后记述了此次断案结果，大建日之水十二时全归八复，并言明追收注销源澄水册，以绝后患。由此断绝了以后兴讼的可能性。“该印委各官，拟将三十一日十二时之水，分四时归沐涨，留八时复为八复，未免迁就了事，亦非持平之断，应即遵照宪示，毋庸置疑，除会议申明旧章等五条，事属可行，均准照办外，其大建三十一日之水，即仍照旧章，以作八复行程润渠之用。遇有挑修，照各渠受水之大户利夫，按地亩多寡均匀摊派，以昭公允。既纂入此次五条之内，刊碑三方，坚立泾、原二县及鲁桥镇通衢，俾各渠永远遵守，不准擅自更易，致干重咎，源澄所呈水册，宽其既往不咎，经阳县追案注销，以绝后患。是否有相当应详覆宪台核示，一边分饬遵照，实为公便。”[①] 由此，八复水案判决告一段落。

这方石碑在碑阴还有碑文，其内容是碑文正文所述的“并将委员暨泾、原二县会稟议定水渠永远章程六条，勒于碑阴，一垂久远”的内容。这里详细列出应具体执行的“会议章程六条”。第一条是“由明旧章，以便遵守也”。再一次明确了八复渠的初一至初八的行水时间，并说明：“此系向日妥定旧章，嗣后永远照旧，不准紊乱。”第二条是：“严定水程，仍以复旧章也。”明确了大建三十一日的水程按照旧章，“永作八复行程润渠之用，以复旧制而免蔓讼”。第三条是“严加稽查，以便弹压”。其中说以往的水规“立法本极周密”，但是“近因年久，率多不由旧章，或恃强截霸，或巧取偷窃，甚至私买私卖，徇情渔利等弊，其故皆由漫无稽查，以致任意妄为”。这次对地方官职责也有明确规定，此后凡“系

① 白尔恒、蓝克利、魏丕信：《沟洫佚闻杂录》，第104—107页。

八复交与各渠受水之日，两县丞务必先期会合，各带差役八名，亲赴渠口，督率各渠长，交接启闭，均照时日，不准稍有挪移”。在执行中如果遇到“倘敢抗违，立即重责枷号”。还强调“两县丞各有责成，亦不致有旷职守”。第四条是“明定科条，以便惩儆也”。规定凡截水霸水、私开渠口者“即照旧章，每亩罚麦五斗”。凡“聚众争斗肆行凶横者，即由该县丞牒县，照律治罪，决不姑宽”。第五条是“合力修浚。各渠每遇修渠之时，必需经费”。第六条是“另筹薪水”，由两县各自筹给薪水工食钱，供每月下乡稽查时使用。[①] 光绪五年清峪河水案的断案结果比嘉庆十一年断案更加明确，并对此后如何维护这次断案结果做了严格规定。

三、从水案判决看国家的“均水”理念及其效力

清代清峪河水案中最突出的是八复渠用水时“开一渠，闭四渠”的规定及其大建三十一日的用水问题。在官方历次断案中除同治八年，判源澄渠等使用大建三十一日之水外，其余历次断案都判三十一日水归八复“润渠”，并断定“浮水”之说系源澄利夫伪造。为什么会这样断案？这就涉及国家对于水利管理的基本理念问题。

到了明清时代，八复渠灌溉面积已经达到 236 顷 56 亩土地，而源澄渠只有 113 顷 22 亩，工进渠 63 顷 30 亩，沐涨渠 108 顷，下五渠的清峪河水浇地面积也只为 127 顷，八复渠的灌溉面积最大。这种断案实际是体现了一种“均水”的观念。即均水以广溉田，水要尽量合理使用以灌溉更多的田地，为此就要求均平分水，制止独占，不允许“贪得额外之水”。在嘉庆十一年断案碑文中就说：“于昔年均水，三里灌田，定以初

① 白尔恒、蓝克利、魏丕信：《沟洫佚闻杂录》，第 107—108 页。这里收录的刘屏山的《清峪河各渠记事簿》中据说是缺一页，所以只能看到前四条。其实，根据钞晓鸿《关中明清以来水利文献的调查与发现》一文，原件中不缺，并在《续修陕西通志稿》中收有“光绪五年三原泾阳两县遵扎立碑刊刻《会议章程六条》”，内容相近。本文根据钞晓鸿论文补上后边两条。

一子时承水，而润陵诸斗，去河七十余里，岂能骤然入畦？则每遇大建之月三十日一昼夜之水，为三里行程润渠之资，而上流之人，不得窃据以肥己矣。”

为什么官府要把“均水”作为最基本的原则呢？这必须从中国古代关于水的观念来理解。现代人们研究水利问题，经常使用“水权”概念，往往从水的所有权、使用权、受益权等方面来解释，认为由于国家具有水的所有权，所以才能支配水的使用权。当然，按照现代水权观念对于古代水利管理和水的使用在民间层次进行理论分析也是可行的，并且已经有许多成果发表。[①]这是由于中国民间很早就有占有和交换的观念。但是，在国家政策层次运用水权概念进行分析恐怕不大合适，这是由于物权观念是近代的产物，古代国家并没有这种物权观念。按照近代民法的解释，所有权就是对于物的自由使用、收益和处分的物权，也就是对于物的全面支配权利，这是物权中最有力的权利。但是，我们必须认识到，自由的所有权的确立是近代以后的事情，直到法国大革命之后，近代所有权观念才得到公认，而在前近代，无论东方还是西方对于物特别是对于像土地和水这样具有公共属性的东西，几乎不存在某个人或集团对于其的全面支配权。这是在历史研究中，对于所有权等物权概念使用时应必须注意的地方。

在中国古代，人们关于水的认识首先是认为水是生养万物的，因而是世间至善至尊的东西。比如：“上善若水，水善利万物而不争。”[②]“水者何也，万物之本源也，诸生之宗室也，美恶、贤不肖、愚俊之所产也。”[③]水为至善，水属于天，水生万民，这就强调了水的公共属性。

古代中国人的所有观念是从属于对天信仰的。“天下”的一切都是属于上天的。而在天下，代表天意的是天子，也就是皇帝，而且皇帝治理天下必须处以公心。这里就把“天下”与“公”联系在一起了，天下的

① 例如萧正洪：《历史时期关中农田灌溉中的水权问题》，《中国经济史研究》1999年第1期；张小军：《复合产权：一个实质论和资本体系的视角——山西介休洪山泉的历史水权个案研究》，《社会学研究》2007年第4期。

② 《道德经》。

③ 《管子·水地》。

东西就要体现为公用。正如汉书中所说："天下乃皇天之天下也。陛下上为皇天子，下为黎庶父母，为天牧养元元，视之当如一，合尸鸠之诗。"[①]按照郑玄的解释，尸鸠之诗是"喻人君之德，当均一于天下"。《唐六典》也说："天下山泽之利当归王者。"归于王者，实际上是要求体现山泽的公用性质。《唐律疏议》中也说："山泽陂湖物产所植，所有利润，与众共之。"[②]

民众也是为天所生，但是由于民众间往往为争利而要独占，所以就需要皇帝来治理，这就是皇帝统御万民的必要性。"天生众民，不能相治，为之立君，以统理之。"[③]"天生蒸民，不能相治，为立王者以统理之。方治海内，非为天子，列土封疆，非为诸侯，皆以为民也。垂三统，列三正，去无道，开有德，不私一姓，明天下乃天下之天下，非一人之天下也。"[④]由皇帝所代表的古代国家的职责就是依据天理来维护人间的社会秩序。

所以，中国古代，对于水利纷争解决的最基本的方针就是体现了"公"的"均水"理念。有学者根据水资源的类型划分出泉域、流域、洪灌域以及库域、围堰等水利社会类型[⑤]，但是不论哪种类型，"均水"都是其基本用水原则。《淮南子》中提到："同陂而溉田其受水均也。"[⑥]明代洪武年间钦差大臣凌左棠在《平阳府蒲州河津县水利榜文》中说："天地无私，生水火本以养民，虽水火无情，顺其性亦能济物。"所以在用水上"务要照地亩均用，勿致争讼"。[⑦]史书中对于水利管理上"均水"原则的记载比比皆是。例如：政府设置管水官员就是为了"平水"，"有水池及

① 《汉书》卷 72《本传》。
② 《唐律疏议》卷 26。
③ 《汉书》卷 10。
④ 《汉书》卷 85。
⑤ 参见张俊峰：《水利社会的类型——明清以来洪洞水利与乡村社会变迁》。
⑥ 《淮南子·齐俗训》。
⑦ 引自行龙主编：《环境史视野下的近代山西社会》，第 169、176 页。

鱼利多者置水官，主平水收鱼税”。[①] 汉代倪宽治水有功，他制定的中国古代最早的水令，其目的就是平均用水以灌溉更多的田地，“宽表奏开六辅渠，定水令以广溉田”。[②] 现存中国最早的水利法规《水部式》中就规定：“凡浇田皆仰预知顷亩，依次取用。水遍，即令闭塞。务使均普，不得偏并。”还规定“居上游者不得壅泉而专其腴”。[③] 唐代官吏戴叔伦，“守抚州刺史，民岁争灌溉，为作均水法，俗便利之，耕饷岁广”[④]。唐代法律规定：“自余山川薮泽之利，公私共之。”[⑤] 还有规定：“每渠及斗门置长各一人，至溉田时，乃令节其用水之多少，均其溉焉。”[⑥] 元朝陕西乡儒蒲道元就希望官府派员“监视兴元渠堰，庶使水利均平，岁无荒歉之患，盖利于民即利于国也”[⑦]。清代官员曾总结京南水利治理的原则时说：“南局田不患其不营，而患营之不广，水不苦其不足，而苦水之不均。”[⑧] 钱杭就认为“‘均平’也是中国古代水权理论的终极目的”。[⑨]

如何“均水”是政府在治水中的首要职责，清代官员就总结说：“乡里之人多止为一隅起见，或地居上游，则不顾下游。或欲专其利，则不顾同井。须与委员参用，偕同讲求，详为议谕。某所宜建闸以蓄水，某处宜开渠以分流，某处宜设涵洞以分其润，某处宜浚陂泽以防其猛，某处宜筑塘以备旱，某处宜设围以成田。”[⑩] 兴建水利的目的就是“分其润”以制止“专其利”。清代农学家徐光启从水、土、雨相互作用的角度强调了“均水”的重要性，他说：“均水田间，水土相持，兴云歊露，致雨甚

---

① 《后汉书·百官制》。

② 《汉书》卷58《倪宽传》。

③ 唐代《水部式》。参见仁井田陞：『補訂中国法制史研究—法と慣習·法と道徳』、東京大学出版会1980年版、323—348頁。

④ 《新唐书》卷143《戴叔伦传》。

⑤ 仁井田陞：《唐令拾遗》。引自好並隆司：『中国水利史論考』、岡山大学文学部1993年版、3頁。

⑥ 《唐六典》。

⑦ 蒲道元：《顺斋先生闲居从稿》卷17《论兴元河渠司不可废》。

⑧ 陈仪：《畿辅通志》卷47《水利营田》。

⑨ 钱杭：《库域型水利社会研究——萧山湘湖水利集团的兴与衰》，第116页。

⑩ 吴邦庆：《畿辅河道水利丛刊·序》，道光四年刻本。

易，此弭旱也。”[①]

其实，国家权力在用水秩序上的“均水”原则在实际运用中并不是要实现绝对均等，而是要达到相互调剂，大概均匀即可，这就体现在“相互忍让”的用水规范上。日本著名中国法制史学者寺田浩明关于中国明清时代法秩序的“拥挤的车厢”理论就是一种形象说明。寺田在分析中国明清时代的法秩序时，提出了一个“拥挤的车厢”模式。他说，在拥挤的车厢中，当列车到站又有人上车，车厢中有人拥挤过来时，采取什么行为是恰当的呢？或者说在拥挤的车厢中自己应该占有的空间是多大的才合适呢？在一般的情况下，人们首先是受动的，对于旁边有人拥挤过来时都是相互礼让，自己后边的人又给自己让出一些地方。这是一般的社会公理。车厢内的所有乘客即使并不是占有完全相同的空间，但是谁也没有说出不满，这就是一种秩序。当然，这种秩序并不是一成不变的，当到下一站时，又有人挤上来，大家又互相拥挤，相互让出空间，然后使得大家都能上来。

寺田认为明清时代的法秩序就像在拥挤的电车厢中一样，在硬性固定的权利秩序当中包含着许多不确定的部分。这种权利秩序可以说是一种主观的利益主张者之间通过“相互忍让”而达成一种主观上均衡的、相互容忍的相对安定状态，实际上每个人占有的绝对空间是不均衡的。明清时代民事秩序中的基本原理，无论是社会方面还是国家方面，都是基于这种“拥挤的车厢”原理。在清代的《六论》、《教民榜文》、《圣谕广训》等国家制定的文件中主要就是禁止“恃强凌弱”行为，号召互谦互让的内容。[②]

---

① 王重民辑校：《徐光启集》卷5《垦田疏稿·用水第二》。

② 寺田浩明：「満員電車のモデル—明清期の社会理解と秩序形成—」、今井弘道他編：『変容するアジアの法と哲学』、有斐閣1999年版。

四、小　结

在古代，水利是最大的公共资源，管理好水利是治国的根本所在，而水利管理与圣人治世的原理一致。《管子》中就说：“是以圣人之化世也，其解在水。故水一则人心正，水清则民心易。一则欲不污，民心易则行无邪。是以圣人之治于世也，不人告也，不户说也，其枢在水。”[①] 上面提到的明代平阳府王太守在总结水利断案时就说：“政在善俗，俗先礼让，礼让之兴，在闾里田桑鸡豚之间。”[②] 王太守断案，并不是完全依据旧的习惯水规如何，而是根据相互忍让的原则，尽量使得更多农田得到灌溉。近代水利家李仪祉曾提出水利管理中离不开士大夫教化引导。他说道：“中国农人，固守成法，不知变通改良。往往有的是良法，可以增加灌溉的量，可以使大家都得利益，他们偏固执不化，惟知甲乙相争眼前一点利益，甚至互相斗殴，杀伤人命，所以常有水利变成水害之叹。这是人的不好，非水之罪。这些去处，都在各处士夫为之开导。”[③]

在山西的缺水地带，国家对于水资源的分配就是基于“拥挤的车厢”原理。《平阳府重修平水泉上宫（官？——笔者）川记》中记述了明代这样一件争水的故事。过去，平水的水源是通过 12 宫河来分水灌溉的。第一支流叫上宫河，东流灌溉 36 村、2 万亩土地。但是经过多年水月，上宫河河道淤积，河水改流，向南注入上中河。为此，上宫河和上中河流域的农民围绕水流问题打官司。平阳府王太守是这样断案的。他说：“上中河者，私也。上宫河者，公也。上宫河博而远，上中河狭而近。不法不德，则守不坚，法则民畏而讼平，德则民化而讼息。”为此，他判决如下，首先疏浚上宫河，使之能够继续灌溉。其次，给上中河定期分水，使得他们也能得到一些水源。两方互让，都得到利益。[④] 其实这种强调相互忍让

① 《管子·水地》。

② 段友文：《黄河中下游家族村落民俗与社会现代化》，中华书局 2007 年版，第 577—578 页。

③ 李仪祉：《李仪祉水利论著选辑》，第 708 页。

④ 段友文：《黄河中下游家族村落民俗与社会现代化》，第 577—578 页。

的理念在山西的许多分水碑文中亦得到体现。

在官府主导下，民间调剂用水“有无相济”也是得到提倡的。《清乾隆三十一年孔涧村让刘家庄水利碑》中这样说道：“从来有无相济，仁者之心也。故己有余则不忍坐视人之不足，凡物皆然，何独至于水而疑之。”孔涧村决定每月给刘家庄让水 4 日。“是举也，有无相济，孔涧村不至有余，刘家庄不至不足，庶几仁让之风再见于今矣。”[①]《清道光七年南李庄村坡池碑》的碑文中讲述，该村原有一水池，但是由于后来人口增加，用水不足，欲再凿一池，但是缺乏用地，有两户村民无偿提供土地用于建水池，该碑记述了这件事。碑文中说：“民非水不生活，而水转为民之利。惟其利也，足则昏暮求之，无弗与不足。且多取之，而恐后纵，可知水之为物也，虽其细已甚，足与不足，人情之厚薄，风俗之美恶，胥于是乎寓焉。”工程完工之后，“上下取水，各从其便，居然仁让之风也。因刻石志美，永垂不朽云”。[②]

但是，中国民间自古私有权益观念确实发达，水作为一种自然资源由于具有使用价值，就会出现占有和交换，以钱或其他等价物换水，必然就会产生水的买卖现象，由此导致出水权占有意识。民间对于水的买卖，自古就有。一旦水可以买卖，就一定会出现超出自己灌溉需要的独占、霸占行为。而对此，国家当然是反对的。这样民间水权观念就会与国家的“均水”理念发生冲突。但是，在水利管理实践中，国家并不会完全制止这种行为，一般会采取“依旧制”的态度，或对民间习惯采取一种认可或默许的态度。这是由于古代国家从其治理态度和能力上不可能制定出能完全贯彻其“均水”理念的法律规范体系。

梁治平从民间习惯法和国家法相互关系的角度提出如下值得注意的观点：“尽管习惯法与国家法有互相配合的一面，尽管习惯法秩序即使就国家实现其职能而言也具有不可或缺的意义，以及尽管国家官吏动辄以这

① 董晓萍、蓝克利：《不灌而治 —— 山西四社五村水利文献与民俗》，第 101 页。
② 董晓萍、蓝克利：《不灌而治 —— 山西四社五村水利文献与民俗》，第 109 页。

种或那种方式对民间的自生秩序做出应对，至少从某种意义上说，习惯法与国家法这两种不同的知识传统之间缺少一种内在和有机的联结。”这样，“习惯法和国家法之间的‘分工’，实具有‘断裂’性质”。但是，对于习惯法，由于“古代国家既无意也无力提供一整套能够取而代之的法律制度，在此情形之下，官府甚至对它视为有害的习惯也不能不采取妥协立场”。[①] 赵世瑜也认为：“在前现代中国，国家并未明确强调对水资源的所有权。因其公共物品的特性，国家原则上只是支持传统的民间习惯法，对破坏民间确立的公平原则的行为进行处罚，或在情况发生变化时做一些符合原有制度的技术性改造。”[②] 美国学者沈艾娣（Henrietta Harrison）认为：“官方强烈反对卖水。通过一些水纠纷的判案，显示官方不是根据水权所属，而是根据其需要进行判案的。”[③] 这就揭示出中国古代民间水利观念与国家理念的不同以及政府对于水利纷争的基本态度。对于古代国家的治国态度，劳思光有精辟见解，他认为：“就政府的任务说，政府似乎只有消极任务。传统观念以为，社会之发展不必由政府推动；政府之任务只是维持秩序，使天下安定。”“一方面，君主及其政府拥有绝对权力；另一方面，这种权力的使用范围却非常有限。”“社会经济活动，基本上听其自然发展，政府只注意维持公平，防止财富集中，不扰乱民生，不加重人民负担等等。”[④]

对于古代国家干预水利的程度问题，傅衣凌认为，对于兴建水利工程只不过是集权国家的众多功能之一，并未具备什么特殊的重要性，传统社会中水利工程和管理很大一部分是在乡族社会中进行的，不需要国家权力的干预。[⑤] 魏丕信曾提出动态的三阶段论，即在王朝初期大规模兴修水

① 梁治平：《清代习惯法：社会与国家》，中国政法大学出版社 1996 年版，第 139—140、166 页。

② 赵世瑜：《分水之争：公共资源与乡土社会的权力和象征——以明清山西汾水流域的若干案例为中心》，行龙、杨念群主编：《区域社会史比较研究》，社会科学文献出版社 2006 年版，第 60 页。

③ 沈艾娣：《道德、权力与晋水水利系统》，《历史人类学学刊》第一卷，2003 年第 1 期。

④ 劳思光：《中国文化要义新编》，中文大学出版社 2009 年版，第 164、213 页。

⑤ 傅衣凌：《中国传统社会：多元的结构》，《中国社会经济史研究》1986 年第 2 期。

利，中期则成为水利争议的仲裁者，到了后期王朝的干预能力下降。[①] 但是，鲁西奇等根据对明清时期汉中堰渠水利的研究认为："地方官府对于水利事物的介入与干预在总体上即可视为是被动的、随机的，因而也就不可能存在从干预较多、较深入向介入较少、较浅演变的趋势或过程。"他们还提出："至少在汉中地区，赖以确立水利秩序的大部分水利章程、水册等，主要来自民间社会，而不是来自王朝国家。"水利章程只不过是在民间公议之后由官方核准、颁行等。[②] 但是，张俊峰通过研究山西水利史证明了国家在水利争议中的重要作用。宋代曲沃与翼城之间越境治水纠纷十分严重，两县官员各自包庇本县，争端难以平息，最后朝廷出面将翼城温泉十村移割曲沃，由曲沃一县管辖，统一管理。使得"人户凛从，浇灌均济，不致更有党户，得以经久便利"。说明了国家介入的重要性。[③] 张俊峰还从历史上长期存在的洪（洞）赵（城）"三七分水"争端的分析中认为，由于自然界变化和灌溉面积的变迁，"三七分水"已经无法保障"均水"的实行，但正是由于官府的消极、不作为，始终勉强维护这一制度，才造成了水利争端的长期无法解决。[④]

中国古代对于水的使用支配，还有从"王土王民"观念来加以解释的。按照这种观点，天下所有的土地和人民都被编入到以皇帝为顶点的统治秩序之中，"普天之下，莫非王土，率土之滨，莫非王臣"。皇帝对于所有土地和臣民具有绝对支配权力。但是，上古以来，中国的私有制和家庭经营就已经产生。所以就有人认为所谓的"王土王民"观念只不过是一种表现王权意识和原则的空乏说法，在实际社会生活中没有什么实际意义。但是近年，日本著名东洋史学者岸本美绪对于传统的"王土王民"观念的作用做了重新评价。她认为，在中国整个帝政时代，"王土

① 魏丕信（魏幼红译）：《水利基础设施管理中的国家干预 —— 以中华帝国晚期的湖北省为例》，陈锋主编：《明清以来长江流域社会发展史论》，武汉大学出版社 2006 年版。

② 鲁西奇、林昌丈：《汉中三堰 —— 明清时期汉中地区的堰渠水利与社会变迁》，中华书局 2011 年版，第 175—181 页。

③ 张俊峰：《水利社会的类型 —— 明清以来洪洞水利与乡村社会变迁》，第 60—61 页。

④ 张俊峰：《水利社会的类型 —— 明清以来洪洞水利与乡村社会变迁》，第 65—70 页。

王民”观念至少在理念上是一贯存在的，“王土思想，如果从君主自身的权利的观点来看可以说是毫无意义的非现实的议论。但是，在对于中国阻止私的所有权出现绝对化，对于私的所有权进行掣肘的各种惯例特别是防止社会问题发生的方面的确又是与王土观念相关联的”。[①] 著名社会史专家行龙等认为：“中国古代水资源理论上属于国有。国家通过法令明确宣布和设置相关管理机构以及对侵占水资源的行为进行刑事处分而确认对水资源的所有权。”不过，“国家承认农民的用水权”。[②] 这就说明，古代国家对于用水的最高原则虽然是“均水”，但是这不可能完全实现，在民间只要是在“均”的大原则下，对于“旧制”一般是容许甚至是尊重的。这就要求我们在古代水案研究中注意到国家与民间在用水原则上的原理性的差别，同时也要看到国家理念与民间用水规则上的相互默认和补充。官府在断案中往往遵循“旧制”，因为这种“旧制”在一定程度上体现了“均水”的原则，如果完全与“均水”原则相对立，则官府一定会加以纠正。以往我们过多地重视政府在分水中的判决结果，而对于其执政理念和基本的判案原则重视不够。

中国古代的“均水”理念具有普遍价值。德国学者佩特拉·多布娜（Petra Dobner）认为：“水的政治是生活在任何年代、任何地区的人类所必须掌握的一门艺术，以便凭借它对水的消费和利用进行管理，在适当满足各方面竞争性需求的同时，使水资源得到持久的保护。”[③] 中国古代国家对于用水的支配不是基于近代水权观念，而是基于“天下”与“公”的观念，因此形成了用水最高原则即“均水”的理念。

---

① 岸本美緒：「土地を売ること、人を売ること」、三浦徹他编：『比較史のアジア　所有・契約・市場・公正』、東京大学出版会 2004 年版、26、38 頁。

② 行龙主编：《环境史视野下的近代山西社会》，第 168 页。

③ 佩特拉·多布娜（强朝晖译）：《水的政治——关于全球治理的政治理论、实践与批判》，社会科学文献出版社 2011 年版，第 1 页。

第七章　山陕地区土改中的水利民主改革

水利民主改革是土地改革的重要组成部分，山西省当时进行了“灌区民主改革”，陕西省则称为“小型水利民主改革”。这是由于土改中地权发生变化，得到土地的广大农民必然要求在水权上进行相应改革。同时，由于土地改革是对封建制度的彻底否定，翻身农民对于过去在水资源利用上的不合理制度和习惯也就当然要求改革。本章根据山陕地区水利史和土改资料对两地的水利民主改革做一梳理，通过揭示封建水利制度存在的种种不合理状况以说明这种改革的必要性，总结水利民主改革的成果和经验以阐明这场改革对于解放生产力的促进作用，重点则在阐明这种民主改革在水利史上的根本性变革及其意义。笔者认为，正是通过这场水利民主改革才真正实现了水资源的公共特性；公共权力得以彻底延伸到水利社会的最基层；由于以阶级划分代替了传统社会中的水利共同体和特权等级，在水利资源的利用上也就打破了解放前上游与下游、左岸与右岸、大村与小村、豪强与百姓之间的纷争与对立，使得水资源真正得到统一、公平、合理地利用。另外，站在水利民主改革的这一制高点上，也可以对近年来的水利社会史研究以及关于土改的议论重新进行审视和评价。

一、水利民主改革是土改的一部分

对于农业来说，水利与土地密不可分，这是不言自明的道理，特别是在山西、陕西这样的内陆传统农业地区，水利灌溉对于农耕不可或缺。

在历次农民运动当中，水利问题和土地问题一样都是必须解决的核心问题。1924 年，孙中山在《三民主义十六讲》中就提出解决吃饭问题除了要实行“耕者有其田”外，还应有 7 个增加农业生产的方法，其中就包括水利问题。他提出防水旱灾的根本方法是造森林，治标的办法包括用机器抽水和建筑高堤与疏浚河道等。[①] 在 20 世纪 20 年代的大革命时期，农民运动中就提出了水利公平问题。毛泽东在考察湖南农民运动时注意到了农民运动促进了水利的改善。他在总结农民协会领导下所办成的 14 件大事时说：“无情的地主总是要从佃农身上取得东西，却不肯花几个大钱修理塘坝，让塘干旱，饿死佃农，他们却只知收租。有了农会，可以不客气地发命令强迫地主修塘坝了。地主不修时，农会却很和气地对地主说道：‘好！你们不修，你们出谷吧，斗谷一工！’地主为斗谷一工划不来，赶快自己修。因此，许多不好的塘坝变成好塘坝。”[②] 农民运动使得水利制度也得到改革。

在土地革命战争时期，中共更加明确认识到水利问题是解决土地问题的一个重要组成部分。1927 年中共中央临时政治局《关于土地问题党纲草案的决议》中就提出：“水利的使用上，也有极剧烈的阶级斗争。地主竭力抢夺灌溉水利的支配权。商人的公司或豪绅地主的公司往往掠取河流溪沼，而使农民付钱买水。农民方面，自己也知道各个小农经济没有能力改良水利，开辟水源，甚至于不能保存原有的天然水利（水利是农民生产的最重要的前提），于是他们总是想望国家政府来解决这一问题。农民可以深切地明了：只有劳动者的政府能够实行改良人工灌溉的方法，应用新发明的技术。”决议提出：“整顿水利改良灌溉方法之工程，由农民代表会议执行，井泉溪沼等完全归农民使用，农民经过农民代表会议而行使这种权利。”[③] 在革命根据地，水利同土地一样要实行根本改革。

---

① 孙中山研究会、孟庆鹏编：《孙中山文集》，团结出版社 1997 年版，第 282—284 页。

② 中共中央毛泽东选集出版委员会编：《毛泽东选集》（一卷本），人民出版社 1971 年版，第 41 页。

③ 于建嵘主编：《中国农民问题研究资料汇编》，第一卷下册，中国农业出版社 2007 年版，第 536—537、541 页。

在1930年的《苏维埃土地法》中规定："菜园、河坝、荒地（能耕种杂粮的）要分配，大规模池塘不便分配的，归苏维埃管理营业或定价出租。"[①]1931年《中华苏维埃共和国土地法》中进一步规定："一切水利、江河、湖沼、森林、牧场、大山林，由苏维埃管理，来便于贫农、中农的公共使用。"[②]苏维埃政权通过立法保证了水资源的公共性质，由苏维埃政府进行管理使得水利得到公平合理使用。

在寻乌调查中毛泽东关注到了池塘水利的分配问题。革命之后，苏区池塘的"所有权归苏维埃，使用权归农民，由池塘的近邻人家轮流管理，每年更换一家。全县都是如此"。池塘水利实现了公有和民主管理。[③]在兴国调查中毛泽东发现这里对于池塘的管理是"以村为单位，按照池塘大小，分组放鱼，大塘五家为一组放，小塘三家为一组放。一组对于一塘，各家同时同数放鱼，打鱼时候照数平分"。由于"本区池塘的水，多是不靠他润禾的，因此只有鱼的问题，没有水的问题。鱼塘之外，亦有少数山塘靠了塘水润禾的。山塘放得鱼的，照上法分配。放不得鱼的，跟着田走，田归那个，塘归那个"。[④]在苏区实现了水利民主改革。

在解放战争时期和新中国成立初期的土地改革中，水利问题是一个重要组成部分。1947年中共中央《为实现耕者有其田向各解放区政府的提议》中要求："一切原来附属于耕地之非耕地及水利（如山林、宅地、池塘、水井、沟渠等）均随同耕地处理之。"[⑤]1950年《中华人民共和国土地改革法》规定："没收和征收之堰、塘等水利，可分配者应随田分配。其不宜于分配者，得由当地人民政府根据原有习惯予以民主管理。"而"大森林、大水利工程、大荒地、大荒山、大盐田和矿山及湖、沼、河、港等，均归国家所有，由人民政府管理经营之"。[⑥]经过土改，大型水利

---

① 于建嵘主编：《中国农民问题研究资料汇编》，第一卷下册，第581页。
② 于建嵘主编：《中国农民问题研究资料汇编》，第一卷下册，第598页。
③ 中共中央文献研究室编：《毛泽东农村调查文集》，第167页。
④ 中共中央文献研究室编：《毛泽东农村调查文集》，第237页。
⑤ 于建嵘主编：《中国农民问题研究资料汇编》，第一卷下册，第659页。
⑥ 于建嵘主编：《中国农民问题研究资料汇编》，第一卷下册，第1044页。

收归国有，小型水利实行民主改革。封建的水权占有和不合理的使水制度被彻底废除。正是由于地权和水权一并改革，农村生产力才得到根本解放。

二、封建水利制度的不合理性

同旧中国土地制度的不合理一样，解放前的封建水利制度，在水权占有、水利管理和使水习惯上也存在着诸多的不合理，这同样是限制和阻碍农业生产力发展的基本原因。

（一）水权占有的不合理

在封建社会里水权占有极不合理。水权主要由封建国家及其王公贵族、官僚豪绅以及一些有实力的人掌握。水权的获得方式有依靠国家权力强行占有，大型宗族以特权霸占和民间依仗好勇斗狠、通过武力争夺所得等。

依靠国家权力对于水权的强行占有，是指封建王朝和王公贵族对于水资源的占有，也包括屯军时，军队对于水源的占夺。[①] 过去山西晋水流域的一些村庄如小站营、五府营等为明代大兴军屯时，围绕土地开发而成的村落，因属于明代晋王府和宁化府所有，故在用水方面享有特权，其在明代用水时，与民间用水是分开的，即每次用水需王府优先，待其灌毕方准流域内村庄用水。至清代这种用水惯例仍未打破，该五村在水量分配上向来比较充裕，不容他村分享。水权的不平等占有造成了流域内有水村庄与缺水村庄间的争水纠纷。[②]

① 参见胡英泽：《引渠用汲：明清黄土高原日常生活用水研究》，山西大学中国社会史研究中心编：《社会史研究之二 山西水利社会史》，北京大学出版社 2012 年版。

② 行龙：《以水为中心的晋水流域》，山西出版集团 2007 年版，第 18—19 页。

在陕西清峪河水系中长期存在争水。本来清峪河源澄开渠在前，据说源澄渠在“曹魏太和元年开渠时，本一月为满，每亩以三分香受水，除大建三十日不计外，全月以二十九日计算，共三百四十八时，实在地香，相依不乱”[①]。但是，自唐初建献陵后，要开挖八复（浮）渠引水润陵，加上初九日改归第五氏渠用以酬业，初十日改作行程，初一至初十，共计120时割在源澄渠水程以外，每亩拔香一分，使得每亩只能以二分受水。源澄渠灌溉时间大为缩短，如遇干旱，用水严重不足。这种用水规定一直延续到解放前。

乾隆年间乡绅岳翰屏在《清峪河各渠始末记》中就说：“至今遇八浮水日期，上皆闭堵。如有倒失，立即有祸。横强若此，莫思当日各渠封斗者，原为润陵，非为灌田也，今不润陵而溉田，八浮水是田，各渠未始非田，彼自行本渠之水足矣。若谓路远难达，五渠下与浊河会，水亦不小，何得仍令封堵？今非故唐，而水尊故例，甚觉非是。况每月之水尽被八浮首人卖在上游节，而利夫灌田者能有几家？此又夺众人之脂膏，以肥一二人者也。此下五渠有八浮水之害如此也。”[②]岳翰屏还揭露说在清代袁二公任三原县丞时“与八浮首人，通同作弊，卖水弄钱，遂将沐涨初一日至初八日所用之漏眼浮水，禁令封堵”。其他灌渠利夫如果截用灌田，则以盗水论处。农民急需用水时要与县官和八浮水首人商量，“出钱多少，才得用水浇田，至后官愈吃愈腥，独断独行，并八浮水首人亦不通知，该首人亦无如官何”。到了后任县官，将水均交八浮水首人，如果上游用水只要买通八浮首人即可，“虽亦费钱，较前颇轻”。[③]

至于豪强大族霸占水源，在过去更是比比皆是。土改之前，山西榆次潇河官甲渠的水权掌握在郭嘉堡村郭姓的一家手里，郭家的寡妇改嫁，使水权随人带走。这条渠的上营村，本来位居下游，因出了个号称“晋王”的大官，官甲渠的水要隔过其他村庄给“晋王”的花园浇水。王村渠

① 白尔恒、蓝克利、魏丕信：《沟洫佚闻杂录》，第93—94页。
② 白尔恒、蓝克利、魏丕信：《沟洫佚闻杂录》，第76页。
③ 白尔恒、蓝克利、魏丕信：《沟洫佚闻杂录》，第74—78页。

由“九姓”掌握，演武渠由四十个“通天玉柱”掌握水权。灌溉洪洞、赵城二县二十个村庄的南霍渠被赵城道觉村“三十夫头”掌握。临汾龙子祠七条河被北杜村大地主许长令、刘村的张尚书、李家兰村的苏家、泊庄的关家、伍级村的潘家等地主官僚掌握。临汾、洪洞、赵城三县的通利渠被大地主张和风和官僚地主温寿泉所把持。郭县阳武河渠因为文殊庄出了个军阀张汉杰（晋北镇守使），他家每次浇地，霸水半个月。襄汾有“雷鸣水地”。因为襄汾豁都峪洪水渠中游村庄在明朝出了个吏部尚书李瑾，即把水霸占为中游所有，先使水，不兴工，不负担。并且规定有雷下雨，河里有水，就要浇地。[①]

至于晋水流域陆堡河之北大寺村武氏宗族水权支配地位的获得，刘大鹏在《晋祠志》中这样记载：“传言：旧名邓家河，系东庄营邓姓经管河事。不知何年邓家有孺妇再醮，将《河册》随至北大寺村武家，遂凭《河册》自为渠长，东庄营争之不得。”根据山西大学社会史中心的田野调查，“当初南北两河因水争执不下，武氏先人出面调停纠纷，南北两河为感谢武氏调解之恩，专门分给武氏陆堡河水，归武氏宗族专用，管理者自然要由武氏族人担当”。[②]

在太岳根据地内有水份灌田制，据说这种制度在平遥已历行千余年，有钱有势的人“集资修渠，按资得份”，把一种天然资源变成私人财产，而没有水份的人浇地时，均出价买水，每浇一亩，需粮一斗多。[③]晋绥根据地河津三、四两区之瓜峪、神峪、遮马峪有三条长流水沟，两条大洪水沟，由乡宁山南流河津平川，灌溉本极便利，但是受不合理的水权占有和水规限制，水利不能有效利用。例如各村用水天数不公。如西磑口村有地七百亩，每年分水四十二天。另一个村庄有地五百多亩，每年只分水六天半。还有，水权为少数人掌握。如南芹村共五百三十多户，有

① 员守谦：《建国初期山西的灌区民主改革》。

② 行龙：《以水为中心的晋水流域》，第 17—18 页。

③ 田玉龙：《抗日战争和解放战争时期的太岳区水利建设》，《山西水利史论集》，山西人民出版社 1990 年版。

水户只有八十多家（多为地主富农），没水户（贫苦农民）要浇地，得向有水户买。[①]

造成水权占有不合理的另一个重要原因是，在封建社会里，法制不彰，以强凌弱，十分普遍。依仗好勇斗狠，运用武力也可以抢占水源。在霍州和洪洞交界的四社五村水利组织中，势力最大的是首社仇池社。据其社首说："这个水规，是老先人通过千辛万苦斗争统一得来的。"[②]这位社首还说："听的传说呢，历史上我们社就是首社，我们村子大、人多、说话也算数，也有人力，也有物力，可能也敢打。"另外义旺社副社首也说："老大一个是势力大，一个是打死人的过多。"[③]首社的地位是打架打出来的。

山西介休洪山泉水流域，东河流域用水与西河流域相比很不平等，东河地势高，再加上河道淤积，水量更加减少，东河人想疏浚河道进行挑河，但是西河的水老人宋老二（兼屯长），是个练武的，他对东河人说："谁敢挑河，用锹砍死不负责"，把东河人吓住了，没有挑成。当有人问对于这种不公平难道没有抱怨，对此当地老人就说："不公平是看本事。"[④]

另外，由于土地私有和水权可以买卖，也加剧了水权的不合理。中国民间自古私有权益观念发达，水作为一种自然资源由于具有使用价值，就会出现占有和交换，以钱或其他等价物换水，必然就会产生水的买卖现象，由此导致出水权占有意识。民间对于水的买卖，自古就有。一旦水可以买卖，就必定会出现超出自己灌溉需要的独占、霸占行为。早在明代，就有人指出水权买卖所引出的弊端。明代万历年间山西介休知县王一魁在《介休县水利条规碑》中就指出：当地用水"强弱不均，乱狱滋丰"，其原因"岂水之初端使然哉？盖缘利之所在，民争趋赴，奸伪日

① 《封建水利制度之彻底改革》，《晋绥日报》资料汇编，孙晓忠、高明编：《延安乡村建设资料》（一），上海大学出版社 2012 年版，第 570—571 页。

② 董晓萍、蓝克利：《不灌而治——山西四社五村水利文献与民俗》，第 220 页。

③ 董晓萍、蓝克利：《不灌而治——山西四社五村水利文献与民俗》，第 154—155 页。

④ 张俊峰：《明清介休水案与地方社会——对"水利社会"的一项类型学分析》，行龙、杨念群主编：《区域社会史比较研究》，社会科学文献出版社 2006 年版，第 90 页。

滋，弊孔百出。是以有卖地不卖水、卖水不卖地之说。自此端一开，遂令富者雨积沟浍，而止纳平地之粮，贫者赤地相望，而尚共水地之赋。利归富室，害归穷檐，久之，富益富，贫益贫，而民间之大利始变而为民间之大害矣”。[①] 满铁调查资料也显示，解放前卖水者多是一些恶霸、土匪，不是好人所为。[②]

还有一些传统水权习惯也十分不合理。晋绥根据地河津三、四两区之瓜峪、神峪、遮马峪灌区水利不能有效利用。纳旱地粮银村庄不准用水。如遮马峪清水渠，刘家塬浇完后，水横流满道，长豪村不能使用。因镇的渠水宁愿流入黄河，也不准别村浇灌。[③]

（二）水利管理上的不合理

近代水利家李仪祉曾提出古代水利管理中的严重缺陷。他说道：“中国农人，固守成法，不知变通改良。往往有的是良法，可以增加灌溉的量，可以使大家都得利益，他们偏固执不化，惟知甲乙相争眼前一点利益，甚至互相斗殴，杀伤人命，所以常有水利变成水害之叹。这是人的不好，非水之罪。”[④] 元代山西临汾龙子祠《兴修上官河水利记》碑文中就记载有：“上官河水利之不均有年矣，其据上流者专其利，地未干而重溉者以月计之率三四次。”而“其下流者渴其利”。出现水争，“而与斗者百千人，至有致人命于死数起”。[⑤] 说明是水利管理制度所造成的弊端。

水权占有的不合理是形成水资源利用不合理的根本原因。解放前山

---

① 山西省水利厅编：《汾河志》，山西人民出版社 2006 年版，第 388 页。

② 中国農村慣行調査刊行会编：『中国農村慣行調査』、第六巻、岩波書店 1958 年版、239—240 頁。

③ 《封建水利制度之彻底改革》，《晋绥日报》资料汇编，孙晓忠、高明编：《延安乡村建设资料》（一），第 570—571 页。

④ 李仪祉：《李仪祉水利论著选辑》，水利电力出版社 1988 年版，第 708 页。

⑤ 周亚整理点校：《山西临汾龙祠水利碑刻辑录》，山西大学社会史中心编：《社会史研究之二　中国社会史研究的理论与方法》，北京大学出版社 2011 年版，第 154 页。

西怀仁“平川各村大小渠道，过去均为地主、富农编制，等他们浇完了，剩下的水才卖给农民，并且往往因为争水引起村间纠纷，大峪口与尚希庄曾为水煽动农民打架，打死了五个人”[①]。过去通利渠上渠三村即石止、马牧、辛村在马牧村大地主许敏弟兄掌握下，随便浇地，天旱时更迎渠做（堰），不使渠水下流，并讲究什么三不浇即“刮风不浇，下雨不浇，黑夜不浇”，而下渠十五村则出工出钱，浇不上水。[②]

过去山西省一些地方在用水上还有“罐罐水”、“香头水”、“抽戳水”、“飞水”、“粮银水”等不合理的方法。“罐罐水”是农民浇地时，将底部有一小孔的罐子放入水后，流完为止。而在山西介休洪水清水渠，是将罐罐下边钻一个小眼，放在水盆内，水装满罐即闭闸门、停浇。尚未浇完，另买一罐或几罐，重新开闸。[③]“香头水”一炷香点着一头，香烧完，灌溉即被停止。“抽戳水”是以支渠为单位抽戳浇地，不管土地多少，能否浇完，只要戳上的时间到了，即停止用水。“飞水”和“粮银水”是给掌握水权的地主、渠长、渠头等送粮银后，才分给水，按粮银数量的多少分给水插花轮浇。一般应该是按上下游浇水，但是，得到粮银后，豪绅可随意决定越过上中游而先浇下游。[④]

在水利兴工方面，历史上很多灌区有“蛇脱皮”的规矩。清淤挖渠时，下游村庄由渠尾一直挖到渠首，上游村庄出工只挖自己的村界一段，掌握水权的地主豪绅和渠长、渠头和渠甲等占有水地，但不用出工。相反，据调查忻县牧马河安邑渠农民赵喜有地十二亩，二十多年未浇灌。常能有地十一亩，十一年没浇一次水，但是必须年年出工出粮。[⑤]

山西代县四区金街等村都浇中解口流出来的水，水权掌握在地主手

---

① 《封建水利制度之彻底改革》，《晋绥日报》资料汇编，孙晓忠、高明编：《延安乡村建设资料》（一），第571页。

② 《封建水利制度之彻底改革》，《晋绥日报》资料汇编，孙晓忠、高明编：《延安乡村建设资料》（一），第575页。

③ 田玉龙：《抗日战争和解放战争时期的太岳区水利建设》，《山西水利史论集》，山西人民出版社，出版年不明。

④ 员守谦：《建国初期山西的灌区民主改革》。

⑤ 员守谦：《建国初期山西的灌区民主改革》。

中，规定按香浇水，不按地浇水。全中解口有香四百多炷，山水头村张家寨共有四顷多水地，却有香七十多炷，能浇七顷多地。这些香都掌握在地主富农手里，他们的水用不完，把香出卖，农民有地没香就得向他们买。天旱时，买一炷香就得十块白洋。再有按香浇水，不按地的顺序浇，忽上忽下，忽东忽西，隔的浇，水都引了渠，水源大量浪费。同时浇水时得来回跑，浇一次地，总得两三个人，浪费人工。由于下水头水远，上水头一炷香可浇十亩，下水头只能浇五亩，苦乐不均。[①]

陕西关中清浊河灌区，由于水利管理不合理，造成水资源不能有效利用。如浊河八复渠原灌溉四万八千九百余亩，到解放初只能灌溉三万五千三百余亩。在清水方面，沐涨渠中高墙司村用水两天，浇地二百余亩，郝家堡一天浇地三百余亩，普遍存在着卖地不卖水现象，造成地与灌溉时间相差悬殊。在工进渠中东沟村有"赔房水"灌地 19 市亩，"香水地"33 市亩。所谓"赔房水"是以前东沟村某家娶其邻村东里堡村某富户之女为妻，该富户曾赔送土地若干亩作为嫁妆，并特于工进渠付大笔金钱注册取得此土地用水权，此权尚优越于该东沟村其他人家的份内水程。这一规定世代相沿，至 1951 年土改前时仍享受 19 亩优先用水权。关于赔房水最初立于什么朝代，原户主是什么人，土改时村人已多不知。至于"香水地"是该地以庙宇、祠堂等拥有土地所具之水程，称曰"香水"。"香水地"用水权要优于一般水程。[②]

清浊河五渠灌区内部分农民遗失水权或有地无水或有水无地，兼之灌溉面积大，花插地多，渠道复杂。当地卖水现象普遍，如上王堡乔某得棉花 700 斤，将 6 小时水卖给东里乡高渠刘士元。还有将水分给别村，如王家堡地高不能浇，把水分给骆家村，新李村分给孟店等，造成花插浇地，影响到灌溉效率。源澄渠中在堰口 5 村尚有"五阿婆水"一天，即每

---

① 《封建水利制度之彻底改革》，《晋绥日报》资料汇编，孙晓忠、高明编：《延安乡村建设资料》（一），第 571 页。

② 清浊河小型水利民主改革工作组：《清浊河小型水利调查工作报告》，1951 年 10 月 29 日，白尔恒、蓝克利、魏丕信：《沟洫佚闻杂录》，第 153—158 页。

月 8 至 9 日。因当初修渠要经过五阿婆地。为赔偿占地准给水一天。每年洪水时除堰口 5 村引用外，其余水均卖给淡村、木流、刘买卖等村，下游很少见水。杨杜村以上各堰常以旱改水罐田，拦截下游用水。在浊河方面，灌溉用水制度极不统一，有月月水（每月渠道放水，有用水权）、隔月水（隔一个月用一次）、半年水（隔半年用一次）、四季水（一季用一次）、一年水（一年用一次）、润陵水（专门供献陵用水）等。在用水中还有事前抓骰用水的恶习，抓不到的就不能用水。①

解放前清浊河灌区在用水期间还总有一些坏分子为了敲诈而组织起来，专找“犯水的”。不论是犯水的或者是跑了水的（即无意偷水，因某种原因渠水流入此人田地内，也就是所谓的“倒湿”，并不是犯水），“一旦发现，先予一顿饱打，然后你再来设席请客，再说罚钱若干”。② 纯属敲诈。

在关中冶峪河灌区，分水定时辰的办法各种各样，有用点香、看太阳月亮、日晷、抓瓦砾、按劳力、吃饭或者听鸡叫、看天色等。如此不科学的办法弊端丛生。如天津渠、上王公渠，个别村庄用点香制度，每一尺香一个时辰，而每一寸有浇地 3 亩者，有浇地 40 亩者，还有浇地 70 亩者，相差极为悬殊。况香的香料不同，如遇气候转变湿干有别，放置方法不同（立香或卧香），均与烧香的快慢有关。同时香为小甲管理，一人看水，一人看香，香烧到限度时鸣锣为号，马上停水。有钱有势的人以摆酒席、请客、贿赂、势胁的办法，可以延长烧香多浇土地。无钱无势的农民不但连香不能看，甚至于地也不能浇，很多人纳的是水粮，种的是旱地。尤其是由于恶势力作祟造成地多香少或地少香多，或者有水地无香，有香无水地的不合理现象。如上王公渠药树村朱玉堂有水地 15 亩，而有香 1.2 尺。又该村小甲郭文汉管理他村水田五六十亩，共香是 1.95 尺，每亩合

---

① 清浊河小型水利民主改革工作组：《清浊河小型水利调查工作报告》，1951 年 10 月 29 日，白尔恒、蓝克利、魏丕信：《沟洫佚闻杂录》，第 153—158 页。

② 清浊河小型水利民主改革工作组：《冶峪河小型水利调查工作报告》，1951 年 10 月 28 日，白尔恒、蓝克利、魏丕信：《沟洫佚闻杂录》，第 158—164 页。

香三分三厘，于解放前10年间卖给北潘村地主潘文培等13亩，合香4寸余，当用水时竟以势力威胁霸占1.5尺之多。又如天津渠吕家村的吕福宾（恶霸地主），他家最初有水地60亩，香6寸，经过千方百计敲诈剥削，至解放前已扩张到有水地240余亩，香6.6尺。并且有时自己犯了水，反说别人犯了水淹没了他的地，嫁祸他人。[①]

冶峪河沿河渠道繁多，分配用水不合理。如上王公、天津、高门等渠居于上游，用水一月登满，又如洞子、雷家等六道小渠，灌溉地亩很少，经常门口用水（指任意取水，十分随便，不受限制，好像在家门口取水一样）。而下游各渠一月内分日用水，汛期时经常为分水发生斗殴。[②]

据清浊河小型水利民主改革工作组的调查报告说，冶峪河雷家、古道、杨原、仰渠、老渠等六小渠，每月用水原为五闭一开，自1927年起，各该渠渐不遂守用水制度，变成随便开口引水浇地，自己不用水时，也不堵口，任水自流，浪费水量，淹没田地。各大渠道的地亩除剩余水外，本程水均是每月一次，独上王公渠共浇28个村庄，内有上游24个村庄部分地有用水程两次者。究其原因，年代久远其理不明，据推测可能是当时封建势力的促成。下游4个村薛马、寨子、高村、甘泽里和下游各渠均感不合理，要求平均享受。[③]

（三）陈旧水利习惯的不合理

说到古代不合理的水利习惯我们首先想到战国时期魏国人西门豹禁止河伯娶妻恶习、惩治地方恶霸势力、禁止巫风的故事。其实解放前这种不合理的水利习惯各地很多。

首先就是过去公共水利的管理仅由一少部分人掌握、控制。有学者通过对前近代洪洞地区水资源管理组织的研究后发现："活跃在水利管理

① 白尔恒、蓝克利、魏丕信：《沟洫佚闻杂录》，第158—164页。
② 白尔恒、蓝克利、魏丕信：《沟洫佚闻杂录》，第158—164页。
③ 白尔恒、蓝克利、魏丕信：《沟洫佚闻杂录》，第158—164页。

事物中的‘头面人物’的高度家族延续性。”以洪洞连子渠为例，在其 19 席“功德位”中，北张村程氏即占了 5 席。众议渠的受益田亩皆属苏堡，而苏堡刘氏乃洪洞著姓，从政经商，代有闻人。《渠册》中尽管申明“举保渠长不拘贫富”，但该渠的重要事务实际上是掌握在具备经济实力与组织能力的大姓刘氏手中。[①] 同样，对于山西四社五村的社首，“从调查看，在 1949 年以前，正社首多届连任或隔届连任的，而隔届连任也是正、副社首之间轮换担当，所以一个村社正社首大致就是那么几个人”[②]。

根据土改时调查，解放前陕西关中冶峪河内各渠都有渠长、督工（副渠长）、小甲、夫头等。这类组织“如同封建时代帝王之位，是直系家属世袭制，父传子，子传孙”。当地人所谓“他祖先给他制下的铁沙帽”。如下王公渠有渠长、督工各一人，有 8 个小甲，一个小甲管 10 个夫头，一个夫头管 45 亩地，每个夫头 10 年轮任一次小甲。各小甲每年轮任渠长、督工，专管每年修渠时动员民众，不管分水用水之事。民众每当修渠完毕之后，大设宴席请他们吃一次，以示酬劳。另外如天津渠，每年民众给渠长、小甲头按他们管水的时辰多少，每一个时辰一年筹小麦一斗。又高门、海西、海河、广利等渠，每月的最后有割余水（原注：即割出每月最后一天的水程，作为给渠长的报酬并作为购买香支等物品费用。但只可能是此一渠道拥有全月引水权利方可，即所谓一月登满之渠，海西、海河、广利等渠有割余水，不可能，或是执笔者有误。）一天，归渠长私人所有，或用成卖，旁人不能加以干涉。[③]

其次就是过去掌握水利管理权的少数人借祭祀“水神”等活动大肆盘剥农民。过去晋南霍家渠的乡绅搞祭“大郎（水神）”活动。每年旧历三月十八日，南、中、北三渠受益村庄全部参加祭祀，即所谓“会祭”。唱戏、请客、大吃二喝，每年花费小麦八百余石。北霍渠按陡口轮流有

---

① 邓小南：《追求用水秩序的努力——从前近代洪洞的水资源管理看“民间”与“官方”》，行龙、杨念群主编：《区域社会史比较研究》，社会科学文献出版社 2006 年版，第 30—31 页。

② 董晓萍、蓝克利：《不灌而治——山西四社五村水利文献与民俗》，第 189 页。

③ 清浊河小型水利民主改革工作组：《冶峪河小型水利调查工作报告》，1951 年 10 月 28 日，白尔恒、蓝克利、魏丕信：《沟洫佚闻杂录》，第 158—164 页。

二十四祭，初一是猪祭，用六十斤以上的肥猪一口。十五是羊祭，还有三个环祭。每祭祀一次，猪、羊、香、表、蜡烛、面供、酒全部由祭祀村庄提供，每年最低耗费小麦一千多石，除此之外，还得给渠长送每个二斤重的大蒸馍七对，祭祀用的小蒸馍八百碟。南霍渠道觉村“三十夫头”向下八村每村要一百二十斤重的肥猪一口。另外，还必须请客。每年请大长（渠长）两次，请二长（管渠务的）、三长（巡水的）、散房（跑腿打杂的）各一次。每请一次各村必须送三十到一百元银洋。浇地时，三长巡水，巡到哪村驻在哪村。必须招待，其规矩是“没糖不喝水，没肉不吃饭”，还必须供给大烟抽，临走时还得送几块银洋的巡水费。农民浇地，每亩要花五角到一块银洋买水。渠长每年卖水收入最高时竟达到两万块银洋。[①]

过去山西临汾龙子祠每年在掏渠时，各渠掌握水权的豪绅在龙子祠设立公馆，自带厨夫和猪羊、美酒，肥吃大喝半个月。每年旧历四月十四日祭祀龙神也同样安排吃喝，仅祭品就要向各村索要肥猪三十四口，羊三十四只。宴席时，讲究吃一桌看两桌，未吃的酒肉随后带走。[②]平水神祠的“司庙主”在元代以前由段氏家族看管。祭祀时供品分四类，一是血食，如整猪、整羊等；二是素食，如花卷、馒头；三是果品、酒类；四是纸马、香烛等。至于分胙规定，十分之六留于庙中，让庙内人享用，十分之四由参加祭祀者当日分享。旧时在庙内设两灶，南河、北河分灶，北河人多势众，设席摆桌尽显示阔气，各渠之间有攀比之风。[③]

山西榆次潇河解放前还有“请上水头”、“跟水饭”、“谢水饭”、“沈渠饭”等习惯。并且规定“吃甚要有甚，一样不能少”。怀仁村请演武村吃席，甲头用罐量酒，罐底有孔，永远倒不满，给得不想要了为止。另外还要九斤十四两的边鸡一只，买不到时折价算款。张庆村请上游王村“九姓”（掌握水权的人）吃饭，人数不定，有多少人就得请多少人，吃完了

① 员守谦：《建国初期山西的灌区民主改革》。

② 员守谦：《建国初期山西的灌区民主改革》。

③ 段友文：《黄河中下游家族村落民俗与社会现代化》，第 570—571 页。

把桌凳踢翻，碗碟家具摔碎，再把蒸馍用袋子背走。郭家庄浇完地，要祭祀河神唱十天戏，还有其他村庄也是如此。唱戏时，渠长大摆宴席，开支很大，仅中四渠各村每年得付出渠长工资以及吃喝和唱戏费用大小米达十八万斤。[①]

过去四社五村每年大祭也是劳民伤财。据道光六年的水利簿记载："因旧规，大祭之日，主祭口老龙神、山神楼并各村神楼，一并请回。戏毕，锣鼓送回。往返徒劳，神人不安，大祭定要祭祀日，次日又要会亲友，拘泥成规，多费戏钱。次日赴席，各偿钱数十文，不成体统。席毕，又请后坐拣席饮酒，每致酒后失言，多起猜疑。席毕天晚方才散席，似觉太迟，俱系古规，甚属不便。"当时就已经提出进行改革。[②]

三、水利民主改革是水利史上的根本变革

在土地改革过程中，广大农民强烈要求改变地主、豪绅把持水权，废除封建水规，解决用水上的不公平、不合理等问题。山西省在土改中进行了"灌区民主改革"，陕西省土改时期进行了"小型水利民主改革"。两地水利民主改革的主要内容包括以下四个方面。

（一）宣布水权归公，废除封建水规

山西省解放后即开展了以"水权归公，水尽其用，统一管理，众享其利。废除上游克制下游，大村卡小村，以及送礼请客，借水敛钱的封建水规。废除飞水、罐罐水等陋习"为内容的水利民主改革。[③]1947年4月

---

① 员守谦：《建国初期山西的灌区民主改革》。

② 董晓萍、蓝克利：《不灌而治——山西四社五村水利文献与民俗》，第53页。

③ 张树德：《恢复时期和社会主义改造时期的水利建设（1949至1957年）》，《山西水利》1986年第1期。

和 6 月，赵城和洪洞相继解放，人民政府结合土改对旧的渠道管理机构和制度进行废除。制定了新的使水办法和渠规。实行统一使水，统一管理，从下往上，按需浇灌；废除了“三不浇”等封建渠规。长流陡口不浇地时即予堵塞，水归母渠，不得闲流。[①] 在四社五村，1950 年春洪洞、赵城两县水利科派干部参加废除旧水规水法会议，会上宣布“天上、地下水都属国家所有”[②]。

1949 年 10 月山西省人民政府发出《关于秋冬季水利工作的指示》，要求各地：“在水程的掌握分配上，要多方面防止自流浪费，发挥小利益服从大利益的水利原则，认真消解纠纷，大力提倡并发挥干部与群众的全面统一思想，以扩大浇地面积，反对任何偷水霸水与村县区封建本位的把持现象。”要求各地制定水利计划，“并认真起收历年水费与旧贷粮，克服本位观点，改造水利上的封建残余制度”。[③] 1951 年 3 月，山西省人民政府发出《关于春季水利工作的指示》要求“根据农作物的需要，贯彻‘按地形地势，顺水灌溉’的合理使水方针，并通过各种群众会议或水利代表会，进行讨论酝酿，逐渐推广，以期走向群众性的公约化、合同化，形成一套新的使水规章”；在水利兴工上则要求“必须贯彻‘按湿地派方，自由组合，划段分工，按方给资’的原则，废除一切不合理的土方负担办法与混做一起现象”。[④]

陕西省土改时期进行的“小型水利民主改革”，政府向各灌区派出工作队。在清浊河灌区，政府派出由省水利局、泾惠渠管理局、咸阳专署、泾原两县和灌区相关区公所、清浊河水利会等 19 人组成的工作队领导水利民主改革。首先登记灌溉地亩，“取消了各渠的五婆水、赔房水、四季水、隔月水、地多水少、水多地少等不合理的用水制度，和点香按工分水

---

① 陈振先主编：《洪洞县水利志》，山西出版集团 2008 年版，第 29、407 页。

② 董晓萍、蓝克利：《不灌而治 —— 山西四社五村水利文献与民俗》，第 193 页。

③ 山西省史志研究院、山西省档案馆编：《当代山西重要文献选编》，第一册，中央文献出版社 2004 年版，第 42—43 页。

④ 山西省史志研究院、山西省档案馆编：《当代山西重要文献选编》，第一册，第 349 页。

方法”[①]。封建水权、水规均被废除。

（二）破除迷信，否定神权性特权和剥削

在封建时代水权往往与神权结合在一起。一些人为了保护其水权，编造出种种神权信仰和传说，通过水神祭祀信仰活动来巩固其对水资源的控制。张小军就认为：“水权不是单纯的经济资本现象，国家、认知、信仰、仪式、伦理观念以及相应的庙宇祭祀，都在真实地作为和体现着水权的系统和秩序。”[②]行龙指出：在晋水流域传说中的杨氏父子、有功于渠的县令以及那些争水英雄们，“能够得到等同于‘水神’的祭祀，其根源还在于由他们所确立的用水秩序为代表不同利益的共同体争得更多的水资源”。[③]花塔村张姓世代充当渠长，该村每年要祭祀张姓祖先张郎。这来源于当地张郎舍身跳油锅的传说。但是，有人研究，花塔张姓乃当地望族大姓，明清之际，多出文官武举。张郎跳油锅的传说其实具有政治历史背景。[④]当然，水神信仰并不全是消极的东西，张含英就指出，水神信仰对于组织民众治水方面有时可以发挥作用。[⑤]但是，土地改革中破除迷信，否定水神信仰和传说，则是对封建水权水规的一种否定。

中共一贯反对迷信，早在1944年《解放日报》社论就说：“巫神与新民主主义的社会是不能相容的。”[⑥]1949年9月，山西省委扩大会议指出，会道门是现在威胁社会治安的潜在力量之一，要加以取缔。首先要加强对于党员的历史唯物主义教育，“使党员了解世界是劳动创造的，不

① 白尔恒、蓝克利、魏丕信：《沟洫佚闻杂录》，第149—161页。

② 张小军：《庙宇·水权·国家——山西介休源神庙的个案研究》，赵世瑜主编：《大河上下 10世纪以来的北方城乡与民众生活》，山西人民出版社2010年版，第132页。

③ 行龙：《以水为中心的晋水流域》，第25—26页。

④ 李红武：《晋水记忆——一个水利社区建设的历史与当下》，中国社会出版社2011年版，第125—126页。

⑤ 张含英：《黄河之迷信》，《水利月刊》第四卷第十二期。

⑥ 《开展反对巫神的斗争》，《解放日报》1944年4月29日。孙晓忠、高明编：《延安乡村建设资料》（三），上海大学出版社2012年版，第617—619页。

是神仙创造的”；要“把认识提高到不是命运决定贫富，而是封建阶级压迫剥削，致使劳动人民遭受贫困”。[①]1950年10月山西省委下达了取缔会道门的指示，在各地打击会道门，破除迷信。在1950年公布的《土地改革法》中规定要征收祠堂、庙宇、寺院等在农村的土地。把那些管理祠、庙、会、社土地财产的称为“管公堂”的，指出了“管公堂是一种剥削行为”。这种破除迷信，没收迷信设施土地，把从事迷信活动管理的人定为是一种剥削行为等做法，沉重打击了农村中的神权，这对于那些依赖神权而掌握水权的势力当然是一个打击。在四社五村水利改革民主中，政府要求废除封建水规，反对封建迷信，禁止祭神唱戏、求雨还愿等“陈规陋习”。四社五村也按照反对迷信的政治要求，在一个时期减少了水利簿的祭祀程式。[②]

（三）解散封建水利组织，建立水利委员会和水利代表会

解放之后山西省水利局即提出：“大力发动群众、废除封建的水利组织与规章，建立新的水系组织与水利代表会。”1950年2月，山西省水利局颁布《山西省河系水利委员会组织通则》，统一河系水利组织名称，划分级别与领导关系以及主管业务事项和职权范围。6月山西省人民政府颁布的《山西省专、县水利委员会组织法》规定：专区水利委员会受当地专署和省水利局双重领导，并直接领导所属各县水利委员会及本区乙种河系组织，县水利委员会受县政府及专区水利委员会双重领导，并直接领导丙种河系组织。全省先后在汾河、潇河、滹沱河建立3个甲级河系水利委员会。在龙子祠、霍泉渠、通利渠、阳武河等泉源灌区和孝义、洪洞、临汾、忻县、定襄、代县、繁峙等23个县改造和建立了38个乙、丙级河系组织。为巩固水权归公，实行统一管理，在新的水利组织中推行了水利代

① 中共山西省委：《关于处理党员参加会道门组织的指示》（1949年11月20日），山西省史志研究院、山西省档案馆编：《当代山西重要文献选编》，第一册，第62—63页。

② 董晓萍、蓝克利：《不灌而治——山西四社五村水利文献与民俗》，第193页。

表会组织形式，即每50—100亩受益户中产生一名水利代表，组成灌区和县水利代表会，一切新的用水规章、水量分配、水费负担、渠工摊派等都须经过代表会讨论通过方能执行。山西省10余个县建立了水利代表会，共选出县区水利代表10000余人。① 关于渠民代表的条件，《通利渠章程·组织》中规定须是那些积极热心、大公无私、为全渠忠诚服务者。②

1952年临汾专区制定的《霍泉渠渠章·会议制度》规定：霍泉渠全渠渠民大会，每年10月召开一次，常务委员会于每年清明前、芒种前、小暑后、白露前和代表会前召开例会五次，组织群众研究决定掏渠兴工、交纳水费、浇地、调剂使水等事宜。水利小组会在每次使水浇地前，召开全组会议，研究灌溉及教育、奖励、处罚等事宜，并联系行政干部召集群众，宣布渠规、浇地方法，节省民力水量。洪洞、赵城两县政府各派水利主任，代表各县政府参加渠民代表大会及常务委员会，协同解决在各县境内浇地、水费、兴工等工作。③ 在四社五村也建立渠民代表会制度，农民选举那些敢说话、会办事、能争取到水的人做渠民代表。④

在陕西省冶峪河灌区，“解放后经过反霸、反特及土地改革，群众觉悟提高了一步，个别渠道如天津、高门、下北泗等渠，都由群众自动重新改组，但未经政府领导，改组不彻底，仍然存在着很多问题”。水利民主改革工作队来到后，“以行政（国家干部——笔者）为领导，组织冶峪河灌溉管理委员会，各渠组织分会，统一领导，彻底实行改革”，⑤ 成立了新的水利组织。

（四）整顿河道渠系，合理灌溉使水

在灌区民主改革中，山西各地创造和推广了上下游、左右岸团结灌

① 山西省史志研究院编：《山西通志》，第十卷《水利志》，中华书局1999年版，第683—684页。
② 陈振先主编：《洪洞县水利志》，第411—412页。
③ 陈振先主编：《洪洞县水利志》，第412—413页。
④ 董晓萍、蓝克利：《不灌而治——山西四社五村水利文献与民俗》，第193页。
⑤ 白尔恒、蓝克利、魏丕信：《沟洫佚闻杂录》，第149—161页。

溉的浇地合同制与先浇高地后低地、先浇青苗后白地的合理使水方法。特别是通过水利工程来改变过去不合理的用水方法。

在汾河灌区将旧社会形成的独自割据的八大冬埝（即清徐广惠埝、文水广济埝、广会埝、利轫埝、天德埝、祁县天义埝、平遥天顺埝、永济埝）改为五大埝，即广惠埝、广济埝、利轫埝、天顺埝、永济埝。这样不仅可以增浇三万亩地，而且每年可节约筑堤费七十五万斤小米，少用民工六万个。[①]

在晋中，汾河灌溉在历史上一贯沿用大水倒甲漫灌。由于土地不平，管理不善，致使地下水位上升，出现盐碱地，庄稼绝收。解放后，废除大水漫灌、倒甲漫灌，进行盐碱地改良。[②]洪洞各水利会根据各地情况进行整顿，解决了过去渠系分散、多渠灌溉、上下游争水等问题。润源渠六渠合一，统一使水。五一渠合并了三干渠等多条渠道，使汾河东岸多渠归一，打破村界，由水利会统一组织轮水，使水资源得到了充分利用。[③]

太原市郊区将原来各自引汾灌溉的36条泥渠合并为12条大渠，统一使水，扩大灌溉面积36000亩。霍泉渠、龙子祠等清水灌区废除了以上压下的固定死水程后，推行了“按棉花、稻谷的需水情况，先青苗、后白地，先棉田、后谷地”的使水方法，龙子祠由过去90天轮浇一次，缩短为27天轮浇一次，节省浇地时间三分之二。各灌区还组织发动农民平整土地，划小甲埝，增加了浇地面积。阳武河灌区将过去7、8亩以上的甲埝划分为2、3亩，由此每日平均浇地由500亩增加到700亩。平遥县将312个大甲埝划分成470个小甲埝，节省灌溉时间46小时，增加灌溉面积7700多亩。[④]

陕西省在小型水利民主改革中，修整了渠道，将渠道“截弯取直”，提高用水效率。为了节约用水，当时还调整了农作物品种。如冶峪河上游

---

① 张树德：《恢复时期和社会主义改造时期的水利建设（1949至1957年）》。

② 山西省史志研究院编：《山西通志》，第十卷《水利志》，第685页。

③ 陈振先主编：《洪洞县水利志》，第411页。

④ 员守谦：《建国初期山西的灌区民主改革》。

淳化县过去历年增开稻田，用水大增，导致下游缺水。这次水利民主改革工作组建议淳化县人民政府自 1952 年起宣传发动稻田群众以稻改棉，限制增开稻田，保证了下游用水。①

山西灌区民主改革后，不但水资源得到充分利用，灌溉面积大幅度增加，水利纠纷也逐年减少。1949 年为 286 件，1950 年减少为 231 件。晋中汾河灌区，1950 年尚发生争水纠纷 15 件，1951 年减少为 4 件。通过水利民主改革，用水农民之间也实现了团结合作。历史上“多少村庄不结亲不交友（变为）相互来往，多年嫌仇大怨，言归于好”。②用水制度合理有序，灌溉效率提高。

山西省的“灌区水利民主改革”和陕西省的“小型水利民主改革”，是中国水利史上划时代的根本性变革，这种划时代变革主要体现在如下三方面。

1. 水资源的公共性得以真正实现

由于水对人类的不可或缺性和流动性，决定了水的公共性质。《中华人民共和国土地改革法》规定水资源属于国家所有并由国家管理。通过土改山陕地区水资源实现了“山水归公”，这个“公”包括两层含义，既不但规定水资源归国家所有，还要求应由国家公权进行水利管理。这是因为要保证公平合理用水只有通过公共权力的最高代表即国家的管理才能根本实现。

水利的公共性首先体现在其所有权方面。在中国古代，人们很早就认识到水的公共性质。古人认为水是生养万物的，因而是世间至善至尊的东西。水为至善，水为天然，水牛万民，这就强调了水的公共属性。

要实现水的公共性，必须要由公共权力进行管理。当代西方学者就认为：“从传统来看，水的协调管理是一项由地方机构、国家或由二者

---

① 白尔恒、蓝克利、魏丕信：《沟洫佚闻杂录》，第 149—161 页。

② 张树德：《恢复时期和社会主义改造时期的水利建设（1949 至 1957 年）》，第 7 页。

共同负担的公共事物。”这是“由于水资源的有效管理要求必须拥有稳定、完善、擅长规划的管理机构，因此，国家作为政治组织的作用大大加强。”① 魏特夫的水理论虽然有许多缺陷，但是他提出国家统治与水利事业存在密切关系的观点却具启发性。② 冀朝鼎就认为，中国古代的大型水利事业从“一开始就起到了国家的公共职能的作用”③。

但是，历史上水利纠纷发生的根本原因恰恰就在于水的公共性质无法实现。赵世瑜就认为，古代在水利问题上，“官府处理的所有纠纷都只是在短期内保持了平衡，没过多久又烽烟再起，原因就在于对这种公共资源的产权界定问题一直没有很好的解决办法”④。

解放后人民政府宣布水利资源属于全民所有，统一由人民政府管理，使得水资源的公共性质得到保证。1950 年《中华人民共和国土地改革法》规定：“大森林、大水利工程、大荒地、大荒山、大盐田和矿山及湖、沼、河、港等，均归国家所有，由人民政府管理经营之。”“没收和征收之堰、塘等水利，可分配者应随田分配。其不宜于分配者，得由当地人民政府根据原有习惯予以民主管理。”⑤ 国家水利部当时提出：河流湖泊均为国家资源，为人民公有，应统一水政，统筹规划，统筹建设，统筹管理，互相配合。⑥ 1952 年山西临汾专区制定的《霍泉渠渠章 · 会议制度》规定：“依据土地法大纲，大河流归公的原则，水委会应直接受专区水委会领导，每月执行预决算制度，向专署汇报工作。”1952 年制定的《通利渠渠规》规定：“根据土地法大纲决定的大小水利归国家管理的原则，通利渠水利委

---

① 佩特拉 · 多布娜（强朝晖译）：《水的政治 —— 关于全球治理的政治理论、实践与批判》，社会科学文献出版社 2011 年版，第 2 页。

② ウィットフォーゲル（平野義太郎監訳）：『解体過程にある支那の経済と社会』（下巻）、中央公論社 1937 年版，第 2 章。

③ 冀朝鼎（朱诗鳌译）：《中国历史上的基本经济区与水利事业的发展》，中国社会科学出版社 1981 年版，第 61 页。

④ 赵世瑜：《分水之争：公共资源与乡土社会的权力和象征 —— 以明清山西汾水流域的若干案例为中心》。

⑤ 于建嵘主编：《中国农民问题研究资料汇编》，第一卷下册，第 1044 页。

⑥ 陈振先主编：《洪洞县水利志》，第 411 页。

员会应直接由专署水委会领导，其人员编制、经费开支、工程计划，均经过专署审查批准，并得每月向专署水委会汇报工作。”[1]确立了水资源国家所有和由政府管理水利的原则。

在陕西清浊河灌区，水利机构也由人民政府管理。由此“加强了水利干部与行政干部的联系，消除了行政与水利以前的部分脱节现象”[2]。《清浊河灌溉管理组织规程草案》中规定“灌委会由咸阳专署，三原、泾阳两县政府，灌区区公所，民主人士（各渠民选之代表），管理处合组之”[3]。实现了国家政权对灌区水利的统一管理。

2. 公共权力真正延伸到水利社会的最基层

水利资源公共性的真正实现，还要求公共权力能够延伸到水利社会的末端并对基层水利组织进行改组。中国古代水利史证明，虽然国家兴修水利并也进行一些管理，但是由于国家公权没有延伸到水利社会最基层，使得水利纠纷得不到彻底解决。

行龙指出，在清代晋水流域，官府几次大力整顿水利秩序，但是均不能彻底解决种种弊端，虽然“官府所做的努力似乎已达到了极限”。“相反，用水弊端经过一段时间的蛰伏以后，重新以更大的势头出现，成为贯穿于清一代地方水利事物之中的‘恶瘤’。”[4]根据土改时期调查，“山西郭县一区有阳武河水利，共灌溉 17 村，旧日因争水利常肇人命。相传曾由北京朝廷派大员调处规定，各村立有石碑，但极不公平。如有些村土地少，每月能使水两日，有些地多村仅每月使水一日”[5]。其根本原因是由于封建特权、等级制度和利益集团在水利基层社会发挥着作用。

近代水利家李仪祉曾总结中国水案发生原因时说：“中国民间水利大

① 陈振先主编：《洪洞县水利志》，第 412—413 页。
② 白尔恒、蓝克利、魏丕信：《沟洫佚闻杂录》，第 151 页。
③ 白尔恒、蓝克利、魏丕信：《沟洫佚闻杂录》，第 168 页。
④ 行龙：《以水为中心的晋水流域》，第 21 页。
⑤ 《谭政文同志关于山西郭县召开土地改革代表会议情况的报告》，于建嵘主编：《中国农民问题研究资料汇编》，第一卷下册，第 812 页。

抵由地方官吏代为兴设，成立后即交人民自管，亦有组织而颇不健全，以致工程废弛，水利日微，甚至全废，如此类者其例甚多。其尤存焉者，则亦不知改良，争水、霸水、偷水，纠纷甚多。”[①] 国家权力的缺位是造成水争的原因。张俊峰从历史上长期存在的洪（洞）赵（城）“三七分水”争端的分析中就认为，由于自然界变化和灌溉面积的变迁，“三七分水”已经无法保障“均水”的实行，但正是由于官府的消极、不作为，始终勉强维护这一制度才造成了水利争端的长期无法解决。[②] 魏丕信曾提出中国古代王朝治水动态的三阶段论，即在王朝初期大规模兴修水利，中期则成为水利争议的仲裁者，到了后期王朝的干预能力下降，一个王朝也就衰落了。[③] 国家公共权力的衰落，也是造成水争的重要原因。

封建时代国家权力在用水秩序上虽然有“均水”原则，但是在私有制和等级社会中，这种原则很难实现，官府只能提倡用水者之间“相互忍让”。对于民间依靠特权、武力获得的水权，封建国家一般是采取消极、息事宁人的“依旧制”态度，对民间习惯一般是加以认可或默许。这是由于古代国家从其治理态度和能力上不可能制定出能完全贯彻其“均水”理念的法律规范体系。对于中国封建王朝的治国态度，劳思光有精辟见解，他认为：“就政府的任务说，政府似乎只有消极任务。传统观念以为，社会之发展不必由政府推动；政府之任务只是维持秩序，使天下安定。”这是因为“一方面，君主及其政府拥有绝对权力，另一方面，这种权力的使用范围却非常有限”。这样一来“社会经济活动，基本上听其自然发展，政府只注意维持公平，防止财富集中，不扰乱民生，不加重人民负担等等”。[④]

通过土地改革，新中国基层社会的权力结构进行了根本改造，公共权力控制到社会基层，水利管理也完全纳入到公权的控制之下。1950 年 7

① 李仪祉：《李仪祉水利论著选辑》，水利电力出版社 1988 年版，第 612 页。
② 张俊峰：《水利社会的类型 —— 明清以来洪洞水利与乡村社会变迁》，第 65—70 页。
③ 魏丕信（魏幼红译）：《水利基础设施管理中的国家干预 —— 以中华帝国晚期的湖北省为例》，陈锋主编：《明清以来长江流域社会发展史论》，武汉大学出版社 2006 年版。
④ 劳思光：《中国文化要义新编》，（香港）中文大学出版社 2009 年版，第 164、213 页。

月，国家农业部、水利部联合发出《关于灌溉管理的联合指示》，要求建立健全灌溉管理机构和配备专职干部，加强和制定用水程序及水量分配。1949年9月1日，山西省人民政府《第一次委员会扩大会议决议》中提出要健全水利机构，扩大水利。[①]1951年3月，山西省人民政府发出《关于春季水利工作的指示》要求："在春浇中，应严肃批判'群众会浇地，不需要领导'的自发论调，加强浇地具体领导，组织河系与行政干部，跟水行浇，以期开展全面的春浇运动。"[②]政府认真担负起管理水利的责任。

1947年，山西临汾、赵城和洪洞等县解放后，人民政府结合土改废除了旧的渠道管理机构和渠规。1948年，临汾专署成立临洪赵通利渠水利委员会，上属专署水利委员会领导，主任由专署委派。1949年3月3日，洪洞县一区、赵城县二区共同召开南霍渠渠民代表大会，废除了旧的渠规渠册，制定了新的使水办法和渠规。该渠水利委员会由选举产生的4名渠民代表与洪洞一区区长、赵城县二区区长和专署的科长7人组成，专署的科长为主任委员。[③]

1952年制定的《通利渠渠规》规定：临汾、洪洞和赵城三县政府各派水委会主任代表各政府参加渠民代表大会及常务委员会，协同帮助解决在各县境内所发生的与本渠有关的一切困难问题。关于各村水利组与村人代会的关系，新渠规规定，各村水利组，须归人代会生产委员或生产主任领导之，对各该村的兴夫、水费、浇地等事宜，应取得密切联系，如遇到困难及发生问题由人代会负责解决之。[④]这样，从灌区最高的渠民大会到村落中的水利组，其渠务完全纳入人民政府的有效领导之下。

1949年到1950年之间，在新的通利渠水利委员会产生之后，曾发生了群众围攻水委会事件，其原因是该渠水委会内部分歧及其"封建残余思想"影响。在出现纠纷后，该渠水委会继续用过去靠请客解决问题的办

① 山西省史志研究院、山西省档案馆编：《当代山西重要文献选编》，第一册，第24页。
② 山西省史志研究院、山西省档案馆编：《当代山西重要文献选编》，第一册，第349页。
③ 陈振先主编：《洪洞县水利志》，第29、407页。
④ 陈振先主编：《洪洞县水利志》，第412—413页。

法，并沿袭过去不分水地等级一律按地亩起派的“封建传统”。这当然引起经过了土改的群众不满。最后由临汾专署出面解决并调整了水委会主要干部。这个事件及其解决过程说明经过土改之后，政府对于水利的管理方法也必须要随之彻底改变。张俊峰认为：“由于代表国家的水委会的全面介入，改变了地方社会长期以来形成的权利分配格局，以资源配置不平衡、运行效率低下为特征的传统水利秩序，在生产资料所有制发生巨大变化的条件下，体现出一种截然相反的社会运行特征。”[①] 正是由于国家权力的强行介入，才保证了在基层水利社会中“公平”的完全实现。

在陕西清浊河灌区，由政府组成的灌委会代表国家对水资源进行管理。灌委分会由该渠“灌区内乡政府乡长参加，灌委会的代表、渠长（原系分会长）斗长合组之”。“分会主任委员由灌区地亩较多者该乡乡长担任，其余乡长为副。”政府要求“所有行水人员（渠长、斗长）和队长、代表等，均由管理处结合行政领导，在用水农民中选举作风正派，热心公益，有民主觉悟、有办事能力的人担任之”。[②] 政府权力介入到最基层的水利组织之中。

3. 传统的水利共同体利益区分被打破

水的公共特性和对其管理的公共事物性皆要求所有利用水资源的人们必须能够团结与协作。但是，在解放前即使是使用同一水系的人们也是按照地域、村庄、渠岸等划分为不同的用水利益集团即水利共同体。在水利资源的利用上存在着上游与下游、左岸与右岸、大村与小村、豪族与百姓之间权益上的对立与区别。而土地改革则是以阶级划分取代了传统水利利益共同体的不平等区分。土改中有一个响亮的口号就是“天下农民是一家”。这本来是动员广大农民团结一致对地主劣绅开展斗争的口号。在水利民主改革中也提这一口号，是要在斗倒少数掌握水权的水霸后，号召所

① 张俊峰：《水利社会的类型——明清以来洪洞水利与乡村社会变迁》，第 193 页。
② 白尔恒、蓝克利、魏丕信：《沟洫佚闻杂录》，第 168 页。

有用水农民团结一致，强调大家都是农民（阶级）兄弟，应互相帮助、合理用水。1949年11月，山西省委在《关于执行华北局“新区土改决定”的指示》中，提出要“十分注意农民团结问题”，“须强调从思想上、政治上划清农民与地主的界限”，“从而使农民完全了解‘天下农民是一家’大道理”。[①]

通过土改进行阶级划分，使得那些前近代将人们划分出的地域、身份、血缘和信仰上的各种差别消失，代之以人民群众和剥削阶级的根本划分，这就为打破旧有不合理的传统水权区分提供了社会基础，成为了人民政府（山西省水利局）提出的“统一管理，统一使水，水归公有，水尽其用”[②]方针得以实现的新的社会基础。在陕西省清浊河灌区，通过民主改革，“推翻了封建的与私有买卖权的不合理用水制度，建立了合理的按作物按成给水方法，消除了过去上下游群众因用水产生的成见与对立，达到了农民是一家的思想”[③]。

在前近代社会中，阶级虽然存在，但是却被地域、血缘、宗教以及特权等关系所掩盖。只有通过中共领导的土地改革，农民的阶级意识与阶级划分才能清晰起来。在水利问题上，过去的封建时代的阶级关系是被一种水利共同体的公共性所包容。而阶级意识的形成则需要无产阶级政党的教育启发。

封建时代的水利纠纷一般是在上下游、左右岸、村庄甚至宗族等形式的水利共同体之间展开。行龙就指出，在清代晋水流域，“水权的不平等占有多造成流域内有水村庄与缺水村庄间的争水纠纷”[④]。而在这种水利共同体内部其实权又是由少数头面人物掌握。其实，在水利共同体内部掌握水权的特权人物与农民之间除了公共事务上的领导关系之外，也存在着阶级统治的关系。这是由于过去中国农村的权力结构是将政治性的统治与

① 山西省委：《关于执行华北局“新区土改决定”的指示》（1949年11月25日），山西省史志研究院、山西省档案馆编：《当代山西重要文献选编》，第一册，第69—70页。

② 陈振先主编：《洪洞县水利志》，第411页。

③ 白尔恒、蓝克利、魏丕信：《沟洫佚闻杂录》，第149—161页。

④ 行龙：《以水为中心的晋水流域》，第19页。

共同体性质的公共事务管理合为一体的。正像日本学者内山雅生所指出的那样，在村落内存在着“双重的统治结构”。因为在村落中仅仅依靠赤裸裸的暴力机关是不能完全维持其统治的，这种暴力统治往往要裹上一层有多数村民参加的集体性的“共同合作事业”的外衣，正是由于得到来自村民的共同合作关系而存在的所谓认同，权力才能够发挥其作用。[①] 村落统治集团把政治统治与对共同体性质合作事业的管理，以及把利用生产手段（包括水权）的占有而实行的剥削与对社区公共财产（水资源）的管理而得到的利益巧妙地混同起来。毛泽东在农村调查中曾提出“公共地主”的概念，包括有“祖宗地主”、“神道地主”和“政治地主”等。[②] 这就说明了前近代的阶级统治与阶级剥削往往带有血缘、地缘和信仰上的色彩。

在前近代社会里进行阶级划分，必须要有无产阶级政党的教育启发。土地改革中阶级与剥削、阶级与政权等观念的灌输，导致了农民阶级意识的形成。正如卢卡奇所指出的那样：“阶级意识与历史的关系在前资本主义时期是完全不同于资本主义时期的。这是因为在前资本主义时期，阶级只能根据历史唯物主义对历史的解释从直接既定的、历史的现实中推论出来，而在资本主义时期，阶级就是这一直接的历史的历史现实本身。”因为，“对于前资本主义时代，以及对于其生活的经济基础还是属于前资本主义时代的资本主义许多阶层的行为来说，他们的阶级意识就其本质而言既不可能具有一种十分清晰的形式，也不可能有意识地对历史事件发生影响。这首先是因为在任何一个前资本主义社会中，阶级利益绝不可能以十分清晰的（经济）的形式表现出来，这是任何一个这一类社会的本质使然，社会结构分为等级、阶层等，随之而来的是在社会的客观经济结构中，经济的因素和政治的、宗教的等等因素不可分割地结合在一起”。[③] 这就正如列宁在《怎么办？》中提出的那样，无产阶级政党的阶级意识灌输十分必要。

---

① 内山雅生：『現代中国農村と「共同体」—転換期中国華北農村における社会構造と農民』、御茶の水書房 2003 年版、68 頁。

② 中共中央文献研究室编：《毛泽东农村调查文集》，第 106—112 页。

③ 卢卡奇（杜章智等译）：《历史与阶级意识》，商务印书馆 2012 年版，第 114—117 页。

解放前的水利共同体内部存在着阶级剥削关系，但是这种关系往往为水利公共事物所掩盖。正是通过土地改革，农民们才意识到这种阶级关系。“阶级划分和斗争会的召开，使乡村人明白了每个人的政治身份。人与人之间的关系也由之前的乡里乡亲，转变为充满政治意味的阶级关系。”[①] 在水利民主改革过程中，通过这种新的阶级划分，使得上下游、左右岸、大小村之间的水利共同体区分和意识被削弱，代之而起的是天下农民一家人，都是阶级兄弟，这就为整个灌区和水系从整体上合理统一用水提供了社会基础。

1951 年在山西省绛县曾发生三宋庄 200 多人荷枪扛锹，深更半夜包围冷口村打伤 13 人的事件。对于这场水利纠纷，省、专区和县组织专门小组，亲临肇事地点，“本着长期全面精神，以小利服从大利，同时照顾小利的历史合法权益的原则”，协商处理。“在天下农民一家人的观点下，对农民的片面本位思想做具体说服教育，对地方封建残余从中把持或者敌伪分子唆使，彻底揭露。”[②] 事情从而得到圆满解决。可以说，正是土地改革中所树立起的阶级论观念，才成为打破农民传统水利共同体利益划分意识的最有力武器。

四、小　结

本章所议内容涉及水利史和土地改革史两个方面，站在水利民主改革的这个制高点上，我们可以对于近年的水利史研究以及对于土地改革的评价重新进行一些思考。

近年的水利社会史研究重点在历史水权、水利共同体和水利社会意

---

① 满永：《政治与生活：土地改革中的革命日常化——以皖西北临泉县为中心的考察》，《开放时代》2010 年第 3 期。

② 张树德：《恢复时期和社会主义改造时期的水利建设（1949 至 1957 年）》。

识[①]，其问题意识大多是从水争的发生及其解决机制来探讨国家与社会的关系。一些研究为了强调水利社会的自律性，往往将传统的水利组织、惯例和习俗描写成秩序井然，祥和安宁。另一方面，对于官府的断案，一般根据水利碑文或官方记载，认为就此会万事大吉。但是，不论是官方记载还是地方精英的传说，对于水利社会中最底层即水利共同体内部的种种不合理的剥削关系往往注意不多。还有就是在恢复水利文化民俗传统时对于一些属于糟粕性的东西以及铺张浪费不加批判，均视为文化传统。

从土改中所揭示出来的封建水利制度种种不合理现象，我们可以多视角从总体把握封建社会的本质。近年来在对土地改革的研究中，重点在诉苦斗争、参军动员和扩大化问题上，强调阶级斗争的方面[②]，对于土改给予封建制度的根本否定和对生产力的解放则关注较少。而水利民主改革，破除封建水规，实现了公平合理用水，大大促进了农业生产力发展，这同样是土改的一个重要方面，不可忽视。诚然，正如近年有人所揭示的那样，由于解放以后一个时期大搞阶级斗争，在对解放前农村阶级斗争状况的描述上有人为夸大的情况。由此，对于土改的目的和必要性提出疑问。但是，解放前的剥削和种种不合理也是确实存在的，应当全面认识。

① 参见张俊峰：《水利社会的类型——明清以来洪洞水利与乡村社会变迁》。

② 参见李放春：《“华北难题”与土改“阶级斗争”——评胡素珊的“统治阶级论”》，《近代史研究》2013 年第 2 期。

第八章　从水权看国家与村落社会的关系

“国家与社会”的关系问题本来是研究近代市民社会的一种基本理论。但是，近年的历史学研究中也出现了运用“国家与社会”的研究框架进行分析的取向。这种研究的意义在于对以往那种自上而下单向性“国家”范式和特定地域社会范围封闭性研究进行批判的基础上，把社会和市民社会的观念引入到对“国家”的认识之上，同时又把“国家”引入到社会文化研究之中，在分析农村公共生活、权力与权威和民间宗教等问题时开始考虑到了国家权力与社会的互动关系。[①] 本文试图通过对水权问题的研究，揭示中国国家与村落社会关系的一个侧面。

水权的核心是水的所有权问题，即水是属于谁所有的。在笔者的经验中有两个完全相对的事实。一个是在北京举办 2008 年奥运会的时候，为了确保北京市的用水，国家对于流入北京市河水上游的河北省的一些农村的用水实行严格控制，世代居住在河边水坝附近的农民被禁止引水灌溉，连生活用水也受到限制。由此可见，在水资源的分配管理上国家拥有绝对的权力。但是，另一个事实是在山西省洪洞县和霍州市交界的沙窝水源地区，至少从明代开始，四社五村这个民间水利组织就对水源进行严格的管理，他们认为这里的泉水就是属于他们的。而国家的地方水利行政机关并没有积极和坚决地介入这个水源地的管理，在兴建水利设施时还要与四社五村进行协商。水究竟是国家的还是村落的，国家在对于水权的行使

① 参见邓正来：《国家与社会——中国市民社会研究》，北京大学出版社 2008 年版，第 164—165 页。

上有没有受到什么限制呢？

本文首先对水权的概念做一个整理。在现代中国对于水权的含义有四种观点，即“一权说”，认为水权就是指水资源的使用权。“二权说”，水权包括水资源的所有权和使用权。“三权说”，认为水权包括水资源的所有权、经营权和使用权。“四权说”，认为水权的内容包括了水资源的所有权、占有权、管理权和使用权。[①]在水权的诸项权利中，所有权是最关键的，对于水资源的利用、管理以及解决水利争端时，水的所有权是最重要的因素。按照近代民法的解释，所有权就是对于物的自由使用、收益和处分的物权，也就是对于物的全面支配权利，这是物权中最有力的权利。但是，我们必须认识到，自由的所有权的确立是近代以后的事情，直到法国大革命之后，近代所有权观念才得到公认，而在前近代，无论东方还是西方对于物特别是对于像土地和水这样的东西，几乎不存在某个人或集团对于其的全面支配权。这是历史研究中，对于所有权等物权概念使用时必须注意的地方。

伴随着近代物权观念的出现，水权观念也逐步形成。在西方，19世纪英国河岸权得到法律的承认，按照这种法律，河水流过的土地的所有者拥有这里的水权。这种水权是依据土地的所有权而发生变动。西班牙则是依据罗马法的先取原则，对于水资源最早开发和利用的人拥有优先权。

在古代中国就有许多关于水资源和水利方面的法令，例如汉代的《水令》、唐代的《水部式》和宋代的《农田水利约束》，这些法令主要是关于水资源使用上的规则和赏罚的内容，但是对于水权问题几乎没有涉及。这是因为在那时关于水权的意识是多重和模糊的。这里既认为水是属于国家也就是皇帝所有的，又把水资源作为一种公共资源，既承认个人对于水资源的占有，又强调其“公”的性质。对于水资源的开发和利用主要依靠历史上长期形成的习惯和规约，当然这些习惯和规约是在先取原则、暴力和交换等多重因素的影响下形成的。不过这种习惯和规约并不是安定

---

① 高而坤主编：《中国水权制度建设》，中国水利水电出版社2007年版，第6页。

和完善的，经常会发生水争，这时就一定要诉诸政府，要求判决，而政府在做出判决时往往首先要尊重旧习，引用惯例，或者依据公平原则重新厘定。但是，这时政府是出于水权所有者还是仅仅作为一种代表国家的公权所进行的判决，往往是十分模糊的。

20世纪40年代民国政府制定的中国近代第一部《水利法》虽然对于水利行政进行了详细规定，确认了国家在水资源管理上的权威作用，但是对于水资源的国家所有并没有明确的条文规定。现代中国的《水法》以及《宪法》和《物权法》等对于水资源的国家所有有了明确规定，但同时承认农村集体对于水利设施的管理权和水资源的无偿使用权。但是，就像本文前面提到的两个事例那样，对于水权问题，即水权的真正所有者问题，并没有完全解决，这意味着国家与村落之间在水权划分上依然存在不清晰的地方。

一、“王土王民”观念和“以水随地”原则

在中国古代关于水权的认识同时存在着“王土王民”和“以水随地”两种观念，特别在水争发生时究竟按照哪种认识去解决，并不是一定的。“王土王民”观念认为水资源是属于国家也就是皇帝的，皇帝拥有对于土地和水资源的最高处置权，但是皇帝要以“均”和“公”的原则处理。按照这种思路，解决水争的最高权威在于国家行政机关，并且水资源的公用性也得到合理解释。另一方面，“以水随地”原则却认为水的利用和支配是与土地联系在一起的，只有土地的所有者才是流经这里的水资源的所有者。

中国古代的水权观念的最终法理性解释是基于“王土王民”观念的，按照这种观点，天下所有的土地和人民都被编入到以皇帝为顶点的统治秩序之中，“溥天之下，莫非王土，率土之滨，莫非王臣”。皇帝对于所有土地和臣民具有绝对支配权力。

但是，上古以来，中国的私有制和家庭经营就已经产生，私有物权观念发达。所以就有人认为所谓的“王土王民”观念只不过是一种表现王权意识和原则的空乏说法，在实际社会生活中没有什么实际意义。近年，岸本美绪对于传统的“王土王民”观念的作用做了一个整理，她认为，在中国整个帝政时代，“王土王民”观念至少在理念上是一贯存在的，“王土思想，如果从君主自身的权利的观点来看，可以说是毫无意义的非现实的议论。但是，在对于中国阻止私的所有权出现绝对化，对于私的所有权进行掣肘的各种惯例特别是防止社会问题发生的方面，的确又是与王土观念相关联的”。①

古代中国人的所有观念是从对于天的信仰产生的。“天下”的一切都是属于上天的。关于上天的支配者“上帝”的观念，至少在商代就已经出现，经过了孔孟时代，这种观念一方面向天的宇宙论方面发展，另一方面作为上帝崇拜的、民间宗教则普及开来。② 在天下，代表天的是天子，也就是皇帝，而且皇帝治理天下要处以公心。这里就把“天下”与“公”联系在一起了，天下的东西要体现公用。正如汉书中所说：“天下乃皇天之天下也。陛下上为皇天子，下为黎庶父母，为天牧养元元，视之当如一，合尸鸠之诗。” ③ 按照郑玄的解释尸鸠之诗是“喻人君之德，当均一于天下”。《唐六典》也说：“天下山泽之利当归王者。”归于王者，实际上是要求体现山泽的公用性质。

这种王土观念并不仅仅限于官方文书，实际上在中国民间也是深深扎根的。20 世纪 40 年代，满铁华北农村调查时，调查员与农民有过这样一段问答，就很能说明问题。

问：“土地究竟是谁的？”

答：“这是国家的东西，因为是人们借来使用的，所以要交田赋。”

---

① 岸本美緒：「土地を売ること、人を売ること」、三浦徹他编：『比較史のアジア　所有・契約・市場・公正』、東京大学出版会 2004 年版、26、38 頁。

② 渡辺欣雄：『漢民族の宗教—社会人類学的研究』、第一書房 1991 年版、65—69 頁。

③ 《汉书》卷 72《本传》。

问：“土地是国家的，但是雨水落在地上，这就成为了民有的吧。”

答：“不是，两个都是国家的。”

问：“土地的上层世代耕种，撒下肥料，这部分是个人的，下层的是国家的，有没有这种想法。”

答：“上下都是国家的。”并且，“（地下）水来自四面八方，不只是原来土地下面的。因为土地也是国家的东西，一个人不能肆意独占。”①

就这样“王土王民”的观念已经深深扎根在民众之中，成为中国传统专制王权统治的政治文化基础。这样对于水争的处理也就体现在这两个方面，即第一，国家对于水权拥有最高的裁判权，国家的权威性得到体现。另一方面，国家要按照最大的公共利益原则处置，水的公用性得以维护。我们从以下几个例子就可以看到这种情况。

首先是山西省临汾一带的一个传说。有一年，临汾县和襄陵县之间围绕平水泉的灌溉问题发生纠纷，官司打到镇台府。在大堂上，临汾人认为平水泉的水源发自临汾，所以主张说：“山乃临山，水乃临水，襄何能用之。”对此，襄陵人反驳说：“山乃国山，水乃国水，为何不能用。”结果镇台府做出判决，襄陵也可以使用平水泉灌溉。②因为水是国家的谁都可以使用。

在山西霍州和洪洞的四社五村，关于杜庄泉有一个与皇帝相关的传说。李世民太原起兵，第一仗就在霍州一带，当时他的马打了一个滚，打到杜庄，弄成一个坑，那水就流到了杜庄。③这个传说还有石碑为证，并且成为水权裁判的一个根据。例如《民国十四年杜庄村淼波碑记》中也记述道：杜壁村樊清秀任意开垦扩大土地，要堵塞泉水，杜庄村长上告霍县公署，主张说：“如我杜庄村食水之马跑泉源出于杜壁、东城两村之间，自唐帝恩赐以来，人所共知。”④即使在民国时期也承认此泉乃皇帝赐与的

---

① 中国農村慣行調查刊行会编：『中国農村慣行調查』、岩波書店 1956 年版，第 5 卷 298 頁。

② 段友文：《黄河中下游家族村落民俗与社会现代化》，第 571 页。

③ 董晓萍、蓝克利：《不灌而治——山西四社五村水利文献与民俗》，第 159 页。

④ 董晓萍、蓝克利：《不灌而治——山西四社五村水利文献与民俗》，第 372 页。

正统性。县公署判决樊只拥有原来地契所标示的范围，新垦土地交还出来，为了不影响泉水水路，还规定："契内载至小道出入地中，先以骡马小路而走勿用车行，以符旧式。"①

但是，自古以来在实际村落现实生活中，水资源并不都是作为一种"公器"而为公共使用的，水资源的使用实际上大多是依据"以水随地"原则进行的。这样水权问题又与地权问题联系起来，那么，中国古代的地权究竟是一种什么形态呢？本文在此只是简单提及，因为中国古代地权与水权具有类似的性质。

关于中国古代地权的性质，在日本曾经有过争论。戒能通孝认为中国古代的土地所有权是一种抽象（观念）性的、私有的并且是无制约的个人财产权，这种所有权的属性与近代法是相近的。但是，森田成满则认为，统一的官僚支配体制、自由买卖被允许的经济秩序、具有法人资格者的相互对等，在这些方面清代社会与现代社会有类似的地方。但是，与现代法不同的方面是很多的。例如，反映在主体人格的差异，就会对所有权的主体进行制约，作为客体也被削减了的土地权能，等等。②

按照靳相木的研究，中国古代的土地私有权是与皇权一同产生的。自商鞅变法、秦国推行郡县制以来，国家直接掌握土地和赋役，并且把土地颁给自由民。皇权拥有对土地的最高支配权，土地私有在皇权之下得到承认。土地可以自由买卖，这就必然出现土地的集中和兼并。所以在中国封建社会前期，皇权在地权上的主要职能就是治理土地的过度兼并。但到封建社会后期，皇权对于地权的管理从以行政手段直接干预地权和土地资源配置，改变为通过赋役制度从"税人"向"税地"改革，通过经济手段缓解土地兼并。皇权逐渐从土地私有权中"撤出"。所以，在中国古代，"皇权与土地私有权的边界越不清晰，土地私有制的传统也就越强"。③

那么，伴随着这种皇权与土地私有权关系的演变，在水权问题上发

---

① 董晓萍、蓝克利：《不灌而治——山西四社五村水利文献与民俗》，第373页。

② 森田成満：『清代土地所有権法研究』、勁草出版サービスセンター1984年版、171頁。

③ 靳相木：《中国乡村地权变迁的法经济学研究》，中国社会科学出版社2005年版，第69—81页。

生什么变化呢？这主要就是“以水随地”原则的出现。国家不再主要动用行政手段干预水权，而是在尊重旧有水规的同时，通过实行“以水随地”原则，把水权与地权绑在一起，这样，像地权的私人所有权逐步明晰的趋势一样，水权的私有属性也得到强化。

山西河津县僧楼镇明代《水利碑》和绛县清代《续鲁晋峪分水碑记》中，就确认了靠近河岸的田地享有灌溉用水权，其权利经官府备案予以承认和规范。[①] 明代万历十六年（1588）的山西《介休水利规条》明确规定了“以水随地”原则。该碑文指出：“议谓自宋迄今，数百年来时异势殊，利弊相寻，欲将查出有地无水，原系水地而从来不得使水者，悉均与水程。有水无地，或原系平坡碱地窜改水程，或无地可浇甚而卖水者，尽为改正厘革，惟以勘明地粮为则。”“该县官锐意更正，以水即归之地，而名水地者，即得用水，使昔之卖地不卖水，卖水不卖地者，无所容其奸焉。”[②] 介休知县王一魁的这一重大改革得到汾州知州、山西左参政分守冀南道、巡按御使及都察院右副都御史的批准。把水权与地权合而为一，使得官府对于水权的管理活动大为简单化，民间争水纠纷也有所减少，同时还保证了田赋的增加。这其实是国家在水权上的“撤退”，同时也就意味着私人水权的扩大。在小范围内，国家直接介入水争的行为减少。

二、“拥挤的车厢”模式和“捞油钱”传说

“王土王民”观念实际上是在保证水资源的公共性，但是在实际的水资源利用上的非公共性随处可见，也就是水资源往往被一些人或集团通过强力所占有。在水资源的利用上一直存在着强力者自行霸占，与公共性相对抗的情况。那么，国家权力是如何维持用水秩序的呢？

---

① 行龙主编：《环境史视野下的近代山西社会》，第169页。

② 黄竹三、冯俊杰编著：《洪洞县介休水利碑刻辑录》，中华书局2003年版，第163页。

国家权力对于用水秩序的维持原则可以借鉴寺田浩明关于中国明清时代法秩序的“拥挤的车厢”模式来解释。寺田在分析中国明清时代的法秩序时，提出了一个“拥挤的车厢”模式。他说，在拥挤的车厢中，当边上的人挤过来时，采取什么行为是恰当的呢？或者说在拥挤的车厢中自己应该占有的空间是多大才合适呢？在一般的情况下，人们首先是受动的，对于旁边拥挤过来的相互礼让，自己里边的人又给自己让出一些地方。这是一般的社会公理。车厢内的所有人员即使并不是占有完全相同的空间，但是谁也没有说出不满，这就是一种秩序。当然，这种秩序并不是不变的，当下一站时，又有人挤上来，大家又互相拥挤，相互让出空间，然后使得大家都能上来。

寺田认为明清时代的法秩序就像在拥挤的电车中一样，在硬性固定的权利秩序当中包含着许多不确定的部分。这种权利秩序可以说是一种主观的利益主张者之间通过“相互忍让”而达成一种主观上均衡的、相互容忍的相对安定状态，实际上每个人占有的绝对空间是不均衡的。明清时代民事秩序中的基本原理，无论是社会方面还是国家方面，都是基于这种“拥挤的车厢”原理。在这个时代的《六论》、《教民榜文》、《圣谕广训》等国家制定的文件中，主要就是禁止“恃强凌弱”行为，号召互谦互让的内容。[①]

在山西的旱作地带，国家对于水资源的分配就是基于“拥挤的车厢”原理。《平阳府重修平水泉上宫（官？——笔者）川记》中记述了这样一件争水的故事。过去，平水的水源是通过12宫河来分水灌溉的。第一支流叫上宫河，东流灌溉36村、2万亩土地。但是经过多年水月，上宫河河道淤积，河水改流，向南注入上中河。为此，上宫河和上中河流域的农民围绕水流问题打官司。平阳府王太守是这样断案的。他说：“上中河者，私也。上宫河者，公也。上宫河博而远，上中河狭而近。不法不德，则守

① 寺田浩明：「満員電車のモデル—明清期の社会理解と秩序形成—」、今井弘道他編：『変容するアジアの法と哲学』、有斐閣1999年版。

不坚，法则民畏而讼平，德则民化而讼息。”为此，他判决如下，首先疏浚上宫河，使之能够继续灌溉。其次，给上中河定期分水，使得他们也能得到一些水源。两方都得到利益。这个王太守还总结出自己的执政理念，这就是：“政在善俗，俗先礼让，礼让之兴，在闾里田桑鸡豚之间。”[①] 王太守断案，并不是完全依据旧的习惯水规如何，而是根据相互忍让的原则，尽量使得更多农田得到灌溉。

这种强调相互忍让的理念在山西的许多分水碑文中得到体现，以往我们过多地重视政府在分水中的判决结果，而对于其执政理念和基本判案原则重视不够。《清乾隆三十一年孔涧村让刘家庄水利碑》中这样说道：“从来有无相济，仁者之心也。故己有余则不忍坐视人之不足，凡物皆然，何独至于水而疑之。”孔涧村决定每月给刘家庄让水 4 日。“是举也，有无相济，孔涧村不至有余，刘家庄不至不足，庶几仁让之风再见于今矣。”[②]《清道光七年南李庄村坡池碑》的碑文中讲述道，该村原有一水池，但是由于后来人口增加，用水不足，欲再凿一池，但是缺乏用地，有两户村民无偿提供土地用于建水池，该碑记述了这件事。碑文中说：“民非水不生活，而水转为民之利。惟其利也，足则昏暮求之，无弗与不足。且多取之，而恐后纵，可知水之为物也，虽其细已甚，足与不足，人情之厚薄，风俗之美恶，胥于是乎寓焉。”工程完工之后，“上下取水，各从其便，居然仁让之风也。因刻石志美，永垂不朽云。”[③] 前面提到的介休知县王一魁在制定“以水随地”原则时就说道：“谓昔时水之所至，地既灌之，今豪强之徒视为利薮，往往多垄断谋。”实行“以水随地”即可让豪强“无所施其狡侩，宁不贫富相安，争夺可息耶”。[④]

其实，现代中国在水资源利用上依然坚持这种“拥挤的车厢”原则，不过其关键词成为了“统一”，就是要把各种利益关系“统一”起来，互

① 段友文：《黄河中下游家族村落民俗与社会现代化》，第 577—578 页。
② 董晓萍、蓝克利：《不灌而治 —— 山西四社五村水利文献与民俗》，第 101 页。
③ 董晓萍、蓝克利：《不灌而治 —— 山西四社五村水利文献与民俗》，第 109 页。
④ 黄竹三、冯俊杰编著：《洪洞县介休水利碑刻辑录》，第 170 页。

相兼顾。例如，新中国建立后第一个地方性水利法规《山西省水资源管理条例》中规定，在各个行政级别建立水利委员会，“对当地水资源进行统一管理，统一分配，协调和解决用水矛盾”。还规定：“各级水资源主管部门，应统一安排地表水和地下水资源的利用，妥善处理需要与可能，当前与长远，局部与全局，上游与下游，以及各部门、各地区之间的关系，充分利用水资源，保护和改善生态环境。”[①] 这种统一和协调就是为了最大限度地维护水资源的公共性，兼顾到各方的利益。

但是，在村落社会之中依然存在与公共性原理所对抗的实力原则，谁厉害谁就多占有水资源。以山西省四社五村为例，在四社之中首社仇池社最有权威，仇池社地处水源的最下游，按说在用水上没有太多发言权，但是，仇池社为了保证自己的生命之水，在水争时最敢豁出性命，经过反反复复的暴力性决斗，使得该社在四社五村中发言权最大。最可怜的是沙窝村，离水源最近，但是用水权被限定，旱时用水“只可瓢舀，不能桶盛”[②]。即使在“文革”时期，有一年沙窝村就近挖泉，仇池社社首董步云带百余人上山打架，予以制止，后来又按祖规惩罚该村。[③] 对于为什么仇池社能成为首社，仇池社原社首董步云说：“听的传说呢，历史上我们社就是首社，我们村子大、人多、说话也算数，也有人力，也有物力，可能也敢打。我们村在魏国时期就是勇敢城嘛，是个城池，很早，五千年前就住着人哩。”[④] 义旺社原副社首杨小平也承认说：“老大一个是势力大，一个是打死的人多。”“老大毕竟是老大，任何时候都是老大。人家就是大祭主，要祭的时候，就必须下事人家。拜龙王么，就是老大先上么。我们只能在后面，我们是老三，就是老三。”[⑤] 可见，通过暴力也可以形成一种秩序。

---

① 《山西省水资源管理条例》第二章第五条（五）、第三章第十条。山西省史志研究院编：《山西通志》，第十卷《水利志》，第 831—832 页。

② 2010 年 8 月 20 日，笔者访问四社五村，义旺社原副社首郝继红的教示。

③ 董晓萍、蓝克利：《不灌而治 —— 山西四社五村水利文献与民俗》，第 245 页。

④ 董晓萍、蓝克利：《不灌而治 —— 山西四社五村水利文献与民俗》，第 154 页。

⑤ 董晓萍、蓝克利：《不灌而治 —— 山西四社五村水利文献与民俗》，第 155、226 页。

山西介休洪山泉水流域，东河流域用水与西河流域相比很不平等，东河地势高，再加上河道淤积，水量更加减少，东河人想疏浚河道进行挑河，但是西河的水老人宋老二（兼屯长），是个练武的，他对东河人说："谁敢挑河，用锹砍死不负责"，把东河人吓住了，没有挑成。当有人问对于这种不公平难道没有抱怨，有村民回答："不公平是看本事。"[①]

在山西省许多地方有"三七分水"规定和"捞油钱"的传说，用勇敢献身和暴力牺牲等带有血腥的传说来证明分水规定的正统性。霍泉水流经洪洞和赵城（赵城现已与洪洞合并）两县，在水源处有分水厅，"三七分水"，赵三洪七。传说这是由当年双方派人在滚烫的油锅中所捞出的制钱枚数所决定的。[②] 介休洪山泉也有"五好汉"的传说。双方为争水，最后按从油锅中捞出的铜钱多少决定。对方人一看滚烫的油锅都吓跑了，但是洪山村有 5 名好汉挺身而出，从锅中捞出铜钱，为本村争得水权。5 位好汉因烫伤致死，人们为了怀念好汉们，对他们厚葬。[③] 正是相互谦让与暴力行为的交织才形成相对安定的用水秩序，国家倡导的礼让观念并不能完全保证秩序的安定。

三、四社五村的水权与国家

新中国建立以后，人民政府宣布废除旧的水规，水权归国家，在政府领导下统一管理和调配一切水资源。但是，现在无论在法律上还是实际的水资源使用上，水权国有并没有完全实现。

20 世纪 50 年代，国家水利部就提出河川、湖泊都属于国家资源，为人民公有，应统一水政，统筹规划，统筹建设，统筹管理，相互配合等政

---

① 张俊峰：《明清介休水案与地方社会——对"水利社会"的一项类型学分析》，行龙、杨念群主编：《区域社会史比较研究》，社会科学文献出版社 2006 年版，第 90 页。

② 董晓萍、蓝克利：《不灌而治——山西四社五村水利文献与民俗》，第 160 页。

③ 张俊峰：《明清介休水案与地方社会——对"水利社会"的一项类型学分析》，第 78 页。

策。在地方上，1950 年 2 月，山西省水利局公布了《山西省河系水利委员会组织通则》，统一流域内的水利组织名称，进而明确划分级别领导关系以及主管业务事项和职权范围。为巩固水权归公，实行统一管理，在新的水利组织中推行了水利代表会的形式，即 50—100 亩受益户中产生一个水利代表，组成灌区和县的水利代表会。一切新的用水规章、水量分配、水费负担、渠工摊派等都需经代表会讨论通过后方能实行。当时政府还宣布废除各灌区中历史上沿袭下来的上游卡下游、大村卡小村、以及“利用封建迷信祭‘大郎’[①]请客、唱戏等各种形式的陈规旧习，以及不科学的封建使水方法如‘三不浇’（刮风不浇、下雨不浇、黑夜不浇）、‘特权水’、‘罐罐水’、‘香头水’、‘飞水’、‘粮银水’[②]，等等。打破区村界限，实行计划配水，合理灌溉。创造与推广了上下游、左右岸团结灌溉，先浇高地后浇低地，先青苗后白地的用水方法等。”[③]在四社五村，1950 年春，洪洞、赵城两县的水利科派代表参加了废除旧水规水法会议，会上宣布“天上、地下水都属于国家所有”的规定，建立渠民代表制。这一时期的水政改革中，“政府还要求废除封建水规，反对封建迷信，禁止祭神唱戏、求雨还愿等陈规陋习，这时四社五村也按照反对封建迷信的政治要求，减少了水利簿的祭祀程式”。[④]

改革开放以后，《山西省水资源管理条例》中明确规定：“水资源属于国家所有。凡在我省管辖范围内的机关、团体、部队、街道、企事业单位、农村社队等用水单位和个人，都必须执行本条例。”还规定说：“本条例适用于本省范围内的一切地表水和地下水资源。”条例中规定征收“水资源费”，每吨 3 至 6 分。但是，“农村人畜吃水、农田灌溉，暂不征收

---

① 根据山西大学中国社会史研究中心张俊峰教授的教示：民间传说，大郎就是霍山山神的长子，专管霍泉，也就是霍泉的水神。

② 根据山西大学中国社会史研究中心张俊峰教授的教示：“罐罐水”、“香头水”是用水的计时方法，按水罐滴水和烧香的时间计算用水时间。“飞水”、“粮银水”则是通过掌控水权而获得的利益或特权。

③ 山西省史志研究院编：《山西通志》，第十卷《水利志》，第 683—684 页。

④ 董晓萍、蓝克利：《不灌而治 —— 山西四社五村水利文献与民俗》，第 193 页。

水资源费”。[①]重申水权归公，但是暂不征收农村水资源费。

20世纪80年代之后，中国政府开始制定水利法令，1988年第一部《水法》诞生，2002年对《水法》又进行修改。《水法》规定：“水资源属于国家所有。水资源的所有权由国务院代表国家行使。农村集体经济组织的水塘和由农村集体经济组织修建管理的水库中的水，归各该农村集体经济组织使用。”并且，“国家对水资源依法实行取水许可制度和有偿使用制度。但是，农村集体经济组织及其成员使用本集体经济组织的水塘、水库中的水的除外”。[②]中国《物权法》中也规定矿物、河流和海域的所有权属于国家，但是，农村地区的“耕地水利设施归集体所有”。[③]在中国的《宪法》中虽然提出一切自然资源归国家所有，但是，也提到由法律承认的集体所有的森林、草原、荒地和干潟等除外。[④]在这些法律中，首先规定一切土地、矿产、水利资源归国家所有，其次承认农村集体的水资源无偿使用权，并且规定农村集体的水利设施归集体所有。

但是，实际上在农村地区水资源的所有权和使用权，以及农村水利设施的所有权并不是十分明晰的。这里，以山西四社五村为例加以分析。四社五村并不是一个灌溉组织，而是一个生活用水组织，是山西干旱地带人们为了保证人畜基本生活用水而延续了数百年的一个水利组织，并且形成一整套习惯和仪式，特别是这个组织在新中国成立以后，经历了集体化时期依然存在下来。关于四社五村水利组织的研究，代表性的是董晓萍、蓝克利所著的《不灌而治——山西四社五村水利文献与民俗》一书，森田明对此也有深入的研究。[⑤]以往的研究重点在明清时代，本文则结合现地调查的资料，主要考察新中国成立以后四社五村的变迁，探讨国家与村落之间在水权问题认识上的摩擦和水利建设中的协作。

新中国成立以后，四社五村的水渠共进行过3次大的改造。第一次

---

① 《山西省水资源管理条例》，第一章第三、二条，第五章第十九条。

② 《中华人民共和国水法》，第一章第三、七条。

③ 《中华人民共和国物权法》，第四十六、五十八条。

④ 《中华人民共和国宪法》，第九条。

⑤ 森田明：『山陝の民衆と水の暮らし：その歴史と民俗』、汲古書院2009年版。

是在20世纪50年代，主要是对水渠红泥打底，减少渠道渗漏，水源处的龙王庙前的蓄水池建成分水亭，按照水利簿的规定，将3条土沟改造为水渠，分别通向孔涧村、义旺社和李庄社、杏沟和仇池社。另外，按照古代水规，还将孔涧村支渠与刘家庄连通。在通向洪洞的杏沟和仇池社支渠上，还加以延长，通到了附属村窑塬村、南川草窪村和北川草窪村，体现了当时提倡的人民公社的优越性，但是，工程基本上是按旧水规进行的。第二次是20世纪70年代实行的，这次在“文革”期间，要贯彻国家“山水归公”的政策，对于水渠进行大规模改造，把3条支渠改变为分别通向洪洞和霍县的两条大渠，修成水泥管道，每条大渠还延长管线，给沿线村庄全部供水。在洪洞支渠上增加了桃花渠、南泉和南庄3村。霍县支渠则与原义城渠的四社五村连接，从刘家庄起，连接了义旺、百亩沟、琵琶塬和南李庄，打破了原来的主村和附属村的界限。但是，这种违反旧水规的做法遭到村民的抵抗，村民们经常砸管道取水，后来发了一场大洪水将水渠全部冲毁。[①] 根据霍县水利局的资料显示，在20世纪70年代，水利部门对于水利建设的投入是相当大的。仅1972年，该县就增加水浇地面积1万亩，全县累计达到6万亩。这一年就打机井13眼、深井4眼，新增小型水利工程153项。在解决人畜吃水上，这年解决了6000人和1250头大牲畜的吃水问题。[②] 这当然就包括对于四社五村水利的改造。20世纪80年代，国家在这里继续主要解决人畜吃水问题。到1982年四社五村所在的霍县阎家庄乡，22个行政村中的11个村，8170人口中的7970人，850头牲畜的820头均已经解决了吃水问题。[③] 可见，国家对于水利工程的改造也还是基于“拥挤的车厢”原则的，但是这与传统上暴力形成的水册秩序有矛盾的地方，因而受到村民的抵抗。

第三次水利工程是在1982年大洪水之后进行的。对于这场洪水，霍县水利局文件有详细记载。1982年8月2日和15日，霍县连遭洪灾。特

---

① 董晓萍、蓝克利：《不灌而治——山西四社五村水利文献与民俗》，第233—235页。
② 《霍县农田水利年报》（1972年度），1972年12月24日报地区水利局文件，霍州市档案馆藏。
③ 山西省水利厅《农水12表》，晋统综字（81）146号。

别是南部山区由于降水集中、强度大、山坡陡峻，洪水猛涨引起山体滑坡，出现堰塞，洪水积蓄突然迸发，村庄、农田受害严重，特别是四社五村的阎家庄公社受害最大。据统计，阎家庄以及其他公社受灾面积达 1.2 万亩，死亡 17 人，冲毁土地 2160 亩，倒塌窑洞 123 孔，冲毁水利工程 89 处。[①] 第三次水利工程是四社五村主导的，他们通过关系得到临汾地区水利局 2.5 万元的资助。但是，这些钱只够水源部分工程的施工，水源以下的水渠修理工程费用由霍县和洪洞方面分别向各县的水利部门申请经费。当时义旺村党支部书记兼义旺社副社首 HJH 向县水利局提出申请后，水利局长 MHL 召开有关各村的会议商量水渠重建问题。对于会议情况，笔者 2007 年访问 HJH 时，他是如下回忆的：在会上我认为，县里的方案明显偏向百亩沟、桃花渠和琵琶塬。对于四社五村的水权问题，我很为难，如果不让出部分水权，县里不给钱，但是如果让出则是破坏旧水规，自己担待不起。我不敢负这个责任。当时，孔涧村和李庄村的干部也不发言，他们有共同利益。只有我一个人说这不行。M 局长说不行就不给钱。我就发火了，我说我没钱照样吃水，我像从前一样挖毛渠往我们村放水。一吵嘴之后，我把四社五村的习惯向他解释。但 M 局长说，现在是山水归公，你不承认共产党领导？我说，共产党是唯物主义，要尊重历史。四社五村开山引水才有今天。我当时是支部书记，我说，我宁可支部书记不当，水一天也不能让。M 局长说，我看你支书当得够呛。我说，你今天有本事把我撤了。吵架了，会散了。会后 M 局长又打发生产组的 L 到我村，又找我，让我把工程完成了。我说，如果属于不明显地把水给他村，如果共同管理好，可以使用，让你吃，（水权）不给你。没办法，钱还得从水利局要。我拿上礼品到 M 局长家里，这个事就解决了。水不敢给你，我一个人当干部在历史上才这么一届，我如果给了水，我就守不住水规了。[②]

---

① 霍县水利局：《关于报送霍县抢修水毁河坝工程设计预算计划的请示报告》，《山西省霍县水利局文件》，霍政水（82）第 29 号。

② 2007 年 12 月 17 日，在义旺村加油站办公室对 HJH 的访问记录。

这次修理基本按照旧水规进行。首先恢复了历史上的三沟用水格局，也恢复了主村和附属村之间的水渠，桃花渠、南泉和南庄又恢复到义旺村的附属村地位。义旺与孔涧的水渠又分开，各自取水。洪洞方面，杏沟、仇池恢复主村地位，但是继续向附属村窑塬村、南川草窪村和北川草窪村送水。在总渠施工中，把分水亭由沙窝村移到距义旺村正东1公里处，控制了上游的沙窝村，义旺也得到更多的水。[①]

2007年，笔者再次到四社五村访问，最近霍州市水利局在义旺建设集中供水工程国家投资55万元，义旺村还打了一眼深井（井深200米），解决用水不足问题，洪洞方面现在自己也通过自打机井（井深170米），基本解决了吃水问题。虽然现在四社五村对于沙窝峪泉水的依赖性减少，但是，该组织每年的大祭、小祭照样进行，依然强调他们所拥有的水权。霍州市水利局总工程师AWD说："对于四社五村这样的水利组织，国家也没有明确的政策。现在有关四社五村的水利工程都是交由义旺村统一协调，只有在发生纠纷时政府介入，一般不介入。"[②] 可见，传统水利秩序依然发挥作用，国家并没有完全介入。

四、小　结

围绕水权问题，国家和社会之间虽然有"王土王民"观念，但是在实际生活中"以水随地"却成为普遍的法则。现代中国的《水法》虽然明确规定水资源归国家所有，但是在基层社会，所有权与使用权没有明确的规定，像四社五村这样的水利组织一直在主张其水权，国家行政也在一定程度予以承认。中国历代政府在水资源利用和社会秩序的维持上都主张"拥挤的车厢"理念，但是在实际生活中依靠实力占有水资源的事例比比

① 董晓萍、蓝克利：《不灌而治——山西四社五村水利文献与民俗》，第239页。
② 2007年12月17日，笔者在霍州市水利局的访问记录。

皆是。国家理念与民间习惯有如平行线一样存在。但是，国家并不是对于一切违背其意志的行为都加以容忍，一旦民间纠纷影响到大范围的社会秩序，或者国家要进行某种大规模水利工程时，往往却能说到做到。国家政府犹如一把“钝刀”，并不锋利，平时并不把一切分割得清清楚楚。但是只要出手则必须带有强大的力量，否则就不能断物，当然这就避免不了操作上的粗糙。在农村地区的水权上，国家与民间的划分并不清晰，但是如果要达到某种目的，国家便采取十分严厉的手段，如为保证北京奥运会而对河北上游地区的用水的严格控制那样。围绕水权的划分，国家与村落之间在观念上存在不同，这就免不了摩擦的产生。

第九章　晋冀蒙交界地区移民村落的社会关系

以弗里德曼（Freedman）为代表的西方人类学家在研究中国东南地区的社会宗族组织时，针对大规模宗族产生的原因，提出了边陲社会的概念。认为汉民族在边陲地区的开发过程中（比如建立水利组织和开展水稻生产）以及为了自卫的需要而组成合作性群体，其中汉民族本身的父权意识又为这种群体的形成提供了社会文化基础，由此便出现了大规模宗族组织。[①]所谓边陲地区，按照华若璧（Rubie Watson）的解释，就是那些位于传统中心区域周边、国家控制相对薄弱，暴力事件发生较多以及人口相对土地比例较低的地区。[②]但是，此后有学者通过对台湾地区移民社会的研究表明，移民们为了防卫并不都是依靠宗族组织而是依靠同乡团体，这里出现的是大量的地域性组织。巴士纳（Pasternak）对于台湾屏东乡的研究证明边陲地带未必是宗族组织发达的前提条件，水利组织和水稻生产与宗族组织的形成也没有必然关系。在这些地方形成的不是宗族组织而是地域化的组织。[③]由此否定了弗里德曼关于边陲性与大型宗族形成有关的论点。近年，郑锐达详细地揭示出大陆地区江西袁州移民通过“冒籍”和“滥招”使得移民取得户籍并由此形成大型宗族的具体过程。[④]证明这种宗族组织并不一定都

---

① 莫里斯·弗里德曼（刘晓春译，王铭铭校）：《中国东南的宗族组织》，上海人民出版社 2000 年版。

② 郑锐达：《移民、户籍与宗族 清代至民国期间江西袁州地区研究》，生活·读书·新知三联书店 2009 年版，第 15 页。

③ 王铭铭：《社会人类学与中国研究》，生活·读书·新知三联书店 1997 年版，第 78—83 页。徐正光主编：《汉人与周边社会研究 王崧兴教授重要著作选译》，第 61—64 页。

④ 郑锐达：《移民、户籍与宗族 清代至民国期间江西袁州地区研究》，第 103—124 页。

真正具有父系血缘关系。但是，无论是大陆东南地区还是台湾、香港地区的移民社会都应该属于广义的大东南地区。这些地区的移民社会一般都具有的一个重要特征就是社会组织发达，无论是大规模宗族还是广泛的地域组织或互助组织。[①]那么，这种组织发达的状况是否就代表了汉民族移民社会的普遍特征呢？这是值得进一步关注的课题。本文以明清以来中国北方地区即晋冀蒙交界地区移民村落为对象探讨这一地区移民社会的“有关系，无组织”特征，试图以另一种边陲模式来揭示汉族移民村落社会的多样性。

本文所利用的资料是抗日战争时期“蒙疆联合自治政府”产业部农林科在成纪 734（即 1939）年度的《农村实态调查报告书》。该项调查的范围涉及当时察南宣化县、晋北阳高县、察哈尔盟康保县和巴彦塔拉盟[②]集宁县。但是目前只找到了宣化、阳高和康保 3 县的资料。这些调查资料包括村落内所有农家的移民状况、家庭构成、雇佣关系、土地关系、借贷关系、地方自卫、行政组织以及家畜饲养、税赋、作物、粮食产量和贩卖、日常生活收支等多方面内容。主要调查员有沼崎英助、赤司茂等。这些资料对于研究北方地区移民社会的形成与特征具有重要价值。特别是在近代蒙地开禁以后有关移民情况的完备户口资料十分少见的条件下，研究者一般只能是粗略的估计。[③]所以，这种村落调查统计资料值得重视。

一、村落形成概况

本文主要根据晋冀蒙三县的三个村落调查资料进行分析。这三个村

① 关于这些地域的社会组织规模较大或比较普遍的特征，在西方早期的东南地区调查中就有发现。参见丹尼尔·哈里森·葛学溥（周大鸣译）：《华南的乡村生活 —— 广东凤凰村的家族主义社会学研究》，知识产权出版社 2012 年版，第 107—119 页。

② 该盟是蒙疆政权于 1937 年新设的，包括丰镇、萨拉齐、集宁、武川、兴和、凉城、托克托、陶林、和林、固阳、清水河等县。参见巴彦塔拉盟官房：『巴彦塔拉盟要覧』、成紀 734（1939）年。

③ 安介生：《山西移民史》，山西人民出版社 1999 年版，第 426 页。牛敬忠、钟仁：《近代绥远地区的社会问题》，内蒙古大学出版社 2010 年版，第 24 页。

落是山西省阳高县织锦庄村（行政村）[①]的富贵村，河北省宣化县万安村（行政村）的小东庄村和原来属于蒙古察哈尔部地方[②]，当时属于察哈尔盟，现在属于河北省的康保县丹清乡丹清河村。这三个村落分属晋冀蒙三地，大概的形成时间则分别是明初洪洞移民、清代前期移民和清末蒙地开禁后移民这三个重要时期，有一定代表性。三个村落的具体形成过程和1939年调查时的村落状况资料整理如下。

（一）阳高县富贵村

阳高县地处山西省东北部，北隔长城与内蒙古相邻。这一地区开发较早，在古代曾长期是中原农耕地区与草原游牧地区的边界地带。在这一带，“同时具备了农耕与游牧两种经济活动的自然条件与基础，但是，农业生产条件并不十分优越，交错性与过渡性特征在这一地区的历史上是十分突出的”[③]。在行政设置上，西汉在此置高柳县，金改名白登县，清雍正三年（1725）改称阳高县。蒙疆政权时在大同设立的晋北自治政府辖有该县。1943年以后晋北自治政府改称大同省，县制不变。调查村所属的织锦庄村（中心主村），据说始于500年前的明朝初期由洪洞迁移来的屯田移民。富贵村则是约200年前由杨、赵两姓的始祖从附近的龙泉村迁移而来。调查时富贵村有42户，其中男177人、女175人。有土地886.4亩。[④]

---

① 行政村也就是联合村，蒙疆政权时期为了加强对农村的统治，实行联合村制度，将几个村落合并为一个联合村。参见《察南自治政府暂行镇村规则》，张家口档案馆DJ0001-0033-0028。晋北政庁『晋北彙覧』、成紀737年、41—48頁。

② 这里的察哈尔地方是指察哈尔部布尔尼之乱后被重新安置的地方，即一般所说的大同、宣化边外，为总管制旗，被称“内属蒙古”。参见孟和宝音：《近代内蒙古行政建制变迁研究》，辽宁人民出版社2010年版，第30—31页。

③ 安介生：《晋学研究之“区位论”》，安介生、邱仲麟主编：《有为而治：前现代治边实践与中国边陲社会变迁研究》，三晋出版社2014年版，第273页。

④ “蒙疆聯合自治政府”産業部農林科：『成紀七三四年農村実態調查報告書（晋北陽高県）』、137—138頁。

根据调查报告中的《农家略历表》[①]，笔者将全村各农户的籍贯、迁移时间、移民原因和来本村年数统计列表如下：

农户序号	籍贯	迁移年代	来本村原因	来本村年数
1	山西省	200 年前	屯田兵	200 年
2	山西省	200 年前	移民	200 年
3	山西省	200 年前	移民	200 年
4	山西省	200 年前	移民	200 年
5	山西省	200 年前	不详	200 年
6	山西省	200 年前	移民	200 年
7	山西省	200 年前	移民	200 年
8	山西省	200 年前	移民	200 年
9	山西省	200 年前	移民	200 年
10	山西省	200 年前	不详	200 年
11	山西省	200 年前	移民	200 年
12	山西省	200 年前	屯田兵	200 年
13	山西省	200 年前	因山西省人口过剩移民本村	200 年
14	山西省	200 年前	原出生地土地狭小靠亲戚关系移民本村	不详
15	山西省	200 年前	移民	不详
16	山西省	200 年前	因山西省人口过剩被强制移民	不详
17	山西省	200 年前	移民	200 年
18	山西省	450 年前	移民	450 年
19	山西省	100 年前	移民	100 年
20	山西省	200 年前	移民	200 年
21	山西省	200 年前	移民	200 年
22	不详	不详	不详	不详
23	山西省	200 年前	移民	200 年

① “蒙疆聯合自治政府”産業部農林科：『成紀七三四年農村実態調査報告書（晋北陽高県）』、157—165 頁。

续表

农户序号	籍贯	迁移年代	来本村原因	来本村年数
24	不详	不详	不详	不详
25	不详	200 年前	3 年前因丰镇土匪多迁到本村	200 年（原记载如此）
26	山西省	80 年前	因生活困难投靠在此村的朋友	80 年
27	山西省	200 年前	由于山西人口过剩来本村	200 年
28	不详	不详	在大同打更，6、7 月间来村	不详
29	山西省	80 年前	因本村有亲戚来此村	80 年
30	山西省	200 年前	由于山西人口过剩来此村	200 年
31	山西省	200 年前	不详	200 年
32	山西省	250 年前	移民	200 年
33	不详	不详	不详	光绪年间来此村
34	山西省	200 年前	山西人口增加	不详
35	不详	200 年前	不详	不详
36	不详	不详	因生活困难来此村	不详
37	不详	200 年前	因生活困难来此村	不详
38	山西省	200 年前	因生活困难来此村	光绪年间来此村
39	山西省	200 年前	因生活困难来此村	50 年前在此村
40	山西省	200 年前	因生活困难来此村	60 年前在此村
41	山西省	200 年前	因土地少生活困难	20 年前在此村
42	山西省	200 年前	被政府移民	200 年

（二）宣化县小东庄村

该村当时属于蒙疆政权的察南自治政府宣化县，现属河北省张家口市宣化区。宣化地区北接内蒙古草原，南向华北平原，属于华北平原与内蒙古高原（当地叫坝上）的过渡地带，山地、丘陵和盆地相间，战略地位重要，在清代被称是“神京屏翰”。这里秦代属上谷郡，唐僖宗年间设武州、文德县，宣化为州、县治所。五代时西晋割 16 州给契丹，其中就包括武州。契丹建辽，改武州为归化州。金大定七年（1167）改归化州为宣化州，后改称宣德州。明代宣化地区是北部抗击蒙古的前沿，为“九边重镇”之一。清代康熙三十二年（1693）废宣府卫所，改置宣化府，1913年废宣化府存宣化县，改属直隶省口北道。1929年废道，宣化县直属察哈尔省。蒙疆政权时在张家口设立的察南自治政府辖有该县。1943年以后察南自治政府改称宣化省，县制不变。

关于调查村小东庄，根据调查时记载，宣化地区早在北宋时期为防御北方民族南下就开始招募屯田兵，当时主要来自山东、山西地区。后来几经战乱，人口迁移流动很大，有过大幅增减。1940年调查时，小东庄共有42户、人口253人，其中男140人、女113人。据说大部分是在200年前由于山西人口过剩而被强制迁来的移民以及从本县其他地区迁来的移民。①

根据调查报告中的《农家略历表》②，笔者将全村各农户的籍贯、迁移时间、移民原因和来本村年数统计列表如下：

农户序号	籍贯	迁移年代	来本村原因	来本村年数
1	山西省	200年前		60年
2	河南省	60年前	光绪七年因河南发灾迁移本村	60年
3	山西省	70年前	因山西人口增加耕地不足	70年
4	不详	不详	不详	不详
5	河南省	80年前	为了得到耕地	60年
6	不详	200年前	不详	200年
7	不详	200年前	不详	200年
8	不详	不详	不详	80年
9	河北阳原县	不详	为了得到耕地	100年

① “蒙疆聯合自治政府”産業部農林科:『成紀七三四年農村実態調査報告書（察南宣化県）』、182頁。

② “蒙疆聯合自治政府”産業部農林科:『成紀七三四年農村実態調査報告書（察南宣化県）』、203—211頁。

续表

农户序号	籍贯	迁移年代	来本村原因	来本村年数
10	不详	不详	不详	70年
11	不详	不详	听说这里耕地多	60年
12	河北省	200年前	听说这里耕地多	100年
13	不详	不详	不详	40年
14	山西省	250年前	不详	70年
15	山西省	200年前	因移民政策迁移、本家制作帽子分家后为得到土地来本村	34年
16	山西省	70年前	依官府命令迁移	15年
17	山西省	200年前	因原住地土地恶劣迁移本村	20年
18	河南省	60年前	因河南天灾在本村买到宅基地	20年
19	山西省	32年前	依官府命令迁移、为找工作来本村	20年
20	河南省	60年前	因河南水灾迁移、为在本村得到土地	60年
21	山西省	20年前	因移民政策迁移	200年
22	山西省	清朝	为躲兵役逃难	不详
23	河北省	10年前	在这边有朋友	50年
24	河南省	12年前	因朋友在这里有土地可以租种	12年
25	山西省	20年前	因天灾迁移本村	200年
26	不详	不详	因这里有亲戚	37年
27	山西柳树	52年前	因生活困难迁移	52年
28	不详	不详	因这里可以租种土地	60年
29	不详	不详	不详（雇农）	4年
30	不详	不详	不详（雇农）	7年
31	不详	不详	因亲戚在这里、可以租种土地	30年
32	山西洪洞	200年前	听说这里可以租种土地	200年
33	山西省	200年前	不详	200年
34	不详	200年前	为租种土地来本村	80年
35	山西省	300年前	为当月工来本村	3年
36	山西省	80年前	因朋友在这里	3年
37	山西省	150年前	因天灾迁移	150年

续表

农户序号	籍贯	迁移年代	来本村原因	来本村年数
38	不详	不详	因兄长在本村	10 年
39	山西省	300 年前	因移民政策	300 年
40	山西省	300 年前	为租种土地来本村	300 年
41	不详	200 年前	不详（雇农）	200 年

（三）康保县丹清河村

康保县位于坝上即蒙古高原，是从草原进入华北农耕地区的要冲，历来为兵家必争之地。这里上古属冀州，为鬼方活动区域。春秋时为东胡等游牧部落地区，战国时属燕国上谷郡北境，后为匈奴游牧地。东汉时鲜卑族控制这一地区。隋代这里是突厥人活动地区。五代十国时有契丹人活动。金代属西京路，元代属兴和路。明代先为蒙古察哈尔部游牧地，后为鞑靼部游牧地。清代在布尔尼之乱后将蒙古察哈尔部编为左右两翼，后又设置四大牧群。康保地区属于东翼四旗、西翼正黄旗牧地。随着汉族移民不断增加，清政府在张家口设置理事同知厅。光绪二十八年（1902）正式允许放垦，清廷在张家口设立办理察哈尔左翼四旗和张家口、独石口、多伦三厅垦务事宜的察哈尔垦务局。由此这一地区被大量开垦，蒙古族牧民逐渐北迁，这一地区住民大多都成汉族移民，原来这一地区内与汉人村落接近的蒙古人也逐渐汉化并开始密集定居。[①] 1922 年由张北、商都两县析置康保招垦设治局，1925 年改康保招垦设治局为康保县，仍属察哈尔特别区。1928 年察哈尔特别区改察哈尔省，康保县属之。1929 年察哈尔省建设厅制定《蒙旗放垦办法六条》，鼓励放垦蒙地牧场。蒙地不断开垦影响到蒙古族利益，这是后来出现蒙疆政权的背景之一。[②] 蒙疆政权时该县属察哈尔盟。

丹清河村一带在光绪二十七年（1901）以前还是游牧地区，光绪

---

① 菊地杜夫：「蒙古に於ける漢人進出」、『蒙古』1943 年 10 號。

② 关于蒙地放垦与蒙疆政权的关系请参见祁建民著：《二十世纪三四十年代的晋察绥地区》，天津人民出版社 2002 年版，第 4—24 页。

二十八年以后开始开垦。民国六年以武魁（调查表农户序号 1）为首包括师有财、黄存德、武俊等 17 户人家从本村南方 40 华里的小庄子集体迁移到此。这些开拓者原来大多从晋北和附近的天镇、怀安、万全方面迁来。据武魁说，在他们刚迁移到小庄子时的光绪二十八年，还常常可以见到蒙古人放牧，其后蒙古人逐渐向北迁移。最初的 17 户移民是同三义公司签订草约买地。三义公司是那王[①]土地开放办公处。当时双方会同用弓绳（10 丈）丈量土地，单位是大亩。当时购买的土地是 23 顷，但在民国十三年清丈时多出 13 顷，可能是当年丈量时对丈量者行贿而多量给土地。对于多出的土地，政府规定可以重新换证书，手续费 1 元 50 钱，多出的土地 1 亩收银 6 钱到 6 钱半。17 户中武魁买地最多达 3 顷，最少的也有 50 亩，每户平均 1.35 顷。当时买 1 顷地要给三义公司银 45 两，以后每年向那王事务办事处交租银，1 顷 4 元。民国十三年以后改为 1 顷 5 元。调查时全村有 100 户（但有的户离村无人，只调查到 86 户。本村开发历史较短，村民还没固定，这次调查在 10 月 18 日至 11 月 19 日间，属于农闲时节，无人户大概是所谓的“雁行客”一类）。[②]

根据调查报告中的《农家略历表》[③]，笔者将各农户的籍贯、迁移时间、移民原因和来本村年数统计列表如下：

农户序号	籍贯	迁移年代	来本村原因	来本村年数
1	山西天镇	光绪十八年	为得到土地	20 年
2	怀安县	民国二十四年	开始在镶黄旗，后次子在这里当警察	1 年
3	山西天成（镇）县	光绪十五年	不详	20 年

① 那王即那力不赖，答言罕之子，16 世纪初答言罕统一东蒙古后，领有察罕儿万户的浩齐特部，驻牧地在明宣府边外。参见薄音湖主编：《蒙古史辞典（古代卷）》，内蒙古大学出版社 2010 年版，第 219 页。

② “蒙疆聯合自治政府”産業部農林科：『成紀七三四年農村実態調査報告書（察哈爾盟康保県）』、103 頁。

③ “蒙疆聯合自治政府”産業部農林科：『成紀七三四年農村実態調査報告書（察哈爾盟康保県）』、116—139 頁。

续表

农户序号	籍贯	迁移年代	来本村原因	来本村年数
4	张北县	不详	在张北时地租太高，投靠朋友来此村	21 年
5	怀安县	光绪二十一年	原在察盟，分家后土地少投奔亲戚	23 年
6	万全县	光绪三十三年	从本县土城子迁来，在本村买到土地	14 年
7	山西天镇	光绪三十二年	将张北 30 亩土地出售，在本村买到 110 亩	15 年
8	万全县	民国六年	投奔亲戚，将万全 10 亩土地卖出，在本村购买 100 亩荒地	23 年
9	怀安县	光绪二十六年	经朋友介绍，将怀安县 50 亩土地出售后迁移，分家后得到 75 亩	23 年
10	怀安县	光绪二十一年	分家后土地减少，为得到土地来本村	23 年
11	山西省	光绪二十三年	民国二十三年用积蓄的工钱在本村购 60 亩土地	16 年
12	怀来县	民国十七年	因旱灾迁移，开始行商，后在本村定居	12 年
13	山西天镇	民国四年	投奔亲戚，民国八年在此购土地 95 亩	25 年
14	怀安县	民国三年	为得到土地	22 年
15	南宫县	民国十八年	为得到土地	11 年
16	怀安县	光绪十四年	投奔朋友	14 年
17	山西天镇	民国八年	这里地价便宜	21 年
18	山西天镇	民国八年	这里地价便宜	21 年
19	山西省	不详	投奔亲戚，民国二十年用长工积蓄购买土地 84 亩	9 年
20	张北县	不详	民国十四年购买土地 81 亩	15 年
21	山西省	不详	民国七年在此购买土地	19 年
22	不详	不详	造酒赚钱，民国二十五年在本村 37 亩土地购入	4 年
23	山西天成（镇）县	民国十八年	生活困难投奔亲戚家当长工	11 年
24	山西天镇	民国二十一年	生活困难投奔亲戚	8 年
25	山西省	民国十五年	来此购买新开垦土地	14 年
26	山西省	民国十八年	生活困难投奔亲戚	11 年
27	不详	不详	生活困难投奔亲戚	22 年
28	不详	不详	生活困难投奔亲戚	15 年
29	河北省	宣统二年	经过行商在本村购买土地	17 年

续表

农户序号	籍贯	迁移年代	来本村原因	来本村年数
30	山西省	不详	生活困难投奔朋友	19 年
31	万全县	不详	投奔亲戚	10 年
32	山西天镇	光绪三十八年	投奔亲戚	11 年
33	山西省	宣统二年	为得到土地来本村	11 年
34	怀安县	光绪十一年	投奔亲戚	9 年
35	山西省	民国八年	生活困难投奔亲戚	9 年
36	怀安县	民国二十二年	因土地不足来本村	7 年
37	山西省	民国二年	以前在当长工放养，为买土地来此	3 年
38	怀安县	民国二十年	弟弟已经在本村前来投奔	9 年
39	不详	不详	投奔朋友	22 年
40	蔚县	民国二十一年	投奔朋友来买土地	7 年
41	怀安县	民国二十六年	投奔朋友，佃农兼零工	3 年
42	山西省	不详	投奔朋友，佃农兼零工	7 年
43	怀安县	民国三年	投奔朋友，佃农	10 年
44	宣化县	民国十四年	投奔朋友，佃农	15 年
45	不详	不详	距离自己耕地比新庙村近而来本村	4 年
46	山西省	不详	投奔亲戚，佃农	5 年
47	山西省	民国七年	为得到土地，投奔亲戚	10 年
48	山西省	不详	分家后生活困难，投奔亲戚	8 年
49	宣化县	民国二十一年	经朋友介绍来本村	8 年
50	不详	不详	庄稼歉收，家庭有人在本村	8 年
51	怀安县	民国十八年	投奔亲戚	2 年
52	怀安县	民国十五年	投奔亲戚	3 年
53	不详	不详	投奔亲戚	10 年
54	山西天镇	不详	投奔亲戚	10 年
55	不详	不详	被雇来当长工	12 年
56	不详	不详	投奔亲戚	2 年
57	怀安县	咸丰七年	为得到土地	1 年
58	宣化县	民国十年	投奔亲戚	19 年

续表

农户序号	籍贯	迁移年代	来本村原因	来本村年数
59	山西省	不详	投奔朋友来此村	15年
60	山西省	民国元年	投奔朋友来此村	19年
61	怀安县	民国八年	投奔亲戚	13年
62	山西天镇	民国十八年	投奔亲戚	11年
63	万全县	民国十八年	因民国十七、十八年歉收生活困难投奔亲戚	11年
64	怀安县	民国十九年	生活困难，投奔亲戚	10年
65	不详	不详	因民国十八、十九年歉收生活困难投奔亲戚	10年
66	山西省	不详	投奔亲戚	16年
67	山西天镇	民国十九年	因民国十八年歉收生活困难投奔亲戚	10年
68	怀安县	不详	投奔朋友	5年
69	山西省	不详	生活困难，投奔朋友	5年
70	山西省	民国十八年	投奔亲戚	3年
71	万全县	光绪三十年	投奔亲戚	11年
72	山西天镇	民国八年	投奔亲戚	20年
73	不详	不详	投奔亲戚	9年
74	山西省	民国二十八年	投奔亲戚	1年
75	河南省	不详	投奔朋友	16年
76	怀安县	民国十一年	投奔朋友	18年
77	怀安县	民国二十八年	投奔亲戚	1年
78	河北省	不详	投奔朋友	4年
79	山西天镇	民国十五年	投奔亲戚	14年
80	山西天镇	不详	投奔亲戚	3年
81	山西天镇	民国十九年	因民国十八年歉收生活困难投奔亲戚	10年
82	河北省	民国二十六年	投奔朋友	2年
83	山西省	民国二十七年	投奔亲戚	2年
84	山西省	民国二十七年	投奔朋友	1年
85	河北省	民国二十一年	警备员由县城调动到此村	7年
86	山西天镇	民国二十二年	投奔亲戚	不详

通过以上三村的统计资料可以看出这一地区移民的基本状况。首先这一地区的移民绝大多数来自山西。阳高县富贵村的山西移民占到81%，宣化县小东庄也达到44%，近代开始移民的康保县丹清河村虽然山西移民和河北移民几乎各占一半，但是即使来自于河北的也都是怀安、万全和宣化等与山西交界地区，他们的祖辈大多也应是山西移民。

三村落移民的来源地统计如下：

村名	总户数	山西移民户数	河北移民户数	河南移民户数	其他、不详户数
阳高县富贵村	42	34			8
宣化县小东庄	41	18	3	5	15
康保县丹清河村	86	38	35		13
合计	169	90	38	5	36

康保县丹清乡丹清河村来源县统计如下[①]：

县名	怀安	天镇	万全	宣化	张北	蔚县	怀来
户数	19	16	5	3	2	1	1

其次，三个村移民时间，多是明清时期和清代放垦以后。富贵村所属的织锦庄村是500年前的明朝初期时由洪洞迁移来的屯田移民，历史最早。宣化县小东庄的大部是200年前由于山西人口过剩迁移而来的。清代前期山西自然灾害频发，许多灾民被迫外迁。[②]康保县丹清河村是晚清放垦以后开垦的。1901年（光绪二十七年）山西巡抚岑春煊奏准开放山西沿边一带包括察哈尔蒙古的荒地，改变了清代沿袭200年的禁垦政策。该村正是在这一背景下开拓的，村里86户农家中有49家是这一时期来的。

① "蒙疆聯合自治政府"産業部農林科：『成紀七三四年農村実態調查報告書（察哈爾盟康保県）』、116—139頁。

② 安介生：《山西移民史》，第395—398页。

其实早在蒙地开禁之前就已经有汉民进入这一带开垦，该村在光绪二十七年以前就有 9 户来蒙，虽然在光绪二十四年察哈尔都统祥麟曾严禁开垦蒙地，但依然难以控制，所以在全面放垦之前进入蒙地的移民也不在少数。

移民时间和来本村时间统计如下：

村名	移民200年以上	移民200年以下	移民40年以上	移民40年以下	移民18年以下	来村200年以上	来村200年以下	来村40年以上	来村40年以下	移民18年以下	移民时间不明
阳高县富贵村	34	3				24	6	6	1		5
宣化县小东庄	15	12	7	5	2	9	30	17	13	6	14
康保县丹清河村			9	49	29				85	65	28
合计	49	15	16	54	31	33	36	23	99	71	47

二、晋冀蒙交界地区移民社会的特征

根据调查显示，晋冀蒙交界地区村落的明显特征就是在村落内部充满着各种人际关系，重重叠叠，村民们相互扶持，相互帮助，以此来维持家庭和村落的日常生活。[①] 这些村落的社会关系主要有如下几种。

（一）亲戚关系

阳高县富贵村据说是在 200 年前由杨、赵两姓的祖先从附近的主村龙

① 以下调查资料来源于对于“蒙疆聯合自治政府”産業部農林科：『成紀七三四年農村実態調査報告書（晋北陽高県）』、“蒙疆聯合自治政府”産業部農林科：『成紀七三四年農村実態調査報告書（察南宣化県）』、“蒙疆聯合自治政府”産業部農林科：『成紀七三四年農村実態調査報告書（察哈爾盟康保県）』三种资料的综合整理。

泉寺村分家而来，所以现在村内各户几乎都有亲戚和姻亲关系，由于历代不断分家，亲戚和姻亲关系变得十分复杂。村内相互扶助风气浓厚，例如村民从外边得到稀罕的东西一般都要分送给亲戚、朋友一些。在金钱、物品借贷和劳力交换上的互助关系以分家兄弟、一般亲戚、朋友的顺序区分远近。该村宗族规模不大，一般农户的分家兄弟之间有共同墓地，富裕农户则有自己的墓地。

宣化县小东庄在250年以前就有，但是具体情况不明。现在村内42户中有分家亲戚或姻亲关系的达24户，占总户数的一半以上。村内一般把亲戚的范围定在祖父母、父母以及妻子的兄弟姊妹等属于直接关系的亲人之内，老人死后则逐渐疏远。亲戚之间在婚丧、出产、生病以及盖房修房时多有互助。对生活困难者的救济、相互赠送方面也比朋友之间更加频繁。

康保县丹清河村居民之间具有亲戚关系的很多，许多人是投亲靠友来的，家族之间相互扶助。金钱借贷的顺序首先是亲戚，其次是朋友。这种场合利息一般很低。但是，也正是由于亲戚朋友间借贷不便收取利息，所以亲友之间金钱借贷反而不多，因为如果有借贷，其利息一般很低或者不要。特别是亲戚之间因为结婚、丧葬发生的借贷一般都不要利息。与此相反，在粮食的借贷上没有亲戚朋友关系的一般村民之间则较多。村民们一般在元宵、中秋和端午时给长辈送糕点、月饼等。关于墓地，大部分农家不设墓地，而是在田地里深埋。在清明节、盆会（农历七月七日）、寒衣节（农历十月一日）和年末时祭祀祖先。

由于这些移民村落的形成大多是通过投亲靠友逐渐来村的，村民有亲友关系的很多，因而村民之间关系和谐，相互帮助风气浓厚。调查村民迁移到此的理由时，在丹清河村中就有57户是为了“投亲靠友”，其他村落估计当时也不在少数，只不过经过几代，后代大概已经忘记。

移民和来此村的理由统计如下：

村名	为得到土地	天灾	移民	屯田兵	政府移民	生活困难	投亲靠友	其他
阳高县富贵村			18	2	2	7	2	11
宣化县小东庄	12	5			3		6	15
康保县丹清河村	21						57	8
合计	33	5	18	2	5	7	65	34

（二）借贷关系

在阳高县富贵村，该村在金钱、食品、粮食以及家畜的借贷上有“白借”的习惯。就是亲戚和朋友之间数额在 70—80 元或者 100 元以内的金钱借贷是不要利息的。调查时该村借贷的具体情况如下：朋友间借贷 14 件，占 73.7%，亲戚间借贷 5 件，占 26.3%。不过亲戚间借贷数额较小，且多以实物为主。借贷期间大部分在 1 年以内，最多的是 5 个月左右的。值得注意的是本村内并没有金钱互助性的借贷组织。

在宣化县小东庄村，该村金钱和粮食之间的融通主要是在亲戚之间进行。地主与佃户之间则很少。“白借”主要在兄弟间进行，但收获之前的缺粮期也有与邻居间融通的。牲畜农具有向富裕农户租借或村内租借牲畜的情形。在该村的借贷对象中不但有村内的还有县城、镇上以及其他村落的。在村内的借贷虽然只有 4 件，但金额是最多的。本村 42 户中有 17 户农家负债，借贷额最高的农户是 220 元，最低的是 20 元，大多在 50 到 80 元之间。

借贷对象区分统计如下①：

① “蒙疆联合自治政府”產業部農林科：『成紀七三四年農村実態調查報告書（察南宣化県）』、168 頁。

借贷对象所在地	件数	金额（元）	百分比
宣化县城	6	310	25. 8
沙岭子镇	3	215	17.9
县内其他村	4	205	17.1
村内	4	470	39.2
合计	17	1200	100

在康保县丹清河村，该村借贷大部分都在本村之内，特别是大多在村内亲戚间借贷。借贷以实物为主，达到七成，金钱借贷较少。其利息根据借贷使用的用途而不同，一般因为结婚和丧葬发生的借贷都不要利息。关于牲畜、农具的租借，农具一般是无偿的，租借牲畜在 3 天以内大多也是无偿的，5 到 10 天除非是特别亲近的亲戚一般要收取报酬。报酬一般是牛马 1 头 1 天 20 钱，大车 1 天也是 20 钱。佃户如果与地主没有亲戚朋友关系则不会进行借贷。一些富户为了利益对于没有亲戚关系的也进行借贷。本村借贷一般不用担保，但在相互信赖程度不高时往往需要其亲戚朋友做保证人，而谁是保证人也关系到收取利息的高低。可见，人情关系对于借贷行为有重要影响。

（三）救济关系

在阳高县富贵村一般没有富户对于穷人的救济施舍，但是秋收之后穷人到地里捡拾谷穗、高粱和挖捡遗漏的土豆等都是允许的。

在宣化县小东庄，当村内出现粮食困难户时，村内各家都要捐出粮食送去，一般富裕户出 2 到 3 斗，穷户出 2 到 3 升，还有送给旧衣服的。该村虽然对于村内生活困难者有各家都按照贫富程度相应送给粮食的习惯，但是并没有固定的救济团体或组织。收获后捡拾谷穗或挖捡漏下的土豆也都允许。

康保县丹清河村，同族之间相互扶助的风气浓厚，村民关系也比较亲密。但本村也不存在互助性的组织。

（四）合作关系

在阳高县富贵村中等以上农户的分家兄弟间都有共同脱谷场，脱谷劳作许多是在兄弟、亲戚和邻居之间合作进行。秋收脱粒特别是在天气不好时的共同收获等在本村十分常见。

在宣化县小东庄村，农忙期劳力不足的家庭要雇用短工或进行换工以弥补劳力不足。在锄地或粮食贩卖时也有劳力融通的状况。

在康保县丹清河村，村内没有劳动力上的相互合作，一般要雇用劳动者。如果雇用不到则只好田地撂荒。本村换工虽然有，但是次数很少。

（五）公共设施

在阳高县富贵村，村西面樊家河的河滩、废弃耕地和荒地等在秋收后到 2 月之间是共同牧地。大型生活用具和农具如碾子、石磨、扇车等在兄弟分家之后依然共同所有和使用。这种共同性是在分家之后自然形成的。村内有水井两处共同使用，每天有一户轮班，将净水提取上来。

在宣化县小东庄，调查当时村内已经没有公共牧地，据说 40 年前有共同牧地后来被人买走。家族间有共同牧地。没有家畜、农具等共同购入的情况。穷户向富户借家畜、农具使用。水井由富裕农户挖掘出来，共同使用，但是以后修缮水井的费用则要由全村共同负担。

在康保县丹清河村，村内有石磨 8 处全部是富户所有，但村民可以自由使用。村内有共用的水井 4 眼。该村未开垦的土地作为共同牧场全部开放。脱粒场不是每家都有，小农户可以使用大农家的脱粒场。该村没有农具、家畜等共同使用和购入的情况。石磨村内有 8 处，虽然都是富户家的，但允许村民自由使用，成为实际上的公共设施。

（六）共同自卫

在阳高县富贵村，该村属于密集聚落，是为了应付土匪袭击而自然形成的。但没有环绕全村的土墙。

在宣化县小东庄村，该村比较太平，防卫措施主要是用土墙将自己房子围护起来，其他共同防卫合作及团体都没有。该村属于密集聚落，42户分为4个区域居住。

在康保县丹清河村，由于是开垦初期，为了自卫村民必须团结，建筑土垒时有村内首脑指挥，费用按照各家的收入负担。对于外敌的防御，各家都要参加，这是不成文的规定。聚落形态属于密集型，没有土墙围村，只有乡公所有土墙，这里以前是乡长个人所有的，他是本村最早的移民之一。以乡公所为中心各家都在周围盖房居住，自然形成了一种自卫的空间。

（七）村落领袖与组织

在阳高县富贵村，村内的富裕户一般有势力，但是一般农民并不是即使有意见也对其盲从，本村没有对个别农户进行排斥的风气。

在康保县丹清河村，保甲制最下层的组织是"邻"，以5户为单位编成，但是有名无实。本村的社会生活是由血缘、地缘关系自然形成的。村内没有阶级区分，虽然乡长、甲长、牌长等有一定权威，但主要是名誉性的，大多是依据过去开拓时的先后顺序以及财产情况形成的。来本村开垦的都是个人自行，近年还有一些人来，但是尚没有向外迁走的。

实际上当时的蒙疆政权也要依靠非官方的方式推行政务。当时的宣化县长就说利用当地有民望之人向民众传达的效果较好。[①]

---

① 察南政厅：『察南政庁会議録』、成紀735年（1940）。藏东京大学东洋文化研究所。

三、小 结

从以上可以看出，西北地区的晋冀蒙交界地带移民村落的一个基本特点就是村落中虽然有浓密、多重的人际互助合作关系，但是并没有宗族或地域性的互助合作组织。这种状况非常符合人类学家王崧兴提出的汉人社会“有关系，无组织”的特征。因为“汉民族为了求生存，势必要拥有相当深度的关系，并且不断予以扩张”。但是“汉民族社会中，虽有无数张关系的网，却无明确的团体存在”。①

这恰恰是由于汉人社会中人际关系复杂、浓密，才不容易形成固定的组织或群体。王崧兴揭示了其中的奥秘，这是因为，“在汉人社会里，构建起人际网络的是一连串永无止境的个人间‘交易’关系，而不是依据法人性的群体组织。当社会中缺乏长久形式的组织以及法人式的群体生活时，社会网络相当依赖个人间的相互信赖与善意来维系”。② 其根本原因是由于“汉人社会体系立基于多元性的社会认同，而非阶序性的分支；它的重心在于个人，而非群体。置身在各式各样既存的类属间，个人得以形塑出其特殊的认同体系”。这一体系“只存在于每个人的内心之中，而不局限于要向一些具体成形的群体效忠、认同”。③ 他还总结出由此带来的汉人社会的两个现象。第一，传统汉人社会群体或阶级间的对立不明显。“在传统汉人村落中，生活通常是十分祥和的。因为不同层次的重重叠叠个人关系建构起一个整体的社会关系网络，在不同群体或阶级之间便缺乏旗帜鲜明的对立。”④ 第二，传统村落社会的领袖或精英们并不把自己局限在某种特定的集团或势力上。“只有在一个社群界限模糊不清的社会中，多元的认同才可能出现。所以，那些社会上的有魅力的领袖会刻意地掩饰他们对某一特定群体的认同，也避免被认为只为某一群体谋福利，并藉此

① 徐正光主编：《汉人与周边社会研究 王崧兴教授重要著作选译》，第 69 页。
② 徐正光主编：《汉人与周边社会研究 王崧兴教授重要著作选译》，第 26—27 页。
③ 徐正光主编：《汉人与周边社会研究 王崧兴教授重要著作选译》，第 34 页。
④ 徐正光主编：《汉人与周边社会研究 王崧兴教授重要著作选译》，第 29 页。

来获取权力。”[①] 这一点，我们在惯行调查的其他村落就可以看到。例如沙井村在投票选举村长时，同族和姻亲都不参加，以示公正。1941 年选举村长时，候选人是杨源，所以杨姓家族的人都不参加投票，其姻亲即妻弟和舅父家的人也不参加投票，主动回避。村民说：“如果以后得到你投票的村长办事不好，你也会被人们指责。”[②]

对于汉人社会的这种“关系”特征的研究，属于开创性的是费孝通的“差序格局”论与梁漱溟的“伦理本位”说。费孝通认为中国社会是以个人为中心编织成网络，没有一个网络所罩住的人是相同的。人与人的联系不像团体中的分子一般大家立在一个平面上的，而像石子投入水中所掀起的波纹一样，一圈圈推出去，愈推愈远，也愈推愈薄。[③] 梁漱溟的“伦理本位”认为中国人“缺乏集团生活，团体与个人的关系轻松若无物，家庭关系就特别显露出来”，而“伦理关系，始于家庭，而不止于家庭”，所以“人与人都在相关系中”。[④] 把汉人社会解释为伦理关系的社会。

日本学界内山雅生认为，在中国农村并不存在与西欧、日本性质相同的那种有形的“村落共同体”。所以在他的研究中为了避免误解，更多地使用了“共同关系”一词，认为这是一种可以被称为“共同体式的诸关系”的社会现象。[⑤] 石田浩认为，在中国村落，人们的结合（集团构成原理）在同族村是家族（血缘）原理，在杂姓村是同乡（地缘）原理发挥作用。作为这种家族、同乡原理的派生形态，还有同姓（拟制血缘）、同业（业缘）、同学（学缘）的存在，这些关系都在发挥作用。[⑥] 日本人类学家中根千枝经过对日中两国社会的比较，提出了“场”与“类”的观点。她认为，中国传统社会是以父系血缘关系这个同类即宗族构成的，一个宗族

① 徐正光主编：《汉人与周边社会研究 王崧兴教授重要著作选译》，第 36 页。
② 中国農村慣行調査刊行会：『中国農村慣行調査』第 1 巻、岩波書店 1952 年版、128—129 頁。
③ 费孝通：《乡土中国 生育制度》，北京大学出版社 1998 年版，第 27 页。
④ 梁漱溟：《乡村建设理论》，上海世纪出版集团 2006 年版，第 25 页。
⑤ 内山雅生：『現代中国農村と「共同体」』、御茶の水書房 2003 年版、111 頁。
⑥ 石田浩：『中国農村社会経済構造の研究』、晃洋書房 1986 年版、141—224 頁。石田浩：「中国一社会主義建設と農村変革」、アジア政経学会『アジア研究』第 36 巻第 4 号、1990 年。

的兴衰往往跟宗族领袖的变化有直接关系，宗族的地域关系并不明显。①

当然，不容否认汉人社会还是存在一些“组织”的，不过研究者们多认为这种组织是一时性的，并不是长期稳固的，并且也来源于人际关系。岸本美绪认为中国的社会组织（中间团体）是一种防卫性的非制度性的相互扶助团体，在危急的时刻可以呈现出像内藤湖南所关注的曾国藩义勇军那样，有着令人惊叹的纪律和内在的凝聚力。但是有时又不过是缺乏共同意识的散沙一般的惰性集团。②园田茂人也提出，人们常说中国社会缺乏集体性，但是，当某种条件具备的时候，中国人的凝聚力会突然地加强，形成巨大的能量。也就是人与人之间的各种亲疏关系，在一定场合下，由于某种原因而使人们强固地凝结起来后，在一定期间其相互间是非常亲密、互助和团结的。③

对于以上关于汉人社会“关系”特征的分析，我们从西北地区移民村落中都可以看到，在这里基于血缘、地缘等形成了浓厚的人际关系，但是却没有任何救济、合作性组织，一切都由各种社会关系来承担。但问题是汉人传统社会就没有一点属于“公共领域”的空间吗？复杂、浓密的社会关系难道能把所有社会空间都填充起来吗？这也值得思考。其实，我们在西北移民村落还是可以看到一些属于公共性的现象或习惯存在。首先是村落内存在共同救济的机制，在宣化县小东庄对于村内生活困难者各家都有按照贫富相应送给粮食的习惯。在三个村落中，收获后在田地里捡拾谷穗或挖捡漏下土豆不管是谁都被允许。其次，村落内有一些公共设施是村民都可以使用的，比如共同牧地、石磨、水井以及脱谷场等。第三，有共同自卫活动。虽然没有环绕全村的土墙，但是在康保县丹清河村当建筑土垒时由村内首脑指挥，费用按照各家的收入负担，对于外敌的防御，各家都要参加。

① 中根千枝：「問題提起Ⅱ　日本と中国・朝鮮、家族構造の特色」、江上波夫・梅原猛・上山春平・中根千枝編：『日本と中国　天城シンポジウム　民族の特質を探る』、小学館 1985 年版、99—101 頁。

② 岸本美緒：「『市民社会』論と中国」、『歴史評論』第 527 号、1994 年。

③ 園田茂人：『中国人の心理と行動』、日本放送出版協会 2002 年版、74—75、137—162 頁。

其实，汉人村落的“集村”性特征就可以理解为是汉人社会最基本的“组织”形态。集村[①]是指居住场所集中的村落形态，是相对于散村而言。集村形成的原因主要就是人们相互扶助的需求。[②]晋冀蒙的这三个移民村落都是密集型村落，属于集村。这种村落或许就可以看作是中国村民的基本社会组织。这种村落的形成起源于个别开发，但是形成规模则依靠不断有人来投亲靠友，村落规模逐渐扩大，加上不断分家和相互通婚结亲，便形成了复杂、浓密的人际关系，而这种人际关系又集中在一个居住密集的空间里，便形成了汉人基本的社会组织，即集村型村落。费孝通就曾经指出，中国“人多的农民是聚村而居。这一点对于我们乡土社会的性质很有影响”。他还分析了农民聚村而居的原因，即每家耕地面积小，可以聚集在一起，住宅和农场距离不远；需要水利上的合作；为了安全，人多了容易保卫；兄弟平等继承，使人口在一个地方一代一代地聚集起来。[③]

石田浩曾提出了“生活共同体”的概念。这一概念是针对战后流行一时的市场圈理论而提出的。在战后相当长的一个时期里，日本学界对于中国农村研究的中心课题就是否认“村落共同体”的存在，代替这种理论的是“农村社会市场论”。认为中国农村的结构是以集市或镇为中心，通过其覆盖的商品流通网络形成包括附近村落的市场圈，这个封闭的市场圈就是构成农村社会的基本单位。石田浩却明确指出，认识中国农村社会的关键并不是“农村市场社会圈”，而是村落。在村落中，作为代替“村落共同体”物质基础即共同体土地所有的是人和人之间的关系网络，也就是人与人的结合。正是由于这种结合保障了农业的再生产和村民生活的再生产。石田将这种人的结合网络称为“生活共同体”。[④]

以上所揭示的北方边陲移民社会“有关系，无组织”特征与东南移

---

① 集村一词来源于日语的“集村”，即英语 agglomerated settlement, clustered village。

② 参见矢島仁吉：『集落地理学』、古今書院 1956 年版。

③ 费孝通：《乡土中国 生育制度》，北京大学出版社 1998 年版，第 8—9 页。

④ 石田浩：『中国農村社会経済構造の研究』、晃洋書房 1986 年版、141—224 頁。石田浩：「中国一社会主義建設と農村変革」、アジア政経学会『アジア研究』第 36 巻第 4 号、1990 年。

民社会大型宗族或地域组织以及互助组织高度发达的状况形成鲜明对比。为什么会有这样大的差别，可能与移民社会形成的背景相关，东南地区移民存在着严重的主客籍矛盾对立，移民们面对原住民的抵抗与竞争不得不团结起来，这可能是其组织发达的原因之一。而北方地区移民一般是移居到人烟荒凉地区，不存在与原住民对抗和竞争。由此看来，中国的边陲社会是多种多样的，不能把东南地区的移民社会作为唯一模式。由于历史原因，国外学者和早期人类学研究过去主要集中在对于东南地区，久而久之，有人便将其作为了中国移民社会的典型形态，这其实是一种误解。

附录：日本对华观念的变迁与共同体理论

“共同体”[①]理论是80年来日本对华认识观念中最核心的理论之一。可以说，从20世纪30年代直到现在，日本关于中国问题的几次争论及其认识的演变大多都与“共同体”这一理论问题相关。更为值得重视的是，在战前日本对中国的认识上，由“共同体”理论演变出来的“中国社会停滞论”是和“八紘一宇”皇国史观并列而成为支持日本发动侵略战争的两大观念。“中国社会停滞论”和“亚细亚停滞论”充分反映了近代日本根深蒂固的蔑视亚洲诸国、主张侵略有理的观念。战后对于“皇国史观”虽然已经有过批判，但是对于“中国社会停滞论”的清理尚显薄弱。较之于“皇国史观”赤裸裸地宣扬皇国至上、侵略有理的手法不同，“中国社会停滞论”则是披着一层“学术性”外衣，有理论有根据地主张对外扩张是合理、必要的。而且，至今日本仍有一些人有意或者无意地支持或接受这种观念，为过去所发动的侵略战争辩护，还有些人受这种蔑视中国和亚洲观念的影响，对于今天新兴发展起来的中国总是感到不适应，经常说三道四，唱衰中国。

当然，在战前的一个时期，由“共同体”理论演化出来的“中国社会停滞论”虽然成为发动侵略战争的工具，不过有些关于“共同体”问题的研究并不都是直接为侵略战争辩护的，仍然属于学术性探讨的范围，这也正是清理这一问题的复杂性所在。还应该指出的是，在战后日本，关

① “共同体”是英文community，德文Gemeinde的日文译法，中文也这样使用。以往中国学者也译为“农村公社”或“村社”等。

于中国“共同体”问题的研究不但其目的发生了根本的变化，成为了学术研究的一种取向，而且“共同体”概念本身的内涵与外延也发生了巨大转变，更重要的是对“共同体”的价值判断也与过去截然相反，由把“共同体”看作是前近代的、落后的残余物，转变成现代人类社会发展所必要的组织和规范性资源。“共同体”理论现在已经成为分析中国社会特征的一种研究取向。跨越战前和战后，日本的“共同体”概念内涵几经变化，值得系统分析和归纳。

战后日本的中国研究，正是从批判“中国社会停滞论”的基础上出发的。随着中国研究的深化，更根本的是由于中国社会自身的迅速发展，“共同体”研究的意义也随之发生变化。所以“共同体”理论不但反映了近代以来日本的中国问题研究潮流的变化，同时还折射出近代中国的兴衰给日本带来的刺激和冲击。本文主要是从政治史和学术史的角度对日本80年来关于中国认识中的“共同体”理论问题进行初步梳理，一方面批判其“中国社会停滞论”的消极方面，另一方面分析和整理近代日本特别是战后日本运用“共同体”理论研究中国社会历史的特征及其主要论点。

一、共同体理论与日本“中国社会停滞论”的形成

“共同体”理论最初渊源于西欧。早在古希腊时期，经过希腊波斯战争，古希腊人就形成了欧洲（希腊）是自由民按照自己制定的法律而管理的国家与亚细亚（波斯）则是由来自神权的君主与其所隶属的奴隶一样的臣民所构成的世界，即欧洲是“自由”世界，亚洲是“奴隶”社会的观念。[①] 到了18世纪的西欧，当时的思想家们基于欧洲绝对王权主义盛行的社会现实，为了推进市民社会的发展，借助对于“野蛮的亚细亚专制主义”进行严厉批判，来宣扬近代市民社会的理念。他们为了说明亚细亚的

① 岡崎勝世：『世界史とヨーロッパ』、講談社 2009 年版、18—19 頁。

专制、落后性，从土地公有这一经济基础上进行分析，认为亚洲社会的特征是土地属于专制国家所有，没有独立的市民阶层存在，因而无法限制王权的专制统治，所以社会发展落后。孟德斯鸠在《论法的精神》中从政治体制上论证了东方“停滞”的原因，他认为由于亚细亚（中国）自古就是专制政体，是以人的隶属关系为基础的，因而其文化就没有进步。他还从自然气候上解释为什么欧洲会与亚洲不同。① 黑格尔则认为由于东方世界皇帝专权，没有对立面，因而不会进化。② 亚当·斯密则从其近代经济学理论出发，在与欧洲的比较中论证了中国经济的停滞性，认为 18 世纪的中国社会与 500 年前马可·波罗所描述的情况没有变化。③ 显然这都是从自己的主观意识出发来评价和描绘亚洲社会的。到了 19 世纪后期，西方又把“亚细亚专制主义”的社会基础看作是家长制的共同体。④ 直到马克斯·韦伯也把中国社会看作是不同于西欧历史发展原理的另一种社会。⑤

但是对于当时东方社会的具体构造，不论是亚当·斯密还是黑格尔，都仅仅是依据一些古典文献和欧洲传教士带回的资料，停留在抽象的一般论述上，特别是他们往往从欧洲中心主义出发，在对亚洲的认识上带有偏见。从社会形态演进的角度客观研究亚洲社会历史的是卡尔·马克思。马克思在欧洲 1848 年革命失败以后，流亡到伦敦，他利用大英博物馆收藏的英国为在印度进行殖民统治所搜集、整理出的资料，对印度社会进行了详细研究。马克思认为当时的亚洲处于原始共同体的最终阶段即“农耕共同体”阶段，土地归共同体所有，而这种原始共同体是各个民族在历史上都存在过的。由于亚细亚社会共同体没有彻底解体，所以其上层建筑就是专制国家政体。⑥ 马克思并不是从欧洲的偏见出发，而是要从所有制和共同体这种经济基础来分析人类社会的普遍发展规律。不过，这时的马克思

---

① モンテスキュー（野田良之他訳）：『法の精神』、岩波書店 2008 年版、第 2 篇、第 14 篇。
② ヘーゲル（武市健人訳）：『歴史哲学』、岩波書店 1980 年版、第 1 部第 1 篇。
③ アダム・スミス（大内兵衛訳）：『国富論』、岩波書店 1954 年版、第 1 編第 8 章。
④ 島恭彦：『東洋社会と西欧思想』、生活社 1941 年版。
⑤ マックス・ウェーバー（森岡弘通訳）：『儒教と道教』、筑摩書房 1970 年版。
⑥ 参见小谷汪之：『マルクスとアジア』、青木書店 1979 年版。

对于东方社会的认识也受到文献资料的局限，还只能是一种假说。马克思晚年曾准备系统研究东方社会，可惜天不假时。此后的西方学者根据新得到的有关印度的详细资料，对于共同体的看法发生了变化。1923 年，马克斯·韦伯就认为以前欧洲人所说的亚洲原始农业共同体不过是阶级社会中的一种租税负担性的连带组织。① 到 20 世纪 80 年代又有学者根据对印度历史的深入研究，详细分析了当时英国殖民当局的调查资料，对于西方学界有关亚细亚社会“共同体”的理论问题进行了系统整理，明确指出当时所认为的所谓“共同体”只不过是殖民地当局为了保证向印度农民榨取沉重的税收而实行的一种税收连带责任制度，与原始“共同体”没有任何关系。②

马克思的共同体理论本来是从人类根本解放的角度在对社会历史进行探讨时所提出的一种假说。但是，这一假说却在后来为人们或是出于教条主义的解释，或是出于自身的价值判断而固执地加以猜测、发挥或任意利用、曲解。特别是在战前日本的中国问题研究中，“共同体”理论被引入后甚至演变成支持对外扩张的理论。

一般认为，日本马克思主义历史学的形成是在 1922 年，以左野学的著述活动为标志。③ 马克思理论传入日本历史学界，一时最为推崇的就是“亚细亚生产方式”和“共同体”理论。按照这个理论研究中国和亚洲极为风行。但是，马克思主义传入日本史学界受到推崇并发生变化是由当时的国际背景和日本的自身环境所造成的。

在 20 世纪 20 年代末期，当轰轰烈烈的中国大革命失败之后，围绕中国革命的性质和前途在国际马克思主义理论界曾引起激烈争论。这与苏联发生的斯大林同托洛斯基之间围绕中国革命性质和任务问题认识上的对立有直接关系。1931 年，在苏联的列宁格勒，由“列宁格勒东方研究

① 北原淳：『共同体の思想』、世界思想社 1996 年版、29 頁。
② 小谷汪之：『マルクスとアジア』、青木書店 1979 年版。小谷汪之：『共同体と近代』、青木書店 1982 年版。
③ 北山茂夫：「日本近代史学の発達」、『岩波講座世界歴史』別巻 1 、岩波書店 1963 年版。

所”和“马克思主义东方学者会议”主办了关于亚细亚生产方式的学术讨论会。当这个会议的情况介绍到日本之后，马上引起了日本学界的大讨论。[①] 列宁格勒会议的记录由苏维埃马克思主义东方学者协会出版后不久，1933 年其日文版便在日本刊行。[②]“亚细亚生产方式”和“共同体”理论立即成为处在亚洲、对中国研究有深厚积累的日本学界用以分析、认识亚洲社会历史的最新锐的理论武器。[③] 虽然后来斯大林发表了《辩证唯物论和历史唯物论》，把五种社会形态作为人类历史的普遍的规律，并没有再提及亚细亚生产方式问题，但对此日本学界却没有什么大的响应，继续以亚细亚生产方式理论研究中国社会历史。

1932 年 5 月，以渡部义通、西雅雄、早川二郎为中心创办了《历史科学》杂志，其口号是“开拓无产阶级历史学，建设马克思主义历史学”。该刊陆续刊载了许多关于亚细亚生产方式讨论的文章，成为当时讨论这一学术热点的主阵地。格科夫斯基的《关于“亚细亚生产方式”问题马克思恩格斯观点的发展》，魏特夫的《黑格尔的中国论》，高戴斯的《关于亚细亚生产方式讨论的总决算》等，也在该刊陆续翻译发表。同时，马克思和恩格斯的有关著作陆续出版后不久便传到日本。例如，1939 年，马克思《经济学批判大纲》德文版刊行；1940 年，《资本主义以前各种社会形态》俄文版刊行；1941 年《古代社会笔记》出版。这些著作都很快传到日本，为学者们熟读。[④] 这就更加扩大了马克思主义的影响，便利了当时的研究和讨论。

但是，当时日本的“亚细亚生产方式”和“共同体”理论研究所依据的并不主要是马克思的著作本身，而是马扎尔和魏特夫的有关理论。例如，受马扎尔关于中国社会是从“亚细亚生产方式”向资本主义过渡的观点的影响，桔朴和中江丑吉都认为马克思的亚细亚社会论是适应于中国社

---

① 石田浩：『中国農村社会経済構造の研究』、晃洋書房 1986 年版、7 頁。
② 早川二郎訳：『アジア的生産様式について』、白揚社 1933 年版。
③ 五井直弘：『近代日本と東洋史学』、青木書店 1976 年版、168—169 頁。
④ 布村一夫：『共同体の人類像』、長崎出版 1983 年版。

会的，并开始运用这种观点进行研究。[①]《满铁调查月报》14卷2、3号曾刊登了马扎尔关于亚细亚生产方式的权威定义，这就是（1）人工灌溉是农业的主要条件。（2）国家是最高的土地所有者。（3）国家形态是东洋专制主义等。这种看法对日本学界具有指导性的意义。

魏特夫及其“亚细亚生产方式理论”在日本最受欢迎。当时每有魏特夫的著作出版，几乎很快就被翻译成日文。特别是魏特夫的《解体过程中的中国的经济和社会》一书被平野义太郎等翻译出版后，一时洛阳纸贵。该书企图将马克思的亚洲社会理论进一步具体化，提出是大规模治水工程的需要产生了亚洲的专制国家政府，这标志着魏特夫式亚洲观的形成。其后魏特夫又在《东洋社会的理论》[②]中认为亚洲社会就是一种停滞的社会，这对以后日本的中国研究产生了深远影响。当魏特夫被法西斯德国政府驱逐后，于1935年来到日本，他与日本史学家和田清、石田干之助、清水泰次、仁井田升、牧野巽等交流过井田制以及中日儒学的差异等问题。不久，魏特夫在中国进行调查研究后所发表的新成果也在日本翻译出版。[③]可以说魏特夫的亚细亚生产方式理论在日本有着极大的市场。

值得注意的是1935年魏特夫来日本访问时，通过对日本农村的“考察”后提出，日本与欧洲各国相似，虽然落后畸形，但从18世纪末已具备了向产业资本主义进化的各种条件。这种观点为平野义太郎所赞同并加以介绍。[④]由此，便出现了这样一种奇怪的论调，这就是“亚细亚停滞社会”不包括日本，日本是一个特例，所谓“停滞社会”专门指中国、印度和东南亚诸民族。此后，日本许多学者认同并发挥了这种观点。魏特夫的观点与近代日本的“脱亚入欧”理念十分巧合，因此他受到那样的欢迎也

① 橘樸：「中国農村の階級構成」、『滿蒙』第9巻第4号、1928年。中江丑吉：「支那の封建制度に就いて」、『満鉄支那月誌』第八巻第一号、1931年。

② ウィットフォーゲル（森谷克己、平野義太郎編訳）：『東洋社会の理論』第一篇、日本評論社1938年版。

③ ウィットフォーゲル（平野義太郎、宇佐美誠二郎訳）：『支那社会の科学的研究』、岩波書店1939年版。

④ ウィットフォーゲル（平野義太郎、宇佐美誠二郎訳）：『支那社会の科学的研究』、岩波書店1939年版、181—192頁。

就不足为奇了。

在日本的马克思主义历史学初创时期，运用“共同体”理论研究亚洲社会，最著名的当推羽仁五郎和服部之总。羽仁在 1932 年发表了著名的论文。[①] 羽仁认为，印度、中国和日本的奴隶制与农奴制同欧洲古代的奴隶制和中世纪的欧洲农奴制有着根本的不同，带有“亚细亚的特殊性”，具有这种“亚细亚特殊性”的奴隶制和农奴制就是“亚细亚生产方式”，由于这种生产方式的存在，阻止了资本主义制度的发展而成为“停滞的社会”。造成这种状况的原因是在亚洲当一种社会向另一种社会转变时，由于阶级斗争和土地私有制的发展的不彻底，旧的残余顽强存在，影响了社会的发展。但是，羽仁又说，近代以来日本出现与中国、印度不同的发展道路。日本的前资本主义社会与中国、印度同样属于具有“亚细亚的特殊性”的社会，但是，在幕末时期出现了资产阶级发展的萌芽和向绝对王政转换的因素。这就是说日本的近代化进程与印度、中国不同。至于具体为何不同，羽仁没有进一步说明。此后，服部之总通过对幕末日本手工业的实证分析认为日本在天保年间已经进入到马克思所说的手工生产阶段，而中国是在甲午战争之前才进入这一阶段的。从历史发展阶段来说，在服部看来，日本落后于西方，但是又比中国和印度发达。[②]

在这期间运用“共同体”理论，专门研究中国问题的主要有以下方面：首先是曾经大量翻译、介绍魏特夫著作的森谷克已在其论文中认为，秦朝实行的什伍制是将原有的自然村落组织改变为专制国家的基础。郡县制是由国家直接统治生产者，因而秦朝是专制的封建的官僚主义社会。[③] 佐野袈裟美在《中国历史读本》[④] 中认为，西周到春秋时代是亚细亚生产

① 羽仁五郎：「東洋における資本主義の形成」、『史学雑誌』四三巻二、三、六、八号。单行本 1948 年由三一書房刊行。

② 服部之総：『明治維新史研究』、白揚社 1933 年版。服部之総：「日本史的世界と世界史的日本」、『世界』1947 年 11 月号。

③ 森谷克已：「支那経済史・社会史の諸問題」、『歴史科学』三巻五号（東洋史特集号）、1934 年。

④ 佐野袈裟美：『支那歴史読本』、白揚社 1937 年版。

方式的时代，其后进入中央集权的封建社会。秋泽修二在《中国社会结构》[①]中提出，汉唐时代农奴制与奴隶制并存，王朝反复交替，社会结构发展不明确，反映了中国社会的亚细亚停滞性的特征，而阻止中国社会发展的原因就是共同体关系的延续、存在。不过，横川二郎在《中国的农村共同体及其遗存》[②]中批判了魏特夫的“水理论”，他认为大规模水利工程只是强化专制权力的次要原因，其主要原因还是“孤立的小宇宙式的共同体”[③]。平田良卫则开始从“共同体”理论的角度分析中国革命。[④]

1936年以后，由于日本国内军国主义日益盛行，特别是在《思想犯保护观察法》公布之后，加强了思想控制。平野义太郎、山田盛太郎等讲座派学者受到监控，1936年12月，《历史科学》被迫停刊。1938年2月，大内兵卫、美浓部亮吉等劳农派也遭到镇压。这样，关于亚细亚生产方式的讨论阵地便从日本内地转移到设在中国东北的满铁调查部这样的海外殖民地研究机关，这样的研究成果开始主要在《满铁调查月报》和《满洲评论》发表。这期间，随着研究的深入，有人开始对魏特夫的理论，特别是其“水理论”进行批判，但是“中国社会停滞论”的观点虽然有人提出怀疑，但依然为大多数学者所坚持。例如大上末广在《旧满洲的土地形态和地租形态》[⑤]一文中批判了亚细亚社会停滞论的观点，认为富农属于近代市民性质的土地所有制，中国农业正在向资本主义发展。清水盛光的《旧中国专制权力的基础》[⑥]也批判了魏特夫的“水理论”，但他却接受了迪尔凯姆等的“环节社会”理论，认为中国社会是村落自治体为单位的环节社会，个人被村落共同生活所吸收，缺乏政治要求的独立性，是一种典型的处于停顿状态的环节社会。佐藤晴生在《关于魏特夫的〈东洋社会的

① 秋沢修二：『支那社会構成』、白揚社1939年版。

② 横川二郎：「支那における農村共同体とその遺制について」、『経済評論』二巻七号、1935年。

③ 五井直弘：『近代日本と東洋史学』、青木書店1976年版、168—169頁。

④ 平田良衛：「支那革命と農業問題、三、アジア的生産方法」、『思想』八六号（支那特集号）、1929年7月。

⑤ 大上末広：「旧満洲の土地形態と地代形態」、『満鉄調査月報』十三巻三、四号、1933年。

⑥ 清水盛光：「旧支那における専制権力の基礎」、『満鉄調査月報』一七巻二号、1937年。

理论〉》[①]和《中国经济史上的灌溉》[②]等论文中通过考察中国古代的水利灌溉，指出中国古代属于旱地农业，魏特夫的“水理论”不能成立，主张中国专制主义的基础是孤立闭塞的共同体。此后，满铁调查部研究人员对于中国古代农业技术进行了一系列考察，结果都是否定魏特夫的“水理论”的。这方面的研究还有村上舍己的《关于华北农业生产力发展史的若干考察》[③]、天野元之助的《中国农业中水的意义》[④]等。另外，为了考察古代的共同体，牧野巽等人还对汉代的家族形态进行了研究。[⑤]但是，他们的研究仅仅限于家庭的形态方面，未能与生产关系联系起来，其讨论也没有得出重要的成果。[⑥]

在研究中国社会中“共同体”的具体表现时，曾围绕里甲制的性质及与自然村的关系展开过争论。山田秀二主张“里”是由国家编成的行政村。[⑦]松本善海也认为里甲制是以一百一十户为单位的户数为编成原则，是由于国家为了征税而组织的，属于行政村。[⑧]但是，清水盛光在承认里甲制的行政性质的同时，又认为它与自然村也是统一的，是由一村或数村联合而成的。是以自然村为基础，为了征税和维持治安以行政方法编成的。[⑨]

1937年围绕中国统一化问题的争论也与亚细亚生产方式的讨论密切相关。西安事变发生后，矢内原忠雄发表了《中国问题的所在》[⑩]一文，

---

① 佐藤晴生:「ウィットフォーゲル『東洋社会の理論』に就いて」、『満鉄調査月報』一九巻一一号、1939年。

② 佐藤晴生:「支那経済史における灌漑」、『満鉄調査月報』二〇巻四号、1940年。

③ 村上捨己:「北支農業生産力展開史に関する若干の考察」、『満鉄調査月報』二〇巻八号、1940年。

④ 天野元之助:「支那農業における水の意味」、『満鉄調査月報』二二巻八、一〇号、1942年。

⑤ 牧野巽:「漢代における家族の大きさ」、『漢学会雑誌』三巻二号、1935年。宇都宮清吉:「漢代における家と富豪」、『史林』二四巻二号、1939年。守屋美都雄:「漢代家族型体に関する試論」、『史学雑誌』五二編六号、1940年。

⑥ 五井直弘:『近代日本と東洋史学』、青木書店1976年版、168—169頁。

⑦ 山田秀二:「明清時代の村落自治について」一・二・三、『歴史学研究』二巻三・五・六号、1935年。

⑧ 松本善海:『支那地方自治発達史』、中央大学1939年版。

⑨ 清水盛光:『中国の郷村統治と村落』、日本評論社1949年版。

⑩ 矢内原忠雄:「支那問題の所在」、『中央公論』1937年2月号。

提出在南京政府领导下中国的资本主义化取得进展，近代统一国家正在形成，并且正在摆脱半殖民地的状态。意在说明中国在发展。但是，大上末广、土井章、中西功、尾崎庄太郎、尾崎秀实等日本马克思主义派学者在对于中国的统一化和经济建设的评价上与矢内原忠雄观点有所不同，出现论争。在论争中都涉及了“亚细亚社会停滞论”和“亚细亚生产方式”问题。[①] 特别是大上末广、中西功等具有参加满铁调查部农村调查经验的人，虽然对于中国农村从动态的、发展的观点进行了一些分析，这对于战后日本的中国农村研究影响很大，但是他们对于中国农村的研究是从宏观的角度进行的，通过对农村土地所有的规模和土地经营来考察阶级构成，并与中国革命运动相联系，所以他们对于农村经济结构的具体状况依然分析不足。[②]

在战前日本，根据“共同体”理论对中国农村社会进行全面并且深入研究的当属清水盛光。[③] 清水在其大部头的《中国社会研究》[④] 中认为，历史上中国政治最基本的特征就是绝对专制主义，而绝对专制主义的客观基础就是由于中国分散、孤立的村落共同体的存在，这种村落共同体构成了迪尔凯姆所说的非近代的“环节社会”。近代西方社会是由于环节社会的解体，分工出现，产生了基于平等思想的自觉独立的个人，结成了近代市民社会。然而在中国由于个人完全被村落共同体所吸收，无法产生平等思想，不但没有出现市民阶层与社会，反而成为了专制主义的社会基础。在清水看来，中国的专制主义与西方前近代的社会性质是一样的，都是属于环节社会的。清水根据当时所能掌握到的文献资料，对于中国村落进行详细研究，认为当时的村落内部已经出现阶级分化，是由乡绅、士绅统治的社会，这是一种氏族共同体的残存形态即同族部落。这种社会进一步分化、解体，便成为异姓杂居的地缘性村落，既使是作为村民共同事业的看

---

① 野沢豊：「“中国統一化”論争について」、アジア経済研究所编：『“中国統一化”論争の研究』、アジア経済研究所 1971 年版。

② 石田浩：『中国農村社会経済構造の研究』、晃洋書房 1986 年版、10—11 頁。

③ 旗田巍：『中国村落と共同体理論』、岩波書店 1973 年版。

④ 清水盛光：『支那社会の研究』、岩波書店 1939 年版。

青活动也带有了阶级性。但是，他又认为即使在阶级社会中，中国村落的独立性也是依然存在的。清水还主张中国的共同体村落同时存在着两种自治，一种是由村落首长介入的政府对村落的统治，清水称呼其为“他律的自治”；另一种是作为前一种自制基础的，在村落内部自行产生的自治，清水称呼其为“自律的自治”，后一种自治存在的依据就是村落共同体的性质。虽然由于阶级的分化，村落的共同体性质被逐渐破坏，但是另一方面共同体的因素也对阶级分化产生了阻止作用。

这一时期日本学界的中国研究虽然在一些具体问题上有争论，甚至也有人批判魏特夫的“水理论”，但是他们都把共同体当作东、西方历史上共同存在的社会形态，把东方专制主义归结为共同体依然存在的结果，认为中国社会具有停滞性。这种想法在当时是非常普遍的，正如丸山真男所说：“中国的停滞性是当时站在第一线的研究中国历史的学者们多多少少都共有的一种认识。”[①] 这种观念的理论形态是来自于西方中心主义，因为，东方专制主义的概念及其理论是近代西方学者首先提出的，正如中村哲所指出的：“专制主义的观念是近代欧洲在自我认识的过程中，作为发展中的自由的欧洲市民社会的对立面而提出的一种恐怖政治的奴隶制（孟德斯鸠《法的精神》）及其与之相伴随的停滞社会（亚当·斯密《国富论》），它只是一种世界史的开端（黑格尔《历史哲学》序言）。这种观念对于日本的中国史学产生了深刻影响。特别是在战前的研究中，不论是不是属于马克思主义，中国社会的停滞性是不言自明的。‘专制’和‘停滞’可以说是同义语。”[②] 谷川道雄就指出：“按照这种想法，就导致出这样一种理论，即如果没有日本的援助和领导，中国的近代化是困难的。其结果就使得日本侵略中国得到正当化。”[③] 永井和也指出：“在战争期间，‘亚细亚停滞论’的功能专门成为使日本对亚洲侵略正当化的意识形态，在亚洲唯一成功进入近代化，维持了独立的日本要从欧美列强的统治下保护那些

① 丸山真男：『日本政治思想史研究』、東京大学出版会 1952 年版、371 頁。
② 中村哲：『東アジア専制国家と社会・経済』、青木書店 1993 年版、52 頁。
③ 谷川道雄：『戦後日本の中国史論争』、河合文化教育研究所 1993 年版、12—13 頁。

自己无法形成近代化国家的亚洲诸民族，代替欧美而成为亚洲的盟主，具有领导和统治其他亚洲诸民族的权利。‘亚细亚停滞论’为这种‘东亚新秩序论’以及‘大东亚共荣圈论’提供了历史学的依据。”① 但是，这种观点成为一种普遍的共识，还离不开近代日本社会的土壤，近代日本实行“脱亚入欧”，学习西方，成为军事强国，跻身于列强，便开展了对邻国的侵略。蔑视其他亚洲国家的观念盛行，这是接受和形成这种顽固的“中国社会停滞论”的社会历史原因。正像福泽谕吉那样，把近代化仅仅看作是西洋化，而在亚洲推行近代化，就是要实现日本化。当推行日本化遇到了抵抗，福泽就主张：既然那些亚洲国家顽固不化，日本就应不惜以武力来促进其开化。② 福泽甚至说出：“不要对中国文明给予希望”了。③ 小谷汪之深刻指出：“由于日本近代所走的道路就规定了，欧洲的近代价值观把我们深深地像咒语一样束缚起来。”④ 欧洲中心观念与侵略亚洲的历史选择相结合，为“共同体”理论在日本的发展提供了条件，这一点在十五年战争期间表现尤为明显。

二、“中国社会停滞论”与大东亚共荣圈

1937 年日本发动了全面侵华战争。对此，当时日本使用马克思主义观点倡导国家主义和全体主义的代表性学者秋泽修二是这样说的：“此次日华事变会给中国带来一个光明的结果。也就是依靠皇军的武力将中国社会中那些被称为‘亚细亚的’停滞性政治支柱的军阀统治，从中国广大的主要地区扫除掉。由此，可以最终克服中国社会那种特有的停滞性，与

---

① 永井和：「戦後マルクス主義史学とアジア認識—“アジア的停滞性論”のアポリア—」、古屋哲夫編：『近代日本のアジア認識』、京都大学人文科学研究所 1994 年版。

② 家近亮子：『日中関係の基本構造』、晃洋書房 2003 年版、47—48 頁。

③ 福沢諭吉：『新訂　福翁自伝』、岩波文庫 1999 年版、262 頁。

④ 小谷汪之：『マルクスとアジア』、青木書店 1979 年版、222 頁。

前进自立的日本合作，开拓出真正自立的道路，这就是东亚协同体。”[①]可以说，20世纪30年代发动侵华战争的日本军国主义分子们都持有“中国社会停滞论”的观点，他们把对中国的入侵称之为是来拯救中国，把日本与西方列强在亚洲争夺殖民地的战争说成是为了解放亚洲，狂妄宣称只有日本才是亚洲的领导者，要以日本为首来建立“大东亚共荣圈”。策划“九·一八”事变的首谋石原莞尔在《满洲建国前夜的心境》中说道：通过观察当时中国政局，“我们对于中国人的政治能力不得不怀疑。汉民族虽然具有高度的文化，但是建设近代国家大概是不可能的。在满洲事变前我们就一直有这种怀疑。我们都强硬主张当时解决满蒙问题的唯一方策就是提倡占领满蒙，由于汉民族自身不具有政治能力，所以要由日本来占领满蒙，这不但是日本存立的需要也是中国人自身的幸福”[②]。1930年7月石原曾对日本官僚说：“中国不能统一，拯救中国民族的天职是日本。”“要赌上国家的命运救济可怜的东洋各民族。为了拯救中国，其根据地就是满蒙，在满蒙的共同敌人是军阀，日华满鲜四民族要共存共荣。日本进行统治并有大企业，中国人劳动并有小企业，朝鲜人种水田，蒙古人从事畜牧业。要打破妨碍我们实现这种天职的白人压迫，这就是日美战争。”[③]1935年，石原提出：“皇国现在的国策就是对外完成东亚联盟，对内坚决进行革新，由此完成实现八紘一宇的天皇统治计划的准备。”[④]他认为中国社会的发展是停滞的，自身不能建立起近代国家，所以要由日本来统治，建立天皇统治的“八紘一宇”的世界。制造南京大屠杀的松井石根曾狂热主张结成“亚洲联盟”，理由是中国正在走向“堕落”，会牵连到日本，所以日本决不能袖手旁观。他把日本出兵中国说成是对中国进行挽救。松井在

---

① 秋沢修二：『支那社会構成』、白揚社 1939年版。本文转引自子安宣邦：『「アジア」はどう語られてきたか』、藤原書店 2007年版、141頁。

② 石原莞爾：「満洲建国前夜の心境」、『現代史資料 11　続・満洲事変』、みすず書房 1975年版、630頁。

③ 石原莞爾：「横山資源局事務官に示せる石原私見」、『現代史資料 7　満洲事変』、みすず書房 1975年版、133頁。

④ 石原莞爾：「無題」、『現代史資料 8　日中戦争 1』、みすず書房 1976年版、668頁。

《亚洲联盟论》中就说："如果中国依然执迷不悟，继续拒绝日本的援助之手，中国就会被分割或共管，成为国际纷争旋涡的第二个巴尔干，或者赤化为第二个苏联。""虽然中国的没落是咎由自取，但是由此受到打击的是日本和亚洲全体。所以日本要坚持，对于中国的自掘坟墓和日益堕落深渊决不能袖手旁观。"[①] 日本陆军中的所谓"中国通"佐佐木到一也说："东洋祸乱的根源在中国，其原因主要是西力东渐和中国的积弱，积弱的中国企求利用西力却往往使得祸乱更大。然而受害最大的是我帝国和中国民众，必须如实告诉他们我们赌上国运而发动日俄战争的史实。"[②] 1934 年日本政府发表天羽声明，十分露骨地说："日本对于中国的态度也许与其他外国不一致，这是由日本在东亚的地位使命所决定的。"中国的统一和恢复秩序是日本所希望的，"但是，中国的保全统一以及秩序的恢复，不外就是等待中国自身的自觉和努力，正像过去的历史所显示的那样，现在也是一样，将来也不会发生变化"。所以日本应该有所行动。[③] 战争期间日本精神动员中央联盟就强调日本国民必须要具有作为东亚领导者国民的自豪和自信。[④] 亚洲国家停滞不前，需要日本出来拯救和领导。这就是近代日本由"中国社会停滞论"所演变出来的"侵略有理"论的强盗逻辑。

在战争期间把这种"共同体"理论发展到高峰，并由此为日本建立"大东亚共荣圈"提供理论依据的当属平野义太郎。平野出生于 1897 年，东京帝国大学法学部毕业后即留校担任助教、副教授。平野早期曾是日本马克思主义学派社会科学团体"讲座派"的重要成员，著有《法律上的阶级斗争》、《最近的殖民地政策与民族运动》等论文，并从事《日本资本主义发展史讲座》的编辑工作。在亚细亚生产方式理论引入日本的过程中，平野翻译了魏特夫的多部著作，其研究观点也深受魏特夫的影响。他

---

① 松井石根：「亜細亜連盟論」、『外交時報』第 679 号、1933 年 3 月。

② 佐々木第九師団参謀長私見：「満洲建国と帝国の使命」、『現代史資料 11　続満洲事変』、みすず書房 1975 年版、633 頁。

③ 「天羽英二情報部長の非公式声明」、『現代史資料 8　日中戦争 1 』、みすず書房 1976 年版、25 頁。

④ 井上寿一：『理想だらけの戦時下日本』、ちくわ新書 2013 年版、196 頁。

首先认为构成亚细亚社会基础的是家族共同体的顽强存在，特别是中国南方大家族“同居同财”的宗族制度。他认为这是分析和认识中国农村不可或缺的因素。其次，他主张治水和灌溉事业是与封闭、孤立的农村共同体有着密切关系的，而由此形成的中国农业社会只是同一种社会形态的反复再生，看不到其螺旋式地向前发展，特别是其工业的发展明显停滞。

1930年，平野由于同情日本共产党而被起诉，同年被帝国大学免职。在讲座派被镇压的事件中平野又被起诉，转年以起诉保留处分得到释放。在此之后，他便积极参加了太平洋协会的活动，并成为骨干。太平洋协会是战前由鹤见佑辅创立的日本“国策”研究团体，太平洋战争爆发后则全面为日本的侵略战争服务。平野曾担任过该会的计划宣传部长，是主要干部之一，据说在当时太平洋协会的各个委员会中都可以看到他的身影。[①]这时的平野已经由一位马克思主义学派的研究者摇身一变而成为支持日本发动战争的理论家。

战争期间平野参加了著名的“北支（当时日本称华北为“北支”，即“北部支那”）农村惯行调查”。依据华北农村的调查资料，平野对中国农村的“共同体”性格有了进一步的认识。“北支农村惯行调查”是带有浓厚学术色彩的一项大型调查。当日本占领了中国东北以及关内地区之后，为了制定殖民地政策曾组织进行了一系列大规模调查。例如《满洲旧惯调查》、《冀东农村实态调查》、《河北农村调查》、《北支农村概况调查》、《江苏省农村实态调查》和《广东省农村实态调查报告》等。特别是《北支农村惯行调查》是在1940—1944年间由满铁调查部华北（北支）经济调查所（主要成员有杉之原舜一、安藤镇正、内田智雄、旗田巍等）和东京大学法学部教授及有关学者（主要有末广严太郎、平野义太郎、仁井田升、福岛正夫、戒能通孝、内田力臧、矶田进、德田良治等）共同进行的调查。这项调查与日本以往的调查有些不同，虽然日本政府是要求为殖民

① 鈴木麻雄：「第二次大戦下における一マルクス主義者の言動—平野義太郎の大東亜共栄圏論—」、中村勝範編著：『近代日本政治の諸相—時代による展開と考察—』、慶応通信1989年版。

统治服务，但是调查的主持者却带有很大的学术性研究目的。他们当中许多人抱着要确认中国农村共同体是否存在这个目的来从事调查的。但是根据实地调查的结果，他们绝大多数人却否定了在中国有共同体的存在。所以当时的东亚研究所在制定华北农村惯行调查的第一次预备调查项目中罗列出许多有关共同体习惯行为的项目，经过调查不得不确认在华北没有这种习惯行为。所以，在制定第二次的预备调查项目时，便消除了有关共同体的项目。[①] 正如参加过“北支农村惯行调查”并专门分担村落社会构造专题的旗田巍所回忆的：“战争期间在中国各地农村所进行的实态调查，是一个对以前所议论的共同体理论进行验证的机会。当时我虽然认为共同体理论有不足之处，但是依然想定在中国有共同体的存在，利用参加满铁农村实态调查的机会来寻找共同体的实际状况。后来我否定了村落共同体的存在，但是当初是预想其存在的。不过随着调查的进展，便放弃了当初的预想。”[②] 这可以说是战中农村调查的最主要收获。但是，就战前日本关于“亚细亚生产方式”和“共同体”理论研究的总体而言，主要是在理论上对马克思观点本身进行解释和阐述，其实证性研究十分薄弱。在中国史研究者中所展开的争论，无论是肯定还是否定共同体的观点，其实证性的努力均没有得出有说服力的结果。[③] 虽然战争期间所进行的农村实态调查获得了大量资料，但是通过详细分析这些资料而对中国农村问题研究得出的重要成果都是在战后出现的。[④]

---

① 古島和雄：『中国近代社会史研究』、研文出版 1982 年版、13 頁。

② 旗田巍：『中国村落と共同体理論』、岩波書店 1973 年版、序に代えて。

③ 旗田巍：『中国村落と共同体理論』、岩波書店 1973 年版、5—6 頁。

④ 例如：福武直：『中国農村社会の構造』（1946 年）。根岸佶：『中国社会における指導層一中国耆老紳士の研究一』（1947 年）。内田智雄：『中国農村の家族と信仰』（1948 年）。村松祐次：『中国経済の社会態制』（1949 年）。仁井田陞：『中国の農村家族』（1952 年）。天野元之助：『中国農業の諸問題』（1952 年）。今掘誠二：『中国の社会構造』（1953 年）。内田智雄：『中国農村の分家制度』（1956 年）。旗田巍：『中国村落と共同体理論』（1973 年）。石田浩：『中国農村社会経済構造の研究』（1986 年）。内山雅生：『中国華北農村経済研究序説』（1990 年）。柳沢和也：『近代中国における農家経営と土地所有一1920—30 年代華北・華中地域の構造と変動一』（2000 年）。内山雅生：『現代中国農村と「共同体」一転換期中国華北農村における社会構造と農民』（2003 年）。内山雅生：『日本の中国農村調査と伝統社会』（2009 年）。

但是，以平野为代表的一些人通过参加这项调查活动却更加坚持主张中国存在共同体的观点。平野所关心的重点在于河北省沙井村等村落的“会首”、“村公会”等，认为这就是共同体的表现。1941年，平野发表了《会・会首・村长》[①]一文，认为由会首们举行的聚会协商形式即村公会是自然村落的自治机关，这与政府制定的保甲、邻闾等行政组织不同。村公会以村庙为中心，具有自己的财产。这种村公会在清代就存在，并不是由政府设立的，因而是一种自然形成的生活共同形态，这就是构成中国社会的基础即共同体性质的构造。

对于平野的上述观点，同他一起参加了华北农村惯行调查的戒能通孝虽然同样也是依据华北农村调查的资料，但他对平野的观点提出异议，由此产生了著名的“平野—戒能”论争。戒能通孝在《中国土地法习惯序论》[②]中通过对日本和中国村落的比较指出，中国村落并没有严格的界限，没有像日本农村中的村落租税承包家族，因而也没有以他们为核心的村落组织的团结，村民是作为一个个单独的个体而存在的。中国村落中的村长以及会首没有获得村民内在的支持，仅仅是个强力的统治者而已。戒能还认为，在对中国农村调查时所使用的“自然村”一词并不恰当。因为日本学界使用的“自然村”概念不仅是指人们的聚居，而且还意味着一个团体、一个组织，即一个统一的村落，这在中国是没有的。

对于戒能的批评，平野又发表了《作为华北村落基本要素的宗族和村庙》[③]，虽然他接受了戒能的一些观点，承认日中村落间的差异，但是仍然强调中国村落中存在着很强的共同体性质的关系。他说，中国村落是以村庙信仰为中心而进行生活的，村民们关于是非善恶等意识规范的根源来自于对村庙主神的信仰意识。平野是想通过村民们的信仰和道德方面的共

① 当时发表在『支那慣行調査彙報』其后收录在『大アジア主義の歴史的基礎』第二編第二章。

② 戒能通孝：「支那土地法慣行序説」打印本，1942年。其后收入東亜研究所編：『支那農村慣行調査報告書』第一輯、1943年。

③ 平野義太郎：「北支村落の基礎要素としての宗族及び村廟」、東亜研究所編：『支那農村慣行調査報告書』第一輯、1943年。

同意识行为来揭示村落共同体关系的存在。[①] 其后平野还发表了《规范华北乡党社会生活的民族道德——以功过格为中心》[②]，继续强调村落规范意识的同一性，以此证明共同体的存在。

平野为何对于中国农村的共同体这样孜孜以求呢？这与他当时对于亚洲太平洋战争的态度有关。平野认为，世界各国本应该和睦相处，和谐共荣。但是，近代以来亚洲各国由于受到外来的侵略与压迫，产生分裂，为了求得安定而出现战争。所以亚洲各国应以日本为中心，团结一致，为了“东洋的道义”而战。由此他要将日本发动的战争合理化。作为一名学者，平野要从理论上论证日本发动战争具有合理性，在其《大亚细亚主义的历史基础》[③] 一书中，平野提出，大亚细亚主义的政治、经济、文化的发展必须建立在东洋共通的客观的社会基础之上，这种社会基础就是“乡土共同体”。而村落自治、家族组织、宗族团体、看青会、乡党和同业公会以及道教的宗教伦理观念等就是其具体表现。他认为以家庭观念为基础的家族结合，使人们的生命、命运协同为一体，这就是东洋的道义。以亚细亚的农村共同体为基础，由家族制度构成社会的结合单位，这就是东洋社会的本质。保证和维持村落共同体和家族共同体，重视这种共同关系是亚洲社会与欧美社会的本质区别所在，这也就是日本对亚洲其他民族进行统治的根基。欧美社会自希腊、罗马时代开始就是一种个人主义、自由竞争的社会，征服与统治、对立和抗争是其本质。

对于抗战时期的中国，平野则提出汪精卫政权继承了孙中山的大亚细亚主义，与日本合作，符合东洋的道义。而蒋介石政权却与美国合作，造成“东洋的祸乱”。对于如何巩固汪精卫政权，平野从中国社会的特征出发提出村落建设的主张。他说整个中国社会的结构就是：以家族为单位的自然村落——以集市为中心的部落联合（乡村）——农村的小都市，

---

① 旗田巍：『中国村落と共同体理論』、40 頁。

② 平野義太郎：「支那における郷党の社会協同生活を規律する民族道徳一功過格を中心として」、『法律時報』一五巻一一号、1943 年 11 月。

③ 平野義太郎：『大アジア主義の歴史的基礎』、河出書房 1945 年版。

有商店，位于交通要冲，是农村和县城联系的媒介（镇）——农村的行政、经济以及文化的中心，乡土社会的边界（县城）。村落是乡土社会的基础单位，也是大东亚共同体建设的重点。在乡村中由于共同体的解体，同族集团的村落向地缘集团转化，乡绅成为村落权力的核心。所以，日本的殖民地统治就是要改造和利用乡绅，以此来实现“大亚细亚主义”。

近年就有日本学者批评说，这时平野的“亚细亚论”已经蜕变为“大东亚共荣圈论”。他支持日本政府的侵略战争，要建立一个由日本领导的所谓亚洲新秩序，丝毫也不隐瞒对于亚洲其他民族的歧视。[①]这标志着日本对于战争期间意识形态研究的深入。

当时与平野展开争论的戒能通孝，否定中国农村中所谓共同体的存在，其深层意思是反对平野那种反西洋、反近代的观点。[②]戒能是肯定近代市民社会的，通过对于中国村落土地私有权的考察，他否定了平野的共同体理论。正如对“平野—戒能”争论做出精辟总结的旗田巍所指出的：“在二者意见对立的背后，存在着对于世界历史发展过程中亚细亚社会和西洋社会的位置如何看待，以及对于世界发展的瞻望、认识上有重大的差异。”[③]但是，虽然戒能通孝批评了平野的关于东亚社会性质的观点，认为中国农村没有所谓的“共同体”，只有“个体”的存在。但是，他又认为这种个体性的社会与日本和欧美社会仍然不同，依然难以发展到近代社会。他的看法是，在华北农村内部没有形成由自发的共同意识所支撑的一般秩序，虽然从外面看其土地所有权具有近代性，但是其实质上缺乏近代性的本质。因为近代的国民秩序是在与封建领主进行权力对抗的农村协同组织中产生的，而中国农村没有西欧和日本那样的作为自主的公共权力机关的封建制和庄园制。其结果中国农村也没有形成由协同组合构成的村落秩序，也就不会形成协同团体性质的国民秩序。戒能通孝的这种观点虽然

---

① 鈴木麻雄：「第二次大戦下における一マルクス主義者の言動—平野義太郎の大東亜共栄圏論—」、中村勝範編著：『近代日本政治の諸相—時代による展開と考察—』、慶応通信 1989 年版。

② 旗田巍：『中国村落と共同体理論』、42—44 頁。

③ 旗田巍：『中国村落と共同体理論』、序に代えて。

否定了中国存在“共同体”的理论，但是又落入了“停滞社会论”的窠臼。有趣的是，这时的平野反而开始批判所谓的亚洲“停滞论”，认为这种观点是要让亚洲永远处于西欧社会之下的偏见。[①] 在战争期间，日本的亚洲“共同体论”与“亚洲停滞论”发生了脱节，这一点值得注意。对于战前日本亚洲认识中的这种错综复杂的矛盾性，野泽丰曾经深刻指出，在战前日本的亚洲研究中有一种包括自己在内都落后于欧洲的潜意识，在克服这种意识的努力中，“有时要追求一种普遍性（世界性），有时又要追求一种特殊性（土著性）。在对于特殊性的摸索中，关于亚洲是落后的固有看法和可变的看法都带有各自的特性。对于亚洲是侵略还是连带的这两种动机也同对于亚洲是固定不变还是可以变化的两种认识深刻关联。”[②]

战争期间日本学界出现了这样一种奇妙的现象，一些原本主张“马克思主义”共同体理论观点的学者转而支持发动战争，而那些崇信西方自由主义观点的学者则反对战争。平野在早期是属于日本马克思主义历史学派的，他从马克思主义关于亚细亚社会的论述中引导出“大亚细亚主义”，这可以说是战前日本“马克思主义”流派的一个悲哀。所以，战后日本就有学者认为这是马克思主义本身的问题，因为他们认为中国社会“停滞论”的理论根据来源于马克思的观点。例如，谷川道雄就认为：“马克思所提倡的东洋专制主义理论，指出了在其国家的深层存在着缺乏社会发展契机的村落共同体。另外，马克思把亚细亚生产方式作为古典奴隶制、封建制、近代资本主义几个相继发展历史阶段的最初阶段。由此马克思的亚细亚社会论成为了中国社会‘停滞论’的理论根据。”[③] 中村哲也认为：“共同体学说是站在马克思主义理论、欧洲中心史观和近代主义的立场上，是以在前近代特别是在亚洲的前近代共同体是普遍存在的这一先验论的看法为前提的。”[④] 竹内好则指出：“被输入到日本的马克思主义在

① 平野義太郎：『大アジア主義の歴史的基礎』、河出書房 1945 年版、13—14 頁。
② 原覚天：『現代アジア研究成立史論一満鉄調査部・東亜研究所・IPR の研究』、勁草書房 1984 年版、4 頁。
③ 谷川道雄：『戦後日本の中国史論争』、河合文化教育研究所 1993 年版、12 頁。
④ 中村哲：『東アジア専制国家と社会・経済』、青木書店 1993 年版、29 頁。

日本人的对中国认识方面，发挥着使这种蔑视感固定化的作用。为什么呢？是因为接受了以生产力这一单一的物质来简单地对待历史、把价值量化的决定论。学者们把中国如何落后于日本这件事进行‘科学的’证明。也就是将朴素的蔑视感确立为科学的蔑视感。这种用马克思主义武装起来的中国观，客观地看是从理论方面帮助了日本的侵略，这一点是不容否定的。”[①]不过，依笔者看来，从马克思主义的一些观点中推演出“中国社会停滞论”，进而为侵略战争辩护，关键是由近代日本所走上的对外侵略道路所决定的，并不能记在马克思主义的账上。马克思曾经对西方列强在中国的侵略暴行进行过严厉批判，同情殖民地国家人民的反抗，这些观点为什么没有被当时的那些日本学者引用、坚持呢？出于自身的立场和价值判断来对马克思的学说进行任意的解释和推演，突破了学术探讨的范围，这才是“中国社会停滞论”在日本出现并成为对外侵略借口的根本原因。

三、战后日本对“中国社会停滞论”的否定

1950年10月，日本日中友好协会宣告成立。在协会纲领中提出日中两国人民发生不幸的原因之一就是由于统治阶级误导出来的“我们错误的中国观”，协会就是要尽最大努力清除掉这种错误的中国观。[②]这里所说的“错误的中国观”就是指弥漫在战前日本的“中国社会停滞论”。战后日本历史学界，较早地就开始了对于军国主义史观的清理。可以说战后日本历史学的出发点就是从否定所谓的“中国社会停滞论”开始的。正如历史学家永井和所指出的那样：“‘亚细亚停滞论’作为被否定、克服的对象，毫无疑问是由于战争和战败这两大契机。”正是“由于战败，支撑侵

① 竹内好：「日本人の中国観」、『展望』1949年9月号，本文转引自永井和：「戦後マルクス主義史学とアジア認識—“アジア的停滞性論”のアポリア—」、古屋哲夫编：『近代日本のアジア認識』、京都大学人文科学研究所1994年版。

② 日中友好協会編：『日中友好運動五十年』、東方書店2000年版。

略战争的亚细亚观即‘亚细亚停滞论’才被否定。特别是，对于把反省过去的侵略战争，使其不能再度出现作为自己存在价值的战后历史学来说，‘亚细亚停滞论’是和‘皇国史观’并列的必须予以否定和克服的旧时代的历史观”。[①]

战后日本对于“共同体”问题的再认识是从两方面进行的，一方面是围绕日本历史上究竟有没有“共同体”的存在，日本是不是亚洲的特例，日本自身要不要改革等问题展开的。另一方面就是对于中国的“共同体”问题进行重新认识，彻底批判“中国社会停滞论”的观点。

对于共同体理论和日本的状况，日本著名欧洲经济史学家大塚久雄依据自己对“共同体”的重新定义，认为日本也同样存在“共同体”问题，需要进行农地改革。在战后相当长一个时期内，大塚的观点成为了日本战后“共同体”理论的指导性观点。大塚的理论是以“共同体的解体——资本主义的发生——近代市民的形成”这种模式为前提展开的。大塚认为就共同体的原始形态来说是无阶级的原始共产形态，但是这种社会结构直到封建社会末期的各种阶级社会之中都是作为一种社会基础而存在的。在这种共同体内部，在土地公有的基础上私有化也在进行，成员之间私人性的小利益集团也在形成。在前资本主义时代由于生产力低下，这种共同体关系不得不维持。所以，共同体是前近代社会所固有的。构成共同体的基础包括土地的“共同所有”和“共同劳动”两个范畴，即“物”的共同和“组织”的共同两个方面。所以资本主义生产方式的发生不仅仅是封建制的破坏，还要有共同体的解体。对于近代资本主义是如何产生的这一问题，大塚是从近代资本主义的典型即英国毛纺工业的诞生过程着手进行研究的，他认为突破前近代社会秩序的是自由从事小商品生产的农民，也就是作为资产阶级原型的中产阶级生产者，由于出现资本家和工资劳动者的两极分化，社会分工加剧，区域市场圈形成，这就构成了近代产

① 永井和：「戦後マルクス主義史学とアジア認識—“アジア的停滞性論”のアポリア—」、古屋哲夫编：『近代日本のアジア認識』。

业资本形成的典型模式。这种资本主义的利润主要是在生产过程中获取，而不是依靠流通过程中的掠夺，即商业资本和高利贷资本。但是，在日本由于封建小农向小商品生产者转化困难，两极分化主要表现为寄生地主和佃农的关系。战后日本的农地改革就是要打破这种关系。[①] 大塚的观点受到卡尔·马克思和马克斯·韦伯的影响，可能韦伯的影响要更大一些。大塚把共同体作为一种各国历史上都长期存在的现象，日本也不例外。这就否定了那种只有在中国和亚洲其他国家共同体才长期存在因而停滞不前的观点。大塚的共同体理论对于当时日本农地改革以及学界有关前近代农村社会的认识具有指导性的意义，同时也影响到当时对于中国历史的研究。

战后关于中国“共同体”问题的重新认识，最早是在 1950 年度的日本历史学研究会大会上，西嶋定生、堀敏一等中国史学者就提出要克服中国历史研究中的所谓“停滞性”问题。1953 年度大会的主题被定为“在世界史上的亚洲”，把克服“停滞性”问题作为会议的主题。日本史学界为了否定中国历史“停滞论”，力求从中国历史自身进程中揭示其内在的发展、进步规律。当时他们是从两种思路出发的，一种是以宫崎市定、宇都宫清吉为代表的京都学派，是从自由精神即市民社会的形成这一角度来寻找、分析专制王权之下自由市民社会的形成、发展轨迹。另一种是以前田直典、西嶋定生、周藤吉之、堀敏一等为代表的历研学派。他们是致力于划分出中国历史上的奴隶社会和封建社会这样不同阶段的递进顺序，由此来揭示中国历史进步的轨迹。在中国历史阶段的划分上两者观点也不尽一致，京都学派的划分是到后汉为止属于古代，魏晋南北朝和隋唐为中世，宋代以后为近世。历研学派则认为一直到唐代属于古代，宋代以后为中世。这样便围绕中国古代社会的性质展开了争论。[②] 争论的焦点是中国历史上是否也经历了奴隶、封建社会，以及中国的奴隶、封建社会的特点是什么，与欧洲是否相同，争论的目的都是要由此批判中国社会的特殊性

---

① 大塚久雄：『共同体の基礎理論』、岩波書店 1955 年版。大塚久雄：『近代欧州経済史入門』、時潮社 1949 年版。

② 谷川道雄：「中国史の時代区分問題をめぐって」、『史林』六八卷六号、1985 年。

即所谓“停滞论”的观点。

争论中最有影响的学者之一是西嶋定生。西嶋对于“停滞论”的批判是这样展开的：首先他为了否定中国历史特殊论即停滞论，试图证明中国古代也经历过奴隶社会。他认为中国古代的奴隶社会与古代希腊、罗马那样典型的奴隶制度不同，中国的古代奴隶制度是在氏族制度解体以后，发生阶级分化时，一部分成为豪族，另一部分成为奴婢，豪族阶级收容了奴婢，由此形成家长制的家内奴隶制度。与典型的劳动奴隶制不同，在中国由于氏族制社会解体的不均衡，在豪族势力的周边依然有共同体组织残存下来，所以没有发展成为典型的奴隶制社会。由此，西嶋主张汉代属于奴隶制社会，认为汉高祖刘邦权力集团的结合形态是家长制的家内奴隶制度，由此形成豪族大土地所有制，其中残存了前近代的共同体。[①] 西嶋主张中国历史与西欧历史的发展过程是一样的，中国历史自身也在发展，例如明代长江下游地区剩余产品流向市场，棉业发展，作为商品生产的农家工业是存在的。但是西嶋限于受当时大塚久雄史学的巨大影响，以英国近代资本主义工业发展的历史为标尺，研究中国资本主义萌芽问题，所得出的结论却是中国缺乏向近代资本主义发展的内在契机。在这里西嶋一方面考虑到中国社会自身的特点，强调了中国社会也在发展；另一方面又以西方社会为标准，试图将中国社会纳入到世界历史的一般范畴之中，结果出现了自相矛盾的地方。

针对西嶋的观点，增渊龙夫提出不能拿世界历史上的普遍范畴直接套在中国社会，应注意其内在的特点。增渊提出汉高祖集团的性质是一种非经济关系的人格关系即任侠的关系。以此来说明中国社会的内在特点。[②] 增渊关于应重视中国自身特殊性的观点对以后的讨论影响很大。另外，滨口重国提出中国社会的基本结构是皇帝与一般农民间的阶级关系，

① 西嶋定生：「中国古代帝国形成の一考察」、『歴史学研究』一四一号、1949 年 9 月。

② 増淵龍夫：「漢代における民間秩序の構造と任俠的習俗」、『一橋論叢』二六巻五号、1951 年。増淵龍夫：「所謂東洋的専制主義と共同体」、『一橋論叢』四七巻三号、1962 年。

并不是西嶋所说的在私有大土地内部的阶级关系。[①]

西嶋在接受以上批评的基础上又提出一个新观点，即以二十等爵制度把皇帝和小农由里的秩序（年齿秩序）连接起来，形成了其个别人身支配论的观点。[②]这种通过小农为中心的里（地方组织）的秩序以及对中国专制主义特点的研究将共同体的机能放在了支撑以皇帝为顶点的专制统治的作用方面，扩展了对共同体的研究范围，引出了把人际关系作为重点的魏晋南北朝史研究，并引出较大争论。[③]对于西嶋从爵制秩序中来揭示皇帝与民众内在统治秩序的研究，增渊表示赞赏。但是增渊对于氏族制度的解体，里的自律秩序机能的丧失（共同体解体），由于赐爵形成里的新秩序这一过程，乃依靠国家权力的他律的形式进行，使得作为遗留制度的齿秩序（族秩序）复活的观点，仍然持有疑问。他认为，不是依靠国家权力复活了他律的遗制，而是由郡县制外围机构所覆盖的，在其内面被隐藏着的是被再组织化的自律（共同体）秩序的形成，这是发展为秦汉帝国的主要原因。他认为这种社会的内部秩序是土著势力的联合，具有乡论的共同体性格。[④]

为了说明中国历史也符合世界史的基本法则，当时的讨论由对奴隶社会的争论又扩展到关于封建社会的争论，这主要是围绕佃户制的性质而展开。周藤吉之、仁井田升认为佃户制属于封建农奴制的范畴。宫崎市定则认为这是近代地主与佃农的关系。争论的核心是佃农的人身依附关系是否存在，是否与地主有对等的契约关系。[⑤]例如对于宋代经济体制的研究重点就是如何理解佃户制内部田主和佃户的关系，柳田节子发现在田主和佃户的关系之间也有国家权力的介入，并且作为国家权力广泛

① 濱口重国：「中国史上の古代社会問題に関する覚書」、『山梨大学学芸学部研究報告』四、1953年。

② 西嶋定生：『中国古代帝国の形成と構造』、東京大学出版会、1961年。

③ 葭森健介：「中国史における“社会”と“人間”の把握をめぐって一共同体、地域社会、モラル・エコノミー一」、『中国一社会と文化』第7号、1992年。

④ 增淵龍夫：「所謂東洋的専制主義と共同体」、『一橋論叢』四七ノ三、1962年。本文引自增淵龍夫：『新版　中国古代の社会と国家』、岩波書店、1996年。

⑤ 谷川道雄：「戦後日本の中国史論争」、河合教育文化研究所1993年版、18頁。

基础的自耕农也大量存在。同时对于国家权力向经济社会介入的观点在明史研究中也兴盛起来，其结果便是导致了乡绅论的产生。[①] 对于封建制讨论的另一个重点是对于封建专制主义的认识。当时主要表现在魏晋南北朝史的研究上。因为这一时期是中国历史上少有的政治分裂时期，贵族势力强大，那么这种贵族势力是从中央王朝独立出来的阶级呢？还是属于皇帝权力的寄生官僚呢？在这中间，宫崎市定通过对九品官人法的研究引起学界的重视。

但是这一时期充满争论而活跃的研究并没有持续下去并取得更多成果。谷川道雄就评价道，对照世界史的普遍性如何认识中国历史的特殊性，对于这样重大问题的讨论，虽然战后以来的研究有许多进展，但是并没有给以有效的解决。在 20 世纪 50 年代后期已经认识到中国史特殊的地方，遗憾的是将这种特殊性上升到普遍性的研究在没有得到结果的情况下便于 70 年代终止了，这一“论争的时代”就此结束。此后，人们对中国历史理论的体系化丧失了研究欲望，转而致力于解明一些细小的问题。[②] 造成这种状况的原因，是学界依然拘泥于原有的“共同体”理论，虽然受到大塚久雄史学的影响，但是对于中国社会中的“共同体”是什么样的，依然争论不休，这就需要对“共同体”本身进行重新定义，由此才能解释中国历史的特征。不过，这一时期，日本历史学对于否定“中国社会停滞论”所做出的探索和努力应值得肯定。

除中国史研究者外，当时日本的世界史研究者也对批判“中国社会停滞论”十分关心。从世界历史的角度看，有一个不可回避的历史事实就是：与欧洲近代相比较，近代以后的中国落后了。如何解释这一现象，世界史的学者是从更广泛的视野来说明的。江口朴郎认为近代亚洲发展的落后，不是由于其内部的原因，而是由于欧美帝国主义对亚洲的侵略、掠夺这一外部原因造成的，因为近代资本主义的发展必然要开发国外市场，形

---

① 谷川道雄：「戦後日本の中国史論争」、22 頁。
② 谷川道雄：「戦後日本の中国史論争」、24 頁。

成国家间的从属关系，这就是资本主义的世界性。远山茂树是从批判所谓的“世界史基本法则”入手的。他认为要克服“停滞论”，就首先要打破西欧历史典型论的陈见，用西欧的历史衡量亚洲社会，以此强调亚洲社会的“特殊性”，进而形成了“停滞论”。他提出世界史的发展并不是一个个国家的历史总和，而是经济发展阶段和经济结构各不相同的各民族相互有机关连的复合体。[①] 另外，梅棹忠夫提出“文明的生态史观”，把世界历史划分为第一和第二两个地域，第二地域高度文明很早出现，诞生了大帝国，但是后来衰落了，第一地域反而由于不易受到攻击，在吸收第二地域的文化后反而发展起来，这就揭示了文明之间先后交错的复杂过程。这对人们把世界历史看作单线发展，一直追求“世界史普遍法则”的观念也带来冲击。[②]

战后，日本也有学者直接对于魏特夫的观点进行了批判、清理。仁井田升指出魏特夫关于东洋社会的“停滞论”和“水理论”的观点是错误的，这种东洋的水永远决定东洋风土的必然论，不但与东洋的过去而且与东洋的现实也不适应。东洋的水不是永久决定东洋的因素，即使把东洋的水作为理解东洋的“钥匙”之一，那也不是万能的“钥匙”。[③] 对于在战后移居到美国的魏特夫后来所进行的研究，日本学者也予以批判。增渊龙夫针对魏特夫的新著《东洋的专制主义》（*Oriental Despotism，A Comparative Study of Total Power*）进行批评，他指出：魏特夫移居美国后受到文化人类学方法的影响，但是，他对于东洋社会的基本视角，不论他在新的概念上附加了什么新的东西，其内涵还是基本未变。在某种意义上说，其政治色彩更加强烈，他对现代中国进行片面的评价，强调那是他所认为的东洋专制主义的复活。其视角依然是依据西欧市民社会的价值基准，拿中国社会与之比较，从表面上来把握东洋社会的“亚细亚”特性，

① 永井和：「戦後マルクス主義史学とアジア認識—“アジア的停滞性論”のアポリア—」、古屋哲夫編：『近代日本のアジア認識』。

② 梅棹忠夫：『文明の生態史観』、中公文庫 1974 年版。

③ 仁井田陞：『東洋は何か』、東京大学出版会 1968 年版、24—25 頁。

这与他战前的中国研究方法是一样的。

战后日本学界对于魏特夫研究的评价发生显著变化，这是由于日本中国史学界的出发点和价值观发生了根本变化。克服魏特夫所提倡的东洋社会停滞论成为一个时期日本年轻研究者主要的共同课题。[①]不过，相对于战前日本连篇累牍地翻译介绍魏特夫的著作，战后对于魏特夫理论的系统批判尚显不足，因为战前日本的“共同体”理论主要是来源于魏特夫，如果不对其理论进行全面清理，那么对于战前日本“亚洲停滞论”的批判就不会彻底。但是，除了个别学者[②]，魏特夫及其理论已经被排斥在战后史学家的学术视野之外。

四、“共同体”概念的转变与研究的深入

伴随着日本战后对中国历史研究的深化，关于“共同体”概念本身的内涵以及外延，学者们开始了新的开拓，因为“共同体”理论自身毕竟是揭示出了人类社会中所不可或缺的相互关联与合作的侧面，特别是有传统中国社会这样一个与西欧社会存在很大不同的强调人伦关系，重视人与人相互调和、协作的文化类型的存在。这样从20世纪60年代起日本的“共同体”理论在经过战后大塚久雄的重新定义之后，在对中国社会历史进行研究时，又出现了新的关于共同体的再认识。标志着日本的“共同体”问题研究出现重大转型。

这一时期对“共同体”概念进行重新诠释的代表人物是京都学派的

① 增淵龍夫：「所謂東洋的専制主義と共同体」、『一橋論叢』四七ノ三、1962年。本文引自增淵龍夫：『新版　中国古代の社会と国家』。

② 湯浅赳男是其中之一，但是他依然坚持魏特夫的观点。参见湯浅赳男：『経済人類学序説—マルクス主義批判』、新評論2003年版。カール・A．ウィットフォーゲル（湯浅赳男訳）：『オリエンタル・デスポティズム—専制官僚国家の生成と崩壊』、新評論1991年版。另外，还有以下著作：石井知章：『K・A．ウィットフォーゲルの東洋的社会論』、社会評論社2008年版。石井知章：『中国革命論のパラダイム転換』、社会評論社2012年版。

谷川道雄。经历过20世纪60年代安保斗争的谷川，由于在现实社会中没有找到新的共同体而感到失望，他要通过历史研究来追求这种新的共同体。[①] 所以，对于以往的民众史研究，谷川提出了疑问，在总结中国史研究中的共同体问题时，谷川大胆批判了把共同体归结为“落后或残余”的观点，在价值观上对共同体进行重新定位。他提出，共同体是私有制和共有制、阶级制和共同制这样的矛盾统一体，人类普遍存在的形态就表现在共同体之中。作为人类生活场所的社会，不是仅仅由私有制、阶级制这样的对立性的侧面构成，而是与共有制、共同制这种合作性的另一个侧面共同构成的。不是由于生产关系的矛盾产生阶级斗争，而是在私有制的发展过程中出现了共同性和人性的异化（孤独化），这样被异化（孤独化）了的人们便又重新开始向“共同体再生”的方面复归，这就是推动历史发展的动力。

谷川结合自己所研究的魏晋南北朝史说：“在私有制已经确立的历史阶段中，共同体作为其机能恰恰是具有阻止或者是克服私有制的意义，作为这种意志的代言人或人格体现者可以认为是贵族即豪族的存在。”[②] 谷川认为，在中国历史上，产生农民起义的原因是由于共同体这种人们的生活场所被一种压力破坏，而新王朝的诞生标志着共同体出现了再生的趋势。例如，从北魏末期城民起义中可以看到，北族曾经是支撑北魏王朝的中坚力量，但是在王朝发展过程中，他们被从统治集团中排斥出来，他们为此而开展了共同体的再建活动，隋唐帝国的形成就是这一原理。以往，对于魏晋南北朝时期，所谓中世贵族的来源，川胜义雄认为从经济和武力方面来说，是显示出领主化倾向的豪族以及与之相联合的那些同中央官宦相对立的知识人群体。[③] 谷川则进一步认为，魏晋南北朝和隋唐时期的共同体是由自由的小农和被称作“士大夫”的领导者共同构成的。这种“士大

① 谷川道雄：『戦後日本から現代中国へ　中国史研究は世界の未来を語り得るか』、河合出版2006年版。

② 谷川道雄：『中国中世の探求　歴史と人間』、日本エディタースクール出版部1987年版、188頁。

③ 川勝義雄：「シナ中世貴族政治の成立について」、『史林』三三巻四号、1950年。

夫”是能够抑制和超越世俗欲望、以公共世界为取向、并具有伦理色彩的人物，他们是信奉儒教的知识人。谷川把这种以伦理意识为媒介构成的共同体叫作“豪族共同体”。这是超越了古代的以血缘为纽带而结成的共同体，是共同体从古代向中世纪的演变。魏晋南北朝的贵族就是以这种共同体为基础形成的。[①]

对于中国历史上共同体的演变过程，谷川按照自己所定义的“共同体”概念是这样总结的：春秋战国时期的社会变动，破坏了作为殷周国家基础的氏族共同体。因此，没有产生出广泛的奴隶制生产方式，在那里较多出现的是比较小规模的以家族方式生活的自营农民，形成了被称为“里”那样的集落。在“里民”们从事祭祀、防敌、生产等活动时，所结合成的相互合作关系就是“里共同体”。其领导者是当时被称为父老的具有丰富经验的长老。从领导体制来说，“里共同体”中存在着浓厚的血缘或者拟制血缘关系。“里共同体”已经不是氏族共同体，其中出现家族分立、土地私有。这样奴婢、佃户等陷入贫困的人群逐渐增加。在汉代四百年间，这种分化日益加剧，形成了豪族也就是大土地所有者和丧失土地者的两极分化。这就是作为公共权力的汉王朝衰弱的根本原因。在此之后，豪族即大土地所有者与隶属民之间的由个人关系形成的结合就成为社会经济中的主要倾向，结果就产生了六朝贵族制社会。六朝贵族制社会进一步强化，出现了隋唐统一帝国，也就是贵族的官僚化越来越被强调，大土地所有制被纳入到均田制这样的国家体制之中。但是，在六朝、隋唐社会中，大土地所有者自己没能创造出作为一种政治体制的领主制，这样就存在着没有被领主制所吸收的大量的自耕农。那么，这些自营农民的社会秩序是否与作为秦汉帝国基础构造的“里共同体”完全一致呢？在谷川看来，在六朝时期，秦汉时代的父老层指导体制已经看不到，作为其基础的三老制度也无影无踪，代替他们的是豪族阶层的出现。正是豪族阶层成为了广泛存在的自营农民的领导核心。本

---

① 谷川道雄：『隋唐帝国形成史論』、筑摩書房 1971 年版。

来大土地所有者与自营农民是互相对立的，但因为两极分化达到极限，便使社会秩序遭到破坏，汉王朝的覆灭即是证明。到了六朝时期，吸取汉代的教训，出现了知识分子和民众两方面都对无限扩大土地占有的行为进行限制的舆论和活动，豪族的领主化倾向被阻止。这样，豪族自身并不是无限扩大其土地所有，而是自行限制，将资产的剩余部分用于救济，以此来巩固其社会地位。这种抑制私利、重视公益的伦理观念与儒家的道德理念和道家的无私思想相结合，形成为日常生活的实践。这样，豪族阶层对于民众的领导不是依据土地所有形式下的直接的统治，而是转而发挥其精神性的影响。当时对于社会领导阶层的这种伦理上的要求，就是乡论。乡论在六朝时代与官吏录用制度结合，成为了九品官人法的一环。所以豪族制度的基础是“豪族共同体”这种民众统治构造。“里共同体”是以拟制血缘关系为纽带，而“豪族共同体”的结合契机则是生活伦理，这可以看作是中国历史从古代向中世的演进。①

不过，谷川的这种共同体论受到重田德的批判。重田认为，谷川把共同体优先于阶级关系，仅仅强调共同体的平衡恢复机能，他所说的共同体不是以自然的物质为基础的，而是按照其所说的心情一类的意识的结合而形成的，“几乎都是在民众范围的状况下产生的人们对于平等的愿望、需求等等”，这就脱离了以往的经济史上被定义的共同体概念。谷川的共同体是主观的、观念的、伦理性的。并且，重田还提出，从唐代以前属于奴隶制的观点出发，那种认为在大土地所有制发达的魏晋南北朝时期由贵族和自立小农结合构成了共同体的观点也是值得怀疑的。②

对于重田的批评，葭森健介认为，重田的观点是固守把共同体从生产关系的观点进行一元化的理解，认为历史发展的动力就是生产关系的矛盾运动，把共同体作为一种社会结构来认识。而谷川是对以往按照唯物史观进行机械理解的做法产生了疑问，他是从政治社会史的研究中形成了新

---

① 谷川道雄：『中国中世の探求　歴史と人間』、日本エディタースクール出版部 1987 年版。
② 重田德：「中国封建社会研究の方向と方法」、『歴史評論』二四七号、1971 年。

的共同体理论，这种共同体不是一种静态的东西，而是历史发展机制中的一种志向。[①]

谷川对于重田的批评是这样反驳的："实际上六朝时代是已经体验过汉代以来竞争、兼并的社会，深切感受到这种事态所带来的深刻的政治分裂、流离和贫困，基于这样的历史感觉形成了豪族共同体，这是把维持独立小农为主的社会作为使命。在这里我强调了'伦理性'或者'精神性'，也就是说这是历史沉重体验的产物。""这样看来，可以很容易理解为所谓的'伦理性'或者'精神性'的东西，实际上正是再生产构造所不可缺少的主体条件。"[②] 谷川所强调的是这种主观愿望实际上来源于社会实践，并不是凭空产生的纯粹主观的东西。谷川的这种侧重于伦理、精神等文化世界的研究实际上反映了内藤湖南以来的京都文化史学的主要特征。[③] 不过，谷川的视野更加远大，他不但看到硬要把基于欧洲历史的所谓"世界史普遍法则"套在中国历史上是不可能的，而且要从人类的精神构造和共同体上探讨世界历史的共同性问题，他认为在这方面，中国历史具有重大的意义。中国的传统文化对于世界的未来具有指导性的意义。[④]

在重田与谷川的争论发生之后，又有五井直弘、多田狷介、堀敏一、田中正俊等史学家加入讨论。这时讨论的重点是如何确认"士大夫"伦理性的领导在维持共同体再生中的作用，也就是对于"士大夫"伦理性领导进行解释，分析共同体内部的生产关系和阶级关系的实际状态。他们一般认为依靠"士大夫"伦理性领导而维持的共同体是在当时低水平的生产力条件下产生的。"士大夫"的伦理行为使统治阶级作为共同体的首长而对共同体实行掠夺。这样后来的研究便向着"士大夫"的伦理性经济活动（例如赈恤活动）与共同体维持机能关系方面发展，结果就是肯定了"士

---

① 葭森健介：「中国史における"社会"と"人間"の把握をめぐって一共同体、地域社会、モラル・エコノミー—」、『中国—社会と文化』第7号、1992年。

② 谷川道雄：『中国中世の探求　歴史と人間』、177頁。

③ 山田伸吾：「解説　谷川道雄という磁場」、谷川道雄：『戦後日本から現代中国へ　中国史研究は世界の未来を語り得るか』所收。

④ 奥崎裕司：『中国史から世界史へ　谷川道雄論』、汲古書院1999年版、184—186頁。

大夫”维持共同体机能的存在。这种研究趋势的发展最终导致了日本关于中国乡绅问题的研究，并产生出地域研究的新方法，其影响直到现在。[①]

这一阶段，对于中国“共同体”问题的另一项新的研究成果是仁井田升提出了共同体是宋代以后再生产物的观点。他说，中国自古以来一般村落中的“共同体”性质土地所有关系十分稀少，农民们保障其再生产的构造是宋代以后出现的同族共同体。出现了像义庄那样的同族所有，其收获用于同族间互济。在这里，大地主救济村中的贫困者，以此来抵消反抗的力量，稳定封建土地所有制度，也使村落秩序得以安定。所以，这既是大地主贯彻其统治的一种新手段，也是一种满足同族利己主义的方法。乡约等就是由支配者实行的村落自治的一种姿态。在那里虽然有伙伴间的利己主义，但是即使称为伙伴，也是由有实力的人物来支配，看不到平等的原则。中国社会存在着这种血缘、地缘的以及基尔特和宗教的多种多样的人与人的结合关系。[②]

从对汉魏时代共同体问题的研究发端，在明清史研究中也出现了有关共同体的争论，这主要是围绕里甲制的共同体性质而展开的。古岛和雄认为里甲制具有共同体的性质。他是从江南三角洲地带的水利关系来推测里甲制中佃农再生产的维持，是基于在地地主的各种劳役负担。[③] 安野省三认为里甲制是依靠农村中土著地主权力而编成的税役征收组织。在里甲制度实行之前，农村中以地主为中心的村落秩序也就是共同体已经存在，并且里长户和甲首户之间有着明确的阶层序列。[④] 小山正明提出从宋代到明代中期，是小农经营的未确立和不安定时期，这样大土地所有者的剥削基础也不安定，所以地主阶层便要求建立官僚制的一元化专

① 葭森健介:「中国史における“社会”と“人間”の把握をめぐって—共同体、地域社会、モラル・エコノミー—」、『中国—社会と文化』第7号、1992年。

② 仁井田陞:『中国法制史　奴隷農奴法・家族村落法』、東京大学出版会1962年版。

③ 古島和雄:「明末長江デルタ地帯における地主経営—沈氏農書を中心として—」、『歴史学研究』一四八号、1950年。

④ 安野省三:『明末清初、楊子江中流域の大土地所有に関する一考察—湖北漢川県蕭堯采の場合を中心として—』、『東洋学報』四四巻三号、1961年。

制权力。在这种状况下，明初建立了以小农经营为媒介的里甲制。其粮长、里户长、甲首户等身份序列由国家制定，由此来保障税收。但是到了明末清初时期，小农经营逐渐安定，封建土地所有制确立，由国家直接对农户控制的体制解体。同时，经营安定的小农们以圩为中心的地缘关系发展成为村落共同体，他们以“连圩结甲”的方式开展抗租斗争。[①]不过，奥崎裕司对小山的观点提出批评，他说从宋代以后小农经营是安定的，明末清初大土地所有者对于国家权力的依存也是增加的。[②]滨岛敦俊也指出，虽然明末佃户具有一定的自立性，但不会有小山所说的由佃户结成的强固的地缘共同体，并具有水利管理和保障机能，实际上这种机能是由国家权力介入的结果。[③]

60年代出现的关于中国“共同体”理论的变化，已经大大超出战前和战后初期“共同体”理论所表示的社会形态或者阶级关系论的内涵，使得“共同体”具有了时代性和具体的社会组织实体的意义，也就是把“共同体”由抽象的概念变为具体的历史事实，这就为此后把“共同体”理论引入到中国近现代史领域的研究和地域社会史的兴起提供了理论准备。

值得注意的是，在20世纪70年代以后的一个时期里，日本学术界对于日本社会的“共同体”、“ムラ（村落）”、“集落”等也进行了新的研究，对共同体的意义重新认识，这对日本的中国史研究也带来影响。这种研究的发起者和讨论的核心人物是当时农林省农业综合研究所从事农政学研究的学者们，当时提出的“村落领域论”成为世界农林业调查项目中有关日本集落调查的理论依据。这时的讨论首先批判了50年代大塚久雄的近代主义的共同体价值观，把村落中“共同体”那样的强固的人的结合，看作是对于人们生活和生产具有积极意义的东西而开始加以肯定。这时的“共同体”理论成为农村开发运动及其政策理念的理论基础。这样，“共同

① 小山正明：「明末清初の大土地所有—とくに江南デルタ地帯を中心として—」一・二、『史学雑誌』六六编一二号、六七编一号、1957—1958年。小山正明：「明代華北賦・役制度改革史研究の一検討」、『東洋文化』三七号、1964年。

② 奥崎裕司：『中国郷紳地主の研究』、汲古書院1978年版。

③ 濱島敦俊：「明代江南の水利の一考察」、『東洋文化研究所紀要』四七冊、1969年。

体”作为马克思理论关于生产方式的概念便转变成为社会学上关于社区连带关系或地域集团的概念。其研究目的也从对于日本社会全体的把握变成狭义的对于农村地域社会的认识手段，但其最主要的变化就是对于“共同体”的价值由消极否定转变为积极肯定，摆脱了把“共同体”视为落后的前近代残存制度的观念。①这是一种带有根本性的变化，影响到了其后的地域社会研究。

正如北原淳所指出，“共同体”概念已经发生变化。他认为，在70年代以前，“共同体”具有特殊的意义。受马克思主义影响，在经济史和历史学界，把“共同体”认为具有物质基础，拥有土地的共同所有和共同管理，是远古时代延续下来，并在私有制社会残存的制度。但是马克思的共同体理论并不是经过实证的理论，而是表现一种理念的意识形态。而现在所说的共同体，不仅局限于土地所有，而且是基于某种共同的成员意识而进行的种种共同行为，以及指比较狭小范围的村落组织或地域社会。②另一位研究中国问题的学者柳泽和也同样认为，战后在日本关于中国“共同体”的概念是含糊不清的并且已经发生变化。但是不论“共同体”是否存在，中国社会带有“共同体”性质的东西是明显存在的，如果把这种带有“共同体”性质的东西当作中国社会的特征的话，我们对于“共同体”概念的变化，是持欢迎态度的。③可以说，这一时期关于“共同体”理论的重大转变，是对中国社会历史研究走向深入的结果。

五、共同关系论与共同体研究的再兴

在20世纪80年代以后，虽然日本的中国古代史学界对于共同体的

① 北原淳：『共同体の思想』、世界思想社1996年版。

② 北原淳：「農村社会の過去と現代の変化」、北原淳編：『講座　東アジア近現代史6　変動の東アジア社会』、青木書店2002年版。

③ 柳沢和也：『近代中国における農家経営と土地所有—1920—30年代華北・華中地域の構造と変動—』、御茶の水書房2000年版、200頁。

讨论已为乡绅论和地域研究方法所代替，对于中国历史与世界历史普遍法则关系的讨论也已经失去兴趣。但是，在中国近现代史研究领域中，关于中国农村社会共同体的研究却开始兴盛起来。这种研究所使用的资料并不仅仅是古代史研究中唯一依据的历史文献和考古资料，而是利用田野调查所获得的活生生的资料来验证和阐释“共同体”问题。这些资料包括两方面内容，一方面是战争期间满铁等调查机关在中国占领区进行农村实态调查所得到的资料，另一方面是一批比较年轻的学者在中国开放以后，通过自己亲身到中国农村进行实地调查所收集来的资料。所以，就资料方面来说，他们比战后初期仅仅能利用文献资料的研究者更具优势，特别是在研究方法上，对于“共同体”的研究也吸收了社会学有关社区和地域社会的理论。然而，更主要的是在价值取向上，对于“共同体”所表示的人与人的社会结合关系，随着时代主流意识的演进而发生了根本变化。与20世纪六七十年代出现的共同体研究内容的重大转变相比，更加具有了对现实人文关怀的情结和对人类未来的展望。

从更广泛的视野看，20世纪80年代之后，无论是欧美还是日本的思想界，都开始出现了要摆脱19世纪以来的那种把追求个人独立、自由放在首位，排斥共同体连带关系这种近代主义思潮的动向。经历了战后经济高速增长之后，各种社会问题日益突出，人们对于近代以来那种片面伸张个人独立、自由的历史进行反思，重新认识到人的相互联系、共同合作的价值与意义。产生于近代市民社会的社会学也在“个人”和“社会”的关系问题上在经历了百年以上的争论之后，开始发生转变。在19世纪的社会学中，共同体是作为一种要被消灭的制度而发现的，它是以人格的亲密以及由于相互扶助、相互关联而产生的道德、情绪等为纽带所结成的各种关系的凝结体。[①] 所以，很长期间内人们都把这种社会学上的共同体认为是近代市民社会的对立面。一般是将“个人的自由”与“共同体的规范”

① 斐迪南·藤尼斯（林远荣译）：《共同体与社会　纯粹社会学的基本概念》，北京大学出版社2010年版。

对立起来，多数的场合是二者必居其一，将个人的自由作为公理，而排斥共同体的道德规范与理念。但是，从 20 世纪 80 年代起，人们开始反思过去的做法，要对激进的自由进行规范，以此来恢复社会秩序。这就成为现代人们所必须考虑的课题，社会学研究的重心便转变为如何构筑个人与公共之间的和谐。在后现代主义的人类学中也出现根据人们的认同而形成的"亲密圈"、"公共圈"等概念，对共同体这种人的结合关系开始重新评价。[①] 这种观念上的重大变化直接影响到了日本新一代中国近现代史研究者。

20 世纪 80 年代以来，中国近现代史领域中的"共同体"问题研究，就其学术源流来说是来自战前，特别是战争期间所开展的中国农村调查活动。曾经参加过华北农村惯行调查，专门负责村落组织专题的旗田巍在战后发表了一系列重要成果，他的研究起到了承前启后的巨大作用。旗田在 70 年代出版的《中国村落与共同体》一书是其中国研究的集大成，其实旗田还同时是一位朝鲜史研究的大家。旗田根据其亲身对华北农村调查的经验，认为中国并不存在大塚久雄所主张的那种在日本和欧洲所见到的"共同体"。在中国是一种特殊的共同体，它的特征是存在于以奴隶制统治为内容的家父长制的家族中，其共同关系会成为阶级统治的支柱。[②] 另一位也使用战前调查资料的史学家古岛和雄则提出，中国历代王朝官僚制统治的基础是存在于自治村落中的"观念上的村落构成原理"。在近代的豪绅统治体制当中，尽管农民对地主的依附程度很高，但在农民的意识中，两者的关系是提供生产手段的地主与提供劳动力的农民之间的一种协作关系，这就把事实上的阶级统治关系隐藏到"共同体"之中。[③]

作为年轻一代的代表学者，自 80 年代以来一直孜孜以求，批判地接受"农村共同体"理论，通过实地调查对中国农村进行研究的当属内山

---

① 松田素二：「変異する共同体―創発的連帯論を超えて―」、『文化人類学』69 巻 2 号、2004 年。小田亮：「共同体という概念の脱 / 再構築」、『文化人類学』第 69 巻 2 号、2004 年。

② 旗田巍：『中国村落と共同体理論』。

③ 古島和雄：《中国近代社会史研究》、研文出版 1982 年版。

雅生。内山认为，那种由于市民社会的成立使得共同体解体的理论是按照欧洲社会历史总结出来的，马克思晚年提出“亚细亚式的共同体”概念之后，研究上一直没有新的进展。内山企图通过对20世纪华北农村社会的深入研究，来探明带有“共同体”性质的客观而具体的社会关系在农村中是如何具体表现出来的，这种关系在现代史上是如何变迁的。内山参考了40年代“平野一戒能”争论过程和旗田巍的有关研究，结合自己对于农村调查资料的细致分析，认为在中国农村并不存在与西欧、日本性质相同的“村落共同体”。所以在他的研究中为了避免误解，更多地使用了“共同关系”一词，他认为这是一种可以被称为“共同体式的诸关系”的社会现象。[①] 内山提出，应该把“共同体”看作是历史的产物，它既具有支撑王朝统治的体制维持机能，又具有在打破王朝统治的农民斗争和秘密结社中所看到的那种体制批判机能，这两方面是同时并存的。特别是他把“共同体”问题与现代中国革命运动联系起来予以解释，不能不说是一大创新。

内山对于华北农村“共同关系”的研究是从对华北农村中广泛存在的“看青”、“打更”和“搭套”、“合具”等村落生产、生活合作行为进行极为精密细致的分析着手的。

内山关于“看青”的研究深受旗田巍的影响。旗田通过对看青发展、形成过程的研究认为，看青并不是各个农民间的零散的制度向全村这一生活空间的扩大，而是向“团结性协同事业”的发展，属于以“会首”为中心的村落统治体制。内山进一步认为，村公会在坚持聚集一般村民、实施共同防卫这一看青理念的同时，还在积极策划通过机构的改编来加强以会首为首的固有传统自治组织对村落的统治，这就使得村落统治机构披上了“团结性协同事业”的外衣，使人们承认它是由村民的“共同关系”确立起来的。因而，村落统治机构就不再是那种垂直的支配与隶属关系，而是

① 内山雅生（李恩民、邢丽荃译）：《二十世纪华北农村社会经济研究》，中国社会科学出版社2001年版，第253页。

以村落成员这种伙伴意识为纽带建立起来的多重结构。在新中国建立以后看青制度也只是改变了一下名称而在事实上继续存活下来。“打更”也是一样，民国时期的“打更”，解放后虽然名称变为“保卫”，但是包括其出勤方式在内的组织形态却被民兵组织沿袭下来。“看青”和“打更”能把村民组织起来的原因是由于村落中“团结性协同事业”的存在和维持与发展农民生活空间的必然性所致。内山借用了竹内实在《人民公社史》中“以共同体意识为基础的结构”这一概念，认为农民走向集体化是在他们自己的生活空间中也就是在“以共同体意识为基础的结构”中接受了这种历史性的转换，他们自己也得以参加到社会变革之中。这些过去的习惯行为之所以能继续存在下来，是因为农民生活本身是依存于农村的各种社会关系中的。①

关于“搭套”和“合具”的研究，旗田巍认为这是一种两三户农家间的相互扶助式的合作。但是，福武直则认为，换工是以非理性的亲密协作感情为前提的，因此不会发展到既富算计又富有理性倾向的地步。内山通过对后夏寨村的“搭套”、“合具”等习惯行为的研究发现，该村的“共同关系”不仅限于牲口为主的交换合作，还包括水井的使用等，是贯穿于农业生产的各个方面的，它是以兄弟、亲戚、同族甚至朋友关系为纽带而广泛结成的。在建立互助组时，这些因素就是形成互助组的重要条件。他由此认为，就华北农民的一般状况来说，是存在着接受中共推行集体化政策的条件的。所以，20 世纪 50 年代中共在推进农业集体化时，华北农民是在自家单干经营的框架之内以生产力和生产工具相互合作和使用这一“共同化”的信念来理解并接受这种政策的。而且农民认为，这一“共同化”的核心就是以往那种通过牲口的共同使用来扩大生产力的习惯行为，他们是将新中国作为继续贯彻这种习惯行为的一种社会制度来接受的。所以，内山认为至少到互助组那个阶段，集体化的推行是与农民的主

① 内山雅生:『現代中国農村と“共同体”—転換期中国華北農村における社会構造と農民』、御茶の水書房 2003 年版、57—110 頁。

体意志相一致的。[①] 内山批评了那种把50年代的集体化仅仅归于中共自上而下强制推行的观点。

对于中国农村的“共同关系”，内山认为不能像大塚久雄那样要判定它是不是“前近代”的，而是认为其本身在中国社会即使是“非欧洲近代式的”，那也是先进的，因为它是与中国独特的近代化要素紧密联系的。内山还说，可以预测，在多重社会体制转换过程中磨炼出来的中国农民的顽强性格和他们所坚持的相互间的结合或团结等习惯行为，或许是正向市场经济迈进的中国农村发展的支柱。[②] 内山认为改革开放以后中国农村的发展也依然得到了传统互助合作习惯的有力支持。

这一时期用新的资料和方法研究近现代中国共同体问题的另一位重要人物是石田浩，他的核心论点是强调村落的作用，并提出了“生活共同体”的概念。这一概念是针对流行一时的市场圈理论而提出的。

在战后相当长的一个时期里，日本学界对于中国农村研究的中心课题就是否认“村落共同体”的存在，代替这种理论的是“农村社会市场论”。认为中国农村的结构是以集市或镇为中心，通过其覆盖的商品流通网络形成包括附近村落的市场圈，这个封闭的市场圈就是构成农村社会的基本单位。例如福武直的乡镇共同体（町村共同体）、古島和雄的“农村集市市场”、河地重臧的“小地方市场圈”等观点。特别受施坚雅（G.William Skinner）提出的中国农村市场圈理论[③] 影响，农村市场结构论一时成为研究中国农村的主流观点，这样对于村落的研究便为人们所忽视。不过，也有人从开始就对其存有疑问，例如古島和雄就指出：“根据从战前到战后的多数研究成果，在对于中国农村的共同体性质的把握上，依据实证调查等资料，那种在战前一个时期里被提出的共同体理论的论据几乎都被否定了；但是，另一方面如何从总体上对村落结合强固性等现象

① 内山雅生：『現代中国農村と“共同体”—転換期中国華北農村における社会構造と農民』、111—162頁。

② 内山雅生（李恩民、邢丽荃译）：《二十世纪华北农村社会经济研究》。

③ G. W. スキナ（今井清一・中村哲夫・原田良雄訳）：『中国農村の市場・社会構造』、法律文化社1979年版。

进行统一的把握，依然有重新讨论的必要。”①

针对市场圈理论的不足，石田浩明确指出，认识中国农村社会的关键并不是“农村市场社会圈”，而是村落。在中国的村落中，缺乏作为“村落共同体”物质基础的共同体土地所有，也看不到强制耕地等共同体的规则，所以，从这一点来说，石田也同意中国不存在“村落共同体”的观点。但是，即使认为在解放前农村日常生活中，农民的活动范围已经跨出村落，直接到达了市场圈，但是在这中间依然存在着几个不同的社会经济网络，其最小的单位依然是村落。在村落中，作为代替“村落共同体”物质基础即共同体土地所有的是人和人之间的关系网络，也就是人与人的结合。正是由于这种结合，保障了农业的再生产和村民生活的再生产。石田将这种人的结合网络称为“生活共同体”。这种“生活共同体”在村民之间的农业生产相互协助中，例如换工、水利上的共同排灌、金融互助、看青、村落防卫、婚葬帮忙以及村庙祭祀等方面发挥了重要作用。“生活共同体”虽然缺乏共同体的土地所有这种物质基础，但是依靠“同族”、“同乡”这样的人的结合构成并维持了村民社会生活的集团性。在“生活共同体”中人们的结合基本上是在村落范围内结成的，本村人与外村人有明确区别，只有本村人才能得到恩惠。另外，中国村落虽然没有日本村落那样的明确的边界或者边界不明确，但可以按照本村人与外村人的区别来确认村落的划分。中国农村是先有人的结合，以聚居在一起的村民们所有土地的范围来作为村落的边界，而并不是先有村的边界再把界内的人全部作为村民的。所以，由于社会经济的变动，村民土地的买卖行为增加，结果造成村民所有的土地范围（村的边界）模糊，给人造成没有村落边界的看法。

石田浩认为，在中国村落，人们的结合（集团构成原理）在同族村是家族（血缘）原理，在杂姓村是同乡（地缘）原理发挥作用。作为这种

---

① 古島和雄：「旧中国における土地所有とその性格」、山本秀夫・野間清编：『中国農村革命の展開』、アジア経済研究所 1972 年版。

家族、同乡原理的派生形态，还有同姓（拟制血缘）、同业（业缘）、同学（学缘）的存在，这些关系都在发挥作用。这种解放前就存在的生活共同体在解放之后，由于生产方法和外部压力的限制，农民们为了维持自己的生存，就需要继续利用这种传统的社会结合关系。[①] 所以，生活共同体在现代中国也依然活跃着。

中国农村社会是极为复杂和多样的，共同体因素和个人主义因素有时是同时存在的，或者是一个事物的两个侧面。与内山、石田等关心和强调中国农村共同性方面的研究相对立，足立启二则重视和关注其非团体性的方面。足立是从中日比较的视点立论的，他提出，把亚洲社会全部认为是具有封闭集团性特征的社会，这是长期流传的误解。具有封闭集团性特征的社会绝不是亚洲社会的一般特征，只可以说是在亚洲罕见的日本社会构造才是唯一的典型。在日本的村落中由特定的家族集团构成了固定的领导集团，由家族的代表组成村落全体集会这样的决议机关，由这个机关选出的村方三役构成执行机构，因而日本村落具有极强的自律性特征。与此相对，中国村落这种自律性的指标并不存在。主要表现为，与村民的土地总和相一致的固定的空间范围不存在，根据住区划分的农家间的归属关系也不明确。一般没有村落全体的集会，缺乏村落的公共事务与共同财产。作为本村村民没有特别的优惠，村民与在村内居住的来自其他村落的住民没有大的区别等等。同样，村落这样缺乏团体性的特征在其他社会集团上也有表现，在家族关系上表现为以父系血缘关系结成宗族，实行彻底的男子均分继承制度，家族构成只是一个期间的、不安定的集团。在同业组织中也没有日本那样由座和株仲间来掌握的，拥有固定成员权那样的垄断性营业团体，而是由几个有力者发起，其他人附和而形成的任意的、自发的集团。在中国是由国家权力对社会进行直接组织的，这就进一步阻止了自律团体的发展，作为中间团体的领主制始终未能形成，这使得专制国家得

① 石田浩：『中国農村社会経済構造の研究』、晃洋書房 1986 年版、141—224 頁。石田浩：「中国一社会主義建設と農村変革」、アジア政経学会：『アジア研究』第 36 卷第 4 号、1990 年。

以在历史上长期延续。[①]

在日本学者中强调中国社会的流动性和非身份制特征的并不是始于足立启二，在他之前宫崎市定和滋贺秀三就把中国社会看作是个人主义或者非身份制社会。宫崎有“宋代以后近世说”，滋贺则认为中国社会具有非身份制的特点。甚至像日本法制史研究者水林彪所提出的那样，认为中国自隋唐开始实行科举制，没有固定的身份制度，由个人构成了家族与社会。自秦汉以后到宋代几千年中形成了独特的个人主义的非身份制的社会与国家，其历史的发展以千年为单位走在了日本的前面。[②] 另外值得注意的是，还有学者从经济学的角度对中国农村共同体性质的关系进行研究，同样也对中国村落的共同体性质进行了否定。例如原洋之介利用华北农村惯行调查资料，运用经济学的方法对农民的共同性行为进行分析。他认为，在看青这种经济活动中，农民们能够形成互助关系的契机是农民个别的方便与费用之间差额的最大化，是方法论上的个人主义，进而对村落“共同体”性质提出了否定性的见解。[③]

内山和石田对于共同关系侧面的研究与足立启二等人对于个人主义侧面的研究本来是互相平行的，各自揭示了中国社会的一个侧面，没有直接发生争论。不过，由于奥村哲针对内山等人的观点进行点评，引发出两种观点的一些交锋，但是规模不大。奥村是支持足立启二观点的，对于内山和石田的研究提出了批评。

奥村认为，与对中国共产党革命的研究相关，对于解放前中国农村社会的认识方法，存在着两种对立的观点，即追寻“共同体”性质的观点和与之相反即强调其共同性低下的观点。对于石田和内山二人将解放前的农村看作是“共同体”性质的社会关系，并且这种关系在社会主义体制

---

① 足立啓二：『専制国家史論－中国史から世界史へ』、柏書房 1998 年版。足立啓二：「東北アジアの近代化と従属化」、植村泰夫他編：『講座　東アジア近現代史 2　東アジア経済の軌跡』、青木書店 2001 年版。

② 水林彪：『封建制の成立と日本社会の成立』、山川出版社 1987 年版、452 頁。

③ 原洋之介：「村落構造の経済理論－共同行動の経済学的説明の方向について－」、『アジア研究』第 21 巻第 2 号、1974 年。

下也依然残存的观点，奥村表示“无法同意”。他认为，当年围绕“共同体”问题，平野与戒能的争论早已由旗田巍、村松佑次、福武直等人的研究得出明确结论。石田的生活共同体论依据的是马克思的观点，其实那种观点根据小谷汪之的研究已经证明那并不是按照亚洲的实际情况得出的。对于内山所提出的“搭套”和“合具”在集体化中发挥积极作用的看法，奥村也表示不能赞同。他批判说，如果按照内山的说法，“共同体”性质更为突出的日本农村应该比中国更加要求走向社会主义。① 三品英宪援引中国法制史学者寺田浩明的观点，指出在传统的中国社会没有绝对的规范和价值基准，对此共产党的农村革命是伴随着暴力，在某种意义上是把固定的价值基准强加到农村社会之中。批判了内山的由于“共同关系”而形成民间结合的观点。②

对于奥村的批评，内山进行了反驳，与谷川道雄在进行共同体争论时所采取的方法一样，内山也是首先对共同体的概念加以重新定义。内山说，奥村与他在关于共同体的认识上，存在着观念上的根本不同，奥村的观点大大脱离了近年来围绕共同体的新的研究趋向。因为奥村依然是从与“近代”相对立的那种“共同体”的角度来认识。内山援引了北原淳的这样一段话：“‘共同体’的意义广泛，是相当于英语 community 意义的地域集团、地域社会，是把社会学固有的‘社区’概念也附加到‘共同体’上。”③ 内山强调，他所提出“看青”、“打更”、“搭套”、“合具”等传统农业习惯行为，本来是农家在个体经营中为了维持生产和生活而形成的以“共同性”为核心的共同生活空间，这些原来的习惯行为在集体化时是作为接受装置而存在的。针对三品的批评，内山认为在中国农村中农民以“地域的公共性为前提的共同性”这种社会意识是存在的。④

对于共同性与个人主义两种观点的对立，近年有学者试图寻找出新

① 奥村哲：「民国期中国の農村社会の变容」、『歴史学研究』779 号、2003 年。

② 三品英憲：「近現代華北農村社会史についての覚書」、『史潮』新 54 号、2003 年。

③ 北原淳：『共同体の思想ー村落開発理論の比較社会学ー』、世界思想社 1996 年版、27 頁。

④ 内山雅生：「近現代中国華北農村社会研究再考ー拙著『現代中国農村と“共同体”』への批判を手がかりとして」、『歴史学研究』第 796 号、2004 年。

的思路，力求把二者统一起来，进行全新的解释。这种研究值得重视。例如，深尾叶子和安富步对陕西农村中“相伙”（相互帮忙的方式）与“雇”（金钱支付的方式）两种协作方式进行了田野调查，经过理论分析、概括后认为，这两种分别具有“共同体”性质和“个人社会”性质的相对立的劳动交换方式在同一村落是同时存在的。村民们是以人际关系的远近为基础，再加上村落内“风言风语”等因素的影响，来决定了他们之间的劳动交换是采用“金钱支付”还是采用“相互帮助”的形式。深尾和安富试图将共同体观点与个人主义的观点用动态分析的方法统一起来认识。[①] 但是，祁建民则认为在这个村落中使用“雇”的方法具有特殊性，也就是“相伙”和“雇”两种方法的采用是不均衡的，“相伙”仍然是传统性的、主流的。[②]

对于中国社会的“共同体”问题，岸本美绪从中间团体的多重性角度进行分析。她认为中国的中间团体乍一看呈现出多种现象。作为一种防卫性的非制度性的相互扶助团体，在危急的时刻可以呈现出像内藤湖南所关注的曾国藩义勇军那样，有着令人惊叹的纪律和内在的凝聚力。但是有时又不过是缺乏共同意识的散沙一般的惰性集团。在集团内部，在没有固定的身份阶层制存在的同时，保障成员间平等关系的规范也不存在。对于这样的中间集团由于关注的侧重点不同，因而对其评价也就大相径庭。[③] 这就揭示出中国传统民间团体的复杂性，不能单独仅强调其一个侧面。对于“共同体”问题的认识也应如此。

在历史学之外，日本的社会人类学者对于中国社会集团性的比较研究也值得参考。中根千枝经过对日中两国社会的比较，提出了“场”与“类”的观点。她认为，日本的家族制度像一个“场”，家族构造极为稳定，本家与分家关系不能改变。一个家族就限定在一个村落之内。而中国

---

① 深尾葉子・安冨步：「中国陝西省農村の人間関係形成機構—“夥”と“雇”—」、『東洋文化研究所紀要』第 144 冊、2003 年。

② 参见祁建民：『中国における社会結合と国家権力—近現代華北農村の政治社会構造』、御茶の水書房 2006 年版、320—321 頁。

③ 岸本美緒：「『市民社会』論と中国」、『歴史評論』第 527 号、1994 年。

的宗族是以父系血缘关系这个同类构成的，宗族内部的领袖并不固定，一个宗族的兴衰往往跟宗族领袖的变化有直接关系。宗族很多是跨越村落的，地域关系也不明显。[①] 中根还发现，在家族制度以外，在行会组织之中，中国行会的严密性和凝聚力也同行会首领个人的能力有重大关系。日本的行会制度是固定的，组织构造非常安定。而中国行会结合力的强弱是经常变化的。[②] 园田茂人则从“面子”和关系主义社会的观点分析中国社会的集团性，他认为人们常说中国社会缺乏集体性，但是，当某种条件具备的时候中国人的凝聚力会突然地加强，形成巨大的能量。这就是人与人之间的各种亲疏关系，在一定场合下，依据某种关系而使人们强固地凝结起来后，在特定期间其相互间是非常亲密、互助和团结的。[③] 从日本社会人类学的以上研究来看，简单地说中国社会是共同体性质还是个人主义性质都不确切。但是，这种人类学的个案研究如何与历史学的规律性概括结合起来，却依然是一个未解决的难题。

六、共同体概念变化与对中国认识的转变

战后以来，从大塚久雄对于共同体理论进行重新解释，到谷川道雄对共同体的评价发生革命性变革，再到内山雅生等把“共同体”概念的含义向社区理论或地域研究方法转换，这就使得当代日本的“共同体”一词所包含的意义十分广泛，甚至可以说是含混不清，每个学者都是按照自己所理解的“共同体”概念来分析、把握中国社会历史。正如柳泽和也所指出的，战后日本关于中国“共同体”概念发生变化的起因是对于“共同体”概念的规定十分含混不清，将“共同体”与“共同体”性质的东西不

① 中根千枝：「問題提起Ⅱ　日本と中国・朝鮮、家族構造の特色」、江上波夫・梅原猛・上山春平・中根千枝編：『日本と中国　天城シンポジウム　民族の特質を探る』、小学館 1985 年版、99—101 頁。

② 中根千枝：『社会人類学　アジア諸社会の考察』、東京大学出版会 1996 年版、246—247 頁。

③ 園田茂人：『中国人の心理と行動』、日本放送出版協会 2002 年版、74—75 頁、137—162 頁。

加区别地议论。[①] 如果不从每个学者的价值取向和理论背景来理解，那么，对于其所使用的“共同体”一词往往会产生误解。

其实，在战后日本，关于日本村落共同体的研究中也曾有过概念上的混乱，但是在日本农村社会学界较早发现了这一问题。例如，阑信三曾针对日本农地改革后，关于共同体已经解体说和共同体的村落机能依然存在说之间的争论，指出这是把阶级论的共同体与集团论的共同体两个概念相互混淆使用所致。阑信三认为，阶级论的共同体具有土地所有、共同劳动和集团性等特征，这种共同体的解体并不能直接进入市民社会。因为作为基础集团的村落依然存在，以村落内所残存的以及新生的共同契机为基础重新形成了新的共同体。[②] 这种机能性的共同体依然存在。

但是，总的趋势是，研究者们逐渐放弃了阶级论的共同体，而更多地采用集团论的共同体，放弃传统历史学和政治经济学中的“共同体理论”而采纳社会学的共同体学说。特别是对于共同体的价值和意义由否定到肯定，更是一个根本性的变化。造成这种状况的原因，除了上一节所提到的人类社会发展的大背景和国际学术潮流的演变之外，对于中国史的研究来说，还有一个重大因素就是自 20 世纪 80 年代以来中国社会经济的迅猛发展带给日本学界的巨大冲击。正是由于当代中国翻天覆地的变化，才可能从根本上冲刷掉近代以来根深蒂固的“中国社会停滞论”。近年日本的中国研究出现的一些崭新的观点就与此相关。

以往的中国研究对于中国社会中浓厚的“共同体”性质的人际关系，研究者往往将其归纳为“非近代的”、“关系主义”和“人治社会”等，持否定的态度。但是，近年来首藤明和指出，对于造成中国社会活力的人际关系优先主义应进行积极的评价。他认为，在中国农村中人际关系是丰富和多样的，已经经历了近代化的欧美和日本甚至中国人自身现在

---

① 柳沢和也：『近代中国における農家経営と土地所有—1920—30 年代華北・華中地域の構造と変動—』、御茶の水書房 2000 年版、200 頁。

② 蘭信三：「村落研究における共同体論的アプローチについて」、『ソシオロジ』第 26 巻 3 号、1982 年。

才刚刚开始认识到这种人际关系优先主义所隐藏着的效用。由此可以解读中国现代化的多种可能性。所以要把中国的这种关系社会作为另一种文明来认识。①

佐佐木卫也提出，以往人们认为中国社会结构的特征是与“近代官僚制”社会格格不入的，因而把这种社会结构看作是推行近代化的阻力。但是，只要观察一下现代中国就不会认为中国没有走向近代化。中国社会的结构从某种角度看是一种具备动态性质的构造。在传统社会中，以集团为媒介，由开发和移动促进了社会的发展。在现代社会，也不得不考虑传统的集团结构在现代化进程中成为导致人们行动和活力的方式。②以研究中国农村共同关系为已任的内山雅生指出，自中共十一届三中全会以来，中国经济飞速发展，已经成为世界经济的重要组成部分，对于作为 20 世纪重要历史事件的中国革命必须从各种角度进行研究，关于人民公社这种集体化也不能仅仅与苏联东欧进行比较，必须从中国传统农村社会中所包含的社会特质进行分析。③

当然，在看到这种变化趋势的同时，也仍然有值得警惕的现象，那就是，现在的日本对于战前形成的关于“中国社会停滞论”的观点是不是已经完全解决了呢？虽然在战后有相当多的历史学家进行了努力，这种观点已经没有多大市场，但是在其他社会层面上其遗毒并没有完全消除。著名史学家野泽丰就严肃指出，在战后的中国近现代史研究中，由于对平野义太郎在战中活动的自我批判和相互批判不足，使这一问题长期止步不前，这就为战后历史学研究的再出发埋下祸根。④另一位日本著名学者沟

---

① 首藤明和：「中国の“人間関係優先主義”と“后台人”—現代中国農村の民衆生活を見る視点」、『社会学評論』53（3）、2002 年。首藤明和：『もうひとつの文明として　中国の人治社会』、日本経済評論社 2003 年版。

② 佐々木衛：『中国民衆の社会と秩序』、東方書店 1993 年版、31—32 頁。

③ 内山雅生：『現代中国農村と“共同体”—転換期中国華北農村における社会構造と農民』、御茶の水書房 2003 年版、3—4 頁。

④ 『歴史科学大系』第十三巻、校倉書房 1979 年版、266—267 頁。转引自秋定嘉和：「社会科学者の戦時下のアジア論—平野義太郎を中心に—」、古屋哲夫編：『近代日本のアジア認識』、京都大学人文科学研究所 1994 年版。

口雄三指出："在冷战结构中，随着日本在20世纪六七十年代的高速成长中恢复了自信，对社会主义体制的中国的反共意识和经济上的优越感又再一次与战前蔑视中国的感情结合到一起。"[①] 对中国等亚洲国家的这种根深蒂固的"停滞"观念，从对过去战争的反省上看，比如近年的教科书问题及其为东条英机翻案等动向看，可以说其影响是依然存在的。还有人在继续鼓吹日本发动第二次世界大战是为了亚洲各国从殖民地的境地得到解放，赞扬平野义太郎等在战争期间的大亚细亚主义观点。[②] 沟口雄三批判说："看一看西尾干二著的《国民的历史》，明治以来形成的对中国、朝鲜的蔑视感情经过他们的再生产，成为他们将日本装扮成与西欧进行'孤独'斗争的战斗者的最大依据，更何谈战争责任。"[③] 特别值得注意的是现在日本年轻一代依然还受到过去日本"脱亚入欧"、蔑视亚洲观念的影响，不认为自己是亚洲人。一位日本教授对于班上139名学生（包括留学生）进行问卷调查，问题是"你是亚洲人吗？"结果日本学生中有64人回答"是"，但有33人却回答"否"。这个班有三分之一以上的日本学生不认为自己是亚洲人。[④] 可见问题之严重。

即使是面对中国改革开放的巨大发展，中国崩溃论或对中国发展表示担心的观点也不绝于耳。有人就认为中国是一种"常春藤资本主义"。他认为常春藤是蔓类丛生性植物，依附于大树寄生，生命力顽强、到处群生。但是常春藤永远不会成为一棵大树，因为它四处蔓延，缺乏统一性。这种观点认为"常春藤资本主义"在体制上接近"新美国型资本主义"，但是美国社会的宗教和志愿者组织在一定程度上可以抑制资本主义的狂奔，而中国社会没有这种机制，中国的社会规范十分稀薄。在这里只有通过强权来统合国家。中国将来代替这种权力构造的应该是法制的完备，但

① 沟口雄三：《历史认识问题是什么问题》，（日）中国社会科学研究会编：《全球化卜的中国与日本 海内外学者的多元思考》，中国社会科学文献出版社2003年版，第12页。

② 西尾幹二：『国民の歴史』、扶桑社1999年版、605頁。

③ 沟口雄三：《历史认识问题是什么问题》，（日）中国社会科学研究会编：《全球化下的中国与日本 海内外学者的多元思考》，第12—13页。

④ 家近亮子：『日中関係の基本構造』、晃洋書房2003年版、187頁。

这需要长期的过程。而目前由于中国社会文化的原因各种混乱不断发生，出现经济过剩的危险性很高。[①]

战后中日关系虽然有了巨大发展，但是磕磕碰碰依然不断，其中一个深层次的思想意识原因就是在日本“中国社会停滞论”这种蔑视中国的遗毒作祟。沟口雄三曾经警告说：“日本在追随欧美的同时，另一方面却蔑视或轻视亚洲，这种结构中的无意识地、不自觉地轻视亚洲的感情，在这一个半世纪里作为一种积弊，像麻药一样贯通全身肌体，歪曲并阻碍了人们对亚洲现实的认识能力。如果冷静观察，我们可以预料，今后至少半个世纪，长则一个世纪以上，这种积弊恐怕还会继续存在甚至愈发腐臭地堆积下去，与亚洲现实的变化相对抗。”[②] 所以，在由社会现实进行事实上批判的同时，仍然离不开理论认识上的批判和清理，而且这一工作依然任重道远。

由此，我们也可以归纳出近代以来日本的中国认识具有如下特点，这就是：第一，近代日本的中国认识离不开国际学术发展的大背景，日本学者较早地引进和使用西方学者的观点进行中国研究，起到中西学术桥梁的作用。当然，日本的这种中国认识也会把一些西方中心的观点加以接受，并同样以一种优越感来认识中国和其他亚洲国家。第二，日本的中国认识虽然采用西方学者的观点，但是离不开日本国内的环境和日中两国关系的限制，西方的“共同体”理论，在日本却转化为“中国社会停滞论”，变成为侵略战争辩护的理论，就说明了这一点。第三，战后日本走和平发展道路，对于战前的错误观点进行反省，但是最终使其对于中国的看法发生根本转变的关键还是中国自身发展的结果。1949 年中国革命的成功和改革开放 30 多年的发展，给日本的中国认识带来巨大的冲击。这也证明了“批判的武器当然不能代替武器的批判”这一马克思主义的观点。无论是西方还是近代日本在中国认识的深层次里存在一种根深蒂固的

---

① 東一眞：『中国の不思議な資本主義』、中公新書ラクレ 2007 年版。

② 沟口雄三：《历史认识问题是什么问题》，（日）中国社会科学研究会编：《全球化下的中国与日本 海内外学者的多元思考》，第 16 页。

“停滞论”和“专制论”的思维，如果说中国改革开放的巨大成就已经彻底粉碎了“停滞论”的话，那么所谓“专制论”的思维还有待打破。

最后需要指出的是，在中国学界，对于与共同体理论相关的亚细亚生产方式问题并不陌生。早在20世纪20年代几乎是与日本引入共同体理论同时，中国就曾展开了社会性质的大论战，其中就涉及亚细亚生产方式和“中国社会停滞论”问题。不过，在中国争论的焦点是中国当时究竟属于一种什么社会，因为这关系到中国革命的性质与道路问题。经过论战，中国马克思主义学派确认了中国社会的半殖民地半封建性质。1939年毛泽东的《中国革命与中国共产党》一文就反映了这场论战的结果。当时对于“中国社会停滞论”问题也有涉及，结果认为中国历史的发展也是按照五种社会形态规律发展演进的，只不过由于近代列强的入侵打断了中国自身发展的进程。

七、小　结

近年来一些中国学者开始借用共同体理论，特别是借鉴日本学者的有关理论来研究中国村落共同体和水利共同体问题，这主要是从地域社会论和社区理论的角度使用共同体概念的。按照钱杭的归纳，他认为中国当代学者对于共同体理论及其相关问题的接触和了解，主要依靠三个途径。一是20世纪30年代以来日本学术界利用共同体理论对中国农村社会进行的系统研究，例如清水盛光的研究。二是马克思、恩格斯的原著，例如《德意志意识形态》、《资本主义生产以前的各种形式》和《〈政治经济学批判〉序言》等。三是近年翻译出版的西方社会学与人类学著作，如滕尼斯的《共同体与社会》[①]、鲍曼的《共同体：在一个不确定的世界中寻找

① 斐迪南·滕尼斯（林远荣译）：《共同体与社会》，商务印书馆1999年版。

安全》[①]等。钱杭认为，在上述三个途径中，马克思主义观点理应占据主流位置，但实际上，日本学术界对共同体理论的研究成果对中国社科领域的影响似乎更为直接和深远。[②]李国庆对日本关于中国村落共同体问题的论争进行过系统梳理，从中国农村惯行调查到平野与戒能的争论，以及福武和旗田等人的研究，介绍得十分详细。近年中国学者引用的日本学者论著，主要是旗田巍、福武直、清水盛光、仁井田升以及平野义太郎和戒能通孝等人的成果。特别是内山雅生[③]和丹乔二[④]的论著由于已经译成中文，被引用得更多一些。

在村落共同体研究上，张思运用村落共同体理论从农耕结合角度探讨了村落共同体的演变。他指出，近代华北农村社会，对等交换的行为仍带有亲密感情的、援助性的要素，基于亲密感情的无偿援助中也开始掺杂着合理的、交换的色彩。完全的、纯粹的合理交换和亲情援助都是少数。[⑤]刘玉照则借鉴日本学者的村落共同体假设与施坚雅的基层市场共同体假设，并结合中国农村的现实认为，中国基层生产共同体已经通过特定的网络结构与各个等级的市场直接发生联系，参与到整个市场的分工体系当中，基层生产共同体的形成强化了市场体系功能，由于跨边界的社区在扩大过程中越来越有明显的内聚特性并不断地整合原有的村落共同体与基层市场共同体，形成了一种全新不断扩展的内聚性共同体。[⑥]项继权借鉴滕尼斯和清水盛光以及平野义太郎的研究，对于现代中国农村共同体的再建进行思考。他认为现在人们主要通过政治、经济改造实现乡村社会和社区的重建及有序管理。但是，单纯依靠行政权力规划并组建的社区，并不

---

① 齐格蒙特·鲍曼（欧阳景根译）：《共同体：在一个不确定的世界中寻找安全》，江苏人民出版社 2003 年版。

② 钱杭：《库域型水利社会研究 —— 萧山湘湖水利集团的兴与衰》，第 9—10 页。

③ 内山雅生（李恩民、邢丽荃译）：《二十世纪华北农村社会经济研究》。

④ 丹乔二（虞云国译）：《试论中国历史上的村落共同体》，《史林》2005 年第 4 期。

⑤ 张思：《近代华北农村的农家生产条件·农耕结合·村落共同体》，《中国农史》2003 年第 3 期。

⑥ 刘玉照：《村落共同体、基层市场共同体与基层生产共同体 —— 中国乡村社会结构及其变迁》，“论文天下网”2007 年 11 月 23 日。

是建立在内在认同基础上的共同体。他提出要通过“服务”来强化人们对于共同体的认同。[①]

在水利共同体研究方面，一些中国学者参考了日本20世纪50年代关于中国水利共同体的争论，并吸收森田明等日本水利史学者的成果，对于水利社会问题进行了深入研究。钱杭以共同体理论为分析工具，对于萧山湘湖水利集团进行详细研究后认为，中国传统社会集团其实都非常脆弱和僵化。缺乏协调各种利益纠纷的基本制度、主观愿望、方法机制和舆论导向，是中国传统社会许多根本痼疾的根源所在。而这类传统集团的衰落和逐步走向解体的过程，恰与中国近代化的步伐相一致。[②]张俊峰参考水利共同体理论，结合山西区域社会史研究提出了“泉域社会”的概念，他认为“泉域社会”应具有泉源、水利型经济、水神信仰、水案和内容相似的水利传说等特征[③]，使水利共同体的内涵更加充实。钞晓鸿根据对清代关中水利史的深入研究对森田明关于水利共同体解体原因的观点提出商榷。森田明等日本水利共同体论者主张明末清初由于中小地主的衰落与乡绅土地所有的发展，导致原有水利设施的荒废与水利组织的瓦解，即水利共同体的解体是大土地所有发展的结果。钞晓鸿则认为，水利共同体的解体其背后存在着一些根本性的机制问题，主要是河流径流量的不稳定性，水资源在所有权上的公共性、模糊性和使用权上的排他性，渠道区位的差异性和在共同体内部各个成员的责权分明与整个系统总体上的混淆不清等。[④]钞晓鸿论文史料扎实，很有说服力，显示出中国水利共同体研究的高度水平。

但是，以上研究主要是从地域社会论的角度引用日本“共同体”理论的，即使是引用平野义太郎和清水盛光的研究成果，也仅仅是作为一种

① 项继权：《中国农村社区及共同体的转型与重建》，《华中师范大学学报（人文社会科学版）》2009年第3期。

② 钱杭：《库域型水利社会研究——萧山湘湖水利集团的兴与衰》，第8页。

③ 张俊峰：《水利社会的类型——明清以来洪洞水利与乡村社会变迁》，第264页。

④ 钞晓鸿：《灌溉、环境与水利共同体——基于清代关中中部的分析》，《中国社会科学》2006年第4期。

纯粹的学术观点加以介绍或吸收，忽视了日本“共同体”理论中“中国社会停滞论”的思想背景及其以后的演变过程。对于战前日本由“停滞论”所带来的错误中国观以及其一时成为支持侵略战争的理论则完全没有涉及。虽然也有人引用了旗田巍对于“平野—戒能争论”的评价，但并未深究。同样，战后日本学界为了消除“停滞论”进行了许多努力和探索，对于他们的这种目的和心境我们也了解不多。特别是，直到现在日本一些人还残存着“中国社会停滞论”的余毒，更值得我们在引用这些理论时要加以明辨。改革开放以来，我们引进了大量国外社科理论，在国外经过几十年、上百年发展而来的理论在很短时间内同时、平行地进入到中国，对于种种新鲜的理论，我们往往忽视这些理论之间的对立与承接关系及其产生的社会思想背景，轻易地拿来使用，这是值得我们注意的。

参考文献（日文部分）[①]

秋沢修二（一九三九）『支那社会構成』、白揚社

青柳涼子（二〇〇四）『農家家族契約の日・米・中比較』、御茶の水書房

阿古智子（二〇〇五）「『郷村治理』の視点から考える『村民自治』の行方－中国湖北省荊門市の農業灌漑に関する調査報告より」『姫路獨協大学外国語学部紀要』第18号

阿古智子（二〇〇九）『貧者を喰らう国　中国格差社会からの警告』、新潮社

浅沼かおり（一九九四）『農業集団化政策決定までの政治過程（一九四九－五五）一国家形成と毛沢東』、アジア政経学会

アジア経済研究所編（一九七七）『黒竜江省元人民公社員との面談記録』、アジア経済研究所所内資料、調査研究部No.52-4

葭森健介（一九九二）「中国史における『社会』と『人間』の把握をめぐって一共同体、地域社会、モラル・エコノミー」『中国一社会と文化』第七号

足立啓二（一九九八）『専制国家史論一中国史から世界史へ』、柏書房

足立啓二（二〇〇一）「東北アジアの近代化と従属化」植村泰夫他

① 由于篇幅所限，这里仅将国内学者不方便看到的日文参考文献列出。排列顺序按照著作者名的“五十音順”排列，同一作者的论著按出版时间排列，同一年出版的以a、b、c顺序排列。

編『講座　東アジア近現代史　二　東アジア経済の軌跡』、青木書店

厚東洋輔（一九九五）「ヴェーバーのアジア社会論の射程と限界」『思想』849

天児慧（一九八四）『中国革命と基層幹部』、研文出版

天児慧（一九九一）「構造変動を始めた政治社会」岡部達味、毛里和子編『現代中国論 2　改革・開放時代の中国』、日本国際問題研究所

天児慧（一九九二）『中国　溶変する社会主義大国』、東京大学出版会

天児慧（一九九七）「中国農村における政治、社会関心と意思決定をめぐる村民意識」中兼和津次編『改革以後の中国農村社会と経済—日中共同調査による実態分析』、筑波書房

天野元之助（一九三六）『山東農業経済論』、南満洲鉄道株式会社

天野元之助（一九六二）『中国の土地改革』、アジア経済研究所

天野元之助（一九七九）『中国農業の地域的展開』、龍渓書舎

天野弘之・井村哲郎（二〇〇八）『満鉄調査部と中国農村調査—天野元之助中国研究回顧』、不二出版

安藤鎮正（一九六六）「華北農村の金融機構—とくに河北省欒城県の典小作を中心として—」『現代アジアの革命と法』仁井田陞博士追悼論文集第二巻、勁草書房

安藤彦太郎、山田豪一（一九六二）「近代中国研究と満鉄調査部」『歴史学研究』第二七〇号

飯嶋孝史（二〇〇四）「中国における参加型灌漑管理組織『用水戸協会』の基本的特徴と課題」『農業土木学会論文集』第 233 号

石井知章（二〇〇八）『Ｋ・Ａ．ウィットフォーゲルの東洋的社会論』、社会評論社

石井知章他（二〇一〇）『一九三〇年代のアジア社会論』、社会評論社

石井知章（二〇一二）『中国革命論のパラダイム転換』、社会評論社

池上彰英他（二〇〇七）「中国の『三農問題』と農業政策」久保田義喜編著『アジア農村発展の課題―台頭する四か国一地域』、筑波書房

池上彰英他（二〇〇九）『中国農村改革と農業産業化』、アジア経済研究所

池田寛二（一九八八）「モラル・エコノミーの射程―農業問題への歴史社会学的視座」『思想』七七三

池田静夫（一九四〇）『支那水利地理史研究』、生活社

石田浩（一九七七）「華北における水利共同体について―『中国農村慣行調査』6巻河北省邢台県等の調査を中心として」『アジア経済』18巻12号

石田浩（一九七九）「中国華北における『水利共同体』論争の一整理」『農林業問題研究』54号

石田浩（一九八四）「『華北農村慣行調査』研究と欒城県寺北柴生産大隊の訪問」『東方』三六号

石田浩（一九八五a）『台湾漢人村落の社会経済構造』、関西大学出版部

石田浩（一九八五b）「華北農村調査の成果と今後の課題」『東方』四八号

石田浩（一九八六）『中国農村社会経済構造の研究』、晃洋書房

石田浩（一九九一）『中国農村の歴史と経済―農村変革の記録』、関西大学出版社

石田浩（一九九三）『中国農村経済の基礎構造』、晃洋書房

石田浩（一九九四）「中国農村社会の基底構造―社会主義と伝統社会」中兼和津次編『講座現代アジア 二　近代化と構造変動』、東京大学出版会

石田浩（一九九六）『中国同族村落の社会経済構造研究―福建伝統農村と同族ネットワーク―』、関西大学出版部

磯野誠一（一九五三）「生ける法を求めて―『華北農村慣行調査』

を読む—」『現代中国』第一七号

伊藤武雄（一九六四）『満鉄に生きて』、勁草書房

伊藤正彦（一九九八）「中国史研究の『地域社会論』—方法的特質と意義—」『歴史評論』一〇（No：五八二）

稲葉岩吉（一九二二）『支那社会史研究』、大鐙閣

井上徹（一九九八）「宋元以降における宗族の意義」『歴史評論』八（No：五八〇）

伊原弘介（一九八三）「清朝国家の農村統合と紳士身分」今堀誠二編『中国へのアプローチ　その歴史的展開』、勁草書房

伊原弘介（一九八八）「清朝郷村支配の構造—浙江省順庄法に基づいて」横山英、寺地遵編『中国社会史の諸相』、勁草書房

今堀誠二（一九五三）『中国の社会構造』、有斐閣

今堀誠二（一九八三）「序章」同編『中国へのアプローチ　その歴史的展開』、勁草書房

今堀誠二（一九九一）『中国近代史研究序説』、勁草書房

岩本由輝（一九七六）『柳田国男の農政学』、御茶の水書房

岩谷将（二〇〇七）「国民党政権下の地方自治—河北省における地方自治政策をめぐる争い—」『法学政治学論究』第 75 号

上田信（一九八九）「農民の『生の充溢』願望」小島晋治編『岩波現代中国』第四巻、岩波書店

上田信（一九九〇）「村に作用する磁力について」橋本満・深尾葉子編『現代中国の底流』、行路社

上田信（一九九五）『伝統中国〈盆地〉〈宗族〉にみる明清時代』講談社

内田智雄（一九四八ａ）『中国農村の家族と信仰』、弘文堂

内田智雄（一九四八 b）「華北農村における或る訴訟事変」『東光』第四号

内田智雄（一九五〇ａ）「中国の下級裁判所について—華北順義県

承審所を中心にして一」『同志社法学』第五号

内田智雄（一九五〇 b）「華北農村における祖先祭礼の意義」『同志社法学』第 6 号

内田智雄（一九五一、一九五二）「中国農村における土地の『先買権』について」上、下『同志社法学』第一〇号、第一三号

内田智雄（一九五三）「華北農村における同族の祭祖行事について」京都大学『東方学報』第二二号

内田知行（二〇〇二）『抗日戦争と民衆運動』、創土社

内田知行（二〇〇五）『黄土の大地　一九三七—一九四五　山西省占領地の社会経済史』創土社

内山雅生（一九八〇）「『華北農村慣行調査』と中国史研究」『歴史学研究』四八四号

内山雅生（一九八二）「『中国農村実態調査』と華北農村社会の実態把握」『近きに在りて』第二号

内山雅生（一九九〇）『中国華北農村経済研究序説』、金沢大学経済学部

内山雅生（一九九一）「華北農村における共同行動」『中国—社会と文化』第六号

内山雅生（一九九二 a）「中国史研究における実態調査と地域研究」神田信夫先生古希記念論集編集委員会編『清朝と東アジア』、山川出版社

内山雅生（一九九二 b）「華北農村社会研究」辛亥革命研究会編『中国近代史研究入門』、汲古書院

内山雅生（一九九三）「『中国農村慣行調査』と中国農民」大江志乃夫編『近代日本と植民地 4　統合と支配の理論』、岩波書店

内山雅生（一九九六）「近代化と農村社会」池田誠他編『中国近代化の歴史と展望』下巻、法律文化社

内山雅生（一九九七）「現代中国における農業の集団化と『共同関

係』」『宇都宮大学国際学部論集』第三号

内山雅生（一九九八）「『華北農村慣行調査』と中国社会認識」『中国研究月報』五九九号

内山雅生（二〇〇〇）「農村変革と農業旧慣行」三谷孝他『村から中国を読む』、青木書店

内山雅生（二〇〇二 a）「中国・黄河下流域における共同慣行と『水』—『水利』からみた循環型農村社会試論」藤田和子編『モンスーン・アジアの水と社会環境』、世界思想社

内山雅生（二〇〇二 b）「現代中国農村社会の構造と農村幹部」東アジア地域研究会・赤木攻・安井三吉編『東アジア政治のダイナミズム』講座東アジア近現代史 五、青木書店

内山雅生（二〇〇二 c）「華北連絡部の資源調査と華北農村」本庄比佐子・内山雅生・久保亨編『興亜院と戦時中国調査』、岩波書店

内山雅生（二〇〇三）『現代中国農村と「共同体」—転換期中国華北農村における社会構造と農民—』、御茶の水書房

内山雅生（二〇〇六）「山東省における労働力移動—『満洲』方面を中心に—」野村真理・弁納才一編『地域統合と人的移動』、御茶の水書房

内山雅生（二〇〇九）『日本の中国農村調査と伝統社会』、御茶の水書房

内山雅生・祁建民他（二〇一〇）「中国内陸農村訪問調査報告（1）」『研究紀要』長崎県立大学国際情報学部　第 11 号

内山雅生・祁建民他（二〇一一）「中国内陸農村訪問調査報告（2）」『研究紀要』長崎県立大学国際情報学部　第 12 号

内山雅生・祁建民他（二〇一二）「中国内陸農村訪問調査報告（3）」『研究紀要』長崎県立大学国際情報学部　第 13 号

内山雅生（二〇一二）「現代中国農村における公共的関係」柳澤悠他編『アジア・中東共同体・環境・現代貧困』、勁草書房

内山雅生・祁建民他（二〇一三）「中国内陸農村訪問調査報告（4）」『研究紀要』長崎県立大学国際情報学部　第14号

内山雅生・祁建民他（二〇一四）「中国内陸農村訪問調査報告（5）」『研究紀要』長崎県立大学国際情報学部　第15号

内山雅生・祁建民（二〇一六）「中国内陸農村訪問調査報告（7）」『研究紀要』長崎県立大学国際社会学部　第1号

内山雅生・祁建民（二〇一七）「中国内陸農村訪問調査報告（8）」『研究紀要』長崎県立大学国際社会学部　第2号

内山雅生・祁建民（二〇一八a）「中国内陸農村訪問調査報告（9）」『研究紀要』長崎県立大学国際社会学部　第3号

内山雅生編著（二〇一八b）『中国農村社会の歴史的展開』、御茶の水書房

幼方直吉（一九七五）「戒能氏の中国観について」『法律時報』第四七巻第九号

宇野重昭（一九八九）「静かな社会変動」同編『岩波講座現代中国三　静かな社会変動』、岩波書店

宇野重昭・小林弘二・矢吹晋（一九八六）『現代中国の歴史一九四九―一九八五』、有斐閣

宇野重昭（一九九二）「中国における縁故主義の現段階」宋慶齢日本基金会・武田清子編『中国のきり拓く道―日本より見る』、勁草書房

江上波夫・梅原猛・上山春平・中根千枝編（一九八二）『日本と中国　天城シンポジウム　民族の特質を探がる』、小学館

江原正昭（一九六〇）「『中国西北部の水利共同体』に関する疑点」『歴史学研究』237号

大上末広（一九三七）「北支那農村の社会的経済構造」『農業と経済』第四巻第十号

尾形勇（一九七九）『中国古代の「家」と国家』、岩波書店

尾形勇・岸本美緒編（一九九八）『中国史』、山川出版社

奥崎裕司（一九七八）『中国郷紳地主の研究』、汲古書院

奥崎裕司（一九九九）『中国史から世界史へ　谷川道雄論』、汲古書院

小川快之（二〇〇九）『伝統中国の法と秩序一地域社会の視点から一』、汲古書院

奥村哲（一九九三）「日中戦争前後の華中農村調査をめぐって一江蘇省無錫県の場合」『人文学報（歴史学）』（東京都立大学）第二三八号

奥村哲（一九九九）「民国期中国の農民層分解をめぐって」『人文学報（歴史学）』（東京都立大学）第二九六号

奥村哲（二〇〇三）「民国期中国の農村社会の変容」『歴史学研究』779号

奥村哲・笹川裕史（二〇〇七）『銃後の中国社会　日中戦争下の総動員と農村』、岩波書店

奥村哲編（二〇一三）『変革期の基層社会一総力戦と中国・日本』、創土社

大沢正昭（一九九〇）「『筥』・『僕』・『家族関係』一『太平広記』・『夷堅志』に見る唐宋変革期の人間関係」中国史研究会編『中国専制国家と社会統合　中国史像の再構成Ⅱ』、文理閣

尾崎秀実（一九三九）『現代支那論』、『尾崎秀実著作集』第二巻一九七七年、勁草書房

大島一二（一九九四）『中国における農村工業化の展開と農村経済・社会の変容に関する研究一「蘇南」地域を中心に』、アジア政経学会

大島一二（一九九六）『中国の出稼ぎ労働者－農村労働力流動の現状とゆくえ』、芦書房

小田則子（一九九五）「山東省後夏寨村の同族について一解放以前の華北農村における同族と村」『愛知大学国際問題研究所紀要』第一〇二号

小田則子（一九九八）「解放後の華北の社会変化と農村結合一北

京市沙井村の同族を中心として—」『愛知大学国際問題研究所紀要』第一一〇号

小田則子（一九九九）「華北農村における社会変化と同族結合—山東省後夏寨村の事例—」『アジア研究』第四〇巻三号

小田則子（二〇〇〇）「解放後の華北農村における社会変化と宗族結合」『アジア研究』第四五巻四号

小田則子（二〇〇一）「清代の華北郷村における公義—順天府宝坻県の事例」『名古屋大学東洋史研究報告』第二十五号

大塚久雄（一九五五）『共同体の基礎理論』、岩波書店

大木啓介（一九九八）『国家と近代化』、芦書房

加々美光行（一九六八）「革命前夜の中国共同体—その『封建』的要素に対する試論的考察—」『アジア経済』第9巻第12号

笠原十九司（一九九一 a）「『中国農村慣行調査』の村の日中共同調査」『近きに在りて』第一九号

笠原十九司（一九九一 b）「呉店村を事例とした中国の変革の歴史」『専修大学社会科学研究所月報』四月号

角崎信也（二〇一三）「中国の政治体制と『群体性事件』」鈴木隆他編『転換期中国の政治と社会集団』、国際書院

加藤祐三（一九六八）「土地改革前の中国農村社会」『アジア経済』第九巻第一二号

加藤祐三（一九七二）『中国の土地改革と農村社会』、アジア経済研究所

加藤弘之編（一九九五）『中国の農村発展と市場化』、世界思想社

柏祐賢（一九四四）『北支の農村経済社会』、弘文堂書房

柏祐賢（一九八六）『柏祐賢著作集』第四巻、京都産業大學出版会

片桐裕子（一九八六）「旧中国農村調査にもとづく戦後日本の研究成果について」小林弘二編『旧中国農村再考』、アジア経済研究所

川合隆男編（一九八九）『近代日本社会調査史』（Ⅰ）慶応通信

川井悟（一九八四）「中国河北農村の参観から」『同朋』第八号

川井悟（一九八三）「華洋義賑会と中国農村」京都大学人文科学研究所共同研究報告『五四運動の研究』第 2 函、同朋舎

川井伸一（一九八七）「土地改革にみる農村の血縁関係」小林弘二編『中国農村変革再考』、アジア経済研究所

河原昌一郎（一九九九）『詳解　中国の農業と農村一歴史・現状・変化の胎頭』、農山魚村文化協会

戒能通孝（一九四三）『法律社会の諸問題』、日本評論社

戒能通孝（一九四四）『北支農村に於ける慣行概説』、東亜研究所

河地重蔵（一九七五）「中国農村の伝統と革命一共同体と土地改革・人民公社一」故村松祐次教授追悼事業会編『中国の政治と経済』、東洋経済新報社

岸本美緒（一九九〇ａ）「明清時代の郷紳」『シリーズ世界史への問い　七　権威と権力』、岩波書店

岸本美緒（一九九〇 b）「モラル・エコノミー論と中国社会研究」『思想』6（No: 792）

岸本美緒（一九九四）「『市民社会』論と中国」『歴史評論』第三号（No：五二七）

岸本美緒（一九九九）『明清交替と江南社会　一七世紀中国の秩序問題』、東京大学出版会

岸本美緒（二〇〇四）「土地を売ること、人を売ること」三浦徹他編『比較史のアジア　所有・契約・市場・公正』、東京大学出版会

祁建民（一九九一）「十五年戦争と満鉄調査部」愛知大学国際問題研究所『紀要』第九四号

祁建民（一九九八）「中共北方局と『華北農村慣行調査』」『近きに在りて』第三三号

祁建民（二〇〇〇）「蒙疆政権下における旗県郷村教育の実態」『日中教育の回顧と展望』、国立教育政策研究所

祁建民（二〇〇五）「四清運動をめぐる権力と村落」『アジア太平洋論叢』第15号

祁建民（二〇〇六）『中国における社会結合と国家権力—近現代華北農村の政治社会構造』、御茶の水書房

祁建民（二〇〇六）「宗族の行方と近代国家—中国基層社会の再編について—」『県立長崎シーボルト大学国際情報学部紀要』第7号

祁建民（二〇〇八）「華北農村における民間信仰と国家権力」『研究紀要』長崎県立大学国際情報学部　第9号

祁建民（二〇〇九）「水権から見る村落と国家権力」『近きに在りて』第55号

祁建民（二〇一〇）「華北農村における国家権力と看青慣行」『研究紀要』長崎県立大学国際情報学部　第11号

祁建民（二〇一一）「中国農村における職能的社会結合と権力」『研究紀要』長崎県立大学国際情報学部　第12号

祁建民（二〇一二）「互助組の結成から見る中国の国家権力と人間関係」『東アジア評論』第4号

祁建民（二〇一三）「高級合作社の成立から見る中国低層部における国家権力」『東アジア評論』第5号

祁建民・閻美芳（二〇一五）「中国内陸農村訪問調査報告（6）」『研究紀要』長崎県立大学国際情報学部　第16号

行龍・祁建民（二〇一六）「村落資料から現代中国農村を読む」『近代中国研究彙報』第38号

行龍・祁建民（二〇一六）「水から見る晋水流域における産業と民間信仰の変遷」『東アジア評論』第8号

北原淳（一九九六）『共同体の思想—村落開発理論の比較社会学—』、世界思想社

北原淳（二〇〇二）「農村社会の過去と現代の変化」北原淳他編『講座　東アジア近現代史6　変動の東アジア社会』、青木書店

窪徳忠（一九七七）『道教史』、山川出版社

栗林宣夫（一九七一）『里甲制の研究』、文理書院

厳善平（一九九三）『現代中国農村の社会と経済』、アジア政経学会

厳善平（一九九五）「地域コミュニティの変容」加藤弘之編『中国の農村発展と市場化』、世界思想社

厳善平（一九九七）「農村経済の組織再建と制度改革」中兼和津次編『改革以後の中国農村社会と経済―日中共同調査による実態分析』、筑波書房

厳善平（二〇〇九）『農村から都市へ　1億3000万人の農民大移動』、岩波書店

河野正（二〇一四）「華北農村調査の記録―二〇一三年八月、山西省P県D村の聞き取り記録―」『東洋文化研究』第16号

阮雲星（二〇〇五）『中国の宗族と政治文化―現代「義秩」郷村の政治人類学的考察』、創文社

小口彦太（一九八〇a）「中国法研究における末広博士の今日的意義」『早稲田法学』第五五巻第二号

小口彦太（一九八〇b）「『中国農村慣行調査』をとおしてみた華北農民の規範意識像」早稲田大学比較法研究所『比較法学』第一四巻第二号

小島晋治（一九九二）「中国における縁者びいきの過去と現在」宋慶齢日本基金会　武田清子編『中国のきり拓く道―日本より見る』、勁草書房

小島晋治・並木頼寿編（一九九三）『近代中国研究案内』、岩波書店

小島晋治・大里浩秋・並木頼寿編（二〇〇一）『20世紀の中国研究その遺産をどう生かすか』、研文出版

小島朋之（一九九七）「郷村人代選挙の制度と実態」中兼和津次編『改革以後の中国農村社会と経済―日中共同調査による実態分析』、筑波書房

小島麗逸（一九八九）「農業・農村組織四十年」山内一男編『岩波現代中国第2巻　中国経済の転換』、岩波書店

小島毅（一九九〇）「城隍廟制度の確立」『思想』六（No：七九二）

小島泰雄（二〇一二）「中国山西における農村集落の大規模性について」『地域と環境』第12号

小島淑男（二〇〇五）『近代中国の農村経済と地主制』、汲古書院

小谷汪之（一九七九）『マルクスとアジア』、青木書店

小谷汪之（一九八二）『共同体と近代』、青木書店

小竹一彰（一九八二）「土地改革前の華北農村における権力関係」『アジア研究』第二八巻第三、四号

小沼正（一九六六）「華北農村における田賦徴収機構についての考察―河北省昌黎県の社書制度とその消滅の過程―」『現代アジアの革命と法』仁井田陞博士追悼論文集第二巻、勁草書房

小林一美（一九九五 a）「中華帝国と秘密社会」同編『秘密社会と国家』、勁草書房

小林一美（一九九五 b）「中華世界帝国と封建制日本―家産相続制度からみた国家・社会の比較」中村義編『新しい東アジア像の研究』、三省堂

小林一穂（二〇〇七）『中国農村の共同組織』、御茶の水書房

小林弘二（一九八五）「中国農村見聞記―『慣行調査』の村はどう変ったか―」『アジア経済』第二六巻第四号

小林弘二（一九八六）『旧中国農村再考』、アジア経済研究所

小林弘二（一九八七）『中国農村変革再考―伝統農村と変革』、アジア経済研究所

小林弘二（一九九七）『二〇世紀における農民革命と共産主義運動』、勁草書房

小林義廣（二〇〇一）「宋代宗族研究の現状と課題―范氏義庄研究を中心に―」『名古屋大学東洋史研究報告』第二五号

五井直弘（一九七六）『近代日本と東洋史学』、青木書店

伍躍（二〇〇〇）『明清時代の徭役制度と地方行政』、大阪経済法科大学出版部

子安宣邦（二〇〇三）『「アジア」はどう語られてきたか』、藤原書店

蔡志祥（一九九四）「華南地域社会論ー定住権を中心として」溝口雄三他編『アジアから考える（三）周縁からの歴史』、東京大学出版会

斉文波（二〇〇〇）『中国農村協同組合金融の現状と改革』、筑波書房

斎藤博（一九七七）『民衆精神の原像』、新評論

坂本楠彦他（一九八三）『中国農村の改革ー家族経営と農産物流通』、アジア経済研究所

桜井英治（一九九八）「村と町の誕生」五味文彦編『日本の中世』、放送大学教育振興会

笹川裕史（二〇〇二）『中華民国期農村土地行政史の研究ー国家ー農村社会間関係の構造と変容』、汲古書店

笹川裕史（二〇〇九）「農村社会と政治文化」飯島渉他編『シリーズ 20 世紀中国史　2 近代性の構造』、東京大学出版会

佐々木衛編（一九九二）『近代中国の社会と民衆文化ー日中共同研究・華北農村社会調査資料ー』、東方書店

佐々木衛（一九九三）『中国民衆の社会と秩序』、東方書店

佐々木衛（二〇〇二）「中国の現代家族の構造と変容ー分家と養老からみた現代中国家族ー」北原淳他編『講座　東アジア近現代史 6 変動の東アジア社会』、青木書店

佐々木衛（二〇〇三）『費孝通ー民族自省の社会学』、東信堂

佐々木衛他編（二〇〇三）『中国村落社会の構造とダイナミズム』、東方書店

佐藤宏（一九九七）「経済構造と村落政治」中兼和津次編『改革以後の中国農村社会と経済ー日中共同調査による実態分析』、筑波書房

佐藤宏（一九九七）「中国人民解放軍の農村的基盤―実地調査による試論」『アジア研究』第43巻第2号

佐藤宏（二〇〇二）「雲南農村における市場と商人」中兼和津次編著『中国農村経済と社会変動―雲南省石林県のケース・スタディ』、御茶の水書房

佐藤仁史他（二〇〇八）『中国農村の信仰と生活―太湖流域社会史口述記録集』、汲古書院

佐藤仁史（二〇一三）『近代中国の郷土意識―清末民初江南の在地指導層と地域社会』、研文出版

佐藤慎一（一九九四）「近代中国の体制構想―専制の問題を中心に」溝口雄三他編『アジアから考える（五）近代化像』、東京大学出版会

簫紅燕（二〇〇〇）『中国四川農村の家族と婚姻―長江上流の文化人類学的研究』、慶友社

澤田端穂（一九八二）『中国の民間信仰』、工作舎

滋賀秀三（一九六七）『中国家族法の原理』、創文社

滋賀秀三（一九八四）『清代中国の法と裁判』、創文社

島恭彦（一九八九）『東洋社会と西欧思想』、筑摩書房

嶋倉民生、中兼和津次編（一九八〇）『人民公社制度の研究』、アジア経済研究所

清水盛光（一九三九）『支那社会の研究』、岩波書店

清水盛光（一九四九）『中国の郷村統治と村落』、日本評論社

清水盛光（一九五一）『中国郷村社会論』、岩波書店

首藤明和（二〇〇一）「現代中国村落の諸類型」『社会学雑誌』一八号

首藤明和（二〇〇二）「中国の『人間関係優先主義』と『后台人』」『社会学評論』Vol.53，No.3

首藤明和（二〇〇三）『中国の人治社会　もうひとつの文明として』、日本経済評論社

首藤明和他（二〇〇八）『分岐する現代中国家族—個人と家族の再編成』、明石書店

首藤明和・王向華編（二〇一九）『日本と中国の家族制度研究』、風響社

島恭彦（一九四一）『東洋社会と西欧思想』、生活社

新保満（一九八三）『村が栄える条件』、日本放送出版協会

秦兆雄（二〇〇三）「中国湖北一農村の宗族内婚について」『神戸外大論叢』第54巻2号

秦兆雄（二〇〇五）『中国湖北農村の家族・宗族・婚姻』、風響社

末次玲子（一九七八）「中国農村における婦人の状態」野沢豊、田中正俊編『講座中国近現代史四　五・四運動』、東京大学出版会

末次玲子（一九八二）「『中国農村慣行調査』に女性史をさぐる」『中国近代史研究会通信』一五・一六合併号

末次玲子（一九九三）「近五十年の華北農村における家事労働史」柳田節子先生古希記念論集『中国の伝統社会と家族』、汲古書院

末広厳太郎（一九二四）『農村法律問題』、改造社

末広厳太郎（一九五二）「末広博士の調査方針」中国農村慣行調査刊行会編『中国農村慣行調査』第一巻、岩波書店

末成道男（一九八三）「社会結合の特質」橋本万太郎編『民族の世界　五漢民族と中国社会』、山川出版社

杉浦貫一（一九五三）「寺北柴村における抵押」『大阪経大論集』第六号

杉浦貫一（一九五四ａ）「欒城県寺北柴村における典」『大阪経大論集』第一〇号

杉浦貫一（一九五四ｂ）「華北農村における土地売買慣行—売買手続と中人の性格—」『大阪経大論集』五周年記念論文集

杉之原舜一（一九四七）「典の法的性質」『法律時報』第一九巻第一号

鈴木一郎（一九七三ａ）「末広博士の慣習法理論ー不連続線理論を中心にー」『東北学院大学論集・法律学』第六号

鈴木一郎（一九七三ｂ）「『中国慣行調査』」『東北学院大学論集・法律学』第六号

鈴木一郎（一九九三）「『中国慣行調査』関係資料（一）」『東北学院大学論集・法律学』第四十二号

鈴木一郎（一九九五）「『中国慣行調査』実施の経緯」『東北学院大学法学政治学研究所紀要』第三号

杉田敦（一九九八）『権力の系譜学　フーコー以後の政治理論に向けて』、岩波書店

瀬川昌久（一九九一）『中国人の村落と宗族ー香港新界農村の社会人類学的研究』、弘文堂

瀬川昌久（二〇〇四）『中国社会の人類学ー親族・家族からの展望』、世界思想社

瀬川昌久他編（二〇〇六）『中国文化人類学リーディングス』、風響社

園田茂人（一九九三）「フィールドとしてのアジア」溝口雄三他編『アジアから考える（一）交錯するアジア』、東京大学出版会

園田茂人（二〇〇一）『中国人の心理と行動』、日本放送出版協会

孫江（二〇〇七）『近代中国の革命と秘密結社ー中国革命の社会史の研究（一八九五ー一九五五）』、汲古書院

孫江（二〇一二）『近代中国の宗教・結社と権力』、汲古書院

高橋伸夫（一九九八）「中国共産党組織の内部構造ー湖北省、一九二七年ー一九三〇年ー」慶應義塾大學法学研究会編『法学研究』第七一巻第五号

高橋伸夫（二〇〇六）『党と農民　中国農民革命の再検討』、研文出版

高橋伸夫編著（二〇一〇）『救国・動員・秩序　変革期中国の政治

と社会』、慶應義塾大学出版会

高見沢磨（一九九八）『現代中国の紛争と法』、東京大学出版会

高見沢磨（一九九〇）「罪観念と制裁　中国におけるもめごとと裁きとから」『シリーズ世界史への問い　第五巻　規範と統合』、岩波書店

田島俊雄（一九八九）「農業生産力の展開構造」山内一男編『岩波現代中国第2巻　中国経済の転換』、岩波書店

田島俊雄（一九九六）『中国農業の構造と変動』、御茶の水書房

橘樸（一九二七）「中国家族制度への呪詛」『我等』第九巻第一号『橘樸著作集』第一巻　一九六六年、勁草書房

橘樸（一九四二 a）「東洋共同社会の下部構造」『満洲評論』第二三巻第一〇号

橘樸（一九四二 b）「郷土社会の意義」『満洲評論』第二三巻第二〇号

橘樸（一九六六）「通俗道教」『橘樸著作集』第一巻、勁草書房

田中克行（一九九八）『中世の惣村と文書』、山川出版社

田中恭子（一九八五）「華北農村の解放と土地改革一河北・山東八ヵ村調査報告一」中部大学国際地域研究所『国際研究』第二号

田中恭子（一九八六）「華北農村の解放と土地改革一河北・山東八ヵ村調査報告一」中部大学国際地域研究所『国際研究』第三号

田中恭子（一九九六）『土地と権力一中国の農村革命』、名古屋大学出版社

田中比呂志（二〇一〇）『近代中国の政治統合と地域社会』、研文出版

田中比呂志（二〇一一）「華北農村訪問調査報告（1）　2009年12月、山西省P県D村」『東京学芸大学紀要　人文社会科学系Ⅱ』第62集

田中比呂志・河野正（二〇一二）「華北農村訪問調査報告（2）—2010年8月・12月、山西省P県D村」『東京学芸大学紀要　人文社会科学系Ⅱ』第63集

田中比呂志（二〇一三 a）「華北農村訪問調査報告（3）—2011年8

月、山西省P県D村」『東京学芸大学紀要　人文社会科学系Ⅱ』第64集

田中比呂志（二〇一三b）「華北農村訪問調査報告（4）—2012年8月、山西省P県D村」『東京学芸大学紀要　人文社会科学系Ⅱ』第64集

田中義英（一九五七）『農村実態調査の理論と実際』、富民社

谷川道雄（一九七六）『中国中世社会と共同体』、国書刊行会

谷川道雄（一九八七）『中国中世の探求　歴史と人間』、日本エディタースクール出版部

田原史起（一九九九）『現代中国農村における権力と支配ー人民共和国建国初期の土地改革と基層政権（一九四九——九五四）』、アジア政経学会

田原史起（二〇〇〇）「村落統治と村民自治」天児慧、菱田雅晴編『深層の中国社会』、勁草書房

田原史起（二〇〇一）「村落自治の構造分析」『中国研究月報』639号

田原史起（二〇〇四）『中国農村の権力構造ー建国初期のエリート再編ー』、御茶の水書房

田原史起（二〇〇五a）「中国村落政治のアクター分析」佐々木智弘編『現代中国の政治変容』、アジア経済研究所

田原史起（二〇〇五b）「中国農村における開発とリーダーシップー北京市遠郊X村の野菜卸売市場をめぐって」『アジア経済』第46巻第6号

田原史起（二〇〇八a）『二十世紀中国の革命と農村』、山川出版社

田原史起（二〇〇八b）「中国農村政治の構図ー村民自治・農民上訪・税費改革をどうみるか」天児慧他編『世界政治叢書第8』、ミネルヴァ書房

田原史起（二〇〇九a）「水利施設とコミュニティー中国山東半島C村の農地灌漑システムをめぐってー」『アジア経済』第50巻第7号

田原史起（二〇〇九b）「農業産業化と農村リーダー農民専業合作社成立の社会的文脈」池上彰英他編『中国農村改革と農業産業化』、ア

ジア経済研究所

田原史起（二〇〇九c）「道づくりと社会関係資本—中国中部内陸農村の公共建設」『近きに在りて』第55号

檀上寛（一九九三）「明清郷紳論」谷川道雄編『戦後日本の中国史論争』、河合文化教育研究所

陳鳳（二〇一七）『伝統的社会集団の歴史的変遷』、御茶の水書房

陳其南（一九九〇）「房と伝統的中国家族制度」橋本満　深尾葉子編『現代中国の底流』、行路社

陳其南（一九九四）「伝統中国の国家形態と民間社会」溝口雄三他編『アジアから考える（四）社会と国家』、東京大学出版会

陳立行（一九九四）『中国の都市空間と社会的ネットワーク』、国際書院

陳忠雲（二〇〇二）「農民集団化運動の互助組における諸利益主体の利益衝突に関する考察」『現代中国研究』10号

塚本学編（一九九二）『日本の近世 八　村の生活文化』、中央公論社

中国農村慣行調査刊行会編（一九五二—一九五八）『中国農村慣行調査』（全六巻）、岩波書店

中国史研究会編（一九八三）『中国史像の再構成—国家と農民』、文理閣

中国史研究会編（一九九〇）『中国専制国家と社会統合—中国史像の再構成』、文理閣

張玉林（二〇〇一）『転換期の中国国家と農民（一九七八—一九九八）』、農林統計協会

張思『近代華北農村における農耕上の共同—順義県沙井村の搭套慣行を中心に—』（東京大学博士論文）

張思（一九九八）「近世華北農村の社会生活—北京市順義県沙井村を中心に」『東瀛求索』第九号

張思（一九九九）「近代華北農村における搭套慣行」『中国研究月

報』53巻3号

辻康吾（一九八九）「温州『抬会』事件顛末」宇野重昭編『岩波講座現代中国3　静かな社会変動』、岩波書店

鶴見尚弘（一九七九）「旧中国における共同体の諸問題—明清江南デルタ地帯を中心として」『史潮』新四号

寺田浩明（一九九四）「明清法秩序における『約』の性格」溝口雄三他編『アジアから考える（四）社会と国家』、東京大学出版会

寺田浩明（一九九九）「満員電車のモデル—明清期の社会理解と秩序形成—」今井弘道他編『変容するアジアの法と哲学』、有斐閣

鉄山博（一九九九）『清代農業経済史研究—構造と周辺の視角から』、御茶の水書房

鄭浩瀾（二〇〇九）『中国農村社会と革命—井岡山の村落の歴史的変遷』、慶應義塾大学出版会

豊島静英（一九五六）「中国西北部の水利共同体について」『歴史学研究』第201号

董修甲著　岡本武彦訳（一九三九）『支那地方自治問題』、生活社

徳田良治（一九四一）「村の区域と村民の資格—満鉄北支経済調査所慣行班の聴取書から—」『支那慣行調査彙報』

内藤虎次郎（湖南）（一九一四）『支那論』、文会堂書店

中江丑吉（一九三一）「支那の封建制度に就いて」『満鉄支那月誌』第八巻一号

中岡まり（二〇〇〇）「農村における民主法治建設」天児慧、菱田雅晴編『深層の中国社会』、勁草書房

中兼和津次（一九七七）『人民公社制度研究の視角と方法：試論』、アジア経済研究所

中兼和津次（一九八二）『旧満洲農村社会経済構造の分析』、アジア政経学会

中兼和津次（一九九七）「農村社会構造と農民行動」同編『改革以

後の中国農村社会と経済—日中共同調査による実態分析』、筑波書房

中兼和津次（二〇〇二）『中国農村経済と社会の変動—雲南省石林県のケース・スタディ』、御茶の水書房

中島楽章（二〇〇二）『明代郷村の紛争と秩序—徽州文書を史料として—』、汲古書院

中根千枝（一九六七）『タテ社会の人間関係』、講談社

中根千枝（一九七〇）『家族の構造　社会人類学的分析』、東京大学出版会

中根千枝（一九七八）『タテ社会の力学』、講談社

中根千枝（一九八二）「日本と中国・朝鮮家族構造の特色」江上波夫・梅原猛・上山春平・中根千枝編『日本と中国　天城シンポジウム　民族の特質を探がる』、小学館

中根千枝（一九八七）『社会人類学—アジア諸社会の考察』、東京大学出版会

中村哲編（一九九三）『東アジア専制国家と社会・経済—比較史の視点から』、青木書店

中村吉治教授還暦記念論集刊行会編（一九六五）『共同体の史的考察』、日本評論社

中村則弘（一九九四）『中国社会主義解体の人間的基礎』、国際書院

中村則弘（二〇〇〇）「地域における政治・経済の担い手の価値意識にみる自律性・対抗性」菱田雅晴編『現代中国の構造変動　社会—国家の共棲関係』、東京大学出版会

中村哲夫（一九八四）『近代中国社会史研究序説』、法律文化社

中生勝美（一九八七ａ）「『中国農村慣行調査』の限界と有効性」『アジア経済』第二八巻第六号

中生勝美（一九八七b）「中国華北平原の雨乞い」『社会人類学年報』第一三巻

中生勝美（一九九〇ａ）『中国村落の権力構造と社会変化』、アジ

ア政経学会

中生勝美（一九九〇b）「村の派閥争い」『文化人類学』第八号、アカデミア出版

中生勝美（一九九一）「親族呼称の拡張と地縁関係」『民族学研究』第五六巻第三号

中生勝美（一九九三）「農村社会の変容」石原亨一編『「社会主義市場経済」をめざす中国』、アジア経済研究所

中生勝美（二〇〇〇）「華北農村の社会関係」三谷孝他『村から中国を読む』、青木書店

中生勝美（二〇〇四）「村落共同体と世代擬制－華北平原の世代ランク－」岩本由輝・大藤修編『家族と地域社会』（新装版）、早稲田大学出版部

中西功（一九三八）「北支農業の特質」『満鉄調査月報』第十八巻第二号

夏井春喜（二〇〇一）『中国近代江南の地主制研究－租桟関係簿冊の分析』、汲古書院

並木頼寿（二〇一〇）『捻軍と華北社会－近代中国における民衆反乱』、研文出版

沼田誠（二〇〇一）『家と村の歴史位相』、日本経済評論社

聶莉莉（一九九二）『劉堡－中国東北地方の宗族とその変容』、東京大学出版会

聶莉莉（一九九七）「宗族および民間信仰」中兼和津次編『改革以後の中国農村社会と経済－日中共同調査による実態分析』、筑波書房

仁井田陞（一九四八）『東洋的社会倫理の性格』、白日書院

仁井田陞（一九五二、一九五七）『中国の農村家族』、東京大学東洋文化研究所

仁井田陞（一九六七）『中国の法と社会と歴史』、岩波書店

仁井田陞（一九六八）『東洋とは何か』、東京大学出版会

仁井田陞（一九七四）『中国法制史』増訂版、岩波書店

二宮一郎（一九八四）「『中国農村慣行調査』にみる旗地の『催頭』について」『中国史研究』第八号

根岸佶（一九四七）『中国社会における指導層』、平和書房

野間清（一九六四）「中国農村慣行調査の企画と実績—中国問題における主観的『善意』とその限界—」『歴史評論』第 295 号

野間清（一九七七）「中国農村慣行調査その主観的意図と客観的現実」『愛知大学国際問題研究所紀要』第六〇号

朴紅他（一九九九）『中国東北における家族経営の再生と農村組織化』、御茶の水書房

早川二郎訳（一九三八）『アジア的生産様式に就いて』、白揚社

早川二郎（一九七八）『日本歴史とアジア的生産様式』、未来社

旗田巍（一九五一）「中国社会の封建性—封建社会の村と中国の村—」日本人文学会編『封建遺制』

旗田巍（一九六二）「日本における東洋史学の伝統」『歴史学研究』11 月号

旗田巍（一九七三）『中国村落と共同体理論』、岩波書店

旗田巍（一九七四）「中国農村慣行調査をふりかえって」『アジア経済』第一五巻第七号

旗田巍（一九八六）『廟の祭礼を中心とする華北村落の会』小林弘二編『旧中国農村再考』、アジア経済研究所

濱島敦俊（一九八二）『明代江南農村社会の研究』、東京大学出版会

濱島敦俊他（一九九四）「華中・華南デルタ農村実地調査報告書」『大阪大学文学部紀要』34 巻

濱島敦俊（二〇〇一）『総管信仰—近世江南農村社会と民間信仰』、研文出版

浜口允子（一九七七）「中国農村の組織過程における『保証』」御茶ノ水女子大学『人間文化研究年報』第一号

浜口允子（一九九五）「建国期中国農村における国家意志の浸透」『放送大学研究年報』第一三号

浜口允子（一九九七）「地主富農階級区分考」『中国社会と文化』第一二号

浜口允子（二〇〇〇）「村と幹部」三谷孝他『村から中国を読む』、青木書店

浜口允子（二〇一三）「日中戦争、華北政権下の統治動向と基層社会—『中国農村慣行調査』再読」『中国研究月報』第 67 巻第 6 号

浜下武志（一九九〇）『近代中国の国際的契機』、東京大学出版会

林恵海（一九五三）『中支江南農村社会制度研究』上巻、有斐閣

原覚天（一九八四）『現代アジア研究成立史論—満鉄調査部・東亜研究所・IPR の研究』、勁草書房

原洋之介（一九七四）「村落構造の経済理論—共同行動の経済学的説明の方向について—」、『アジア研究』第 21 巻第 2 号

費孝通著　小島晋治他訳（一九八五）『中国農村の細密画　ある村の記録　一九三六—八二』、研文出版

平田良衛（一九二九）「支那革命と農業問題三　アジア的生産方法」『思想』八六号（支那特集号）

菱田雅晴（二〇〇〇 a）「覚醒する農民」天児慧、菱田雅晴編『深層の中国社会』、勁草書房

菱田雅晴（二〇〇〇 b）「現代中国の構造変動」同編『現代中国の構造変動　社会—国家の共棲関係』、東京大学出版会

平野義太郎（一九四四）『北支の村落社会：慣行調査報告第一』、東亜研究所

平野義太郎（一九四五）『大アジア主義の歴史基礎』、河出書房

深尾葉子・橋本満（一九九〇）『現代中国の底流』、行路社

弁納才一（二〇〇三）『近代中国農村経済史の研究－ 1930 年代における農村経済の危機的状況と復興への胎動』、金沢大学経済学部

弁納才一（二〇〇四）『華中農村経済と近代化一近代中国農村経済史像の再構築への試み』、汲古書院

弁納才一（二〇〇七 a）「日中戦争期における食糧事情に関する資料調查の報告」『金沢大学経済学部論集』第 28 巻第 1 号

弁納才一（二〇〇七 b）「近代山東省における生産から見た農村経済の特質」『金沢大学経済学部論集』第 28 巻第 1 号

弁納才一（二〇〇七 c）「華北農村訪問調查報告（1）」『金沢大学経済論集』第 29 巻第 1 号

弁納才一（二〇〇九）「二〇世紀前半期中国における草蓆の生産について－日中経済摩擦と在来・外来の視点から」『史学研究』第 265 号

弁納才一（二〇一〇 a）「日本軍占領下中国における食糧管理体制の構築とその崩壊」『北陸史学』第 57 号

弁納才一（二〇一〇 b）「華北農村訪問調查報告（2）」『北陸史学』第 57 号

弁納才一（二〇一一 a）「華北農村訪問調查報告（3）」『日本海域研究』第 42 号

弁納才一（二〇一一 b）「華北農村訪問調查報告（4）」『金沢大学経済論集』第 31 巻第 2 号

弁納才一（二〇一一 c）「華北農村訪問調查報告（5）」『金沢大学経済論集』第 32 巻第 1 号

弁納才一（二〇一二 a）「華北綜合研究所の刊行物について」『近代中国研究彙報』第 34 号

弁納才一（二〇一二 b）「華北農村訪問調查報告（6）」『金沢大学経済論集』第 32 巻第 2 号

弁納才一（二〇一二 c）「華北農村訪問調查報告（7）」『金沢大学経済論集』第 33 巻第 1 号

弁納才一（二〇一三）「華北農村訪問調查報告（8）」『金沢大学経済論集』第 34 巻第 1 号

弁納才一（二〇一四）「中華民国前期冀東地区 6 県 7 ヶ村における農村経済」『金沢大学経済論集』第 34 巻第 2 号

深尾葉子・橋本満（一九九〇）『現代中国の底流』、行路社

深尾葉子（一九九八）「中国西北部黄土高原における廟会をめぐる社会交換と自律的凝集」『国立民族学博物館研究報告』二三巻二号

深尾葉子・井口淳子・栗原伸治（二〇〇〇）『黄土高原の村―音・空間・社会』、古今書院

深尾葉子・安冨歩（二〇〇三）「中国陝西省北部農村の人間関係形成機構―〈相夥〉と〈雇〉―」東京大学『東洋文化研究所紀要』第一四四冊

福井憲彦（一九九六）「国民国家の形成」井上俊編『現代社会学 24 民族・国家・エスニシティ』、岩波書店

福島正夫（一九五三）「中国農村慣行調査について」『図書』第四一号

福島正夫（一九五七）「中国農村慣行調査と法社会学―とくに末弘厳太郎博士の法社会学理論を中心として―」、中国農村慣行研究会プリント

福島正夫（一九五八）「岡松参太郎博士の台湾慣行調査と華北農村慣行調査における末弘厳太郎博士」『東洋文化』第二五号

福島正夫・安藤鎮正・旗田巍（一九七一）「解放前中国農民の実態調査と農民経済の展開」『アジア経済』第一二巻一〇号

福島正夫（一九九三）『福島正夫著作集』第七巻『法と歴史と社会と　Ⅰ』、勁草書房

福武直（一九四六）『中国農村社会の構造』、大雅堂

福武直（一九五四）『日本農村社会の構造分析』、東京大学出版会

福武直（一九八七）『日本社会の構造』第二版、東京大学出版会

福冨正実編訳（一九六九）『アジア的生産様式論争の復活―世界史の基本法則の再検討』、未来社

夫馬進（一九九七）『中国善会善堂史研究』、同朋舎出版

古島和雄（一九八二）『中国近代社会史研究』、研文出版

古島敏雄（一九五三）「中国農村慣行調査第一巻をよんで」『歴史学研究』第一六六号（『中国農村慣行調査』第四巻に再録）

藤沢弘昌（一九八三）「明代の里甲制と思想」今堀誠二編『中国へのアプローチ　その歴史的展開』、勁草書房

藤田泉（二〇〇二）『中国内陸部の農業農村構造』、筑波書房

細谷昂他（一九九七）『沸騰する中国農村』、御茶の水書房

細谷昂他（二〇〇五）『再訪・沸騰する中国農村』、御茶の水書房

細川一俊（一九八二）「集団理論から観た中国革命と農業の集団化」弘前大學文学部『文経論叢』第一七巻第三号

細川一俊（一九八四）「『中人』より観た中国郷村の土地所有意識と人間関係」弘前大學文学部『文経論叢』第一九巻第三号

堀敏一（一九七一）「中国古代史と共同体の問題」永原慶二・山口啓二監修『現代歴史学の課題』上、青木書店

堀越久甫（一九七九）『村の中で村を考える』、日本放送出版協会

本田悦郎（一九九〇）『中国農村小作制度慣行調査』、近代文芸社

本庄比佐子編（二〇〇九）『戦前期華北実態調査の目録と解題』、東洋文庫

本庄比佐子・内山雅生・久保亨編（二〇一三）『華北の発見』、東洋文庫

前田勝太郎（一九六〇）「養老地—解放前の華北農村における—」『アジア研究』第六巻第四号

前田勝太郎（一九六二）「中国における水利共同体の共同的性格について—宮坂・好並論文への疑問—」『歴史学研究』第二七一号

前田勝太郎（一九六六）「華北農村における水利機構」『現代アジアの革命と法』仁井田陞博士追悼論文集第二巻、勁草書房

前野清太郎（二〇一四）「19世紀山東西部の定期市運営をめぐる郷村政治－孔府档案からの検討」『中国研究月報』第68巻第2号

牧野巽（一九八〇）『中国家族研究』下（『牧野巽著作集』第二巻）、御茶の水書房

増淵龍夫（一九九六）『新版　中国古代の社会と国家』、岩波書店

松崎雄一郎（一九四〇）『北支経済開発論―山東省の再認識』、ダイヤモンド社

松戸庸子（一九八九）「家族の変動と社会」宇野重昭編『岩波講座現代中国 3　静かな社会変動』、岩波書店

松本善海（一九四八―四九）「旧中国社会の特質論への反省」『東洋文化研究』九、一〇

松本善海（一九七七）『中国村落制度の史的研究』、岩波書店

丸田孝志（二〇一三）『革命の儀礼―中国共産党根拠地の政治動員と民俗』、汲古書院

三木聰（一九九八）「明清時代の地域社会と法秩序」『歴史評論』八（No：五八〇）

三品英憲（二〇〇〇）「近代における華北農村の変容過程と農家経営の展開」『社会経済史学』六六巻二号

三品英憲（二〇〇一）「近代中国農村における零細兼業農家の展開－河北省定県の地域経済構造分析を通して」『土地制度史学』170 号

三品英憲（二〇〇三）「近現代華北農村社会史についての覚書」『史潮』新 54 号

三品英憲（二〇一〇）「近代華北村落における社会関係と面子―『中国農村慣行調査』の分析を通し―」『歴史学研究』第 870 号

水野薫（一九四一）『北支の農村』、華北交通社員会

三谷孝編（一九九三）『農民が語る中国現代史』、内山書店

三谷孝編（一九九九）『中国農村変革と家族・村落・国家―華北農村調査の記録―』、汲古書院

三谷孝編（二〇〇〇 a）『中国農村変革と家族・村落・国家―華北農村調査の記録―』第二巻、汲古書院

三谷孝（二〇〇〇 b）「村の廟と民間結社」三谷孝他『村から中国を読む』、青木書店

三谷孝（二〇〇〇 c）「序論」三谷孝他『村から中国を読む』、青木書店

三谷孝（二〇一一）『中国内陸における農村変革と地域社会』、御茶の水書房

三谷孝（二〇一三）『現代中国秘密結社研究』、汲古書院

南裕子（二〇〇六）「農村自治の存立構造と農村社会の変動」『アジア遊学特集　中国社会構造の変容』、勉誠出版

南裕子・閻美芳（二〇一八）『中国の「村」を問い直す』、明石書店

宮崎市定（一九八八）『中国古代史論』、平凡社

宮坂宏（一九六〇）「華北における水利共同体の実態—『中国農村慣行調査』水篇を中心にして—」上、下『歴史学研究』第 240 号、第 241 号

宮坂宏（一九六八）「旧中国の村落と機能について—華北の一村落の近年における変遷を中心として—」『専修法学論集』第五号

宮嶋博史（一九九四）「東アジアの経済社会」溝口雄三他編『アジアから考える（六）長期社会変動』、東京大学出版会

宮田登（一九九三）『山と里の信仰史』、吉川弘文館

武藤秀太郎（二〇〇三）「平野義太郎の大アジア主義論　中国華北農村慣行調査と家族観の変容」『アジア研究』49 巻 4 号

村田雄二郎（一九九四）「王朝・国家・社会」溝口雄三他編『アジアから考える（四）社会と国家』、東京大学出版会

村松祐次（一九四九 a）『中国経済の社会態制』、東洋経済新報社

村松祐次（一九四九 b）「欒城県と寺北柴村」『一橋論叢』第二十二巻第一号

村松祐次（一九七〇）『近代江南の租桟—中国地主制度の研究』、東京大学出版会

毛里和子（一九九三）『現代中国政治』、名古屋大学出版社
森田明（一九九〇）『清代水利社会史の研究』、国書刊行会
森田明（二〇〇二）『清代の水利と地域社会』、中国書店
森田明（二〇〇九）『山陜の民衆と水の暮らし：その歴史と民俗』、汲古書院
森正夫（一九九二）『江南デルタ市鎮研究』、名古屋大学出版会
諸橋轍夫（一九四〇）『支那の家族制度』、大修館書店
柳沢和也（二〇〇〇）『近代中国における農家経営と土地所有―一九二〇―三〇年代華北・華中地域の構造と変動―』、御茶の水書房
柳田節子（一九八六）『宋元郷村制の研究』、創文社
矢野仁一（一九二三）『近代支那論』、弘文堂
山路勝彦（二〇〇六）『近代日本の海外学術調査』、山川出版社
山田賢（一九九五）『移住民の秩序―清代四川地域社会史研究』、名古屋大学出版部
山田賢（一九九八）「中国明清時代史研究における『地域社会論』の現状と課題」『歴史評論』八（No：五八〇）
山田恵子（一九八〇）「二〇世紀前半華北村落概況に関する覚書」広島大学『東洋史研究報告』第二号
山田恵子（一九八一）「近代華北農村における農民層分解と農民支配構造の展開過程」広島大学『東洋史研究報告』第三号
山根幸夫（一九九五）『明清華北定期市の研究』、汲古書院
山本英史（二〇一一）『近代中国の地域像』、山川出版社
山本真（一九九七）「中国農村復興連合会の成立とその大陸での活動」『中国21』2巻
山本真（一九九八）「日中戦争期から国共内戦期にかけての国民政府の土地行政」『アジア経済』39巻12号
山本真（二〇〇〇）「一九三〇年代前半、河北省定県における県行政制度改革と民衆組織化の試み」『歴史研究』第七六三号

山本真（二〇一一）「福建省南西部農村における社会紐帯と地域権力」山本英史編『近代中国の地域像』、山川出版社

山本真（二〇一四）「二〇世紀初頭の福建南西部客家社会と革命運動」『歴史評論』765 号

山本真（二〇一六）『近現代中国における社会と国家』、創土社

山本進（一九九八）「明清時代の地方統治」『歴史評論』八（No：五八〇）

山本斌（一九五三）「中国農村慣行調査と農民」『図書』第四一号

山本斌（一九七五）『中国の民間伝承』、太平出版社

山本裕美（一九九九）『改革開放期中国の農業政策一制度と組織の経済分析』、京都大学学術出版会

山本秀夫（一九七五）『中国の農村革命』、東洋経済新報社

湯浅赳男（一九八五）『文明の歴史人類学』、新評論

湯浅赳男（一九八九）「中国史の特殊的構造一比較文明史的アプローチ」『中国一文化と社会』第四号

湯浅赳男（二〇〇三）『経済人類学序説一マルクス主義批判』、新評論

横川次郎（一九三五）「支那における農村共同体とその遺制について」『経済評論』七月号

吉田浤一（一九八六）「二〇世紀前半華北穀作地帯における農民層分解の動向」『東洋史研究』第四五巻第一号

吉田浤一（一九九〇）「中国家父長論批判序説」中国史研究会編『中国専制国家と社会統合一中国史像の再構成』、文理閣

吉田浤一（一九九六）「近現代中国の土地改革」静岡大学教育学部『研究報告・人文科学』第四六号

吉田禎吾（一九八九）『文化人類学読本』、東洋経済新報社

好並隆司（一九六〇）「水利共同体における『鎌』の歴史的意義一宮坂論文についての疑問一」『歴史学研究』第 244 号

好並隆司（一九九三）『中国水利史研究論攷』、岡山大学文学部

米倉二郎（一九六〇）『東亜の集落—日本および中国の集落の歴史地理的比較研究—』、古今書院

蘭信三（一九八二）「村落研究における共同体論的アプローチについて」『ソシオロジ』第二六巻三号

陸麗君、南裕子（二〇〇〇）「農村における基層組織の再編成と村自治」菱田雅晴編『現代中国の構造変動　社会—国家の共棲関係』、東京大学出版会

リンダ・グローブ（一九九三）「研究史から見た呉店村」三谷孝編『農民が語る中国現代史』、内山書店

リンダ・グローブ（一九九五）「農村のリーダーシップ」『暮らしでわかるアジア読本—中国』、河出書房新社

リンダ・グローブ（二〇〇〇）「農村経済の歴史と現状」三谷孝他『村から中国を読む』、青木書店

路遙、佐々木衛編（一九九〇）『中国の家・村・神々・—近代華北農村社会論』、東方書店

羅紅光（二〇〇〇）『黒龍潭—ある中国農村の財と富』中国の底流シリーズ（五）、行路社

和田清編（一九三九）『支那地方自治発達史』、汲古書院（一九七五年覆刻版）

渡辺欣雄（一九九一）『漢民族の宗教—社会人類学的研究』、第一書房

后　记

本书是我十余年来关于华北农村社会和水利社会史研究中所发表的中文论文的合集。感谢山西大学社会史中心的美意，将这些论文结集出版，就教于学界同道。这些论文都是这些年为回国参加学术会议时写作的中文论文，基本都在国内发表过（序论，《日本与中国的他者认识——中日学者的共同探讨》，中国社会科学文献出版社 2004 年；第一章，《中国农村研究》2008 年上卷；第二章，《中国社会历史评论》第 10 卷，2009 年；第三章，《东亚汉学回顾与展望》，长崎大学 2010 年；第四章，《全球化与东亚政治、行政改革》，天津人民出版社 2003 年；第五章，《广西民族大学学报》第 37 卷第 3 期，2015 年；第六章，《中国社会历史评论》第 15 卷，2014 年；第七章，《广东社会科学》2018 年第 3 期；第八章，《社会史研究》之二，北京大学出版社 2012 年；第九章，《内蒙古师范大学学报》2019 年第 6 期；附录，《抗日战争研究》2014 年第 2、3 期）。由于跨越十余年，在写作风格和格式上存在不少差异，这次按照本丛书出版格式进行了统一修订，在内容上也有修改和增补。本书第一章到第四章是关于村落社会的，第五章到第八章是水利社会的，第九章是关于移民社会的。虽然研究对象上有所不同，但是这些文章都贯穿着我对华北农村研究的一些带有共同性的心得或观点。近代华北农村社会秩序体的基本特征就是“弱自治”和“弱国家”的相互依托、相互交织、相互作用。这个想法是我在写东大的学位论文（『中国における社会結合と国家権力－近現代華北農村の政治社会構造』、御茶の水書房，2006 年）时开始形成的，其后在国内《中国社会科学报》上也简单谈过（《弱自治与弱国家：革命前夜的华北村政》，《中国社会科学报》2014 年 4 月 18 日，第 585 期）。我认为依靠浓密的人际关系所构成的传统社会在近代出现转型或衰弱，而近代国家权力向社会的延伸与控制由于政局动乱和外敌入侵而没有很好地实行。要维护村落社会秩序就需要新制度与旧组织、国家权力（公）与民间权力（私）相互配合，共同发挥机能，二者缺一不可。在村落社会中，国家与社会是通过村落的“社会结合（主要由血缘、地缘、信仰缘和业缘构成）”这一空间交叉、融合的。这些特征在近代华北村落、水利社会和移民社会中都可以看到，具有相同特征。

研究华北农村是十余年前开始的，本来我在南开大学刚刚开始从事史学研究时，按照魏宏运先生的指导和自己的兴趣是以中日关系为主要方向的，学位论文是关于抗日战争时期的内蒙古即蒙疆政权的。当赴日留学要再写一篇学位论文时也是想在原有研究的基础上，利用日文资料对这个课题进行相关领域的扩展和延伸。但是指导教员並木頼寿老师认为用相关课题的论文取得两个学位对于我以后的学术评价不利，建议我改写华北农村，因为他知道我参加过中日合作的华北农村大型调查。听从並木老师的建议，我将在东大的学位论文课题改为华北农村社会，并由此走上农村社会史研究。感谢並木老师的指点使我进入到华北农村研究这个充满魅力的领域。

研究华北农村的重要契机是参加了在 1990—1995 年间进行的中日合作大型农村调查项目。这项合作研究的中方代表为业师魏宏运先生，日方代表是一桥大学三谷孝教授，是对相同的五个村落，在 20 世纪 40 年代满铁农村“惯行调查”的基础上实施再调查，五年间十余次进入农村，共访问了 511 人次，并收集到大量村级和农户资料。南开大学参加的除魏先生外，还有左志远、张洪祥两位老师。当时张利民老师、江沛兄和我还都是青年参加者，兼干一些事务工作。到日本留学后，继续参加了日方老师的研究会，其成员除三谷老师外，还有内山雅生、顾琳（Linda Grove）、滨口允子、笠原十九司和中生胜美诸位老师，研究会每月一次在上智大学顾琳老师的研究室召开。每次会议都有一个研究主题，总结农村调查中的新发现，或互相确认资料和史实，介绍研究进展，这对我启发教育很大。我东大学位论文的最初设想就是在这里形成的。记得每次开完会后，三谷和内山老师都带我到神田古书街买书、吃饭。十分感谢这些老师的指导和帮助。

对于我来说研究华北农村的另一个重要契机就是参加了与山西大学中国社会史研究中心合作的中日共同研究项目，这次农村研究的中方代表是行龙老师，日方代表是内山雅生老师。关于这次合作研究的情况，我曾经在山西大学中国社会史研究中心所编的《风华正茂 中国社会史研究中心成立20年》（山西人民出版社，2014年）一书中写了篇名为《一个充满活力的研究集体》的文章，对于这次合作研究有详细记述，很能反映我的感受，由于篇幅不长，容附录如下——

> 山西大学中国社会史研究中心即将成立20周年，这是海内外中国社会史学界的一件盛事。山西大学社会史研究中心的成立与发展是与当代中国社会史研究的兴起和繁荣同时出现，更是与国家改革开放以来国势强盛，对社会科学研究需求的不断扩大相一致的。从乔治强教授率先倡导、开创山大社会史研究，又承行龙教授薪火传递，发扬光大，经过几十年的努力，现在的山西大学区域社会史研究已经成为中国社会史学界一个标志性研究基地。
>
> 我与山大社会史研究中心结缘是2003年在南开参加由许檀师姐主持召开的“明清以来华北社会经济研究学术讨论会”上初次结识行龙教授，他的睿智发言给我留下深刻印象。我于2006年和内山雅生教授第一次访问了社会史中心，得以与行老师详谈，并参观了资料室。其后便介绍三谷孝教授等我们的共同研究团队来访，记得那次行老师详细介绍了中心的研究状况，特别是研究思路、成果和资料收集状况。三谷老师听完后对我说，他们的研究非常扎实，收集了那么多珍贵的资料，行龙先生非常自信，令人尊重。此后，我和我们的研究团队几乎每年都来中心访问，特别是在中日共同合作研

究开始之后，这里成为我在中国从事农村研究的基地，除共同开展农村研究之外，还有幸两次参加了中心主办的国际会议。

放眼国内的社会史研究，大概可以分为3个地区或者是3种方法，首先是京津地区，其次是广东福建地区，还有就是以山西大学为代表的内陆地区。京津地区的社会史研究以文献研究为主，积累深厚，成果经典。而广东福建的社会史研究，由于靠近港台，得风气之先，在研究方法和观念上与国际接轨。

与前两个基地相比，山西大学社会史研究中心虽然地处内陆，但是兼有其他两者之长，既有对文献的大量积累和深刻解读，又在研究方法上博采众长。特别是他们把研究立足于三晋大地，这就弥补了身居内陆的不足。山西大学团队总体上十分年轻、齐心协力，其踏实、严谨的学风，对于学问的执著和热情，令人钦佩。每次与中心的老师接触都深受感染，庆幸能有这样的学界同道。这些年与中心的诸位合作感慨颇深的有如下几点：

首先就是行老师的高效率。行老师担任山大副校长，行政工作花费了大量时间，但是不断有大作问世。每次到农村考察，虽然行老师不能一直参加，但是他都挤出时间尽量多参加访问，有几次行老师参加我和内山老师的小组，在与农民座谈时，很快与农民成为朋友，他了解农民的想法，农民也很快知道他想了解什么，所问所答，简洁明了，使得我的翻译记录工作十分愉快。行老师能把高深的学问和对农民内心世界的深刻理解融合起来，使我深受启发。每次回来召开总结会时，行老师对于调查研究的总结和下一步的研究方向等的发言总是思路开阔，言简意赅。即使我们一起吃饭时，大家热热闹闹，但是绝不拖拉，时间恰到好处。内山老师每次都说，行先生办事讲求效率，时间安排紧凑，合作愉快。我想只有把学问放在第一位的人才能这样坦直求真，除去了那些繁文缛节。

据说行老师教育学生时常常说要对学问有一种敬畏感，在与中心其他老师接触中我也感受了这一点。中心的郝平、胡英泽、张俊峰和常利兵、马维强、李嘎、赵中亚诸位老师曾经分别来日，他们在日期间抓紧一切时间多学多看，特别是对于资料的收集好像有一种强烈的饥饿感。记得带郝平、胡英泽两位到东京大学东洋文化研究所图书馆查阅资料时，他们一查到有关山西的资料就十分兴奋，恨不得全部复印带回，到了吃饭时间还在忙着复印。

每次到农村考察都有常利兵、李嘎、马维强等几位年轻老师和张永平、郝丽娟、李保燕、高维娜等研究生。大家每天一起行动，总能感到一种朝气蓬勃、相互合作的氛围。大家不论是在车上还是在饭桌上都抓紧一切时间交流调查的收获，要让自己的每一个新发现和新感受与同伴分享。马维强老师在与农民访谈时精力集中，经常忘记集合时间，虽每每为大家声讨，但是他总能说出刚才有了什么新发现，大家也就在笑声中不再追究。

每当我在遥远的长崎回忆起与中心诸位合作时，总是感到愉快，期待着下次的山西之行。希望这种合作永远继续下去。

这次中日合作研究结束后，我依然每年有一两次回到社会史研究中心查阅资料、到农村访问调查的机会。每次回来都受到热情接待。行老师总说，不要客气有什么需要就告诉我们。每次的行程安排都拜托胡英泽老师，胡老师做学问勤奋扎实，行政事务上也兢兢业业。近几年，与张俊峰老师在水利史上多有交流，张老师思路敏捷，对资料十分熟悉。在山西进行调查和查阅资料时常能得到常利兵老师的帮助，他对学问十分执着。除上面提到的几位外，韩祥、郭永平、赵中亚、曾伟以及后来转职到首都师范大学的韩晓莉等诸位老师对我都有热心帮助。每次一回到社会史研究中心就有一种回家的感觉。十分感谢社会史中心的各位师友。

这些年从事华北农村调查研究，得到了北京市顺义区沙井村、房山县吴店村，天津市静海县冯家村，山东省平原县后夏寨村，河北省滦城县寺北柴村、邢台县大贤村、顺平县王各庄村、保定市张登村、昌黎县侯家营村，山西省临汾市高河店村、平遥县道备村、太原市赤桥村、小店村、霍州市和洪洞县的“四社五村”、灵石县沟峪滩村、椒仲村、交城县段村等地无数乡亲们的帮助和指教，是他们教给了我从任何资料上都得不到的学问。“礼失而求诸野”，在辽阔的华北大地上，我体会到了那些平凡人们生生不息的顽强生活和精神世界，触摸到了这个古老民族的时代脉搏，这就是我不断探求的动力之源。